D.344.
2.

LA
THEOLOGIE
NATVRELLE
Tome second.
DE L'IMMORTALITE' DE L'AME,
des Anges & des Demons.

Par le P. YVES de Paris, Capucin.

TROISIESME EDITION.

A PARIS,
Chez la vefue NICOLAS BVON, ruë sainct Iacques
à l'enseigne de S. Claude.
Et en sa maison ruë des Mathurins, deuant l'Eglise.

M. DC. XLII.
Auec Approbation des Docteurs, & Priuelege du Roy

Permission du tres-Reuerend Pere General.

LIber hic cui titulus est, *La Theologie Naturelle*, ab admodum Ven. P. F. Iuone Parisino concionatore Ordinis nostri, lingua Gallica compositus & à quatuor Theologis nostris auctoritate nostra examinatus, & approbatus, vt lucem videat, & typis mandetur, seruatis seruandis, concedimus. In cuius rei fidem præsentibus sigillo nostro munitis subscripsimus. Romæ die 26. Februar. 1633.

    F. Francis. Proc. & Vicarius Generalis ordinis Capucinor.

Permission du tres-Reuerend Pere Prouincial.

EGo infrà scriptus Prouincialis Prouinciæ Parisiensis FF. Capucinotum, visis licētiis de quibus supra, permitto quantum in me est, quatenus liber inscriptus *La Theologie Naturelle*, à venerab. P. F. Iuone Parisino Prædicatore nostri Ordinis & Prouinciæ compositus, typis mandari possit, seruatis insuper aliis de iure seruandis. Romæ die 10. Maij 1634.

    F. Leonardus qui supra.

Approbation des Docteurs.

NOus soubs-signez Docteur en la Faculté de Theologie de Paris, certifions auoir leu le Traicté de *l'Immortalité de l'Ame, & des Anges*, composé par le R. P. Yues de Paris Capucin, & n'y auoir rien trouué qui ne soit conforme à la Foy Catholique, Apostolique, Romaine, & aux bonnes mœurs ; mais le tout recommendable par la netteté du style, la beauté de l'ordre, & la force des raisons. En foy dequoy nous auons signé, à Paris ce 16. Feburier 1635.

Chapelas. C. de S. Iacques. Brousse.

Approbation des Theologiens de l'ordre.

NOus soubsignez Predicateurs Theologiens de l'Ordre des FF. Mineurs Capucins de S. François, de la Prouince de Paris, par le commandement de nostre tres R. P. General, auons leu auec vne exacte attention, le second Tome du Liure intitulé, *La Theologie Naturelle du V. P. Yues de Paris Predicateur du mesme Ordre*; Oeuure que nous certifions estre autant eminēt en doctrine, que puissant en raisons, conformes à la Foy, & capables de persuader les veritez qu'il traite, aux plus rebelles esprits qui nous les disputent. En foy dequoy nous auons signé la presente, ce 17. Aoust 1634.

F. *François de la Nauue Gardien des Capucins, du Couuent de la Conception de la Vierge, à Paris.*
F. *Iuuenal de Paris. Predicateur Capucin.*
F. *Martial de Rion Capucin, Lecteur en Thologie.*
F. *Mathieu de Reims Capucin, Lecteur en Theologie.*

Extraict du priuilege du Roy.

LE Roy par ses Lettres patentes données à Paris, le 20. iour de Mars 1633. & signées par le Roy en son Conseil, Perrochel: a permis à la Vefue Nicolas Buon Libraire en l'Vniuersité de Paris, d'imprimer ou faire imprimer à qui bon luy semblera, vn Liure intitulé, *La Theologie Naturelle*, en plusieurs Tomes, composez par le P. Yues de Paris, & ce pour le temps & espace de dix ans entiers & consecutifs, à commencer au iour de l'acheuement de l'impression de chacun desdits Tomes, & fait sa dite Majesté deffenses, à qui que ce soit de les imprimer, vendre ny distribuer à peine de deux mille liures d'amende, de confiscation des exemplaires, & de tous despens, dommages, interests, ainsi qu'il est plus à plein contenu és originaux d'icelles lettres, passées le iour & an que dessus,

Ce second Tome a esté acheué d'imprimer pour la premiere fois, le premier iour de Mars mil six cens trente cinq, auquel temps commence à valider le Priuilege.

Les deux exemplaires pour la Bibliotheque du Roy ont esté fournis.

Signé DVPVIS.

TABLE DES CHAPITRES
DE L'IMMORTALITÉ
DE L'AME. &c.

Vuant-propos.
I. Chapitre. *L'homme doit cognoistre la perfection de sa nature.* p. 14
II. *L'homme est le plus parfait de tous les animaux.* p. 22
III. *L'homme est la fin du monde materiel.* p. 28
IV. *La dignité & les prerogatiues de l'homme consistent principalement en l'ame.* p. 49
V. *De combien la creance de l'immortalité de l'ame importe au bien public & particulier.* p. 48
VI. *D'où vient le sentiment de l'Immortalité de l'ame* p. 61
VII. *Le sentiment general des peuples, touchant l'immortalité de l'ame.* p. 70
VIII. *Les Philosophes ont creu l'Immortalité de l'ame.* p. 81
IX. *De la creance qu'on doit aux Philosophes en ce qu'ils ont dit de l'Immortalité de l'ame.* p. 92
X. *Dieu a faict l'ame raisonnable immortelle, afin qu'elle fust l'image de son eternité.* p. 101
XI. *L'homme estant le plus parfaict des creatures inferieures, doit auoir vne ame immortelle.* p. 109
XII. *Il y a des formes substantielles.* p. 119
XIII. *Il n'y a point de forme vniuerselle.* p. 133
XIV. *Il n'y a point d'ame du monde, n'y d'intellect vniuersel.* p. 140
XV. *Il y a des formes independantes de la matiere.* p. 15

XVI. L'ame de l'homme n'est pas materielle. p. 166
XVII. Que l'ame n'est pas vn temperament, contre l'opinion de Galien. p. 173
XVIII. L'ame raisonnable estant immaterielle, est incorruptible. p. 184
XIX. L'ame raisonnable est le milieu du monde intelligible, & du corporel. p. 192
XX. Des cognoissances dont l'homme est capable. p. 203
XXI. De l'inuention des Arts. p. 210
XXII. De l'amour & de la cognoissance de la verité. p. 224
XXIII. Des cognoissances abstraites, & qui sont par dessus les sens. p. 233
XXIV. De la reflexion de cognoissance que l'ame raisonnable faite sur elle-mesme. p. 247
XXV. De la contemplation, & de l'extase. p. 258
XXVI. Des deuinations & Propheties. p. 265
XXVII. De la liberté de la volonté. p. 279
XXVIII. La volonté de l'homme n'est pas suiette à l'influence des Cieux. p. 287
XXIX. Le sage domine aux Astres. p. 294
XXX. Des vertus morales. p. 304
XXXI. L'appetit insatiable de la volonté. p. 313
XXXII. De l'amour de Dieu & des sentimēs de Religiō. p. 323
XXXIII. Pourquoy les hommes sont suiets aux passiōs. p. 333
XXXIV. De quelques passions, d'où l'on peut inferer l'immortalité de l'ame. p. 343
XXXV. Du desir d'honneur, & d'estendre sa reputation apres la mort. p. 352
XXXVI. Si les passions sont necessaires, & comment elles sont suiettes à la raison. p. 064
XXXVII. L'ame raisonnable n'est pas produite par les parens. p. 379
XXXVIII. L'ame raisonnable est creée de Dieu p. 392
XXXIX. Les ames raisonnables n'ont pas esté creées toutes ensemble au commencement du monde. p. 400
XL. Il n'y a point de transmigration des ames. p. 40

XLI. *Il importe à la bonté & à la Iustice de Dieu, que l'ame raisonnable soit immortelle.* p. 419.
XLII. *La vertu n'est pas une assez grande recompense à elle mesme.* p. 433
XLIII. *Pourquoy l'ame raisonnable immortelle est iointe à un corps mortel.* p. 444
XLIV. *De la crainte & du mespris de la mort.* p. 453
XLV. *La pensée de l'eternité sert de regle & de consolation à cette vie.* p. 464
XLVI. *De l'ame separée.* p. 477

De l'Existence & de la Nature des Anges.

Auantpropos. p. 491.
Chapitre I. *Il y a d'autres choses que celles qui sont cogneuës par les sens.* p. 500.
II. *Comēt la raisō nous fait cognoistre qu'il y a des Anges.* p. 505.
III. *Les Anges sont des Cieux intellectuels, & des Images de Dieu.* p. 516.
IV. *Des Intelligences qui meuuent les Cieux,* p. 523.
V. *Les Anges n'ont point de corps.* p. 532.
VI. *Il y a d'autres Intelligences que celles qui meuuent les Cieux.* p. 539.
VII. *Du nombre des Anges.* p. 546.
VIII. *De l'Ordre des Anges.* p. 552.
IX. *De la cognoissance des Anges.* p. 568.
X. *Du pouuoir des Anges.* p. 580.
XI. *Des Anges qui president aux Estats.* p. 588
XII. *Des Anges Gardiens.* p. 595
XIII. *De quelques experiences par lesquellss on iuge qu'il y a de mauuais demons.* p. 606
XIV. *De quelques effects des Demons.* p. 612
XV. *Des guerisons, qui se font par characteres.* p. 619
XVI. *Qu'il ne se faut seruir de Magie,* p. 628

FIN.

LA THEOLOGIE NATVRELLE.
DE L'IMMORTALITE' DE L'AME.

AVANT-PROPOS.

LA Nature qui tient sa naissance d'vn principe souuerainement accomply, voudroit en tout paraistre heritiere de sa grandeur ; que ses forces fussent sans limites, & ses actions sans aucun défaut. Elle est si honteuse d'estre surprise dans l'impuissance, qu'elle se trompe plutôt elle-mesme que de l'auoüer ; & pour la couurir, elle a l'industrie d'enietter la faute sur l'indisposition des obiects. Vn cerueau malade du tournoyement, se figure au monde le desordre qui est dedans ses es-

Tome 2. A

prits ; quand l'on entre en mer, il semble que le port s'enfuit, les vieillards imposent au siecle la corruption que souffre le temperament ; vous diriez que le Ciel se ioint à la terre, & que la fin du monde soit en l'horizon, qui ne peut estre passé de nostre veuë.   C'est auec le mesme artifice de la Nature, que certains esprits se flattent dans leur ignorance, qu'ils calomnient de faux, & qu'ils donnent le titre d'abus à tout ce qui excede leur capacité. Comme ils n'ont pas ou assez de force, ou assez de resolution pour faire de grands acquests dans les sciences; ils se persuadent que ce qu'elles promettent de lumiere, n'est qu'vn faux iour ; que leur difficultez & leurs disputes portent leurs reproches; que ce qui passe la portée des sens, n'est qu'vn effect de l'opinion : Au moins ils n'auoüent pour veritez que celles qui sont grauées dans les cœurs de tous les hommes, par les mains de la Nature, qui se presentent, & se font cognoistre à nous sans nostre recherche, comme si nostre esprit auoit la mesme disposition pour la découuerte de la verité, que nos yeux pour le discernement de leurs obiects.

Pleust à Dieu que nous fussions auantagez de cette faueur, que la cognoissance de la verité ne nous coustast pas plus d'vn desir, & que pour estre sçauants, il ne fallust qu'auoir l'ame raisonnable, nous serions heureux; la terre nous seroit vn Ciel, les plaintes que nous faisons des miseres de cette vie, cesseroient : Car si le mal naist de l'ignorance, il n'y en auroit point que l'on n'éuitaſt par ſon antidote, ou que l'on ne gueriſt par vn bon remede. Mais que ſert d'imiter ceux qui nioyent le pole qu'ils n'auoient pas veu, & qui mirent des colomnes pour arreſter les nauigations qu'ils n'auoyent oſé entreprendre? Pourquoy reſſembler aux fols qui dans vne extreme pauureté, s'imaginent eſtre des Monarques, & poſſeder tout ce qu'ils n'ont pas. L'experience nous fait tous les iours cognoiſtre que nous n'auons la veuë de la verité, qu'au prix d'vne longue & penible ſpeculation, que noſtre eſprit y doit eſtre ſecouru de plus d'artifices qu'il n'en faut à nos yeux pour voir des obiects trop ſubtils ou trop eſcartez. En la conduite de quelque affaire importante, l'eſprit ſe trauaille au choix des moyens propres pour ioindre ſa fin; il deſploye toutes ſes inuentions; il preuoit tous les incidens; & apres qu'vn deſſein a roulé long-temps dedans ſa penſée, l'incertitude de tout le ſuccés fait balancer ſes plus fermes reſolutions entre la crainte & le deſeſpoir. Pour les affaires d'Eſtat, l'on conſulte les morts & les viuants; & comme toutes les hiſtoires de l'antiquité ne ſont pas vne ſuffiſante caution d'vne meſme iſſuë, l'on cherche ſes aſſeurances dans le iugement des meilleurs eſprits d'vn Royaume. Cependant apres toutes les aſſemblées, apres pluſieurs coſeils publics & ſecrets; apres les remiſes qui ont attendu les occaſions, apres auoir pris le temps:

A ij

donné les ordres ; difposé les rencontres & les efprits, les plus fages laiffent encore vne grande partie
de l'éuenement à la fortune. Ce font ces coups que
les hommes confeffent ingenûment ne pouuoir
parer, quoy qu'ils n'oftent pas la gloire des belles
actions, quand vne fage conduite y a defployé les
efforts d'vn bon courage. Il ne fuffit pas de ietter
les yeux le plus auant que l'on peut dans l'aduenir;
de faire comparaifon du paffé auec le prefent; de pe-
fer les affaires auec leurs circonftances ; Encore
parmy ces inftructions empruntées de tous les fiecles, & à qui le iugement donne de nouuelles lumieres, la longueur dans la refolution eft vn effect
de cette vertu que nous appellons prudence: Elle
fe trouue principalement aux vieillards, que les
Republiques employent dans leurs confeils; parce qu'vn temperament froid & fec les rend tardifs
à l'execution, & les tient toufiours dans la deffian-
ce des difgraces, qui ont plufieurs fois rompu les
meilleurs deffeins. Il n'appartient qu'à vne ieunef-
fe inconfiderée, à qui le fang bout dedans les veines, & qui penfe pouuoir tout ce qu'elle n'a pas ex-
perimenté, de perdre dans vne feule occafion, ce
que la prudence auoit acquis auec beaucoup de
fueurs, dans le cours de plufieurs années. La temerité s'enferre dans les armes de fes ennemis, elle donne dans les embufcades, elle va receuoir les coups
qui autrement ne porteroient pas iufques à elle; fes
grands deffeins ne font que des montagnes d'eau

qui se deffont d'elles-mesmes, ou qui se brisent au rencontre d'vn petit rocher. Cela ne seroit pas; les plus chaudes & plus violentes expeditions ne seroient pas le moins fortunées, si la sagesse estoit vn des appennages de nostre nature, & s'il ne falloit qu'vne simple veuë sans consultation pour cognoistre la verité. La terre a quelques climats, où durant les solstices, les corps ne iettent point d'ombres: Mais nous ne trouuons point en cette vie d'ames si pures qui ne souffrent de grandes obscuritez en leurs iugemens, & qui n'ignorent infiniment plus qu'elles ne sçauent. Aussi Caton estant fort vieil, cōtinuoit ses estudes de la Philosophie morale, & mourut en apprenant, pour confondre la presomption de ceux qui en cét aage n'ont du regret de quitter la vie, que parce qu'ils s'imaginent de la sçauoir bien conduire.

Si l'estude, si l'aage, si les experiences ne nous instruisent parfaictement de ce qui importe au regime d'vne vie publique, ou particuliere; Nous auons bien plus sujet de croire qu'il y a tousiours des veritez qui ne nous sont pas cognuës, en la speculation du gouuernement du monde, & des causes superieures.

Quoy que la Nature soit conduite par necessité, que son cours ne soit qu'vne suite tousiours renaissante, ou vne partie est vn préiugé de l'autre; Neantmoins il n'y a point de changemens, de feintes, ny de secrets dans la police, qui nous surprennent comme elle fait en ses productions. Car d'abord elle nous en cache les causes; les fins où elle pretend, & les moyens dont elle se sert, nous sont des mysteres; L'exterieur mesme en est desguisé, & sans vne subtile ratiocination tout nous seroit incognu. La matiere qui est le premier suiet de composition se couure des accidents qui luy suruiennent, mais qui ne l'establissent pas; La forme qui constituë l'estre, les differences qui l'enrollent sous vne espece, se tiennent couuertes au fonds de cette matiere impenetrable à nos yeux, & ne font pas seulement paroistre les plus fortes qualitez qui sont les instrumés de leurs actions. Dans nos corps les parties nobles qui entretiennent la vie, craignent la lumiere; & sous ces remparts qui les enuironnent, elles trauaillent de sorte à nostre croissance, & à nostre nourriture, qu'elles ne nous en permettent ny la veuë, ny le sentiment. Le degré de complexion qu'elles causent, ne se monstre pas tousiours sur le visage, en la couleur & en la proportion du corps, mais la nature se plaist de retenir quelquesfois l'humeur au dedans, sans l'enuoyer à la surface, afin de tromper la physionomie. Ainsi dans le monde, les Cieux roulent sans faire de bruit, auec vn mouuement si doux en son incomparable vitesse, qu'il trompe nos yeux; & l'on ne le peut cognoistre, qu'en se souuenant du terme d'où il est party: Le feu n'a point de lumiere, où il a plus de force, & plus

d'estenduë; l'air en nous donnant la vie, par la respiration, se cache à nos sens; les fontaines ne ja-
lissent pas au lieu où elles se forment; la terre qui
porte l'or, paroist pauure sous vne surface sterile, qui
ne donnant point de récompense à nostre trauail,
ne nous fait rien esperer de sa liberalité. Les pierres precieuses sont encloses dans des matieres de fort
peu de prix; les perles dans des conques raboteuses,
comme les rochers où elles s'attachent; les simples
qui ont plus de force, ont moins de beauté; les
fruicts sont enueloppez d'escorces dures, ameres,
espineuses qui trompent le goust, & qui blessent
l'attouchement; Enfin la Nature se desguise en sorte, & nous couure tellement ses veritez, que si
nous voulons faire iugement des choses à la premiere veuë qu'elle nous en donne, nous sommes
asseurez de prendre le bien pour le mal, & le vil pour
le precieux.

Neantmoins quand elle nous traitte auec ces
dissimulations, ce n'est pas qu'elle nous veuille
oster la coghoissance des choses sensibles qui nous
portent à Dieu, ny qu'elle allume des phares trompeurs, qui nous escartent du port, au lieu de nous
en donner l'entrée; ses desseins sont plus innocens;
si elle se cache, c'est en sorte qu'elle peut estre veuë,
son voile n'est que pour donner plus de lustre à sa
beauté, & pour eschauffer dauantage nos affections
à la recherche d'vn bien qui n'est pas commun.

Côme elle permet qu'vne secrette douleur de l'estomach resueille nostre appetit, afin qu'il cherche & prenne la nourriture necessaire à la conseruation du corps: Ainsi elle veut que nostre esprit souffre quelque peu en l'admiration des premieres difficultez qui l'arrestent, afin qu'après il se satisfasse auec plus de plaisir des veritez qui sont son propre aliment. Si nous ne les possedons pas toutes à la fois, c'est qu'elle nous dispense ses faueurs auec des moderations qui leur donnent plus d'estenduë, & qui nous entretiennent dans le sentiment de sa bonté & de ses merueilles. Dans la continuë de nostre speculation nous faisons tous les iours rencontre de nouueaux objets qui charment l'esprit du mesme plaisir qu'on reçoit dans les iardins irreguliers, où ayant passé vne palissade qui en paroissoit la fin, on trouue de plus belles allées, & de plus riches compartimens; & comme apres les montagnes & mers qui seruent de bornes aux Royaumes l'on descouure de nouueaux mondes, si plains de delices qu'en leur comparaison les autres prouinces nous semblent le seiour de la pauureté.

Nous ferons d'aussi aduantageuses rencontres en la recherche des veritez naturelles, si nous y employons ce que nous auons de force, d'esprit, & de resolution. Il ne faut qu'aduancer chemin pour donner de grands acquests à nos connoissances; que mettre les voiles au vent pour la conqueste de cette toison d'or, & pour viure sous vn air plus fauorable, où nos nuicts seront changées en lumieres.

mais

Mais la Nature, c'eſt à dire, Dieu qui en eſt l'autheur, veut que nous employons du trauail & de la diligence en cette pourſuite. En quoy nous ſommes traitez ſelon le merite de noſtre condition, & ces deuoirs qu'il nous faut rendre pour cognoiſtre la verité, ne doiuent pas eſtre ſimplement pris pour des ſeruitudes, mais pour les prerogatiues de noſtre eſpece. Car comme les animaux ont le mouuement progreſſif par auantage ſur les plantes, l'homme à la ratiocination, qui eſt vn mouuement ſpirituel, par preciput ſur les animaux. L'inſtinct eſt vne force eſtrangere de leur nature, qui les conduit comme des aueugles ſans choix, ſans veuë des moyens, & ſans proiect de la fin qui reüſſit de leurs agitations. Mais l'homme agit de luy meſme, ſes cognoiſſances naturelles luy viennent de ſon acqueſt; il ſe donne ces precieuſes qualitez de l'eſprit, & il a la gloire d'eſtre en quelque façon le principe de ſes excelléces. Se plaindre de ce que nous ne pouuons poſſeder la verité ſans l'eſtudier auec trauail, c'eſt accuſer la Nature d'auoir donné des aiſles aux oyſeaux pour aller au pourchas de leur nourriture; & c'eſt luy faire vn reproche, de ce qu'elle donne comme vn auantage & vne perfection.

Or s'il faut de l'eſtude pour auoir la cognoiſſance des choſes morales & naturelles; Il en faut bien plus pour deſcouurir, ce qui eſt au deſſus des ſens, & pour iuger des cauſes ſuperieures, dont nous voyons icy les effects. Nous en auons fait l'essay dans le premier Tome, où par la consideration des parties & de l'ordre du monde, nous sommes montez à la cognoissance du premier Principe, qui de rien luy a donné l'estre, & qui luy conserue par le concours continuel de sa bonté. Ce n'est pas merueille si les esprits qui ne sont pas esleuez aux sciences trouuent de la difficulté dans ces speculations purement Metaphysiques, puis qu'elles ne se peuuent auoir que par le trauail, & qu'elles ont mesmes leurs obscuritez dans les escoles, où on leur donne tout ce qui se peut d'attention, & où elles sont expliquees auec des termes barbares de ce qu'ils sont trop significatifs. La difficulté gist en la matiere & non pas en la diction, & en ce subiect on peut dire de la verité, comme de la Iustice, qu'estant esleuee de terre, elle porte sa teste dans le Ciel, où elle nous cache ce qu'elle a de plus rauissant. Et puis m'estant desarmé de toutes les authoritez des sainctes Lettres, & mesme des Philosophes pour contenter ceux qui ne deferent qu'à la raison, il ne me reste pour toutes preuues, que celles que ie puis tirer des sciences, & des proprietez de la nature. Cela se fait par l'induction, qui est la regle plus asseuree de la verité, si l'on croit au grand Chancelier d'Angleterre, & vne loy publique de la Nature qui ne peut estre fautiue. Mais tous les esprits n'en sont pas capables, parce qu'elle tire des côsequences de quelques principes qu'elle suppose, & qui peut estre, ne sont pas cognus. Ce ramas de preuues, & ce grand abord de lumieres prises d'vne science vniuerselle, confondent les yeux qui n'y sont pas encore bien accoustumez, & l'on cognoist en cela qu'il n'est pas des veritez comme des corps diaphanes, qui sont d'autant plus penetrables à nostre veuë qu'ils sont plus solides. Quand on expliqueroit ces sublimes speculations auec tout ce qui se peut de netteté, elles sembleroient tousiours obscures à ceux qui n'y veulent pas donner leur attention ; qui prennent vn liure François pour se diuertir, & non pas pour estudier, & qui ont tellement raualé l'estime de nostre langue, qu'ils ne la croient propre qu'à descrire des Romans, ou des Panegyriques.

Mon cher Lecteur, d'abord ie vous donne aduis que ie ne vous doy point seruir de ces viandes creuses qui flattent la curiosité, sans satisfaire le iugement. La Theologie n'a que des mysteres où l'on descouure de plus grands thresors, plus l'on les profonde ; Elle tient toutes les sciences humaines subjettes à son seruice ; elle a la substance dont les autres n'ont que les accidents. C'est pourquoy elle demande de vous plus d'estude, & vne plus attentiue consideration. I'y apporte tout ce que ie puis de lumiere ; mais ie ne sçaurois rendre les choses abstraites aussi sensibles, que celles qui contentent nos passions, ou que ces maximes qui pour estre souuent rebatuës dans les escoles, se font enfin renduës familieres à l'esprit, & se font cognoistre par habitude.

Au premier Tome nous nous sommes esleuez à Dieu par les Creatures Materielles : En ce second nous traittons des Intellectuelles, à sçauoir de l'ame raisonnable, & des Anges, qui sont des substances independantes de la matiere. Dieu les a produites comme vn chef-d'œuure de sa bonté ; c'est sur elles qu'il graue les plus rares traits de sa vertu, afin qu'estant au plus haut degré des choses crées, elles portassent vne plus naïue representation de sa grandeur. Toutes les autres choses n'ont qu'vn estre singulier assorty de perfections propres à leurs especes ; leur instincts & leurs capacitez ne s'estendent qu'à ce qui importe à leur conseruation : Mais les creatures intellectuelles comprennent toutes les choses du monde dans leurs idées, & representent ainsi le premier principe en l'excellence de leur Nature & en l'exercice de leurs puissances. Elles sont les plus fecondes, puis qu'il n'y a point de terme ny de lassitude pour les productions de l'esprit ; elles sont plus simples, plus esloignées des défauts de la matiere ; par consequent plus actiues, plus parfaites, & plus semblables à Dieu. Ie commence ce traité par quelques chapitres de la dignité de l'homme : De là ie descens aux preuues de l'immortalité de son ame, toutes tirées de nos experiences, & des principes de la Nature. Cette entreprise de soy n'a rien d'impossible. Car le Concile de Vienne sous Clement V. & de Lateran sous Leon X. sess. 8. determinent

AVANT-PROPOS.

que l'immortalité de l'ame se peut prouuer par demonstrations de Philosophie, mesme selon les principes d'Aristote. Cela condamne l'opinion de Pomponace qui a entrepris le party contraire. Ie le combats aux occasions, & ie ne croy pas auoir laissé aucun de ses arguments sans responce: mais elle est quelquesfois couuerte, par ce que comme i'ay desia dit au premier Tome, mon principal dessein est d'establir la verité, sans proposer les obiections, de peur qu'elles ne trouuent de esprits foibles, où elles soient mieux receuës que les responces. Ie sçay bien mon cher Lecteur, que la petitesse de mon esprit ne me permet pas de produire toutes les demonstrations qui peuuent iustifier ce suiet, ie vous supplie de le croire ainsi afin que si cét œuure ne vous persuade pas, vous n'en accusiez que la foiblesse de mes pensées, & ne donniez pas moins de creance à vne verité de soy tres-certaine, encore qu'elle ne soit pas bien déduite: Elle importe tellement au bon-heur public & particulier; elle est vn principe si necessaire de Religion, que toute sortes d'interests vous obligent de vous en donner vn parfait esclaircissement.

L'HOMME DOIT COGNOISTRE LA perfection de sa nature.

CHAPITRE I.

IE ne sçache point de maxime si vniuersellement receuë, & dont la verité soit tant respectée de tous les aages, & de tous les siecles, que celle qui prescrit à l'homme de se connoistre soy-mesme. C'estoit la premiere leçon de ces sages, qui rapportent l'estude de Philosophie à la reformation des mœurs ; les frontispices des Temples estoient grauez de cette inscription; les oracles la publioient, & ce fut l'vnique responce qu'ils rendirent sans ambages, & sans fausseté La creance que nous y donnons, ne vient pas de l'authorité qu'vn consentement public gaigne dessus nos esprits, en cela nous ne deferons rien à l'antiquité, mais à la raison qui nous persuade que c'est vne mesme imprudence de sçauoir vne quantité de choses, & cependant ne se pas cognoistre, que de negliger ses propres affaires, pour vaquer à celles des estrangers. Tout le monde a des yeux de passion ouuerts dessus nostre vie, pour tirer des coniectures de nostre interieur, demeurerons nous seuls sans attention, pour ce qui nous touche; & la charité que nous nous deuons, sera-elle moins instruite, que l'enuie que l'on nous porte; Cette lethargie n'arriue qu'aux ames abbatues par vne longue habitude de pechez; qui se transforment aux choses materielles, par l'amour qu'elles en conçoiuent, & sont si fort esloignees de Dieu, qu'elles perdent l'affection de voir & de conseruer son image; mais vne ame forte est à elle mesme le plus agreable object de ses pensees; elle se regarde, se possede, s'entretient par vne parole interieure; elle y fait rapport de tout ce qui se passe au dehors, & dans cette tranquillité, elle imite Dieu qui n'a de la gloire, qu'en ce qu'il contemple sans cesse ses perfections infinies.

Elle ressemble aux Cieux par ce mouuement de reflexion, & elle ne souffrira non plus de vicissitudes en ses volontez, & en ses desirs, qu'eux en leur substance, si elle continue dans cette exercice. De sorte que si ce fut vne foiblesse aux yeux de cét Antipheron, dont parlent les Physiciens, de voir continuellement son image deuant luy, à cause que l'air qu'il pouuoit percer, la luy renuoyoit; il faut dire, que c'est vne force, & vne generosité à l'ame de se voir tousiours, parce qu'elle n'est point dans la pauureté des sens, qui attendent leur perfection des choses estrageres ; & qu'elle possede le plus noble obiect des choses crees, quand elle iouyt de ses propres biens.

Si elle se rend attentiue aux graces du Ciel, elle trouue en soy les sentimens de la verité, les motifs de la vertu, les regles de la prudence, le remedes des passions ; Elle se sert de maistre & d'exemple ; & comme elle est l'abregé du monde, elle lit en elle mesme les loix de Iustice, par vne veuë d'autant moins fautiue, qu'elle est plus recueillie, & plus vniuerselle. C'est pourquoy il faut auoüer, que de toutes les cognoissances naturelles dont l'homme est capable, celle de luy mesme luy est la plus importante, pour ioindre la fin.

Tout ce que ie regrette en cette occasion, c'est de voir, que ceux qui se rendent les Maistres de la Sagesse, ne remarquent en l'homme que du défaut, & se persuadent de le bien cognoistre, quand ils le chargent d'autant d'iniures, qu'en meritent les plus infortunées productions du monde. Qu'il me fasche, quand pour les tiltres honorables qui luy sont deus, on luy donne ceux de vanité, de foiblesse, d'inconstance, de misere, de presomption ! quand ie voy que les artifices de l'eloquence agrandissent ses imperfections, & que pour Panegyrique on le rend coulpable de tout ce qui n'est ny vertu, ny felicité.

Ce n'est pas là vne libre confession de nostre
foiblesse ;

DE L'IMMORTALITE' DE L'AME.

foiblesse ; mais vne calomnie de nostre excellence, puis que ces disgraces sont les infirmitez, & non pas les appanages de nostre nature ; Et mesurer à cela nostre condition, c'est iuger du Soleil par son Eclypse; de la beauté d'vne fleur, quand elle est passée; de la generosité d'vn Lyon, quand il est mort. Qu'elle fureur d'estre ennemis de soy-mesme ? de n'auoir des yeux, que pour voir en nous, ce qui n'est point nostre ? Ils rendent les defauts possibles, comme necessaires; ils nous font vn ordinaire d'vn accident; ils ressemblent à vn Legislateur qui n'auroit des loix, que pour les crimes; & leur sagesse se reduit à traitter l'homme par vne continuelle application de remedes, sans luy faire prendre de nourriture.

Il est vray que nos esprits sont quelques-fois esmeus des passions dont nous parlerons plus-bas; les maladies sont importunes à nos desseins, & cruelles à nos sentimens, les coups que nous appellons de fortune troublent nos affaires; tous les artifices de la Medecine, ne nous sauuent pas des langueurs de la vieillesse, ny l'innocence de nostre vie, de l'arrest de mort; mais nous auons vne raison interieure assez puissante pour nous conseruer la paix entre ces disgraces, sans en faire des plaintes, & sans emprunter du secours d'ailleurs ; les maladies ne sont que de rares occasions, qui donnent de l'exercice à nostre vertu, la fortune n'a ny presens, ny supplices pour vn bon courage; ce que nous prenons pour vne tempeste, n'est autre chose qu'vn vent fauorable qui nous meine au port de l'eternité, où le merite de nostre vertu doit estre accueilly de ses recompenses.

Vne ame touchee de l'amour de Dieu regarde les choses mortelles auec vn desdain, qui ne leur permet pas de l'approcher ; Elle est au dessus du monde, son corps luy est subiect ; ses passions sont des soldats obeissans à ses ordres ; la mort luy donne plustost du desir, que de l'apprehension, dans l'esperance qu'elle a de l'eternité. Pourquoy doncques accuser, plustost l'homme des miseres qui le trauaillent, que le loüer des vertus qui en triomphent? ne l'estimer que par son habit, ne iuger de sa beauté que dans les tenebres, ne considerer que le corps, & non pas l'esprit, les combats d'vne vie mourante, & non pas les palmes d'vne qui est immortelle. C'est vne extreme ingratitude enuers Dieu de se plaindre de ce qu'on n'a pas, sans mettre en ligne de compte, & sans estre recognoissans des grandes faueurs dont nous sommes auantagez.

Or tant s'en faut que ces sentimens de nostre infirmité, de la façon qu'on nous les desduit, nous portent à l'amendement de nostre vie ; qu'au contraire il me semble que c'est absoudre les crimes, crier liberté à toutes les passions, de les dire propres à nostre espece, & les mettre sous la protection de la Nature. Les plantes, & les brutes s'echauffent à la poursuite de leurs fins, par vne impulsion qui

DE L'IMMORTALITÉ DE L'AME. 19

ne leur laisse point de liberté, & vn mouuement qui les emporte, deuant qu'ils ayent pris resolution de le suiure ; Mais l'homme n'agit que selon ses cognoissances; il mesure ses volontez au sentiment de ses forces ; & sa recherche n'est que des obiets auec lesquels elles ont de la proportion. Si doncques il se croit infirme, miserable, inconstant, plein de vanité, il se rebute de la vertu, où il ne se figure pas pouuoir reüssir; il excuse des excés, où il pense auoir se l'inclination; en son estime le vice luy est vn bien, à cause de la conformité qu'il a auec son appetit; il ne se persuade pas qu'vne loy particuliere soit preferable à vne si vniuerselle entre tous les hómes; qu'elle séble grauée dans leurs cœurs par les propres mains de la Nature : Ainsi de ces mauuaises impressions l'on vient à l'effet, de l'esprit elle passe aux œuures, comme on void souuét des personnes tomber malades par la crainte, ou la forte apprehension d'vne maladie.

Vn Pilote ne fera pas voile s'il est asseuré de faire naufrage ; vn soldat ne prendra pas les armes, s'il se void forcé de les rendre à ses ennemis ; & vn homme ne resistera pas au vice, & à la passion, s'il se croit trop foible pour cette entreprise.

Si la bonté du temperament, ou la conuersation des gens de bien luy donnent quelques entrées à la vertu ; à la moindre occasion il sera prodigue d'vn thresor qu'il ne croira pas pouuoir conseruer; & sur ce qu'il se croit miserable, il se prostituera

C ij

aisément au mal, puis qu'on n'apporte de la diligence qu'à la conseruation des choses qu'on tient precieuses. Tellement que d'attacher tant d'imperfections à nostre nature, c'est nous donner l'audace de les commettre ; c'est en publier l'excuse ; & par cette seule impression, commettre vn crime rapportant au sacrilege de ceux qui mirent les vices dessus les autels ; par ce que supposé qu'ils soient inseparables de nous, & qu'ils fauorisent les sens, nostre amour propre aura vn double sujet d'en estre Idolatre.

C'est pourquoy il me semble que nous deurions apporter autant de soin, pour nous persuader la vertu aisée, que les Capitaines à releuer le courage de leurs soldats par les esperances de la victoire, & par la prudente dissimulation de leur foiblesse, & de leur mauuaise fortune. Prendre nostre cheute pour vn presage de nostre triomphe, comme Scipion ; nostre fuitte pour vn attaque, comme Lucullus ; interpretter les foudres, & les eclypses en nostre faueur, comme Pericles.

L'homme qui se picque naturellement d'honneur, se porte auec bien plus de courage à la vertu, par vne grande estime de ses forces, que par les continuelles apprehensions de sa foiblesse qui l'engourdissent, & qui de tout le bien qu'il pourroit faire, ne luy en laisse que de vains desirs. Sur cette consideration les anciens persuadoient au Princes, qu'ils estoient les enfans des Dieux, par vne flatterie extreme en son insolence, mais profitable à la Republique ; puis qu'elle les empeschoit de faire des actions indignes de leur qualité, & leur inspiroit de genereuses resolutions conformes à la gloire de ces beaux titres. Le motif, & la coniecture des vertus de nostre Noblesse, sont quasi semblables, les armes, les qualitez, les Cheualeries, ne sont que des artifices qui persuadans à vn Gentil-homme qu'il est quelque chose plus que le Commun, luy font faire aussi des actions plus belles, & plus esclatantes.

Cela ne despend pas seulement de l'imagination, mais il faut en effect que l'homme ayt ces forces, puis qu'il les employe ; qu'il ait vne ame capable de la côstance, puis qu'il tient fort contre les disgraces ; qu'il aime mieux la mort, que de faire vne lasche action, & qu'il prodigue ses biens, & son sang, pour se conseruer l'honneur. Peut estre qu'il s'expose ainsi par cette mesme inclination de la Nature qui pare du bras le coup qui fond sur la teste, d'où despend la vie ; Comme si la bonne estime de soy-mesme, qu'on veut maintenir, estoit la premiere source de la vertu.

C'est se tromper d'attendre de grandes actions d'vn petit courage ; l'homme ne s'esleuera iamais à Dieu, s'il ne se croit plus puissant que tout le monde, plus fort que les passions, que les charmes de la volupté, que les gesnes de la douleur ; s'il ne se met au dessus du temps, s'il n'est vne eternité, &

s'il ne s'ynit au premier Principe par quelque sorte de reſſemblance. Le poulmon attire l'air dont il ſe nourrit, quand il s'eſleue, & l'ame par cette genereuſe ſaillie reçoit les graces qui acheuent de la rendre plus conforme à Dieu, & qui luy donnent l'effet de ſes pretentions. Son interieur eſt vn ciel, dont la ioye n'eſt iamais banie, les mouuemens de la partie ſenſitiue obeiſſent à la raiſon, comme les aſtres aux intelligences; le ſeul reſpect que le ſage ſe porte à luy meſme luy vaut tous les Iuges, & tous les teſmoins du monde, pour le tenir dans les termes de ſon deuoir. Laiſſons donc ces laſches penſées de la miſere de l'homme; faiſons voir les excellences de ſa nature, pour en tirer les conſequences de l'immortalité de l'ame; pour nous acquitter d'vne recognoiſſance enuers Dieu, d'vn deuoir de iuſtice enuers nous meſmes; & pour ne point tomber ny dans les occaſions du vice, ny dans le deſeſpoir de la vertu.

L'homme eſt le plus parfaict des animaux.

Chap. II.

IL ne faut point craindre que l'homme ſoit vn iuge trop fauorable en l'eſtime de ſes propres perfections, puis que nous auons de la peine à les luy perſuader, & que dans les auantages qui luy ſont donnez sur le reste des creatures, son plus grand defaut, c'est de ne les pas bien cognoistre. Les brutes n'ont de la complaisance que pour elles mesmes; leur amour s'attache non pas à l'excellence de leurs qualitez, mais aux conditions de leur individu; le corbeau se plaist en ses plumes, aussi bien que le perroquet; le coq d'Inde se mire en sa queuë, comme fait le paon; & comme leur imaginatiue n'a pas vne idee generale de la beauté, elle se contente de celle qui leur est particuliere. Mais l'homme ressent en soy vne ambition qui desire tout ce qu'elle ne possede pas, & il ne se sçauroit contenter d'vn bien qui se peut accroistre, parce qu'il est creé pour la iouyssance de l'infiny.

Nous regardons d'vn œil de conuoitise les diuerses perfections que la Nature a partagees entre les especes; le vol des oyseaux, les forces des Elephans, le courage, & les puissantes armes des lyons la veuë des aigles, l'odorat des chiens, la course du cerf; le regret d'en estre priuez nous fait ietter vne infinité de plaintes. Mais c'est auoir des pensees trop basses de souhaitter des qualitez qui sont propres aux brutes; & en cela l'ambition de l'homme se trompe elle-mesme, autant que feroit vn Prince, qui conceuroit de la ialousie de toutes les habiletez des valets, & des mercenaires. Comme il y a des emplois honteux, l'impuissance n'en est qu'honnorable aux personnes qui se portent aux plus grandes choses; & Alexadre qui estoit né pour la Monarchie, receut fort a propos le reproche de son pere, de ce qu'il sçauoit si parfaictement la Musique.

Nous verrós plus bas que l'hôme est le souuerain entre tous les animaux, qu'il sçait employer leurs forces, & leurs industries pour son seruice, & qu'il iouyt par le moyen de sa cognoissance, de tout ce qui manque à sa complexion: De sorte qu'il n'estoit pas necessaire qui fust luy mesme equipé d'organes, pour des functions qu'il reçoit de l'obeissance des autres auec empire sans trauail, & sans se diuertir de ses plus serieux emplois.

Les armes, les forces, les habiletez des brutes, viennent de l'excés de l'vne des qualitez qui entrent en leurs compositions; la cuirasse des rinoceros, des tortuës & des escreuisses; les pointes de l'herison, le cuir, & les deffences de l'elephant, & du sanglier; le bois des cerfs, les cornes des bœufs & des buffles procedent ou d'vn excés, ou d'vne mauuaise digestion de parties terrestres qui surabondent; la fureur des bestes qui viuent de sang, releue du feu, l'agilité des oyseaux, de l'air; les insectes, dit Aristote, qui n'ont point de sang, ont plus d'industrie, & la seicheresse affine leur imaginatiue pour certains ouurages, hors lesquels, estant sans conduite, leurs artifices ne sont autre chose qu'vne subtile folie.

Mais l'homme estant né pour vne cognoissance vniuerselle deuoit estre d'vn temperament esgal, où l'excés d'vne qualité n'affectast point l'imagination

gination à certaine chose, & qui ne couurist point le corps de cette rudesse, de crains, de peaux, de cornes, d'ongles, de deffences.

En cela mesme il surmonte les animaux, qu'il n'esgale pas en force, par ce qu'il a vne plus genereuse vertu assimilatiue, qui fait vn plus exact meslange des elements, tempere leurs qualitez, & les reduit à vne iustesse fauorable aux exercices de nostre nature. Le sang en deuient plus pur ; la substance des organes plus exquises ; les esprits plus nets & plus estincelans pour entretenir les phantosmes dont nostre ame se sert en ses speculations.

L'agreable meslange de la chaleur, auec l'humide qui se rencontre particulierement en l'homme, fait vne douce polissure de cuir, où la blancheur perd ce qu'elle auoit de fade, par vn vermillon, qui represente le teint de l'aurore, & donne à nostre corps le priuilege de la beauté, comme il n'y a icy bas que nostre ame qui en ait l'idée : C'est pourquoy les Empereurs Romains deffendirent de grauer les marques de la seruitude, ou de la punition des crimes, sur les visages, qui portans quelque ressemblance du Ciel, demandent de nous vne espece de veneration.

Nostre taille droite, qui nous laisse à peine toucher la terre, nous aduertit que nous sommes nez pour la iouyssance & pour la contemplation du Ciel, elle nous fait respirer vn air plus pur, elle permet vne plus grande descouuerte aux sens, elle nous donne plus de dexterité à l'action, & vn auantage sur les animaux estans plus esleuez, comme Maistres, comme Iuges, & comme triomphans de leurs forces.

Vous diriez que l'ame tasche comme le feu, d'esleuer le corps à sa region; que par cét effort elle met dans vn estage moyen, à cause que l'homme fait le nœud du monde, & luy donne cette posture conforme aux mouuements naturels, qui cherchent leur centre par la ligne droite.

Aussi nous auons fait voir au premier Liure, que l'homme est vn petit monde, que les signes du zodiaque, & les planetes ont leurs colonies dedans son corps, qu'ils president au parties vitales, & qu'ils y font vn autre ciel par le fauorable recontre de leurs vertus; & comme le ciel côtient les perfections inferieures auec eminence; de mesme nos corps sont animez d'vne chaleur plus noble que l'elementaire, & selon l'opinion de quelques Naturalistes; ils ont vn baume vital, où toutes les vertus des simples, des des arbres, des gommes, des mineraux, sont recueillies par extraict: De là viennent, à ce qu'ils disent, les cures admirables que fait la Nature sans l'ayde des medicaments, & ces effets prodigieux de l'imagination, qui tenant l'épire dessus la matiere, appliquant à propos l'actif au passif, peut faire en nos corps des merueilles approchantes de ce que les Démons exercent au monde.

Ces considerations me font estonner, de voir

des hommes ingrats, iufques à fe plaindre de la Nature, comme d'vne maraftre qui les priue de leur legitime, qui les expofe, qui leur tient autant de feuerité, qu'elle oblige le refte des animaux de fecours, & de bien-veillance.

I'auouë que l'homme pleure à l'entrée du monde, & fi c'eftoit par vne cognoiffance qu'il eut de fa condition; Ie dits qu'il apprehende moins les difgraces de cette vie que le delay de l'eternité, & que fes larmes font pluftoft d'amour, & de defir, que de crainte. Ie veux qu'il pleure en effet, mais c'eft parce que fon temperament trop delicat eft bleffé de l'air où il n'a pas encore pris fon habitude, ou bien parce que fon corps fe refferre en vne nouuelle folidité, comme le corail au fortir de l'eau, & que les aftres verfants tout à coup le gros de leurs influences, eftendent & font quelque peu fouffrir fa capacité. De forte que fa douleur ne vient que d'vne abondance qui l'eftonne; Iufques à ce que les quarante iours en ayant fait la digeftion, il commence à reffentir fa felicité; & le transport de fa ioye le fait rire, comme plus heureux, mefme dans la foibleffe de ce premier aage, que le refte des animaux en leur eftat de perfection.

Encore qu'il foit nud, la Nature luy imprime cefte confiance alaigre, à caufe qu'elle donne vn extréme foin à la mere de le fecourir, & vne amour beaucoup plus puiffant que celuy des brutes, qui finit auec l'enfance de leurs petits. Appellez-vous desarmé celuy, qui estant en aage, met les animaux, les elements, & toute la Nature sur pied pour deffence ; comme vn Prince qui ne combatant pas de sa personne, par trop importante à l'Estat, fait soustenir sa querelle par vne leuée, & vn arriereban de tous ses subjets ; que si son courage le porte au combat, par son industrie son corps est armé de fer, sa main d'vne espée qui tranche mieux que les razoirs des Pantheses ; il se fait des foudres auec les canons, des tremblements de terre auec les mines ; il galoppe auec les cheuaux, il vole & nage auec les nauires : ainsi au lieu d'vne sorte d'armes la Nature luy donne l'vsage de toutes, & le rend maistre de ses arsenacs. Les lyons combattent pour son passe-temps dans les amphiteatres ; les elephans portent les tours, & font le desordre dans les armees ; les bœufs trauaillent à son labourage ; les bestes de campagne luy fournissent la nourriture ; les faucons & les autours, volent pour son plaisir & pour son profit : Quelle apparence doncques de plaindre cette creature comme miserable, qui a l'empire des autres, & pour le seruice de laquelle le monde est basty.

L'homme est la fin du monde materiel.

CHAPITRE III.

LA police que la sagesse humaine establit dans les estats, n'est qu'vn crayon fort grossier de celle du monde, & l'eſſay d'vn gouuernement dont la Nature nous monſtre l'original. Car l'homme conſerue touſiours beaucoup de ſa liberté ſous la domination du Prince; Il faut de grands artifices, ou vne extréme rigueur pour luy aſſuiettir; encore comme les deuoirs y ſont reciproques, c'eſt pluſtoſt vne eſpece de ſocieté, & de commerce, qu'vne veritable ſubiection. Mais la Nature engage le degré inferieur au ſeruice du ſuperieur, auec les loix d'vne ſeruitude ſi eſtroite, qu'il ſe laiſſe parfaitement poſſeder, & pert la vie ſans faire de reſiſtence. La terre s'appauurit ſans ceſſe de ſon humeur & de ſes eſprits, pour fournir les plantes de nourriture; les plantes ſont touſiours en priſe des animaux; leur naiſſance trahit leur conſeruation, & elles ne ſe ſçauroient produire ſans s'expoſer à la mercy des bouches, & des mains qui les veulent rompre. Si les animaux ont des forces & des induſtries, ce n'eſt que pour donner de l'exercice à celles de l'homme qui les tient ſubiets, & qui en triomphe plus glorieuſement apres vn leger combat de corps & d'eſprit, qui fait les delices de la peſche, & de la chaſſe. Chaque element luy paye le tribut de ſes nourriſſons. Il couure ſa table de ce qu'il tire des abyſmes de l'Ocean, de la profonde ſolitude des foreſts & des montagnes; quelque liberté, & quelque ruſe qu'ayent les oyſeaux, ils ne ſçauroient eſchapper ſa priſe.

 C'eſt vn miracle de voir comment il change

leurs inclinatiós, il calme leurs fougues, & leurs battemens, pour leur faire prendre des exercices, où ils contribuent leurs habiletez à l'accomplissement de ses desseins ? Qui n'admireroit les oyseaux de fauconnerie qui estant de leur nature les plus hagards, se rendent les plus domestiques de tous, quand ils sont reclamez, & reuiennent sur le leurre, ou sur le poing à discretion? Qui n'auroit point veu, ne croiroit iamais l'action d'vn chien couchant bien dressé, sa vitesse, sa poursuite, ses destours, ses reprises, son intellegence auec le chasseur, son allegresse dans la rencontre, & la contrainte qu'il se fait de ne point pousser vn gibier qu'il ayme, qu'autant qu'il faut pour la tirasse, ou apres le coup d'arquebuse. L'escuyer est si bien colé dessus son cheual, il court, il pare, il fait des voltes & des passades auec tant de iustesse, que les Poëtes eurent subiet de les prendre pour vn seul corps, qui estant meslé de deux espece, s'appelloit Centaure.

Voila doncques les elements, les plantes, & les brutes, obligez à rendre seruice à l'homme; Et c'est pourquoy les Empereurs Romains ne voulurent pas que les seruantes esclaues, & les enfans qui en pourroient naistre fussent au nombre des choses qui apportent fruict; pource, dit la loy, que ce seroit vne tres-grande absurdité, de tirer du fruict de l'homme pour lequel la Nature produit tous les fruicts. Or puisque les qualitez, les forces, les vertus, les vices de tous les degrez inferieurs, se rap-

DE L'IMMORTALITÉ DE L'AME. 31
portent à l'homme ; Il faut conclurre qu'il en est la fin.

La raison nous le persuade, en ce que l'ordre estant estably au monde, les moindres choses doiuent agir pour les plus nobles. Or toutes les creatures inferieures trauaillent pour l'homme ; il est donc leur Prince, & leur fin. Leur seruice est honorable, & leurs fonctions prennent vn surcroist de bonté, en consideration de la fin où elles se rapportent : Car la matiere est recompensee d'vne forme plus accomplie, quand les choses materielles font perte de leurs existences pour nostre commodité.

Pourroit-on douter, que toutes choses ne fussent establies pour l'homme, puis qu'il tire ses profits de toutes, & que celles mesmes qui semblent moins destinees à ses vsages, seruent à la satisfaction de son esprit. Nous voyons dans les cabinets des perles, des pierreries, toutes sortes de coquillages, d'oyseaux, de poissons, d'insectes, de Monstres marins, de productions extrauagantes, cóme si la Nature n'auoit des artifices, & des chef-d'œuures que pour les presenter en hommage à nostre curiosité. C'est se rendre maistre de l'influence des Cieux, de ramasser en vn lieu ce qu'elles produisent en diuers climats, de considerer deprés ce que les abysmes, les deserts, les minieres, ont de rauissant ; de voir l'enchaisneure des especes, par l'entremise des estres moyens qui en forment l'ordre & la continuë,

& de faire vn monde d'vn cabinet. Certes l'homme n'auroit point d'amour pour toutes ces choses, si Dieu ne les auoit ordonnees pour luy ; la complaisance que luy en apporte la veüe , & la possession d'ailleurs inutile, est la marque d'vne sympathie vniuerselle, qu'il a auec toute la nature, par ce qu'il en est la fin.

En cette qualité toutes choses se deuroient rendre à luy ; l'or deuroit sortir volontairement des mines , & les diamans quitter leurs rochers, pour se venir mettre entre ses mains, s'il estoit comme le centre des corps simples, incapable d'amour & de cognoissance, & que son vnion deust estre materielle : mais c'est assez qu'elle se fasse auec l'esprit ; Cognoistre les choses , c'est les posseder selon l'excellence de nostre nature, & les espeçes qu'elles respandent pour se faire voir, & se ioindre à nous comme à leur fin, leur sont au lieu du mouuement naturel des corps. Quand l'homme seroit vn centre mobile ; c'est vne de ses excellences, qu'il possede seul l'actiuité necessaire à l'vnion qu'il doit auoir auec toutes choses , & qu'il les préuienne , puis que ses recherches sont assaisonnees de delices ; que leur trauail affine l'esprit , & que sa capacité paroist en surmontant les difficultez de la iouyssance.

Ie ne m'estonne pas que l'homme soit la fin du monde materiel , puis qu'il en est en quelque façon le principe , à cause que la Nature n'a point

de

DE L'IMMORTALITÉ DE L'AME. 35
de productions, qu'il n'imite, & ne perfectionne
auec les arts comme nous le dirons aux fuiuans Chapitres.

De forte que toutes chofes fe rapportent à luy,
leurs vertus, leurs forces, leurs vies feruent à fon entretien, par vn retour qu'elles font à celuy qui porte
l'image du premier Moteur, & qui peut enrichir
leur eftre d'vne nouuelle perfection.

Il ne faut point icy alleguer les lyons, les tygres, les ours, & femblables beftes alterées du fang
humain, & qui femblent n'auoir des forces, que
pour nous ofter la vie ; d'autant que comme nous
auons monftré, l'homme ne laiffe pas d'en auoir
l'empire, & de vaincre leurs violences par fes induftries. Rome a veu des lyons attelez, comme des
cheuaux, qui traifnoient le char triomphant de
Marc Antoine ; leurs combats luy feruoient ordinairement de ieu dans l'amphitheatre: Et Carthage
ne cognoiffoit pas encore les priuileges de noftre
nature quand elle condamna comme vn temeraire, le gentilhomme, qui le premier auoit ofé approcher ces beftes feroces, & les rendre appriuoifées.

La prouidence diuine les a bannies dans des folitudes, qui font comme des referuoirs, où fans
eftre incommodes à noftre demeure, elles attendent que l'homme les chaffe felon fes neceffitez,
& quand il fe veut donner de l'exercice. Leurs
peaux feruent à fes veftemens : La Medecine fe

Tome 2. E

fait des remedes de leurs chairs, de leurs moëlles, & de leurs os: Les arts, les employent à tant d'vsages, que nous tirons de grands interests, & des recompenses tres-auantageuses de ces especes qui semblent nous estre ennemies.

Pour ce qui regarde les viperes, les basilics, la ciguë, l'antimoine, les plantes, & les mineraux qui cachent vn venin où la nature semble manquer de fidelité, & dresser des embuscades à nostre vie ; Ie dis, que supposé l'ordre au monde, il estoit necessaire qu'il y eust des extremitez contraires à nostre temperament le plus iuste, comme nous auons dit, & qui tient le milieu de tous. Encore la consideration generale du monde cede tellement aux interests particuliers de l'homme qui en est la fin, que les dommages qu'il reçoit de ces poisons sont rares, & les commoditez ordinaires. Ce que les serpens, & les scorpions portent de venin, n'est qu'vn excrement, dont vne partie du corps est armée pour leur deffence ; les autres ont de si fauorables & si puissantes qualitez, qu'elles resistent à celles qui sont mauuaises, & nous seruent d'vn prompt antidote. Aussi la Pharmacie faict vn theriaque de la vipère, & n'y a point de poisons qu'elle ne puisse temperer, de sorte qu'ils entrent dans les remedes, qu'on prend, ou qu'on applique à l'exterieur. La Chymie sçait preparer les simples & les mineraux, reduire l'excés de leur qualitez au degré qu'elle veut, pour en faire des opera-

DE L'IMMORTALITÉ DE L'AME. 35
tions, qui nous semblent de petits miracles.

Les maladies nous estant fatales, à cause des contraires qualitez qui nous composent, de celles que nous respirons auec l'air, où qui nous viennent des malignes influences des planetes infortunées, il nous falloit ces puissans remedes pour les combatre; Et ie pense que les maladies que Fernel appelle de la forme, parce qu'elles dépendent des Astres, ne se peuuent guerir que par le secours que le Ciel mesme a caché dedans les venins.

Mais quand nous n'en tirerions aucuns profits, en ce qui regarde la santé du corps, la satisfaction que leur cognoissance donne à nostre esprit, est vne preuue assez pertinente pour conclurre, que toutes ces choses ont esté faites pour nous. Car l'excés de ces qualitez est vne des choses du monde, dont la veuë est absolument necessaire pour en bien recognoistre l'ordre, & y admirer la sagesse du premier Principe. Si l'homme veut, il fait combatre ces qualitez ennemies; comme des gladiateurs; il les fait perir à discretion par le meslange, ou sous l'actiuité des plus fortes, soit pour en tirer des experiences, ou seulement pour contenter sa curiosité afin qu'on ne doute plus que toutes choses sont faictes pour luy.

La plus grande difficulté est de sçauoir si les Cieux, qui contiennent toutes les beautez, & qui de tous les corps sont les moins sujets à l'alteration, n'ont pour fin que l'vtilité de l'homme, qu'on dit

E ij

estre la plus foible, & la plus infirme des creatures. Si on iuge de ses excellences autrement que par les conditions du corps, ie ne trouue point que les Cieux soient des-honorez par ce seruice, ny qu'il y ait du defaut en cette subordination : On ne s'estónera pas que leurs estéduës, leurs lumieres, leurs mouuements seruent à vne creature qui paroist petite ; si on considere la bonté de Dieu, qui a peu aussi aisément allumer vn Soleil au Ciel, qu'vn feu sur la terre, pour l'homme qu'il a voulu honorer de sa ressemblance & de son amour.

Si l'on veut examiner cette verité par la raison, l'on trouuera que les Cieux ne sont pas riches de ces éclattantes qualitez que nous y admirons, & qu'ils ne continuent pas leurs reuolutions sans interualles & sans lassitude pour leur propre interest. Car le mouuement est vn effort que fait la Nature pour la recherche d'vn bien qui luy manque, & dont elle peut auoir la possession auec le repos. Si les pierres se precipitent en bas ; si l'air enfermé dans les cachots de la terre, l'esbranle; si le feu pointe en haut, & perce les corps qui s'opposent à ses saillies ; si tous ces elements ont vn mouuement local, c'est pour se mettre dans les regions qui leur sont propres, & leurs actiuitez sont les armes auec lesquelles ils taschent de faire tousiours quelques conquestes sur leurs voisins. Or les parties des Cieux ne sçauroient esperer par le mouuement vne situation, ny des qualitez plus auantageuses que

DE L'IMMORTALITÉ DE L'AME. 37
celles dont elles iouïssent en quelque temps que ce soit, puis qu'elles sont par tout également distantes du centre du monde, & qu'on les croit aussi peu capables d'accroissement que d'alteration.

De fait, si quelques aspects, quelques rencontres quelques positions leurs estoient plus fauorables, & si elles y pretendoient par le mouuement, elles les possederoient quand elles y sont, auec le mesme repos & les mesmes satis-factions que toutes les choses materielles trouuent en leur centre. Cependant nous voyons que le Soleil sort aussi viste du Lyon que du Verse-eau ; Iupiter du Sagitaire que des Gemeaux ; Mars du Belier que des Balances ; qu'ainsi les autres planetes ne s'arrestent pas plus, & ne tesmoignent pas dauantage de complaisance en leurs maisons, qu'en leurs exils, en leurs apogées, qu'aux signes qui leur sont diametralement contraires. Ils ne pretendent donc rien pour euxmesmes en toutes ces reuolutions, & n'y a point d'estat ny d'aspect capable de leur donner des desirs, puis qu'il ny en a point dont la ioüyssance puisse arrester leur poursuite : Ou bien la Nature les auroit extremement disgraciez, de les auoir rendus si auides, si promps & si constans en leurs recherches, & neantmoins si stupides en leurs iouyssances, qu'ils quitassent en moins d'vn moment, ce pourquoy ils ont trauaillé durant plusieurs siecles. Ce desordre ne peut pas estre en des substances dont les parties, les situations, les periodes sont ajustées

E iij

auec des proportions qui entretiennent l'ordre du monde. Si donc Dieu n'a rien fait en toute la Nature d'inutil, ny d'extrauagant; il faut necessairement conclurre, que le mouuement des Cieux se rapporte à quelque fin estrangere, puis qu'il ne se fait pas pour eux-mesmes, & qu'ils n'en peuuent tirer aucun profit.

Ils n'agissent pas pour les choses simplement materielles, qui sont moindres en dignité. D'autant que la fin doit tousiours estre plus noble que la chose qui y pretend. Ce n'est pas aussi pour les creatures purement intellectuelles, comme sont les Anges; parce qu'estant tous desgagez de la matiere, ils n'ont aucun besoin de l'influence des Cieux, & ne peuuent tirer aucun soulagement de ces qualitez, auec lesquelles ils n'ont point de proportion. Ils trauaillent donc pour le seruice de l'homme, qui est d'vne nature plus excellente, à cause de son ame raisonnable & immortelle; & d'autant qu'il porte vn corps, dont le temperament s'entretient par les subsides qu'il tire des Cieux: de sorte qu'il a le merite pour receuoir leurs hommages, & des conditions pour lesquelles ils ne luy sont pas inutils.

Nous pouuons encore tirer preuues de cette conclusion, par l'aspect des parties du monde, & du lieu où l'homme fait sa demeure: Car en tout le procedé de l'art & de la Nature, la chose contenuë est tousiours plus noble que celle qui l'enuironne, dont elle se couure comme d'vne arme pour sa deffence, ou d'vn habit pour son ornement. Le ceruau a la solidité du crane pour sa forteresse ; les muscles, les tuniques, les nerfs, les humeurs de l'œil euueloppent la cristaline, qui est la plus noble, l'ame & le Soleil de ce Ciel. La voûte des costes n'est esleuée, que pour laisser l'espace necessaire au mouuement des parties vitales, que pour parer le heurts & les rencontres, qui pourroient offencer leur delicate complexion. Les arbres font couler leur séue, d'où dépend leur vie, entre l'escorce & la solidité de leur substance, & enferment au milieu des fruicts les grains, sur lesquels ils remettent les esperances de leur propagation. Les frontieres s'incommodent de garnisons, & soustiennent l'attaque des ennemis, pour laisser vne profonde paix au cœur du Royaume, où se fait le grand abord du commerce, & où le Roy tient sa residence.

Il faut doncques pour trouuer vn ordre dans le tout, qui rapporte à celuy que nous voyons dans ses parties, qu'il y ait quelque estre au milieu du monde, plus noble que ses enceintes, & qui merite que les corps superieurs luy rendent l'hommage de leurs qualitez : On y void la terre, mais qui estant la derniere, la moins actiue & la plus imparfaicte des Elements, ne sçauroit estre plus releuée en honneur que les Cieux, & n'a point de titre que sa pauureté, pour receuoir le concours de leurs influences. C'est doncques l'homme qui l'habite, qui est le veritable centre de la Nature, la fin des choses sensibles, le Prince à qui tous les corps payent les hommages, & les redeuances de leurs vertus.

Si on nous accorde que les Cieux roulent pour entretenir les generations inferieures; qui sont toutes destinées à nos vsages, & à nos plaisirs, il s'enfuit que leurs mouuemens n'ont que nostre vtilité pour derniere fin, & qu'ils ne les continuent que pour nous.

Il est vray que les choses inferieures se contenteroient pour leur entretien, d'vne influence, qui se glissast mesme dans les tenebres, au moins d'vne chaleur, & d'vne lumiere telle, que la peut donner vn seul des Planetes: Ie ne voy doncques point pourquoy les voûtes du monde brillent de cette grande diuersité de lumieres; pourquoy elles ont leur ordre, leurs mouuements: leurs reuolutions si reglées, comme nous les auons descrites, si ce n'est pour meriter l'admiration de l'homme, qui seul est capable d'aymer la beauté.

Aussi les astres n'ont de la lumiere, qu'en la partie qu'ils nous laissent voir; en l'autre ils sont obscurs, comme nous en auons l'experience par les eclypses du Soleil, les augmentations ou décroissements de lumiere que souffre la Lune, selon qu'elle s'écarte ou qu'elle s'approche plus prés de luy, & qu'elle en est esclairée, comme vn miroir: Il semble en cela que les astres nous fassent la Cour, & se reduisent à la condition des personnes qui s'incommodent afin de se parer aduantageusement, &

plaire

plaire au Prince d'ôt elles recherchét les affections.

Deuant que quelque insigne disgrace arriue aux Royaumes par les guerres, les pestes, les famines, la mort des Princes, le Ciel tesmoigne de la compassion en nostre misere; il arme tout le premier, il remplit l'air de bataillons, comme pour combatre l'inimitié de la fortune; il fait monstre de plusieurs prodiges, afin de nous asseurer que nos interests le touchent, & que nos troubles luy ostent la paix. Vous diriez que ces frontieres du monde soustiennent les premieres attaques du malheur, & ne permettent pas qu'il arriue iusques à l'homme qui est leur Prince, qu'ayant desployé leurs forces pour l'en deffendre. Les nuës sont quelquesfois teintes de sang, comme si on y auoit rendu de grands combats; les eclypses, & le funeste flambeau des Cometes, dónent le signal des perils qui viennét sur nous, afin que nous cherchions nostre seureté, ou du moins que nous affoiblissions les coups du malheur par le preuoyance, & par vne genereuse resolution.

Ces corps superieurs ne se monstreroient pas si affectionnez à l'homme, ny si sensiblement touchez de ses disgraces, s'il n'estoit leur fin, celuy pour lequel ils font l'exercice de leurs mouuemens, & versent les meilleures de leurs influences.

En cela, il ne faut pas considerer l'homme selon les conditions du corps, sujet aux infirmitez & à la mort, mais selon le merite de son ame intelligente

Tome 2. F

& immortelle; ainſi eſtant la plus noble des parties du monde, les autres luy doiuent l'hommage: Car la Nature ſe gouuerne par vne police, qui faict ſeruir les choſes inferieures aux ſuperieures, l'elementaire au vegetable, celuy-la au ſenſitif, le ſenſitif & tout ce qui tient de la matiere, comme ſont les Cieux, à l'homme, dont l'ame eſt immaterielle.

Il eſt compoſé de deux parties differentes en conditions, mais la moindre prend part aux prerogatiues de la plus noble ; Le corps reçoit les ſeruices de la Nature, à cauſe des excellences de l'ame par vn droict de communauté, comme vne femme qui tire ſon luſtre de la dignité de ſon mary.

Par l'alliance de ces deux natures, il eſt le nœud des deux mondes ſenſible, & intellectuel ; ainſi toutes choſes qui aſpirent à l'vnité comme à leur Principe, fondent à ce milieu qui en eſt l'image; Leur condition materielle ne leur permet pas d'auoir la veuë, ny l'affection du ſouuerain bien, mais en eſchange, elles ſe laiſſent poſſeder à l'homme, elles luy rendent ſeruice, afin de prendre quelque part à ſa contemplation, & de retourner autant qu'il leur eſt permis à Dieu, en donnant ſujet à la creature raiſonnable de s'y eſleuer. De maniere que ces biens ſenſibles ſont vne recepte, dont nous ſommes obligez de tenir compte; nous ne ſommes la fin des creatures, que pour les rapporter à Dieu qui en eſt la premiere cauſe, & les profits que nous en tirons ſe doiuent payer en vœux, & en ſacrifices. Ce feroit vne extréme ingratitude, que la terre nous donnast continuellement ses fruicts ; que le Ciel versast sans cesse ses influences, que le Soleil se leuast tous les iours sur nostre horizon, pour nous réjouyr de sa lumiere, & que cependant nostre ame ne s'éleuast point à Dieu, pour luy rendre graces de ses obligations personnelles, & pour celles qu'elle a contractées au nom de toutes les creatures.

La dignité, & les prerogatiues de l'homme consistent principallement en l'ame.

CHAP. IIII.

IL s'est veu des peuples si peu sensibles aux priuileges de nostre Nature, qu'ils mesuroient la perfection de l'hôme aux forces du corps, & se mettoient comme les elephans, sous la conduite de celuy dont la taille estoit plus auantageuse. Ce déreglement d'esprit leur venoit de ce qu'ils viuoient dans vn siecle & sous vn climat de fer, où n'ayans pour tout exercice que celuy des armes, ils ne recognoissoient point d'autre vertu qu'vne vaillance guerriere: Le merite estoit à reüssir en ce qu'ils pretendoient, & s'ils mettoient les espées, les massuës, les haches, & les autres instruments de guerre dessus les Autels, pour leur rendre des honneurs diuins; ie ne m'estonne pas s'ils donnoient les sceptres à ceux qui penſoient eſtre les plus capables de s'en bien ſeruir. L'amour extreme de leur liberté les fit idolatres de la force qui la conſeruoit, & comme les ſentimens de la douleur, ſont plus vifs que ceux de la volupté, ils negligerent les douces occupations de l'eſprit, afin d'eſtre plus entiers à celles qui les deffendoient de leurs ennemis.

Mais enfin l'experience leur fit cognoiſtre, que les victoires ſe gagnent pluſtoſt par vne prudente conduite que par vne fureur de Mars ; que le conſeil eſt l'ame des armes ; que les forces qui en ſont priuées, ſe briſent ſur ce qu'elles attaquent, & ſe tariſſent comme les torrens apres que leurs boüillons ont fait vn leger degaſt : C'eſt pourquoy ils appellerent les ſciences à leurs ſecours, pour en cela imiter les Cieux, qui tiennent l'empire des choſes inferieures, par la lumiere, & par des influences ſi douces, qu'elles ne nous ſont pas ſenſibles : Les armes ne furent plus que les eſclaues de la prudence; on donna cours à cette maxime, que les ſages ſont auſſi differents du reſte des hommes, que les viuāts le ſont des morts; Les Poëtes ſignifierent l'auantage qu'a la prudence deſſus la force du corps, par la fable d'Vlyſſe qui tua le Geant, & on commença de ſacrifier à Minerue pour bien reüſſir dedans les batailles.

Rome fit ſes grands exploicts ſous des Capitaines plus ſages qu'ils n'eſtoient vaillans, qui ſçauoiét interpreter tous les augures à leur faueur, couurir les disgraces, eschauffer les courages par leurs harangues, entrer dans le conseil de leurs ennemis, y ietter la diuision, supputer leurs forces, les defaire par leurs propres armes, & gagner les victoires fuyants le combat. Il faut doncques iuger de la dignité de l'homme par les actions de l'esprit, quis que c'est où consistent ses plus grandes forces, & la Nature mesme nous rend cette verité sensible en la Police de nostre corps, quand elle faict que les nerfs qui donnent le mouuement, viennent du cerueau où reside la cognoissance; S'il a l'empire sur les animaux, s'il change les loix de la Nature, s'il luy donne de nouuelles perfections par ses artifices, s'il esleue des bastimens, s'il va trouuer les tresors au centre du monde, s'il fend les montagnes, s'il passe les mers, s'il destourne le cours des fleuues, si par le moyen des ponts il marche à pied sec dessus les eaux, ce sont tous effects de l'inuention de l'esprit, où les forces du corps contribuét moins que le pinceau en vne excellente peinture.

Si nous faisons iugement de la perfection des choses, par les qualitez qu'elles tiennent en propre de leur espece ; d'vn cheual par sa generosité, d'vn chien par son odorat, d'vn rossignol par son chant ; l'homme doit estre estimé par la raison qui est son preciput, & sa difference essentielle, sur le reste des creatures insensibles. Car si nous considerons les infirmitez de nostre corps, nous sommes en quelque chose inferieurs aux brutes, à qui la Nature a donné des forces plus vigoureuses, vne complexion moins caduque, des armes plus promptes, des sens plus exquis, pour recompenser les defauts de la raison. Ainsi ceux qui declament contre l'excellence de l'homme, & qui le veulent rendre le plus miserable des creatures, ont beau jeu, quand ils s'estendent sur les foiblesses du corps, sur la description des douleurs qui luy sont & plus ordinaires & plus faciles que les voluptez, mais qui en effect ne le picquent que pour le diuertir des trop grandes occupations de l'esprit, & obliger son soin à la conseruation de sa vie.

Si nous suiuions le sentiment des Platoniciens, il nous suffiroit de dire, que ces médisances ne s'adressent pas à l'homme ; que ces coups s'arrestent sur son habit, sans percer iusques à son interieur ; qu'ils n'offensent que ce qu'il mesprise, & que ces inuectiues ne tournent qu'au des-honneur de son ennemy. Car au dire de ces Philosophes, le corps ne faict point partie de l'homme, il est seulement la prison de l'ame, vn cachot, où elle ne void que l'ombre de la verité, vn sepulchre où elle est enseuelie toute viuante, vn theatre où elle rend vn continuel combat pour l'expiation de ses anciens crimes, ou pour acquerir de nouueaux merites.

Ces sentimens donnerent sujet à la Morale d'enseigner le mépris des choses sensibles, encore qu'elles soient fauorables aux corps, parce qu'elles sont bien souuent dommageables à l'ame, qu'elles font des nuages, & des troubles à la raison qui faict l'essence de l'homme ; Et c'est ce qui donna cette prodigieuse patience au Philosophe, qui cependant qu'on brisoit son corps entre deux pierres, dans le fracassement de ses os, parmy la contusion de sa chair, & des nerfs broyez auec les esquilles, gaussoit les bourreaux de ce qu'ils ne touchoient pas Anaxarche, mais son vestement.

Ie n'en viens pas aux extremitez de cette opinion qui consideroit le corps comme vne chose estrangere de l'homme ; il est vray qu'il en faict partie, & nous déduirons les raisons de cét assemblage sur la fin de ce traicté ; mais ce n'est que la moindre partie, d'où nous ne deuons pas tirer nostre dénomination, comme on n'estime pas les Cieux par la matiere qu'ils ont commune auec les choses inferieures, ny les diamants par celle en quoy ils conuiennent auec les pierres communes.

Toutes les puissances de l'ame dont nous ferons plus bas la deduction, monstrent que c'est par cette partie qu'il faut l'estimer, puis que c'est elle qui faict sa difference, qui luy donne l'empire du monde, qui le rend puissant en ses entreprises, & heureux dans ses mauuaises fortunes. Neantmoins il reste tant de difficultez à essuyer, & tant de combats à rendre durát cette vie ; le corps apporte tant d'empeschements à l'ame, que ie n'estimerois pas beaucoup sa condition, si elle n'auoit esperance d'vne autre felicité : Sa principale excellence consiste docques en ce qu'elle est seule de toutes les formes qui s'vnissent à la matiere exempte de corruption. L'Immortalité est le plus grand priuilege de nostre nature, qui nous approche de Dieu, & qui nous esgale aux intelligences; C'est le plus puissant motif de la vertu, la plus douce consolation de cette vie, la creance d'où dépend tout nostre bon-heur; C'est pourquoy il importe que nous l'ayons ferme, & que nous soyons parfaictement bien esclaircis.

De combien la creance de l'Immortalité de l'ame importe au bien public, & particulier.

CHAP. V.

ON dit que les premiers hommes souffrans beaucoup d'incommoditez dans la vie sauuage qu'ils menoient, furent contraints de faire des assemblées, & de chercher du soulagement dans l'vnion de leurs forces, & de leurs industries ; Que les familles qui auoient chacune en soy vne espece de principauté, se ralliants en establirent vne generale, & defererent par eslection le droict public du commandement, que la Nature auoit fait particulier aux peres de famille.

Quand nous demeurerions d'accord, que la foiblesse & la necessité ont esté les premiers motifs de fonder des Republiques, il ne s'enfuiuroit pas qu'elles

DE L'IMMORTALITE' DE L'AME. 49
les fuſſent des moyens aſſez puiſſans pour les conſeruer, ny pour les deffendre de la diſſolution dont elles ſont continuellement menacées : car la neceſſité eſt comme le froid, qui ramaſſe indifferemment les corps de meſme & de contraire Nature, mais par vne attache fragile, accidentelle, & qui ſe caſſe au moindre rayon d'vne meilleure fortune. Auſſi Platon remarque que l'intelligence fut tres-eſtroite entre le peu de perſonnes, qui s'eſtans ſauuées deſſus les montagnes, éuiterent le deluge de Deucalion ; peut-eſtre qu'vn peril commun les auoit renduës plus affectionnées; que l'amour naturel de la ſocieté eſtant recueilly en peu, ſe trouuoit plus fort ; que n'ayans pas ſujet de beaucoup choiſir, elles demeuroient ſans auerſion : La creance qu'elles auoient d'eſtre reſtées ſeules pour ſauuer l'eſpece, les rendoit plus diligentes aux deuoirs de l'amitié ; & puis en ce petit nombre elles ne pouuoient auoir les commoditez de la vie ſans vn ſecours reciproque. Mais quand elles eurent repeuplé le monde, les raiſons de leurs premieres amours ceſſerent dans la multitude, pour donner commencement aux haines, aux diuiſions, aux guerres, que les Poëtes nous décriuent auec leurs exaggerations accouſtumées par ces petits hommes d'armes, qui ſe tuerent entr'eux, ſi toſt qu'en naiſſant ils furent ſur pied.

La neceſſité eſt doncques vn moyen d'alliance, qui ſe trouue fort peu conſiderable dans la mul-

Tome 2. G

titude; & il est certain qu'elle n'est pas capable de mettre la paix ny la concorde dans les villes comme elles sont auiourd'huy peuplées, où l'on a quantité de personnes dont on se peut seruir au défaut des autres ; & si on n'est obligé de garder la paix, qu'a-uec ceux dont on tire quelque seruice ; il y aura infi-niment plus de diuisions que d'intelligences; vn au-tre attaqueroit celuy que ie voudrois conseruer, par-ce qu'il luy seroit autant inutil, qu'à moy profita-ble : ainsi l'on verroit bien-tost la ruine entiere de l'Estat par le desordre de ses parties.

Ie m'estonne qu'on mette cét amour vtil, qui ne cherche que ses interests, pour fondement de la so-cieté ciuile, luy qui en est l'ennemy mortel, qui com-me le feu tasche de conuertir toutes les substances en la sienne, & qui ne veut non plus de communi-cation que la Nature indiuiduelle, dont il soustient le party. Tellement qu'en l'estat où les choses sont, il faut trouuer quelque moyen plus puissant, & plus vniuersel, que n'est la necessité, pour concilier l'a-mitié des peuples.

On dit que c'est vne cinquiesme essence d'vne Nature etherée ; au moins c'est la forme substan-tielle, qui assistée d'vn concours diuin, tient les ele-ments en subiection dans les mixtes, & qui les obli-ge de demeurer dans la iustesse du temperament qui luy est propre. Platon dit que les Cieux empes-chent le desordre du monde inferieur ; & de peur que la diuersité de leurs mouuemens ne les iette eux mesmes dans quelque confusion, ils roulent sous la conduite des Intelligences. Ce sont les esprits deschargez de la matiere, & dont la substance espurée approche du spirituel, qui entretiennent le commerce entre les parties du corps. Puis que les alliances ne se font dans la Nature, que par l'authorité d'vne vertu superieure, nous deuons iuger le mesme dans la police, que iamais la concorde n'y sera parfaicte, sans quelque vertu diuine, & vn sentiment autre que celuy des necessitez communes de la vie.

La creance de l'Immortalité de l'ame est capable de ce grand effect. Elle seule peut vnir les cœurs, arrester l'impetuosité des passions, calmer les courages, donner des resolutions au bien, enfin ce seroit oster le Soleil du monde, de priuer vn Estat de cette lumiere. Au contraire laissez ce sentiment dans les esprits, qu'il ne reste point de vie apres celle-cy, où ils doiuent receuoir la peine de leurs demerites, & les recompenses de leur vertu, ostez leur cette crainte, & cette esperance ; il est certain, qu'il n'y a plus de Religion ; Car l'homme est tellement attaché à ses interests, l'amour propre tient d'ordinaire vn tel empire sur ses mouuements, qu'il ne captiue sa liberté qu'aux deuoirs, d'où il pense tirer quelque profit. Or s'il n'y a point de recompense dans vne autre vie, nostre inclination ne nous porte pas à seruir Dieu, parce que ses liberalitez particulieres enuers nous ne sont pas si sensibles, ny si apparentes, que le libertinage ne les impute à quantité d'autres causes.

On remarque mesme que les plus iustes sont ordinairement les plus affligez, comme si leur pieté leur faisoit meriter tous les supplices de la Nature? que s'il n'y a point d'autre vie, qui se voudroit porter aux exercices de pieté, & de la vertu, non seulement inutils, mais grandement preiudiciables aux souhaits des sens, & qui apres auoir mis nostre esprit en seruitude, semblent encore attirer les indignations du Ciel sur les biens du corps?

Sans le sentiment de l'Immortalité ie ne croy pas qu'on se puisse persuader qu'il y eust vn Dieu, parce qu'on verroit des effects contraires à la bonté de la Nature qu'il doit auoir; vn defaut de prouidence en la conduite de l'homme qui est son chef-d'œuure; vne iniustice notable de punir les innocents, & fauoriser les criminels; vne espece de cruauté & d'ingratitude, d'affliger dauantage ceux qui sont plus fidelles à son seruice; On ne croiroit donc point de Dieu, on n'auroit aucun exercice de Religion, si on ne croyoit point l'Immortalité de l'ame? Hé! qui peut s'imaginer les disgraces, & les desolations publiques & particulieres, qui s'ensuiuroient de cette infidelité.

Il ne faudroit plus parler des vertus morales, parce que les passions qu'elles pensent regir, seroient les plus fortes, & tres-iustes en leurs excés, à cause qu'ils fauorisent les sens, où consisteroit la meilleu-

DE L'IMMORTALITÉ DE L'AME. 53
re partie de noſtre felicité, s'il n'y auoit point d'autre vie. Ainſi le vice n'auroit pas ſeulement le manteau, mais le tiltre de la vertu; la violence tiendroit la place de la Iuſtice; le plus fort feroit gloire d'opprimer le foible; Nous ſerions au rang des choſes qui agiſſent ſeulement ſelon les boutades de leurs appetits, & auec tout l'effort de leur puiſſance. Mais noſtre déreglement ſeroit encore plus enorme, à cauſe de cette vaſte eſtenduë de noſtre liberté, qui n'eſt arreſtée ny par l'inſtinct, ny par aucune impreſſion naturelle.

Toute noſtre vie ſe paſſeroit dans les perils de l'attaque, & de la reſiſtence, neantmoins les combats ne ſeroient que pour l'intereſt particulier : Car ie ne croy pas que les ſentimens d'vn bien public puiſſent entrer dans vn cœur qui n'eſt pas ſenſible à la vertu, & que ceux qui ne croyent point de recompenſe apres la mort, ſe vouluſſent expoſer pour la patrie. Ce grand Capitaine qui ſouſtint l'innombrable armée de Xerxes auec vne poignée de gens, animoit ſes ſoldats au combat, & leur oſta l'apprehenſion de la mort, quand il leur dit, courage compagnons, il nous faut auiourd'huy ſouper aux champs Eliſées. Les Turcs n'ont point de trompettes ny de tambours qui leur donnent tant de cœur, que les haranguës qui leur perſuadent la Predeſtination. Pourquoy vn homme pour qui il n'y a point d'hiſtoire, de ſtatuës, de monuments, d'oraiſons funebres apres la mort, voudroit-il ex-

G iij

poser sa vie, s'il n'en esperoit vne autre meilleure, où la fidelité qu'il rend à son Prince reçoiue sa recompense? Quant aux Generaux d'armées, aux Capitaines, & autres personnes qui suiuent les armes par vn sentiment d'honneur, ie feray la preuue plus bas, que cette genereuse maladie, & cét appetit d'estendre sa reputation apres sa mort, suppose l'immortalité de l'ame. Ainsi l'on voit que de ne la point croire, c'est rendre l'estat impuissant aux exercices de la paix, & de la guerre.

Il ne faut point dire que les Princes ont assez de force, & d'industrie pour regir vn peuple, sans le secours de ce sentiment ; Car estans eux-mesmes partie de la Republique, estans hommes de mesme condition, de mesme trempe, sujets aux mesmes accidents que les autres, ils doiuent estre comme nous auons dit, alliez au corps de l'Estat, & rangez à leur deuoir par vne cause superieure. Comme la Nature souffre ses langueurs, & ses defaillances par l'eclypse des luminaires ; comme la plus grande part des maladies de nostre corps sont causées par les defluxions du cerueau ; On a veu les plus grands desordres des Estats venir du mauuais gouuernement des Princes, & le pauure peuple est tousiours condamné à porter la peine de leur folie.

Puis qu'ils se mettent au dessus des loix, & que leurs volontez absoluës passent pour raison, à quelles extremitez ne se porteroient-ils, s'ils n'estoient retenus par la crainte des iugemens de Dieu, s'ils

DE L'IMMORTALITÉ DE L'AME. 55
n'apprehendoient ce tribunal, deuant lequel estans priuez de leurs sceptres, de leurs forces, de leurs amis, ils n'auront plus que leur innocence pour toute recommandation, & pour se deliurer des peines eternelles preparées aux crimes.

Hors ce sentiment les plus sages seroient plus à craindre, parce qu'ils trouueroient vn nombre infiny d'expediens pour establir leur domination aux despens du peuple, dont les miseres leur sembleroient vn lustre de leur puissance, & vn chef-d'œuure de leur artifice, s'ils n'auoient ny vertu, ny Religion.

Ie laisse à penser quelles pourroient estre les loix qui couleroient d'vne si mauuaise source ? si elles n'ont de l'authorité que par la publication, & par le consentement du peuple, iamais elles ne l'obtiendroient; ou si la force les faisoit passer, ce seroit par vne violence, qui selon les regles de la Nature ne seroit pas de longue durée.

Ie suppose que ces loix soient iustes, & qu'elles n'ayent pour fin qu'vn legitime gouuernement; si le peuple ne croit, ne craint, & n'adore point de Dieu; s'il termine toutes ses felicitez à ce qu'il peut auoir en ce monde, quelle apparence qu'il se soubmette à des rigueurs qui rendent sa vie plus sujette, & plus miserable selon les sens, que celle des brutes.

Les loix peuuent bien ordonner des peines, & la Iustice en peut faire l'execution sur les delinquans; maiss'il n'y a point de confcience ; fi on ne fe gouuerne que par l'exterieur; fi on ne craind point de peine, & fi on n'efpere point de recompenfe en l'autre vie, les Iuges feront les premiers à rompre les loix par leurs concuffions, & ie ne voy point de fidelité enuers le Prince, dans les armes, ou dans la Iuftice, à l'efpreuue du propre intereft.

Quant au peuple, s'il n'eftoit conduit que par la crainte des peines portées par les loix ? He ! quels malheurs ne verrions-nous point dans les Eftats, puis que la Iuftice n'a pas cognoiffance de la milliefme partie des crimes, & qu'il faut tant de preuues & de circonftances pour vne condamnation ? Combien de vols, d'affaffinats, d'inceftes, d'adulteres, de poifons, d'auortemens, d'incendies? Combien y auroit-il de defefperez qui fe voudroient enfeuelir dans les ruynes publiques, & en fe foulageant des peines de cette vie, par vne mort precipitée, trouuer vne double confolation dans la defaite de ceux qui leur dominent auec infolence. Auffi dans les negoces particuliers, la mauuaife foy feroit fi ordinaire, fous efperance d'impunité, & qu'elle ne feroit pas cogneuë de la Iuftice, qu'il faudroit abandonner le commerce, & voir déperir l'Eftat comme vn corps hetique.

C'eft vn compte fait à plaifir de dire, que fi on compofoit vne ville de tous les mauuais garnements du Royaume, qu'ils obferueroient des loix pour fe conferuer. Ie ne doute pas que ceux
qui

qui sont en charge ne les establissent, mais ie sçay bien que les sujets ne s'y assujettiroient pas, & que s'il en falloit venir à l'execution des peines, tout le peuple passeroit par les mains de la Iustice, où la Iustice par les mains du Peuple: Car c'est vne maxime que le meschant, qui ne sçauroit seulement garder la paix auec luy mesme, ne la peut auoir auec les autres. Les voleurs n'ont point de fidelité qui soit constante; ils se trahissent tous les iours eux-mesmes, & les captures ne se font que par ce moyens.

Celuy qui nous veut persuader, que la creance de l'Immortalité de l'ame n'est pas necessaire à l'Estat, ny à la vertu, me semble grossier pour vn homme de son pays, quand il dit que les Epicuriens, & autres qui ne l'ont pas euë, viuoient bien, & gardoient la foy humaine, afin de paroistre bons, entre ceux qui les soupçonnoient meschans, & pour vaincre cette mauuaise opinion, par l'exemple de leur bonne vie. Il s'ensuit donc que leur mescreance les portoit au vice; qu'ils n'auoient que le masque de la vertu; qu'ils ne s'y portoient pas par vne bonne volonté qu'ils en eussent, mais par vne complaisance qu'ils rendoient aux gens de bien; De sorte que s'ils gardoient quelque moderation en leurs mœurs, si le prochain n'estoit point offensé de leur mauuaise foy, & de leur crime, il falloit rapporter leur retenuë à la bonté de ceux qui tenoient l'Immortalité de l'ame, ausquels ils taschoiét

Tome 2. H

de se conformer quant à l'exterieur, pour monstrer qu'on ne sçauroit mesme porter les apparences de la perfection, sans ce sentiment, comme il ne peut y auoir d'ombre sans lumiere.

Si les hommes l'auoient bien graué dans leurs cœurs, on les verroit dans vne parfaite intelligence, & ces interests particuliers qui diuisent les affections, cesseroient à la veuë d'vne mesme fin, où ils sont appellez, & d'vne mesme vie, où ils doiuent eternellement demeurer ensemble. C'est-ce qui les porte à l'obseruation de la Iustice, qui est vne vertu importante au bien des autres, & souuent nuisible à celuy qui l'exerce ; C'est ce qui les oblige au mespris du corps, pour donner plus d'accés à la vertu, qui leur seroit vne perte aussi veritable, qu'elle est apparente, s'il n'y auoit vn Ciel, où ses merites fussent recompensez.

Auguste approuuoit les grandes despences que Pison faisoit en ses bastimens ; non pas tant, parce qu'ils embellissoient Rome, que parce qu'ils estoient les presages de sa durée, & qu'en son estime, cette ville est eternelle, où il esleuoit des edifices, dont la solidité estoit capable de vaincre le temps.

Ceux qui trauaillent pour la vertu, rendent vn tesmoignage public de l'Immortalité de l'Ame, les fatigues qu'ils y employent, & les progrés qu'ils y font, seruiroient de peu à l'ornement de la vie, s'ils ne donnoient les esperances d'vne meilleure, & d'auoir les fruits, dont nous ne voyons icy que les fleurs.

Il est vray que la pensee de l'eternité nous inspire vne secrette vigueur dans ces exercices qui traitent le corps comme vn esclaue, & dans la perte de ses plaisirs, elle nous fait ressentir des allegresses, qu'on ne trouue pas dans les voluptez du monde; Si l'on manque à ces deuoirs par vne maniere de vie, qui n'ait de la veuë que pour le present, & de l'affection que pour le corps, encore que ce soit sous la pourpre, & parmy les applaudissemens d'vn peuple, la conscience qui se sent coulpable, se trouue gesnee de mille remords, elle nous prononce seule nostre condamnation, contre vn iugement public. Il nous semble que nous sommes comme ces victimes anciennes qu'on paroit de fleurs, deuant que les immoler, ou qu'on nous conduit à vn precipice, par vn chemin tapissé de roses.

Ie déduiray plus bas plusieurs autres biens qu'apporte la pensee de l'eternité; c'est assez de conclurre icy par cette consideration; Qu'vne personne qui croit l'Immortalité de l'Ame, passe sa vie dans vn reiglement conforme à la raison, auec des esperances, des ioyes, des douceurs, qui luy ostent le sentiment de toutes les infirmitez de nostre nature. Supposé que l'ame mourust auec le corps, ce que ie combats en tout ce discours, elle aura tousiours tiré ces grands profits de cette creance, & n'en receura point de

H ij

dommage à l'aduenir, puis que selon cette suppo-
sition elle ne seroit plus. Que si elle trouue vne autre vie, O quelles ioyes, quels triomphes, quelles
complaisances inconceuables, d'auoir cogneu la verité dans le monde; de s'estre acquis des couronnes, & vne eternité de gloire par le trauail d'vn moment! Mais vn homme qui a mal vescu, taschant
tousiours de se persuader que l'Ame est mortelle, outre ce qu'il est comme vn criminel dans les apprehensions de la mort; outre les reproches de la conscience, qui ne sçauroit esteindre les lumieres de la
Nature, ny emporter vn consentement public qui
luy persuade l'Immortalité; s'il vient à trouuer vne
autre vie apres celle-cy, où il a desia tant souffert;
imaginez-vous quelles rages, quelles fureurs, d'a-
uoir negligé les occasions de son salut, de s'estre
volontairement priué de la gloirre par sa faute, &
par son obstination. Ainsi l'on void qu'en tout
cas il ne peut reüssir que beaucoup de bien, de croire l'Immortalité de l'Ame; & que l'opinion contraire est de toutes façons des-auantageuse; qu'elle hazarde le bon-heur de l'homme; qu'elle est
la source de tous les malheurs publics & particuliers.

Or l'amour que nous nous deuons à nous mesmes, nous oblige de croire ce qui nous est le plus fauorable, pourueu qu'il ne soit point hors de raison;
Autrement, puis que les peines, & les voluptez de
l'esprit sont plus viues & plus veritables que celles

du corps; Ce seroit vne folie de nous priuer d'vn contentement qui est legitime, & vne espece d'homicide, de nous donner la mort, au lieu de vie, en nostre creance. Et afin qu'on voye que celle de l'Immortalité de l'Ame est conforme à la raison ; considerons la dans son origine.

D'où vient le sentiment de l'Immortalité de l'Ame.

Chapitre VI.

IL ne faut point auoir vescu bien long-temps au monde, pour sçauoir par nos experiences, & par celles des autres à quelles infirmitez nous sommes subjects, entre vn nombre presque infiny d'accidents, qui tous les iours menassent nos vies. Tous les elements ont des forces pour nous les rauir; La terre par ses venins; l'air par ses infections; le feu par ses flammes; l'eau par les naufrages ; le Ciel par ses malignes influences, les animaux par les armes dont la Nature les a equippez, ce semble, pour nous tenir toujours en alarme. Outre la guerre que nous font les choses estrangeres, les parties qui nous composent, s'emportent aisément à la sedition; vn excés de trauail ou d'oisiueté, d'abstinence ou de repletion, vn peu trop de froid ou de chaud, alterent nostre temperament, & nous causent des maladies. Apres en auoir enduré les langueurs, & les cruautez, on vient à vn terme, où le corps perd auec vn dernier souspir, la beauté, les forces, l'action, la vie. En fort peu de temps la chair corrompuë se change en la terre des cymerieres ; de sorte que de tant de millions de personnes qui peuploient le monde, qui auoient la iouyssance de ses plaisirs, qui bastissoient, qui tenoient les charges, qui faisoient seruir la Nature à leurs desseins, nous ne voyons plus qu'vn tas immobile de leurs ossements confus, où le Prince, n'est pas recognoissable d'auec le pauure.

Entre ce debris du monde, entre les funerailles, & les exemples continuels de nostre fragilité, l'homme ne laisse pas d'auoir la pensee qu'il est immortel, que la mort luy est le passage d'vne vie à l'autre, d'vne condition sensible à vne intellectuelle, du temps à l'eternité. D'où luy vient cette persuasion qui combat ses experiences, qui dément ses yeux, ses craintes, & ses larmes?

Elle ne procede pas d'vne trop grande estime qu'il ait de luy mesme, & d'vne esperance ambitieuse qui luy promette vn bon-heur disproportionné à sa condition : D'autant que comme le sentiment de la douleur est plus vif & plus puissant dessus nous, que celuy de la volupté; aussi nous sommes beaucoup plus enclins à la crainte qu'à l'esperance. C'est pourquoy l'hôme deuroit bien pluftoft se persuader la mort de l'ame que nó pas la vie, puis mesme

DE L'IMMORTALITÉ DE L'AME. 63
qu'il a tous les iours vn spectacle de sa fin, en apparence toute semblable à celle des brutes.

Cela ne procede pas aussi de l'opinion, qui estant de sa nature vague, & inconstante, ne sçauroit produire le sentiment d'vn estre immobile ; Estant originaire des sens, & de la matiere, elle ne se peut esleuer de terre, ny porter nos pensees au delà du temps. Les hommes sont si passionnez pour les interests du corps, & ses plaisirs luy sont en si grande recommandation, que s'ils auoient à donner cours à quelque creance, ce ne seroit pas à vne qui fust ennemie des sens, & qui les rendist esclaues. Or l'Immortalité de l'Ame les choque, & les gesne, en ce qu'elle nous persuade vne vertu dont l'excellence consiste à vaincre le corps : elle suppose vne vie, où nous deuons rendre compte de celle-cy, receuoir le iugement de nos actions, & l'arrest irreuocable de peine, ou de recompence. Comme tous les sens trauaillent à desbaucher nostre raison, & à nous porter au vice, comme les cheutes nous y sont bien plus ordinaires, & plus faciles que le progrés à la vertu ; Il s'ensuit que les hommes n'auroient pas d'eux-mesmes fait le proiet d'vne vie, où ils ont beaucoup plus à craindre, qu'à esperer. C'est pourquoy tous les Libertins qui font leur souuerain bien de la volupté du corps, nient l'Immortalité de l'Ame, afin d'arrester les reproches de leurs consciences, & ne point troubler les plaisirs de cette vie, par l'apprehension d'vne autre.

Ie fçay que les Princes sement ordinairement les opinions dans l'esprit du peuple, sur lequel ils ont le mesme pouuoir qu'on donne au premier mobile sur les autres Cieux, & aux Cieux sur les choses inferieures. C'est la machine la plus delicate, & la plus puissante pour bien gouuerner; Elle oste les biens & les libertez, sans en laisser de ressentiment; elle fait courir à la subjection comme au remede ; elle porte gayement à des extremitez, où la force, & les menaces ne pourroient contraindre : Mais cela ne se peut pas dire au sujet de l'Immortalité de l'Ame ; & il est faux que cette creance vienne de l'inuention des Princes, non plus que le sentiment de Dieu, pour toutes les raisons que i'ay déduites en la premiere partie du premier Tome.

Le Prince est vn homme, & il ne pourroit pas auoir cette pensee d'Immortalité, s'il n'estoit immortel, comme ie m'en vais en faire la preuue. S'il tire quelques profits de ce sentiment pour l'obseruation des loix ; ie puis dire qu'il se lie luy mesme les mains, & que s'il fait croire à ses subjets vn Dieu qui punit le mal, il leur donne subject de controller, de moins craindre, & de moins honorer son pouuoir, s'il est excessif; parce que la creance de l'Immortalité ne fauorise qu'vn legitime gouuernement. La Iustice auec ses deux parties, qui inuitent, & qui forcent les resolutions, a bien peu d'effect sur vne ame qui contemple l'eternité. Les recompences humaines luy paroissent vn diuertissement à ses

grands

grands desseins, & les supplices luy semblent des occasions de gloire, quand il s'agit de meriter vne vie qui ne finira iamais. La police n'a doncques pas donné cours à vne creance, qui semble affoiblir ses forces, & sur laquelle elle se conserue si peu de droict. Si elle ne procede pas de l'opinion, & si elle combat les inclinations des sens, aussi bien que leurs experiences, d'où nous peut-elle venir?

Il faut icy que nous considerions l'homme comme faisant le milieu du monde, en sorte que son ame ait vn triple étage de puissances; les vnes superieures, ausquelles Dieu se communique, les autres moyennes, par lesquelles elle a cognoissance de sa nature, les autres plus basses, destinées aux operations vegetantes & sensitiues du corps. Ie croy donc, que Dieu imprime le sentiment de l'Immortalité, en cette supréme partie de nostre ame, sans le secours & les recherches de la ratiocination, à cause que cét objet est au dessus du mouuement; & par vne lumiere rapportante à celle qu'il nous donne de son existence, comme ie l'ay dit au premier Tome, parce que c'est en cette vie immortelle que nous en deuons iouyr; & il estoit conuenable que la cognoissance du moyen nous fust donnée auec le mesme priuilege que celle de nostre derniere fin.

Si les yeux n'entendent pas la Musique; si les oreilles ne voyent pas les couleurs, & si la langue ne les gouste pas, ce n'est pas merueille si les sens ne

Tome 2. I

recognoissent pas l'Immortalité, parce qu'elle n'est pas au rang des objets qui leur sont proportionez : Quant au corps, nous voyons mourir vn homme comme vne beste ; Neantmoins ces apparences ne nous peuuent oster la certitude que nous auons d'vne autre vie ; Elles font seulement naistre quelques legeres difficultez, que Dieu permet pour rendre l'arrest de l'Immortalité qu'il prononce en nostre interieur, plus solennel apres cette contestation, & afin que nostre ame surmonte doublement la mort, icy par vne cognoissance anticipee de la vie qu'elle doit auoir, & puis par effect, quand elle s'y porte au sortir du corps.

Elle a aussi ce sentiment d'Immortalité par vne secrete reflexion qu'elle fait dessus elle mesme ; Comme l'oreille se cognoist capable des sons, par l'agitation qui se fait quelquesfois de l'air nay dans le concaue de ses pellicules ; & comme l'œil d'vn ieune homme, où les esprits sont encore bien vigoureux, s'entreuoit dans les tenebres à la faueur des lumieres qu'il a eu dedans soy ; Ces Iris, ces ronds de plusieurs couleurs se terminans à vn centre de lumiere qui nous paroissent en vn resueil qui se fait la nuict, ne sont autre chose que la composition des tuniques & des humeurs que l'œil void dedans luy mesme, comme si c'estoit vn objet qui luy parust au dehors. Ie dis donc que comme ces sens s'aperçoiuent de leurs capacitez, que l'ame de mesme ressent par vne se-

DE L'IMMORTALITÉ DE L'AME. 67
crette reflexion, que son essence est incorruptible.

J'auöüe que ces cognoissances ne sont pas si distinctes qu'on les pourroit souhaiter; mais au moins elles suffisent pour asseurer l'ame qu'elle n'est pas mortelle, par vne negatiue qui est au defaut d'vne cognoissance plus expresse, & plus determinée de l'estat qu'elle doit auoir apres cette vie. Elle sçait qu'elle est immortelle de ce qu'elle ne se sent point condamnée à mourir, comme nous iugeons la santé des parties internes qui donnent la vie, par vne tranquillité libre de douleur.

Si estans encore au monde battus d'alterations, nos pensées s'esleuent au dessus du temps, & portent plus loin que son estenduë. C'est vne preuue que l'essence de nostre ame n'y est pas subiette. L'argument est bon; Elle conçoit l'Immortalité, Doncques elle est immortelle; d'autant que l'action n'excede iamais la puissance d'où elle est produite; Car comment la puissance donneroit-elle plus qu'elle ne contient? & d'où l'action pourroit-elle auoir ce qu'elle ne receuroit pas de son Principe? Or nostre intellect conçoit vne Immortalité: Doncques il faut que l'essence de l'Ame soit immortelle.

Pour cognoistre vn objet esloigné de nous, il est necessaire d'y employer quelque moyen, par l'entremise duquel nostre puissance puisse l'approcher. Or si l'ame estoit mortelle, il n'y auroit point de milieu qui luy peust donner le sentiment de l'im-

I ij

mortalité, parce que la distance de l'vn à l'autre est infinie, & du finy à l'infiny il n'y a point de proportion. Dóncques il faut qu'elle soit immortelle pour conceuoir l'Immortalité, qu'elle tire cette lumiere & de Dieu, & par vne secrete reflexion, qu'elle fait dessus elle mesme.

On dit à cela qu'elle conçoit Dieu, & neantmoins elle n'est pas Dieu; l'œil void le Soleil, & neantmoins il n'est pas le Soleil. Ie respons que nous ne disons pas absolument que les puissances doiuent estre ce qu'elles cognoissent : Car par ce moyen elles ne seroient plus ce en quoy consiste leur estre; mais qu'elles doiuent auoir de la proportion auec leurs objects. Comme l'œil qui est materiel, ne peut voir que les choses materielles, & comme il doit receuoir sa perfection de la lumiere, & par son moyen entrer en exercice de sa puissance, il peut regarder le Soleil qui en est la source, & qui est comme luy materiel. Si de mesme nostre ame conçoit les choses spirituelles, c'est vne consequence infaillible qu'elle est de mesme categorie.

Comme il n'est pas necessaire que l'œil soit le Soleil pour le voir, mais seulement qu'il soit corporel, & qu'il soit disposé à receuoir la lumiere; ainsi il n'est pas necessaire que l'ame soit Dieu pour le cognoistre; mais il suffit qu'elle y ait vne double proportion, en ce qu'elle est immaterielle, & qu'il est sa derniere fin, d'où elle doit receuoir sa beatitude ; Ce n'eſt pas en cette vie, comme nous le voyons, il en reſte donc vne autre, où cette felicité luy eſt reſeruée. Quant à l'Immortalité, il ſeroit impoſſible que noſtre ame en euſt la penſée, ſi elle n'eſtoit immortelle. Car cette Immortalité eſt le genre auquel ſon eſtre doit participer, afin que l'eſprit en puiſſe former la penſée. Comme l'œil doit eſtre vn corps, pour voir les corps, l'ame doit eſtre immortelle pour conceuoir l'immortalité; & en ſuite les Anges, & Dieu meſme, encore qu'il ſoit hors de categorie. Autrement l'vnion qui ſe fait de l'eſpece auec l'eſprit, plus eſtroite incomparablement, que celle de toutes les choſes materielles, ne ſeroit pas poſſible entre des choſes ſi oppoſees qu'elles n'ont, comme i'ay dit, aucune proportion, à ſçauoir de l'infiny & de l'Immortalité, auec vne ame mortelle & finie en ſa durée.

On fait encore cette inſtance, Il s'enſuiuroit donc que l'Ame auroit eſté de toute eternité, parce qu'elle a la penſée de l'eternité. Ie repete encore la meſme reſponce, qu'il n'eſt pas neceſſaire que la puiſſance ſoit la choſe qu'elle cognoiſt ; mais il ſuffit qu'elle y ait de la proportion. Or eſtant immortelle elle a de la proportion auec l'eternité, parce qu'elle conçoit ce qui a precedé ſon eſtre, par la comparaiſon de la durée infinie qui le doit ſuiure, & que comme l'vne n'aura point de fin, l'autre n'aura point eu de commencement. Ainſi quoy que ie ne puisse voir directement que ce qui est deuant moy, & surquoy ie iette les yeux, neantmoins ie puis voir ce qui est derriere, par reflexion, & à la faueur d'vn miroir qui m'en enuoye l'espece.

De là il s'ensuit que la creance de l'Immortalité de l'Ame, se prouue, & se fait cognoistre par elle mesme comme la lumiere ; & que procedant de Dieu & de la Nature, elle est infaillible. Pour prouuer encore dauantage qu'elle ne vient pas de l'opinion, il faut considerer qu'elle n'est pas attachée à vn certain lieu, mais qu'elle est vniuersellement receuë de tous les peuples, & de tous les sages.

Le sentiment general des peuples touchant l'Immortalité de l'ame

CHAP. VII.

LA Nature qui n'a point de iours sans nuicts, de beautez sans imperfection, d'astres sans taches, & sans eclypses, ne nous imprime point de lumieres si nettes, ny de cognoissances si veritables qu'elles ne soient obscurcies de quelque legere difficulté. Elle nous fait balancer entre la certitude, & la defiance soit parce que nous deuons imiter le monde, qui represente vn spectacle con-

DE L'IMMORTALITÉ DE L'AME. 71
tinuel par le combat des choses ennemies, où parce que cette contrarieté tient nos puissances en exercice ; qu'elle donne prix à vn bien que nous possedons auec trauail ; qu'elle en augmente l'amour, lors que nous en auons fait l'acquisition, & parce que l'estat metoyen de nostre espece ne demande point d'autres loix, ny d'autre police que la mediocrité.

Ainsi nous croyons l'Immortalité de l'Ame, si nous suiuons nostre sentiment interieur, & nous voila plongez dans le doute, si nous consultons nos yeux, qui voyent les maladies, & la mort des hommes semblable à celle des brutes. Les Libertins trouuent encore quelques raisons apparentes qui mettent l'ame de mesme categorie que le corps, & ne luy donnent point d'autre priuilege, que celuy qui est commun à toutes les formes dessus la matiere. Mais la Nature qui ne permet ce combat que pour nostre gloire ; qui veut que nous soyons attaquez, mais victorieux en cette creance, la deffend par trois puissantes batteries, par l'instinct, par la raison, & par le consentement general des peuples, & des sages: Nous auons desia dit quelque chose de l'instinct, nous ferons la recherche de plusieurs raisons dans la suite de cette partie ; Et en ce chapitre nous remarquerons le consentement general des peuples, afin de desployer toutes nos forces dans vn combat si important à nostre felicité.

En la descouuerte que les vaisseaux Chrestiens

ont fait des nouuelles terres, on a recognu que les peuples les plus barbares, sans humanité, & qui n'auoient pour toutes loix, que celles de la Nature, auoient tous quelque sentiment de Dieu, & quelque espece de Religion, dans laquelle ils luy presentoiét leurs vœux. Cette verité parut par la seule obseruation qu'on fit de leurs actions, lors qu'on n'en iugeoit que par les yeux, & qu'on ne leur parloit que par signes. Mais apres que les Religieux employez en ces missions, eurent acquis leur familiarité, & ce qu'il falloit de leur langue, pour sonder leur interieur, ils furent estonnez de voir qu'ils croyoient l'Immortalité de l'ame; qu'ils ont l'esperance d'vne autre vie, où ils se figurent deuoir posseder tout ce qu'ils desirent en celle-cy. C'est vne veuë vn peu trouble qui cognoist l'obiect sans distinction de sa couleur, & il me semble qu'il faut pardonner à ces sauuages, s'ils se font vn Paradis des plaisirs du corps, puis que des peuples plus ciuilisez comme sont les Mahometans, ne s'en imaginent point d'autre; Il suffit pour la iustification de nostre subjet, de voir qu'ils s'accordent tous au principal, & que le sentiment de l'Immortalité de l'Ame, est aussi vniuersel entr'eux, que celuy de Dieu.

Sa Prouidence le permet ainsi, afin que nous ne mesurions pas les largesses de sa bonté aux simples auantages que nous en receuons pendant cette vie, qu'on ne prenne pas le combat au lieu du triomphe, la nauigation pour le port, & de

peur

DE L'IMMORTALITÉ DE L'AME. 73
peur qu'on ne deuinst sans pieté, si on demeuroit sans esperance. Comme le nombre des pauures, & des miserables est plus grand que celuy des riches, il y auroit plus de mescontentemens que d'actions de grace, plus de sacrileges, que de sacrifices; l'inconstance des affaires du monde qui rauit les biens, estoufferoit les deuotions, vne auarice, ou vne ambition trompée deuiendroit vne extreme impieté, si on ne seruoit Dieu, qu'en consideration des biens temporels. Encore que nous deuions nos hommages à l'excellence de la Nature; qu'estant le premier des Estres, & leur Createur, il nous tienne obligez de recognoistre sa toute-puissance par nos sacrifices; neantmoins nostre infirmité veut estre animée à ce deuoir par la consideration de quelque interest; & l'esperance est vn mouuement, qui rallume en nous les flammes de la charité.

C'est pourquoy toutes les Religions ont la creance de l'Immortalité de l'ame pour leur fondement; elles la supposent comme vn de leurs principes, & s'entretiennent par cette persuasion, dont elles monstrent vne infinité de preuues par leurs ceremonies. Les Autels esleuez de terre signifient qu'il y a vn lieu au dessus du monde, où nous deuons presenter à la Majesté diuine les plus pures de nos affections: Les victimes consommées par vn feu qui point tousiours en haut; les encens qui ne perdans que la plus grossiere partie de leur composition dessus les brasiers, gagnent le Ciel auec vne vapeur legere, & qui s'estend, plus elle s'esleue, font vn symbole, quoy que fort materiel, de la liberté qu'acquièrent nos ames au sortir du corps.

Ce feu si religieusement conservé dans les Temples des vierges consacrées comme des Vestales, est vne demonstration de l'Immortalité de nostre ame, qui doit tousiours viure au Ciel, dans vn estat, où n'y ayant point de mort, il ne faut ny mariages, ny generations.

Les peuples n'eussent pas fait les apotheoses, ny mis au nombre des Dieux les personnes d'vne eminente vertu, à qui ils auoient de grandes obligations, si la creance n'eust esté publique d'vne autre vie, où les merites de celle-cy reçoiuent leurs recompenses. Les sepulchres de ces heros furent conuertis en temples, où tous les ans on faisoit des ieux, des sacrifices, & des declamations à leur honneur, comme des hommages qu'on rendoit à des personnes qui jouyssoient de la veritable vie, qui estoient sensibles aux recognoissances, & dont la vertu estant plus parfaite, deuoit encore estre l'asile & la protection des peuples.

Chaque ceremonie des pompes funebres estoit vn tesmoignage de cette Immortalité ; les torches qu'on y allumoit, monstroient que l'ame au sortir du corps iouyssoit de la vraye lumiere ; quand ils faisoient leurs festins funebres dans l'obscurité, ils s'auoüoient de pire condition que le defunct, en ce que leur vie se passoit dans les tenebres où ils n'a-

DE L'IMMORTALITÉ DE L'AME. 75
uoient que des choix d'aueugles & des plaisirs d'ignorans. La couſtume eſtoit d'accompagner le corps du defunct qu'on portoit au bucher, ou au tombeau, auec vn concert de haut-bois, de trompettes, & ſemblables inſtruments de haute Muſique, de ſorte qu'vn conuoy funebre ſembloit le triomphe d'vn victorieux. Cela ſe faiſoit, comme le teſmoignent les Autheurs qui viuoient dans le meſme ſiecle, pour monſtrer que l'ame du defunct eſtoit bien-heureuſe, en ce qu'elle auoit l'harmonie des Cieux pour ſon entretien, & qu'elle eſtoit retournée au planette, dont ſes bonnes mœurs luy auoient fait meriter la ſympathie.

Sur ce ſentiment les Thraces pleuroient à la naiſſance, & ſe reſiouyſſoient à la mort de l'homme. Les Barbares qui tuoient leurs peres, malades d'vne langoureuſe vieilleſſe, interpretoient leurs patricides comme vne faueur, qui les mettoit en poſſeſſion d'vne plus heureuſe vie, & il ſembloit que les loix anciennes donnaſſent la liberté à des eſclaues; quand elles faiſoient doucement mourir ceux, dont les corps infirmes, & mal proportionnés ſouffroient des defauts qui ne ſe pouuoient guerir; Car elles prenoient pour vne eſpece de cruauté de nourrir vn corps, qui n'eſtoit qu'vn ſupplice à l'ame, & vne charge à la Republique; que la mort nous faiſant paſſer à vne meilleure vie, nous en deuions cherir & auancer l'occaſion, pour ſuiure noſtre bien particulier, lors qu'il n'of-

K ij

fence point les interests de l'Estat. Il est vray que l'ame a vne passion naturelle d'informer le corps, & qu'elle ne s'en separe qu'auec regret; mais cét amour luy vient de son ignorance semblable à celle de ces forçats, si accoustumez à la misere, & si peu sensibles au bon heur de la liberté, qu'ils ne voudroient pas estre deliurez des chaisnes. Les sages estoient, à leur dire, les Tuteurs du public, qui moderent le desreglement de ces appetits, & separent l'ame d'vn objet dont elle ne ressent pas le desauantage, pour la porter à vn bien si grand, que sa stupidité n'y ose pretendre.

C'est pour cette mesme raison que les anciens prirent la coustume de brusler, ou d'enseuelir les corps, afin d'en seurer les ames, qui bien que separées ne laissoient pas à ce qu'ils disoient, de voltiger à l'entour, tant qu'ils demeuroient à descouuert. Ils se persuadoient que les ames conseruoient vne sympathie, & vn fol amour pour leurs corps, comme les oyseaux niais pour leurs cages, que cét objet gaignoit leurs affections, & que tant qu'il estoit present, vne fatale necessité les y attachoit sans leur permettre d'aller aux champs Elisées.

Les Ægyptiens auoient d'autres sentimens, & comme ils croyoient l'Immortalité de l'Ame, leur coustume estoit d'embaumer les corps, afin que les parties de l'homme fussent exemptes de corruption, l'vne par le priuilege de sa nature, l'autre par les bons offices des alliez, leur amour suppleant en quelque façon au defaut de l'ame en qui ils se tenoient transformez, pour conseruer le corps. C'estoit la gratifier beaucoup de continuer l'existence à vne partie auec laquelle elle auoit esté en societé; c'estoit en quelque façon luy donner vne double vie, & dans leur souuenir, & aux yeux du monde.

Les sepulchres où l'on disposoit les parties du corps, que l'ame auoit employées aux principales de ses actions, estoient enrichis de monuments si superbes en leur solidité, qu'il les falloit prendre pour les trophées d'vne victoire gaignée sur la mort, & non pas pour les tesmoignages funestes de ses ruines.

Les Pyramides qui estoient construites dessus, d'vne hauteur qui laissant de bien loin la terre, pointoit au Ciel; d'vne figure qui s'écartoit de la quantité; d'vne masse sans diuision; d'vne fermeté qui brauoit le temps, & les orages, & qui se faisoit voir aux siecles suiuans, publioient l'Immortalité & l'heureuse condition de celuy en l'honneur duquel elles estoient basties.

Ie ne veux point adjouster foy à la superstition du paganisme, ny faire beaucoup d'estat de toutes ces ceremonies; il me suffit de remarquer que la creáce de l'Immortalité de l'Ame est generale entre tous les peuples, d'où j'infere qu'elle ne peut estre fautiue, parce qu'elle nous vient de la Nature, qui, comme i'ay dit ailleurs, ne donne point de mouuements à toute vne espece, qui ne soient legitimes, & auantageux.

K iij

Si les instincts qu'elle imprime aux brutes, leur sont des presages de l'aduenir, & de puissantes impulsions qui les mettent à la poursuite du bien dont leur humeur cherche & peut obtenir la iouyssance; Cette grace ne manquera pas à l'homme, Dieu ne se monstrera pas moins prouident en la conduite du plus noble, & du plus excellent de ses ouurages; il ne nous donneroit pas la creance, & le desir de l'Immortalité, si nous n'en estions capables.

Entre les instincts, ceux qui regardent la fin de la creature, sont les plus puissans, & les moins fautifs, parce qu'ils doiuent seruir de regle au reste de leurs entreprises, & qu'ils sont comme vn centre qui doit receuoir tous leurs mouuements. Ainsi la creance qu'il y a vn Dieu, & que l'ame raisonnable est immortelle, sont deux principes naturels les plus asseurez; parce que l'vn nous fait monstre de la fin, l'autre nous donne les esperances, & nous prescrit les moyens de la posseder: Ce sont les deux poles sur qui roulent toutes les actions de nostre vie: & les deux loix fondamentales de nostre gouuernement.

Ostez cette persuasion de l'esprit de l'homme, qu'il luy reste vne vie meilleure que celle-cy, & que l'ame doit suruiure au corps, la cognoissance de Dieu, luy est vn supplice semblable à celuy qu'on souffre à la veuë d'vn object qu'on ayme, & qu'on ne sçauroit posseder. Or le souuerain bien auroit vn effect contraire à sa nature, s'il estoit la cause de nostre disgrace, si ayant donné à la Nature des mouuemens qui aspirent tousiours à quelque felicité, il auoit prescrit à l'homme vne fin, dont l'acquisition luy fust impossible, & la veuë ne seruist qu'à luy causer des inquietudes.

Ce consentement vniuersel nous est donc vn tesmoignage assez fort de l'Immortalité de l'Ame, quand toutes les autres preuues nous manqueroiét, & pour moy ie prens les difficultez que quelque particulier feroit la dessus, pour l'insolence, & la reuolte d'vne partie qui rompt auec son tout. La consequence est bonne ; Toutes les Nations ont cette creance, Donc elle est vraye ; d'autant que comme ie viens de dire, les cognoissances qui sont communes à toute vne espece, ne sont point fautiues ; & puis que l'homme est nay pour comprendre la verité, ses puissances y sont disposées, ses inclinations l'y portent, c'est ce qui le rend le spectateur, & l'arbitre des beautez du monde. Or en tous subiets, le naturel surpasse tousiours le violent, & l'estranger ; Tous les elements excedent en la qualité qu'ils possedent en propre ; le Ciel a plus de veritables estoilles, que de Cometes, & de meteores de feu ; l'eau qui doit surnager la terre, couure aussi la plus grande partie de sa surface. Il s'ensuit de là que la verité estant propre à l'homme, se doit rencontrer en plus d'esprits, que l'erreur. Quand i'accorderois qu'il se trouue bien peu de personnes addonnez à vne sublime speculation, & que la plus grande part, ne s'esleue point au dessus des sens, & de la matiere ; Cela s'entend quant aux sciences que les hommes reçoiuent les vns des autres par tradition, dont les entretiens serieux ne sont pas permis à tous, à cause des necessitez de la vie, des subiections du corps, des ordonnances de police qui en destournent beaucoup de peuples ; mais en ce qui regarde ces veritez que nous tenós du priuilege de nostre espece, comme le sentiment de Dieu, & de l'Immortalité de l'Ame, elles se rencontrent en tous les esprits, & quelquesfois plus claires, & plus nettes en vn simple païsan, qu'en ceux qui les recherchent auec l'estude.

Les Nations, comme nous auons veu, ont alteré les circonstances de ces veritez originaires selon leurs humeurs, de mesme que les planetes estans emportez par le mouuement du premier mobile, ont le leur particulier ; neantmoins comme malgré toutes leurs differences, il est vray qu'il y a vn mouuement regulier ; comme il est certain qu'il y a vne lumiere, encore qu'elle reçoiue vne infinité de refractions par les couleurs, par les distances, & les diuerses dispositions des obiects, ainsi la creance qu'ont tous les peuples de l'Immortalité de l'Ame, est veritable prise simplement, quoy qu'ils l'ayent desguisée d'vne infinité de resueries, & de fables. Et afin qu'on ne nous rebbate pas encore que c'est vne opinion du vulgaire, ie faits voir que les plus sages, & les plus grands Philosophes de l'antiquité ont vescu dans ce sentiment.

Les

*Les Philosophes ont creu l'Immortalité
de l'Ame*

CHAPITRE VIII.

VN Prince que le Ciel a fauorisé de toutes les graces necessaires au gouuernement, & que l'experience a rendu sage dans les affaires, se persuade encore que sa conduite doit estre assistée d'vn prudent conseil. Ce n'est pas qu'il assubietisse sa raison à celle des autres, ny qu'ayant à donner la loy au monde, il la reçoiue de ses ministres; mais en effect ce concert d'esprits apporte de l'esclaircissement à la verité; il en perfectionne les premieres idées, & donne l'ouuerture à de plus genereuses productions. Ainsi quand ie considererois le sage comme vn Prince entre le commun des hommes; quand ie le supposerois comme l'arbitre des peuples & celuy qui est libre de leurs abus, ie tiens que son esprit, pour se monstrer fort, deuient temeraire, s'il n'entre en consultation auec les Philosophes, & s'il condamne de leger vne doctrine qui vient des meilleures testes du monde.

L'entreprise seroit trop grande de desduire icy toutes les authoritez de l'ame, parce qu'ils sont quasi tous dans ce sentiment; & comme c'est le principe de leurs autres opinions, le discours que l'on en feroit, deuroit estre vn traicté entier de leurs Philosophies. C'est pourquoy ie ne faits qu'en tirer quelques-vnes d'entre vn grand nombre, & referrer dans ce chapitre ce dont l'on pourroit faire vn iuste volume.

Premierement, ie trouue cette creance chez les Egyptiens, & dans les escrits de Mercure Trismegiste, qui fut l'oracle de la Nature, celuy dont la capacité surmontoit trois fois la vertu de l'astre, qu'on dict dominer sur les esprits, & sur les sciences: En son Pymander, ou en cét entretien qu'il a auec la sagesse diuine; apres auoir veu la creation du monde, l'ordre & l'agreable disposition de ses parties, les bornes des elements, l'estenduë des Cieux, l'empire des sept planettes, & les loix qu'ils prescriuent aux choses inferieures, il ne trouue point d'object qui l'arreste auec tant d'admiration que l'homme. Les autres parties de l'vniuers ont quelque beauté, elles portent vn rayon de cette lumiere qui est leur principe; elles sont assorties de puissances propres pour joindre leurs fins; leurs qualitez, leurs vertus, leurs proportions, leurs sympathies sont rauissantes. Mais entre toutes ces raretez, il contemple l'homme comme vn grand miracle; il merite, dit ce Sage, non pas seulement le respect qu'on porte à la beauté, l'honneur, qu'on defere à la puissance, mais les adorations qu'on rend aux choses diuines, puis que son ame en porte la qualité comme immortelle. Rien n'est impossible à ses cognoissances, & à son amour; ses lumieres, & ses ardeurs surmontent toutes les difficultez, & quand elle seroit trop foible de son extraction, elle deuient toute puissante par les confederations qu'elle traitte auec le Ciel

Pythagore rapporta toute sa Philosophie à persuader l'Immortalité de l'ame; tantost il donne cette creance sous le voile des symboles, afin qu'on la reçoiue auec la veneration qu'on rend aux diuins mysteres; & puis il est prodigue de cette sagesse & la publie tout ouuertement, parce qu'on ne doit pas reseruer à la curiosité des Doctes, vne cognoissance d'où depend le bon-heur general des hommes. Il signifie que l'ame n'aura sa liberté qu'estant separée du corps, quand il commande de marcher nuds pieds; qu'elle est incorruptible, quand il deffend de coupper la flamme; lors qu'il ne veut point qu'on graue l'Image des Dieux dessus les anneaux, il monstre que la veuë de Dieu luy est interdite tant qu'elle est attachée à la matiere & qu'elle suit les reuolutions du temps, mais qu'elle luy sera permise dans vn autre estat. Apres il dit nettement que l'ame est immortelle, qu'au sortir du corps elle passe à vne meilleure vie, qu'elle se separe de ce qui est estranger de sa Nature, pour se rejoindre à la forme vniuerselle qui est son principe; que nous ne serons vrayement hommes, que quand cét heureux estat nous mettra au nombre des Dieux.

L'opinion qu'il esuenta le premier de la transmigration des ames, on suppose l'Immortalité; Car elles ne passeroiét pas d'vn corps à l'autre; elles n'auroient pas le désir de s'y rejoindre apres en auoir esté separées durant plusieurs siecles, si elles n'auoient conserué leur existence libre de cette alteration qui touche leur appetit.

Quelques-vns tirent cette opinion à vn sens moral, & disent que ce Philosophe n'entendoit autre chose par cette cheute des ames, qui laissent le Ciel pour se rendre prisonnieres dedans les corps, que l'inconstance desreglée des hommes, qui ne sçauroient posseder long-temps leur felicité; ils sont nez pour le mouuement, ils quittent le bien qu'ils auoient cherché quand ils le possedent, & il se fait vne reuolution de leurs volontez comme des saisons qui rameinent les rigueurs d'Hyuer, apres les beaux iours de l'Esté. Ces ames impatientes en leur bon-heur, aueugles en leur choix, sujectes au desreglement de leurs appetits sont dites entrer dans le corps des brutes quand elles en suiuent les inclinations & quand la raison estant tout à faict esteinte, elles n'ont plus qu'vne imaginatiue preoccupée de l'object des sens. Ce rapport moral n'empesche pas que Pythagore ne creust veritablement la transmigration des ames, & qu'en cette consideration, il ne deffendist de manger des animaux, de peur que les festins ne fussent homicides, qu'on n'ostast la vie, & qu'on ne respandist peut-estre le sang de ses ayeuls. D'où il faut conclure qu'il auoit vne crean-

DE L'IMMORTALITÉ DE L'AME. 85
ce tres-asseurée de l'Immortalité des ames : Encore
qu'il se soit mespris en la cognoissance de leur origine, qu'il s'en soit figuré vn retour & vne vicissitude, pour ne point admettre le nombre infiny de productions.

Tous les anciens Poëtes, Orphée, Héfiode, Pindare, Homere, qui estoient les Theologiens de leurs siecles, n'ont rien de si ordinaire dans leurs escrits, que le sentiment de cette Immortalité. Ils ont les premiers descrit les champs Elisées, les peines preparées aux crimes, & les recompenses qui estoient decernées à la vertu par des Iuges incorruptibles ; C'est de là qu'ils instituent des sacrifices pour appaiser les manes; qu'ils en rapportent les prodigieuses apparitions, qu'ils les consultent comme des oracles, qu'ils font l'apotheose des hommes illustres deuenus Heros & demy Dieux. La licence que se donne la Poësie de feindre, n'estoit que pour le faict particulier des personnes dont elle representoit l'histoire, qui peut estre n'estoient pas apparus apres la mort, & n'auoient point demandé ces sacrifices ; mais au reste ces inuentions estoient fondées sur vne verité publique qui les faisoit receuoir comme probables ; à sçauoir que les ames suruiuent aux corps; qu'en cette autre vie elles ont du commerce auec la nostre, pour donner, ou pour receuoir de l'assistance.

Platon nous repete si souuent cette verité, qu'elle est tousiours le fondement, ou la conclusion de

L iij

ses entretiens ; & M. Ficinus qui a parfaictement possedé ses intentions, rapporte à cela toute sa doctrine, qu'il appelle Theologie, parce que traittant de l'Immortalité de l'ame, elle a vn objet diuin. Les demonstrations de cét incomparable Philosophe, sont en trop grand nombre & trop pretieuses pour les entasser dans vn seul chapitre. C'est pourquoy ie les placeray aux lieux de cét œuure, où elles pourront auoir plus de lustre, & plus de force pour l'eclaircissement des oppositions particulieres.

Ie ne fais icy que rapporter le subjet du Dialogue appellé Phedon, où l'on void que Socrate, qui auoit esté le Maistre de cette doctrine, en donne la confirmation par vne mort, que les esperances de l'autre vie rendirent pleine d'vne merueilleuse generosité. Car estant poursuiuy en iugement comme criminel de ce qu'il auoit enseigné l'vnité d'vn Dieu, & descouuert l'abus des peuples qui en adoroient plusieurs ; il fut condamné à mort par le Senat qui ne luy peut iamais faire accepter la condition de ne point publier ses enseignements. Entre l'arrest & son execution plusieurs mois s'écoulerent, pendant lesquels ce grand Philosophe estoit continuellement visité de ses amis, qui luy donnoient les prisons ouuertes & le moyen de sauuer sa vie, s'il eust esté dans des sentiments communs. Ils luy representoient, qu'il estoit également necessaire à sa famille & à sa patrie ; que la condamnation renduë contre luy estoit vne iniustice dont il deuoit empefcher autant qu'il pourroit, l'execution ; qu'il se deuoit à luy mesme l'assistance qu'il donneroit à vn autre; que l'arrest rendu contre luy, n'estoit qu'vne precipitation de iugement, qui seroit bien-tost suiuie du repentir ; que le peuple, & le Senat le regretteroient; qu'il ne deuoit pas estre plus fauorable aux desseins des meschans, & à l'ignorance des Iuges, qu'à son innocence, qui attendoit de luy mesme sa protection.

Vn homme sensible aux interests de la terre eust pris cette occasion de sa deliurance à la persuasion de ses amis ; son cœur se fust amoly entre les lamentations d'vne pauure femme, & les cris pitoyables de ses enfans, qui luy demandoient la vie en sa personne. Mais Socrate a des pensées trop sublimes pour se rendre à de si legeres considerations : Toutes ces remonstrances & toutes les larmes de ses amis, & de sa famille, le laissent tranquille dans son dessein, ie dois, leur dit-il, ma vie à la Republique, & ie suis resolu de la luy donner, puis qu'elle me la demande ; elle vse de son authorité, & il luy dois obeyr auec toute submission, c'est vn droit public, preferable à vos sentiments particuliers; vne obligation qu'il faut acquiter, & où la fuite d'innocent me feroit coulpable. Ie ne feray point de violence aux loix, ny aux Magistrats ; Ie suis tout prest d'accomplir les decrets du Cieux qui me sont prononcez par leur bouche, & de faire vne retraite si fauorable, que i'aurois sujet de la desirer, si elle ne m'estoit point commandée. Car ie possederay la vraye liberté, quand mon ame sera deliurée des prisons du corps; les sens luy sont des chaisnes qui l'appesantissent, leurs plaisirs luy donnent la gesne, cette vie luy est vne mort comparée à celle où ce breuuage me fera passer. Ie vous ay de grandes obligations de vos bons offices, & de la douceur de vos entretiens; mais permettez-moy de dire, que me separant de vous i'entre dans la conuersation de grands personnages, qui possedent la verité dont nous n'auons icy que les ombres, & les figures.

Apres auoir passé toute la derniere iournée dans cét entretien de l'Immortalité de l'ame, il prit d'vne gaye resolution le gobelet de ciguë que le Geolier luy vint presenter & l'ayant aualé d'vn coup, se tournant vers ses amis, leur dit; c'en est fait, nous sommes en liberté, offrez maintenant vn cocq à Esculape: Il signifioit par là, qu'il alloit estre guery de ses ignorances, d'autant qu'Esculape estoit crû le Dieu de la Medecine, & fils d'Apollon ou du Soleil; & que le cocq, est l'oyseau du iour.

Les raisons & l'exemple de ce grand homme furent si puissantes sur l'esprit de certains Philosophes, qu'ils iugerent la vie qui se passe au monde, vne langueur qui ne deuoit point estre supportée par vn bon courage ; & dans cette persuasion, ils se firent mourir de leurs propres mains, & crurent que pour leurs interests, il leur estoit permis de forcer
les

les loix de la destinée.

L'incomparable Orateur Romain nous descrit Scipion auec les mesmes desirs, quoy qu'il ne prenne pas les mesmes resolutions sur le recit que luy fait l'ame d'Africanus, du bon-heur dont elle jouïssoit dans l'autre vie ; Elle le promene en esprit sur les vastes estenduës des globes celestes, elle luy fait entendre le concert de leurs mouuemens, les proportions de leurs grandeurs, de leurs lumieres, de leurs rencontres, & voir sous ses pieds la terre suspenduë comme vn petit grain, qui n'estoit remarquable, que par son obscurité. Helas ! dit ce Prince, que nos ambitions sont ridicules qui s'arrestent à des conquestes de si peu de prix ; que nos cœurs sont pesans de fondre au centre du monde; que nos amours sont aueugles de prendre les tenebres pour la lumiere, & le defaut pour la perfection. Ie ne m'estonne pas si l'inconstance, si les desplaisirs, si les disgraces trauersent nos contentemens, si nous n'auons point de paix qui soit veritable en possedant des objets qui ont si peu de rapport à l'excellence de nostre Nature. Vrayement la vie que nous sommes contraints de mener en terre, n'est qu'vne mort; Hé! ne nous sera-il point permis d'en sortir quand il nous plaira; quand la veuë d'vn plus grand bien nous donnera la resolution de briser nos chaisnes, d'eschaper du corps où l'ame est traitée en esclaue, & en criminelle. Mais il entend cét arrest d'Africanus, que nostre vie est vne faction, d'où il ne nous eſt pas permis de ſortir, ſi la meſme puiſſance qui nous y a poſez, ne nous en releue; que c'eſt vn lieu où il nous faut rendre de continuels combats iuſques à ce que la prouidence diuine ſonne la retraite, & nous appelle aux couronnes, & au repos.

Ie croy qu'elle a permis que nous n'euſſions pas icy vne idée parfaicte de cette felicité, de peur qu'attirant toutes nos affections, elle ne nous donnaſt vn trop grand meſpris de la vie ; qu'elle ne changeaſt en haine cét amour naturel que nous auons à la conſeruer; que la vertu ne fuſt homicide, & que les bons ne ſe portaſſent par trop de zele, aux extremitez où les meſchans ſe precipitent par deſeſpoir. Quelques preſens que nous fiſt le monde, de quelques delices qu'il flattaſt les ſens, il ſeroit touſiours l'objet de noſtre meſpris tant que nous aurions la veuë d'vn plus grand bien; & dans l'impatience de ne le point poſſeder, le temps de la vie nous ſeroit vne prolongation de ſupplice.

Seneque en la conſolation, *ad Martiam*, dit que nous ſommes en ce monde comme nous eſtions dans le ventre de noſtre mere auec vn aſſoupiſſement qui ne nous laiſſe pas voir vn bien dont il ne nous eſt pas encore permis de jouyr. Noſtre croiſſance n'eſt qu'vne diſpoſition à vn plus parfaict eſtat, & à vne meilleure vie, où la Nature nous meine auec vn progrez qui ſeroit moins doux, s'il nous eſtoit plus cognu. Nous auons icy plus de tenebres que du lumieres; plus de doutes que de cognoiſſances; Nos amours ſont la pluſpart illegitimes; noſtre vertu n'eſt ſouuent que contrefaite, nos plaiſirs ſont trauerſez de mille douleurs; les alterations du temps & du monde nous font balancer entre la vie & la mort. Mais ces déguiſements, ces langueurs, ces troubles, ces inconſtances doiuent prendre fin; vn iour bien-heureux nous deliurera de ces ſeruitudes; il diſſipera tous les nuages de nos eſprits; nous ſerons dans vne region de lumiere, ſans nuict, ſans ombre, & ſans occident.

En l'Epiſtre 76. où il fait la preuue que le ſouuerain bien de l'homme ne conſiſte pas aux plaiſirs du corps, ny aux faueurs de la fortune, il allegue pour vne de ſes plus puiſſantes raiſons, que les charmes de la volupté ſenſible, l'éclat de l'opinion, les treſors, les ſceptres, ne nous donnent pas cette pure & veritable felicité dont l'ame doit auoir la jouyſſance apres cette vie, & quand elle ſera retournée à ſon origine.

En fin c'eſt le ſentiment de Platon, Iamblique, Themiſtius, Theophraſte, Auerroës, Auicenna, Plotin, Plutarque, Boëce, & de tous les anciens Philoſophes, que la mort qui nous donne de l'apprehenſion n'eſt que pour le corps; que noſtre ame eſt immortelle; qu'eſtant eſchappée des liens de la matiere, elle paſſe dans vne eternité où elle poſſede tout le bien, dont elle n'auoit icy que les deſirs & l'adminiſtration.

Aristote au 2. liure de l'Ame text. 21. dit en termes formels que l'intellect agent vient de dehors; qu'il peut estre separé de la matiere, comme estant incorruptible, & que sa vie ne doit point prendre fin. S'il semble tomber en des assertions contraires en quelques endroits, on peut resoudre toutes ces difficultez en remarquant qu'il fait vne grande distinction entre *l'esprit* qu'il appelle *mens*, ou intellect agent, & *l'ame*, qu'il prend ordinairement pour l'exercice vegetat & sensitif que l'ame fait sur le corps; qui cesse quand les elements se retirent de sa composition, & qui en cette maniere est corruptible. Ie ne m'arreste pas icy à confronter les textes de ce Philosophe, & à esplucher toutes les difficultez pour faire paroistre qu'il a creu l'Immortalité de l'ame, d'autant que tous les Autheurs anciens & modernes, qui ont entrepris cette matiere, ont fait cette preuue: Et puis ayant dessein de ne point agir par authoritez auec des personnes qui n'y croyent pas, ie pense que cette longue deduction seroit importune.

De la creance qu'on doit aux Philosophes en ce qu'ils ont dit de l'Immortalité de l'ame.

CHAPITRE. IX.

IL y a des ames fortes & genereuses qui produisent ce que les autres admirent, qui ne prennent conseil que de leurs pensées, & qui sans les secours estrangers que nous donnons à nos cognoissances, se mettent d'elles-mesmes en possession de la verité. Celles qui sont fecondes iusques à ce poinct, sont capables de donner l'inuention aux arts, les reigles aux sciences, les loix aux peuples ; d'establir & de conseruer les Monarchies, parce qu'elles sont dans les Estats, ce que le cœur est dans le corps, & le premier Mobile entre les Cieux.

C'est là le plus haut, & le plus sublime degré de la sagesse, de la posseder de son acquest, de la voir de ses propres yeux sans en estre redeuable aux raports de l'antiquité ; d'auoir en soy le principe du mouuement qui nous y conduit, auec le mesme auantage sur les autres hommes, qu'ont les animaux sur les simples composez elementaires ; Mais parce que ces puissans genies sont rares, & que bien peu de personnes dans plusieurs siecles se voyent esleuez iusques à cét étage. Le second, & le plus proche degré de sagesse, c'est de croire aux sages ; de mesme qu'entre les brutes, celles là sont plus voisines de nostre raison qui se rendent plus souples à nostre conduite, & comme la Lune qui n'a sa lumiere, que du Soleil, le suit immediatement en vertu, & tient sa Lieutenance au gouuernement du monde.

Quand ie demande qu'on suiue les Philosophes, ie ne reduis pas les esprits en seruitude, mais ie pense les releuer de leurs defauts auec douceur ; & leur faire voir par reflection, vne lumiere, que leurs yeux trop foibles ne peuuent supporter en son origine. En cela le iugement se conserue tousiours sa liberté, parce qu'il ne donne creance aux sages, qu'és sujets qu'il sçait estre de leur ressort, où la raison naturelle les a portez, & dont nous auons d'ailleurs de puissantes preuues.

Ie ne trouue point de sujet, où ils meritent dauantage d'estre creus de nous, que celuy-cy, parce qu'il n'y en a point en la speculation duquel ils ayent apporté plus de diligence. Ils donnerent leurs principales estudes à cognoistre l'homme, où comme le desir de sçauoir la verité croissoit par la consideration de leur interest ; ils y reussirent si parfaitement qu'ils ont fait les loix & donné les mesmes preceptes que nous suiuons encore dans la Morale. Voyans dans leurs speculations ordinaires, que l'ame se détache de la matiere, qu'elle passe les choses sensibles, le monde & les Cieux, ils iugerent que son essence aussi bien que son action estoit independente du corps, & qu'elle n'estoit point sujecte comme luy, aux loix de la mort ? Qui peut mieux iuger du merite & des qualitez de l'ame, que ceux qui la contemploient en sa pureté, & qui faisoient tous les iours l'espreuue de sa vertu ?

Certes ie n'en sçaurois croire ceux qui portans vne conscience criminelle voudroient n'estre plus apres cette vie, de crainte qu'ils ont d'estre miserables ; ny ceux qui ayant esté nourris dans le cours du monde, esclaues de sens & de l'opinion, ne veulent point croire qu'il y ait vne vie pour qui ils n'agissent point, ny d'autre que celle où ils mettent leur contentement. Il est moins possible que ces personnes trauaillées de leurs passions, iugent comme il faut de la fin, & des qualitez de l'ame, que de remarquer les traits d'vn visage masqué d'ordures, ou de voir la beauté du Ciel, quand il est couuert de nuages.

Ie donnerois moins de creance aux Philosophes, s'ils se combattoient en ce sujet comme ils font aux autres, où l'on peut suspendre son iugement entre des raisons qui se renuersent par vne égale contrarieté : Mais quoy qu'ils ne demeurent pas d'accord des principes dont est composé le nombre, du nombre des elemens, de celuy des Cieux, de la formation des metaux, de l'actiuité des causes, des sympathies, & des qualitez occultes; neantmoins ils publient vnanimement l'Immortalité de l'ame, & les plus sages sont les plus resolus en ce sentiment. Cela fait paroistre qu'il n'est pas du nombre de ceux qui naissent de l'opinion; mais que c'est vne verité doublement certaine, & parce que la Nature l'a imprimée dans le cœur des peuples, & que les Philosophes l'ont descouuerte par la raison.

Quand nos esprits ne porteroient pas si haut que les leurs, & quand nous n'aurions pas leurs demonstrations, ie ne sçay sur quoy l'on peut faire difficulté de les suiure, & de receuoir d'eux vne cognoissance, que nostre speculation ne nous donne pas. Toutes les parties du monde se secourent les vnes les autres de leur assistance ; si elles ont quelques perfections, elles les tiennent moins en propre que d'emprunt ; ce qui se fait par vne prouidence admirable de la Nature, qui les lie ensemble par ce commerce, & entretiét leurs intelligences par leurs mutuelles liberalitez. La terre nourrit & assemble ses parties dis-jointes de seicheresse, par l'humidité de l'air, & de l'eau; elle reçoit les tresors qu'elle nous amasse & les qualitez dont elle compose les fruicts qu'elle nous presente, de la bonté des causes superieures; Le premier Mobile donne aux autres Cieux, le mouuement qu'il reçoit d'vne intelligence; le Soleil communique ses vertus, & sa lumiere aux autres planetes, & celle que nos yeux admirét en só globe, est, si l'on croit aux Platoniciens, l'emanation d'vne substance intellectuelle. Cette dépendance generale se doit trouuer aussi bien entre les esprits, qu'entre les corps, & les moindres doiuent emprunter leurs lumieres de l'ordre superieur, autrement on admettroit le vuide & la confusion, entre des parties qui estant plus nobles, doiuent representer plus parfaictement l'vnité du premier Principe par leurs alliances. Ainsi la Nature mesme nous oblige de suiure le sentiment de ceux qui ont plus de sagesse, & plus de cognoissance que nous.

 Figurez-vous vn conclaue où ces miracles de l'anti-

DE L'IMMORTALITÉ DE L'AME. 97

l'antiquité, Trifmegifte, Socrate, Platon, Ariftote, Iamblique, Plotin, Ciceron, & autres de mefme merite tiennent leur confeil, & apres vne meure deliberation concluent que l'ame de l'homme eft immortelle? Quelle temerité, & quelle folie, qu'vn mefchant petit efprit ignorant, qui n'a pas la premiere teinture de la fcience, contredife à ces grands Oracles, & entreprenne de faire paffer fes refueries par deffus la folidité de leurs fentiments.

Ces fages eftoient les vrays Medecins des ames, qui en ont le mieux defcouuert les maladies; Ils cognoiffoient les inclinations qu'elles ont pour le corps, les defreiglements de leurs appetits, les tumultes de leurs paffions, leurs folles amours, leurs troubles, & leurs inconftances; neantmoins ils concluent qu'elles ne font pas mortelles. Car comme nous auós dit, faifant la plus ferieufe partie de leur eftude, de la cognoiffance de leur interieur, & de la portée de leurs efprits; obferuans tous leurs mouuements, mefme jufques à leurs fonges, ils fentirent qu'ils auoient en eux vne portion diuine exempte de corruption, qui entre les infirmitez du corps eftoit comme le Soleil fous vne vapeur, & dans fon eclypfe, qui nous cachent, mais qui ne luy oftent pas les auantages de fa fubftance.

Ce n'eftoit point pour complaire aux Princes, qu'ils donnerent cours à cette opinion; Car la Philofophie qu'ils profeffoient leur infpiroit vn genereux mefpris des faueurs humaines; pour fe

Tome 2. N

monstrer veritables en leur doctrine : Aussi Socrate qui estoit le plus resolu en cette creance, choqua hardiment la Republique d'Athenes, & perdit la vie pour ne vouloir point confesser vne multitude de Dieux. D'où l'on void que sa doctrine n'estoit pas esclaue des interests de l'Estat, non plus en ce qui regardoit l'Immortalité de l'ame, qu'aux autres maximes de Religion.

Les Philosophes ne proposoient pas aussi cette doctrine, & ce qu'ils en disoient, n'estoit pas vne inuention controuuée pour animer les peuples à la vertu. Car les vns excusoient le vice, & l'imputoient ou à vne impuissance naturelle, ou à vne ignorance grossiere, qui portoit sa peine, & qui n'ostoit rien des felicitez de l'autre vie. Les autres mettoient le souuerain bien de l'homme en luy mesme, & en la satisfaction que la pratique de la vertu apporte à la conscience. Ils ne vantoient rien plus que cette tranquillité, qui met le sage dans l'independance des choses sujettes à l'empire de la fortune, en ce bien-heureux estat de paix qui approche de celuy des Dieux. Ils pouuoient donc animer le peuple au bien par des recompenses qui estoient presentes, sans leur feindre celles d'vne autre vie, & sans rendre la vertu suspecte par les promesses d'vne felicité qui ne paroist point.

Mais supposons qu'ils se soient seruis de ce moyen pour releuer les courages abatus, de ce que les plus iustes ne sont pas ordinairement les plus heureux,

& que la vertu souffre beaucoup sous les vsurpations de l'iniustice. Ie conclus de là, que la creance de l'Immortalité de l'Ame nous est naturelle, & mesme plus asseurée que cette maxime, qu'il nous faut viure selon la raison ; puis que les Philosophes s'en seruoient comme d'vn premier principe, d'où ils tiroient la consequence de cette seconde verité, & puis qu'elle estoit assez forte pour arrester les plaintes qui nous sont ordinaires dans les disgraces dont l'innocence se trouue affligée.

Que si cette creance n'eust esté publique, & si ne la suiuants pas, ils n'eussent offensé leur reputatiõ, aussi bien que leur conscience, ils auoient sujet de la taire, & de la combatre. Car supposant qu'il reste vne vie apres celle-cy, où il n'y aura plus aucune ignorance, les sages perdent les deux priuileges qu'ils ont sur les autres hommes, & de cognoistre beaucoup, & de suruiure seuls à leurs funerailles, par la renommée de leurs merites. C'est donc vne bonne foy, & vne lumiere qui ne pouuoit estre obscurcie, qui les a obligez de publier cette Immortalité.

Ie n'en demeure pas sur leurs simples authoritez; Mais puis qu'ils ont eu de fortes & de puissantes preuues pour se rencontrer tous en ce sentiment, il faut en faire la recherche dans le reste de ce traité, & nous seruir des mesmes armes qu'ils employerent contre Epicure & Diagoras. Il est vray que cette entreprise nous monstre d'abord de grandes difficultez, & il semble qu'en cette proposition nous n'auons pour preuues que des coniectures. Car nostre vie se trouue enfermée entre vne longue suite de temps, & de siecles, dont nostre veuë ne peut descouurir les extremitez ; tout l'aduenir nous est incognu, & vous diriez qu'il nous est aussi peu permis de sçauoir ce que nous serons apres la mort, que ce que nous estions deuant la naissance. Neantmoins il y a beaucoup à dire entre ces deux termes, d'autant que nous n'auons que faire du passé où nous n'estions pas, & d'où il ne nous peut plus arriuer aucun bien ; mais quant à l'aduenir, la cognoissance nous en est necessaire, comme estant la veuë de nostre fin, où nous deuons tendre auec eflection.

C'est pourquoy comme les choses mesmes inanimées ont des inclinations qui les portent droict à leurs fins, il faut conclure que l'homme est capable des cognoissances naturelles, & des raisonnemens, qui luy donnent cette asseurance de l'Immortalité, qu'eurent les Philosophes en vn temps, qui n'estoit point encore esclairé des lumieres de la foy. Taschons de les descouurir.

*Dieu a fait l'ame raisonnable immortelle afin
qu'elle fust l'image de son eternité.*

CHAPITRE X.

LOrs que la nuict nous a surpris dans vn voyage, & que l'air n'a plus de lumiere, nos yeux s'esleuants la cherchent au Ciel, & se consolent d'y voir le brillant de quelque estoile, encore qu'elle ne fasse point de iour pour conduire nos pas. Nostre esprit fait icy le mesme; Car ne rencontrant que tenebres, & qu'obscuritez, à l'abord de cette question de l'Immortalité de l'ame, il monte à Dieu; & se fait vne raison de sa volonté, au défaut des cognoissances ordinaires à nostre discours. C'est aussi là le premier principe de l'existence, parce que Dieu la possede seul en propre; toutes les creatures la tiennent de luy auec vne dependance si absolue, qu'il n'y a que son seul decret, qui les a tirées, & qui les deffend de la priuation: Si les Cieux ne souffrent point de déchet en leur substance, s'ils sont infatigables en leurs mouuemens; si les especes se conseruent esgales dans le flux des naissances & des corruptions; si les choses particulieres ont des forces, & des instincts qui les deffendent de leurs contraires; Ce sont tous effects de la volonté diuine. Elle est donc la premiere cause de tous les estres; & en ce

N iij

sens, supposé que l'ame raisonnable soit immortelle, c'est en rendre quelque raison de dire que Dieu la veut tousiours conseruer incorruptible.

Encore cette resolution qui tient plus du Theologien, que du Philosophe, se peut donner en matiere, où l'on demeure d'accord de l'existence des choses; & nous pourrions dire quand nous les voyons estre, que Dieu veut qu'elles soient; mais icy que l'Immortalité de l'ame n'apparoist pas auec euidence, & que les difficultez de ceux qui nous la disputent, nous obligent d'en proposer la question; Ce n'est pas la bien resoudre, d'alleguer la volonté de Dieu, parce que nous n'assistons pas à son conseil, pour l'entendre, & qu'elle est aussi peu cogneuë, que le suiet où nous l'apportons pour preuue. Il faut doncques tascher de descouurir quelques raisons, d'où nous puissions inferer cette volonté diuine, & y proceder comme en matiere de Iurisprudence, où d'vne loy l'on fait iugement des intentions du Legislateur en d'autres sujets, pour lesquels il n'auoit point donné de decision particuliere.

S'il est permis de iuger des conseils de Dieu, & de la fin qu'il s'est proposée en la creation du monde, il est à croire qu'en desployant les largesses de sa bonté, il a voulu y grauer son image, & commencer ce mouuement que suiuent les choses inferieures, en l'inclination qu'elles ont de faire leur semblable. Car son amour qui s'entretient en la paisible &

eternelle iouyssance de ses infinies perfections, forma les creatures sur ce prototype, afin qu'il s'y peust complaire, les regarder sans se diuertir de soy, & s'y voir par quelque sorte de reflexion. Ainsi il nous fait vne image de son pouuoir, par celuy des causes particulieres & vniuerselles; de son vnité par la liaison, les sympathies & l'accord des parties du monde; de sa grandeur par les vastes espaces du lieu, & par l'estenduë de la quantité ; de son amour par celuy qui entretient le monde de generations; de sa sagesse par l'ordre des choses inanimées, par les inclinations, les instincts, les industries des plantes, & des brutes; de sa gloire par les charmes de la volupté, & par les delices qu'apporte la iouyssance du bien.

Si le monde en la diuersité & en l'intelligence de ses parties, nous figure les perfections de Dieu, s'il en a plus d'images reelles, que nous de concepts, il est conuenable que son eternité y soit aussi bien representée que le reste de ses attributs. Ie dits mesme plus naïuement, parce que l'eternité signifie vn bon-heur complet & inuariable ; elle recueille en soy toutes les excellences de la nature diuine; elle est le Principe des creatures; comme le repos l'est du mouuement; C'est pourquoy quelqu'vne d'entre elles doit porter vne viue representation de ce qui leur tient lieu de premiere cause.

Les Princes qui desployent leurs magnificences en la pompe des edifices publics, y font grauer les inscriptions du temps de leur regne, auec les armes qui monstrent l'antiquité de leurs maisons, & de leurs couronnes. Dieu a fait le mesme en la construction du monde, où il n'y a pas la moindre petite partie, qui en la durée de son existence, au soing qu'elle employe pour sa conseruation, & celle de son espece, ne porte quelque ressemblance de l'eternité. Comme vne grande montagne immobile entretient son ombre, flottante dessus les fleuues qui courent au dessous, encore qu'elle ne fasse qu'vn peu changer de postures, se plonger, & puis s'esleuer selon l'inegalité des ondes, sans changer de situation ; ainsi l'on peut remarquer vne image imparfaite de l'eternité diuine dans la vicissitude du monde, dans la reuolution des cieux, des siecles, & des elements, qui ne font qu'vn demy tour, & qui nous rameinent les choses semblables, apres le terme prescript à leur periode.

Neantmoins il me semble que c'est offenser la souueraine Sagesse, de dire que voulant tirer vn portrait de l'eternité, elle y ait employé des couleurs si peu conuenables, & des matieres chargées de conditions qui luy sont contraires. Car l'eternité diuine signifie vne existence souuerainement heureuse, qui se continuë tousiours la mesme, sans progrez, sans dechet, sans alteration. C'est vn tout qui est sans partie, vne quantité sans nombre, vne estenduë qui ne souffre point de diuision, vn instant qui vaut toutes les durées, qui assemble le passé auec l'aduenir,

DE L'IMMORTALITÉ DE L'AME. 105
l'aduenir, qui s'eſtend à toutes les extremitez imaginables, ſans ſe partager entre les differences qu'apporte la diuerſité des termes. Or le monde eſt dans vne alteration continuelle, qui ne luy permet iamais vne meſme face, ny vn meſme eſtat ; ſes viciſſitudes luy font ſouffrir beaucoup plus de morts, qu'elles ne luy redonnent de vies ; les cauſes particulieres ſe conſomment en la production de leurs effects ; la corruption eſt le principe de la generation ; vne naiſſance qui ne poſſede iamais toute la perfection propre à ſon eſpece, ne laiſſe pas d'eſtre deuancée d'vn nombre infiny d'alterations, qui ſont les preparatifs de la matiere pour receuoir vne nouuelle forme, & puis les ſymptomes entre leſquels elle meurt. Enfin le monde ſubſiſte par vn mouuement d'inquietude, qui deſcend, qui monte, qui ſe precipite, qui ſe porte à toutes les ſituations, qui rompt la tiſſure qu'il a commencée, qui la renouë par vne entrepriſe qui n'acheue rien, & dont la continuë entrecoupée de langueur ſe termine en la priuation.

Si les choſes particulieres qui ſe ſuiuent par les generations, referment les playes que la mort fait continuellement en la nature ; ſi la ſucceſſion de leurs naiſſances entretient toutes les eſpeces dans vne certaine égalité, où l'excez, & le defaut ne ſont point ſenſibles, c'eſt vne multitude qui n'a de la liaiſon ; vn vniuerſel qui ne ſubſiſte que dans nos idées, hors leſquelles nos yeux ne voyent rien que

Tome 2. O

de mortel, & de periſſable ? Comment le tout peut-il exprimer vne durée continuë, bien-heureuſe & independante, ſi toutes ſes parties ſouffrent de continuelles alterations ; ſi elles ſont dans le mouuement, qui eſt vne marque de leur pauureté ; ſi elles ſont meſurées du temps qui meurt quand il naiſt, & dont l'exiſtence n'eſt qu'vn moment, qui perit pluſtoſt, qu'il n'eſt apperceu.

Ces liaiſons des eſpeces, & des elements, ne ſont autre choſe que des aſſemblages accidentels qui n'ont pas aſſez de rapport auec la ſouueraine vnité du premier Principe; la ſuite des cauſes eſt entrecoupée de priuation, parce que la ſubſtance d'vne choſe particuliere ne penetre pas l'autre, mais ſeulement elle s'en approche auec vne notable inégalité qui laiſſe du vuide; & comme toutes choſes doiuent finir à vn certain terme, les années que nous comptons pour vn progrez, ne ſont à vray dire, qu'vne diminution de leur durée. Il faut donc conclurre, que le monde qui s'entretient par ſes ruines, qui eſt dans la multitude, l'indigence, & la diuiſion, n'eſt pas vne image aſſez expreſſe de l'eternité de Dieu, & qu'il doit y auoir quelque ſubſtance aſſortie de conditions plus auantageuſes & libres de la loy du temps.

Puiſque toutes les cauſes naturelles ſe monſtrent ſi paſſionnées pour la conſeruation de leurs effets, & que leur amour ſe fortifie plus il deſcend, il ſemble fort conuenable que Dieu qui eſt eternel, ait produit vne substance qui ne prenne point de fin, qui soit l'effet d'vne bonté, & le legitime objet d'vn amour qui n'a point de bornes : Y a-il rien de plus rapportant aux cours ordinaire des causes qui font leurs semblables, que de conceuoir vne eternité, qui produit vne substance immortelle ?

Comme il se rencontre certaines choses, qui en leurs defaillances, & en leurs morts, nous monstrent ce qu'elles retiennent de l'impuissance de la matiere, & du neant de leur origine. Il faut que par opposition, il se trouue quelque substance qui en sa durée nous figure l'eternité du premier Principe ; Autrement il n'auroit pas bien surmonté la priuation ; la masse des creatures seroit comme vn marbre mal poly, & ébauché, qui en la disproportion de sa figure rustique, tiendroit encore plus de la carriere que de l'art, & de l'inuention que de l'ouurier. Nous verrions par tout les marques d'vn rien originaire, des inconstances & des rebellions de la matiere, & nous n'aurions point d'estre qui nous monstrast la toute-puissance du Createur à continuer la vie. De là l'on peut inferer qu'outre la multitude des choses qui entrent en la composition du monde, qu'outre ce qui nous paroist des especes, des vicissitudes, des generations, il est conuenable qu'il y ait encore quelque substance incorruptible pour estre l'image d'vn Dieu eternel.

Il ne faut pas croire que les Cieux soient capables de tenir ce rang, ny qu'ils meritent cette digni-

O ij

té. Car encore qu'ils souffrent moins d'alteration, que les choses inferieures ; neantmoins nous auons fait la preuue au premier Tome, que de leur nature ils y sont sujets, parce qu'ils ont en eux la matiere qui est le premier sujet de dissolution, aussi bien que de composition, & qu'on y remarque plusieurs qualitez contraires. Au reste ce sont des corps, & par consequent d'vne condition trop basse pour estre l'imagination de l'eternité de Dieu. Cela n'est deu qu'à vne substance spirituelle, qui estant libre des sujetions de la matiere, des limites de la quantité, & du lieu, comme nous verrons, merite d'estre affranchie de celle du temps. I'aduouë que le Ciel est admirable par cette lumiere sensible qu'il nous enuoye, par le mouuement circulaire qu'il reçoit d'vne intelligence, par ces qualitez occultes qui moderent les choses inferieures, & qui concourrent à toutes les generations : Mais l'ame de l'homme a des conditions plus releuées, si vous considerez son essence desgagée de la matiere, ses lumieres intellectuelles plus nobles que les sensibles, ceste reflexion de cognoissances, qui est vn mouuement qu'elle a d'elle mesme, ses idées qui d'vn monde materiel en composent vn intelligible ; qui comprennent les prosperitez de toutes choses, qui les assemblent, les alterent & les perfectionnent à discretion par ses artifices : Ainsi estant plus noble, elle merite ce priuilege de porter vne plus expresse image de l'eternité de Dieu.

DE L'IMMORTALITÉ DE L'AME. 109

Nous en voyons quelque crayon dans chaque ordre de la Nature. Entre les corps simples, les Cieux souffrent peu d'alteration : entre les metaux, l'or ne deperit point par le roüille, & ne se laisse point surmonter au feu : entre les pierres, le diamant : entre les bois le cedre semblent incorruptibles : Il faut donc qu'entre les formes substantielles qui s'vnissent successiuement à la matiere, il y en ait quelqu'vne exempte de corruption, & qui soit comme vn priuilege de la loy commune, qui represente le droict & l'immunité du Prince. Que si entre toutes ces formes il s'en doit trouuer quelqu'vne qui ne meure point ; ce doit estre celle qui est la plus accomplie, & est gratifiée de conditions plus symbolisantes à l'eternité.

L'homme estant le plus parfait des creatures inferieures, doit auoir vne ame immortelle.

CHAPITRE. XI.

LEs Cieux, qui nous obligent sans cesse de leurs influences ; le Soleil qui tient tousiours vn mesme chemin dans le Zodiaque pour fauoriser les mesmes climats ; les fontaines qui font boüillonner leurs eaux, d'autant plus pures, qu'elles sont plus frequentées ; les fleuues qui poussent continuelle-

O iij

ment leurs ondes dans vn mesme lict, sont les asseurances que la Nature nous donne qu'vn bien-fait en attire vn autre; qu'vne premiere faueur n'est qu'vn gage, & vne caution de plusieurs qui la doiuent suiure.

Nous gardons cette loy auec tant d'inclination, qu'il n'estoit pas necessaire que les Empereurs Romains la renouuellassent, quand ils ordonnerent que les adoptions fussent pour tousiours, & que les Maistres prissent la tutelle de ceux qu'ils auoient mis hors de seruitude. Les graces nous sont representées se donnant la main, pour nous faire entendre la suite qui est ordinaire entre les bien-faits, par vne coustume la plus innocente de celles qui ont cours au monde, où le temps & la police ne doiuent iamais toucher. C'est vn effet de la prouidence diuine qui ayant permis que nous fussions dépendans les vns des autres, surprent en cela nostre amour propre, & nous fait croire que le bien que nous conferons aux autres, rejalit sur nous. Car l'homme regarde ceux qu'il a obligez comme choses qui luy appartiennent, & il tire sa gloire, & sa complaisance de leur bon-heur.

Si la bonté de l'homme, quoy que pauure, est si liberale, & si feconde en bien-faits, nous deuons juger que celle de Dieu, estant plus puissante, & l'origine de toute bonté, se monstre plus magnifique pour la conseruation de ses fauoris. D'où j'infere qu'ayant auantagé l'homme de graces plus si-

DE L'IMMORTALITÉ DE L'AME. 111
gnalées: ayant enrichy son ame de perfections qui
passent le materiel, & qui luy donnent l'Empire du
monde, il se plaist aussi à luy continuer son existence, plus qu'au reste des choses inferieures. C'est vn
chef d'œuure de sa puissance, vn tableau de sa beauté qu'il ne veut pas rompre; & s'il auoit dessein de
grauer l'image de son eternité sur quelqu'vne de ses
creatures, ce deuoit estre sur celle qui est la plus accomplie.

La raison nous le persuade. D'autant que les prerogatiues qu'il luy a données, sont les tesmoignages d'vn plus grand amour qui s'y est arresté auec
plus de complaisance, & qui aduoüe dauantage
pour sien le sujet sur qui il a déployé ses plus grandes
liberalitez. Cette perfection ainsi receuë, qui peut
estre considerée comme vn effet de l'amour diuin,
en deuient aucunement la cause & le motif: Dieu
auoit aymé l'ame raisonnable pour la produire auec
ces excellences, & puis il l'ayme & la conserue
voyant qu'elle en est auantagée, de mesme qu'vn
Pere qui porte vn amour general à tous ses enfans,
ressent des tendresses particulieres pour l'auancement de celuy qui passe les autres en merites. Comme le premier acte de l'amour de Dieu en la production de l'ame, tendoit à y faire sa ressemblance; Le
second pretend de l'y perfectionner ; C'est vne reueuë de son ouurage qui luy done la derniere main.
C'est vn cercle, & vne reflection d'amour, qui releue ce qu'il a produit, & le porte à vne plus expresse

conformité de son principe. L'ame auoit du rapport à Dieu à causes de ses excellences ; & en cette consideration elle est affranchie des loix du temps, afin qu'elle soit renduë plus semblable à l'eternité.

L'on ne peut douter, que si Dieu se plaist en la contemplation de ses ouurages, il ne reçoiue plus de complaisance en la veuë des formes plus accomplies, & ne leur donne aussi vne durée de plus d'estenduë. Autrement on verroit en luy deux motifs qui seroient contraires ; l'vn d'amour en ce qu'il prendroit plaisir de les contempler ; l'autre de mespris, en ce qu'il refuseroit son concours pour leur conseruation, & qu'il se priueroit luy mesme d'vn objet qui luy seroit agreable. La seule prerogatiue d'excellence qu'a nostre ame sur les autres formes, est donc vn iuste titre, pour receuoir l'immortalité de la main de Dieu.

Que l'on sonde les fondemens de la durée, & qu'on cherche au vray ce qui la soustient, on trouuera que c'est la perfection ? D'où vient que Dieu est eternel. sinon par ce qu'il comprend en l'vnité de son essence tout ce qui se peut imaginer, & tout ce qui peut-estre de bien. Ainsi il ne peut y auoir au dehors de contraires qui le battent, de nouueautez, dont son excellence se puisse accroistre, ny de defaut où il puisse cheoir : Mais son pouuoir s'accordant à sa volonté, sa cognoissance & son amour égalant ses infinies perfections, il demeure tousiours égal, dans le repos eternel de sa gloire.

DE L'IMMORTALITÉ DE L'AME. 115

La Nature se regle sur ce prototype en la durée qu'elle donne aux corps qui la peuplent: Car elle leur permet la vigueur de l'action, tant qu'ils demeurent dans la iustesse de leur temperament, que s'ils y souffrent quelque notable alteration, & qu'ils perdent le degré d'excellence deub à leur espece, elle les casse du nombre des estres, & les condamne à la mort, apres leur auoir donné la gesne des maladies. Mais quand elle rencontre beaucoup de perfection dans vn suiet, elle luy continuë son existence & l'entretient à proportion de ses merites. Ainsi les Cieux qui sont les plus accomplis de toutes les choses materielles, se conseruét dans leurs mouuemens & leurs lumieres, sans souffrir d'alterations qui ne soient sensibles. Les eaux distillées estant plus pures se corrompent moins; le cœur qui a plus d'esprits que les autres membres, meurt le dernier, les corps qui sont plus sains se deffendent des mauuaises qualitez de l'air, & ne succombent qu'à quelque violente maladie ; les arbres durent plus que les plantes, les animaux parfaits, que les imparfaits, & ceux qui ne durent qu'vn iour, sont des insectes. On iuge la Monarchie le plus parfait des gouuernemens, de ce qu'il se conserue le mieux, & Seneque estime plus sage, celuy qui est le moins suiet à l'inconstance.

Cela vient de ce que les choses que nous disons estre plus parfaites contiennent plusieurs bonnes qualitez, qui estans recueillies en vn seul suiet, ont

Tome 2. P

plus de force par cette vnion, pour le conseruer. Et puis elles sont en vn estat d'eminence, releué par dessus le tulmute des petites choses, & où les coups de leurs contraires ne peuuent arriuer que fort affoiblis. Mais la vraye raison pourquoy les choses qui sont plus parfaites, durent dauantage, c'est que ce degré d'excellence les approche touliours plus prés de Dieu; Ainsi elles doiuent continuer leur existence, pour auoir vn plus grand rapport au premier Principe, en qui l'eternité est inseparable de la souueraine perfection.

On dit à cela que les formes artificielles deuroient donc durer dauantage que leurs sujets, parce qu'elles sont plus parfaites. Ie responds, qu'elles sont au nombre des accidents, dont la condition est de soy fragile, & de beaucoup inferieure aux formes substantielles, à qui elles seruent de parure & de vestement.

Mais, dit-on, les formes substantielles perissent & la matiere premiere, qui est la moindre partie du composé, reste incorruptible. Quand ie luy donnerois cette qualité auec les Philosophes, ie dits que sa substáce seroit trop foible, pour supporter ce grand flux de formes, sans s'alterer, si elle n'estoit soustenuë du premier Principe. Elle est aussi d'vne condition si basse, qu'il n'y a point de côtraires qui entreprennent sur sa possessio, séblable en cela aux personnes, dont l'extreme humilité eschape les coups de l'enuie, & de la fortune. Elle est dans vne si prodigieuse indifference, qu'elle reçoit toutes sortes de formes d'vn mesme visage; comme elle n'est point partiale, toutes luy aggreent, elle se perfectionne de ce qui ruyneroit vne substance determinée, & comme elle ne possede rien en propre, il ne luy sçauroit rien arriuer de perte. Neantmoins quoy que sa foiblesse luy serue de fort contre l'assaut des agens exterieurs, elle pourroit tomber dans le neant originaire dont elle est tirée, si Dieu ne la soustenoit. En cela il nous fait paroistre sa toute-puissance, qui s'estend iusques aux extremitez de l'estre, comme le Soleil enuoye sa lumiere d'vn bout d'hemisphere iusques à l'autre, sans lassitude; & quand il accorde vne plus longue durée à la chose du monde qui a moins de perfection, il se gouuerne comme vn souuerain qui donne la vie par grace à ceux qui ont merité la mort, pour monstrer qu'il en est le Maistre.

Cette matiere premiere est le centre où se terminent les derniers degrez de la Nature, & d'où ils s'éleuent pour remonter aux especes plus accomplies; de sorte qu'elle peut en quelque façon estre considerée comme leur principe, & comme leur fin. Ainsi continuant en son existence, elle a quelque rapport à l'eternité de Dieu, qui est le principe, & la fin de ses creatures; Elle luy est diametralement opposée, en ce qu'elle est toute puissance, toute disposition, & toute vuide, comme il est tout acte, & toute vertu. Neantmoins elle ne laisse pas d'auoir plus de ressemblance à l'eternité, que les choses qui sont plus parfaites; comme la Lune est plaine de plus de lumiere, quand le Soleil la regarde par opposition. Les extremitez ont toufiours quelque rapport ; & il falloit en la Nature quelque sujet toufiours preparé à receuoir, comme il y a vn premier Principe toufiours puiſſant pour agir.

C'est donc vn priuilege de la matiere premiere, qui n'empesche pas la verité generale de nostre maxime, que les choses qui ont plus de perfection, ont plus de durée.

L'ame raisonnable est la derniere en l'ordre des Intelligences, & des esprits, comme la matiere premiere l'est en celuy des corps ; L'vne est susceptible de toutes les formes intellectuelles, comme l'est l'autre de toutes les corporelles : Elles sont donc opposées, & ainsi faisant les extremitez de la Nature, elles doiuent estre toutes deux esgalement exemptes de corruption ; comme les deux bouts d'vne ligne se terminent par vn poinct indiuisible, & comme la terre, & le Ciel empirée sont sans mouuement. Puis que leurs puissances sont esgalement infinies à receuoir, elles ne peuuent estre satisfaites que par vne durée continuë, qui leur fourniſſe vne infinité de formes.

Si c'est Dieu qui les gratifie de cette existence, & si le priuilege de l'Immortalité vient de sa faueur, il est à croire qu'il la donne par auantage, à vne forme qui est plus proche de luy, qu'il ayme, & dont il veut faire vne image de son eternité, auſſi bien que du reste de ses attributs. Vn Prince qui a la Iustice en recommandation, ne refusera pas à ses sujets l'assistance qu'il donne aux peuples estrangers; on est plus prompt à bien-faire à ses amis, qu'à ceux qu'on ne cognoist point; les plus proches de sang, ont plus de droict à la succession; l'on conserue mieux ce qui est de plus grand prix ; & comme i'ay dit, les bien-faits se suiuent, & les premieres faueurs diuines, qui ont enrichy l'ame raisonnable de ses excellences, sont les dispositions, & les motifs de son immortalité.

L'homme porte vn tiltre qui semble luy en donner le droict : car il est la fin du monde materiel, comme nous auons dit ; c'est pour son seruice que les plantes croissent, que les animaux se meuuent, que les Cieux ont des lumieres, & des influences; & tout de mesme que le centre du lieu naturel où les corps se portent est immobile, la forme pour qui toute la Nature trauaille, doit estre immortelle. Autrement la fin seroit moins noble que les choses qui y pretendent ; les inclinations qui la recherchent seroient trompeuses; l'estre se termineroit à la priuation, si l'ame de l'homme à qui toutes les vies, & toutes les actions se rapportent, estoit perissable.

Toutes les choses qui paroissent au monde tesmoignent vn desir extréme de se conseruer, & cette passion est la plus violente de celles où les portent leurs instincts. Il faut donc au moins qu'il y

118 LA THEOLOGIE NATVRELLE,
ait quelque forme particuliere, qui subsiste tousjours, afin que cette generale inclination ne soit pas vaine, & qu'elle soit accomplie en quelque espece. Or l'ame raisonnable qui est la plus excellente, merite cette faueur priuatiuement aux autres: dautant que comme nous venons de dire, elle en est la fin, & que les choses inferieures, qui sont ordonnées pour son seruice, viuent aucunement en elle, comme le peuple croit posseder ce qu'il donne pour la reputation du Prince qui le gouuerne, & comme les loix Romaines, reputoient viuans ceux qui estoient morts pour la conseruation de la patrie.

Que l'homme de là ne se flatte pas dans le desreglement de ses appetits, & qu'il ne pense pas donner vne pleine liberté aux sens, sous pretexte que la Nature luy est sujette : Car cette sujetion n'est qu'à l'esgard de l'ame qui est immortelle, & si le corps en reçoit les premieres vtilitez, c'est afin que l'esprit en tire des forces pour ses emplois, & des instructions pour sa conduite.

Puis que Dieu veut conseruer nostre ame immortelle, parce qu'elle est la plus excellente des formes qui se joignent à la matiere ; l'homme pour se rendre digne de cette eslection, & pour se conformer au dessein de son Principe, se doit monstrer principalement affectionné pour ce qui est en soy de plus excellent; exposer le corps, les richesses, la reputation, toutes les choses mortelles pour le bien de l'ame, estouffer les folles amours, comme des productions illegitimes, & des Monſtres de mauuais preſages; Qu'vne eſſence qui eſt immortelle, monſtre vn courage inuicible, pour la vertu, & pour l'acquiſition d'vn bien qui eſt infiny.

Il y a des formes ſubſtantielles.

CHAPITRE XII.

PLaton eut ſujet de dire que les hommes tiennent les plus belles ſpeculations de Philoſophie de la curioſité des yeux, que l'eſprit a l'intelligence de pluſieurs ſecrets, que la raiſon ſe perfectionne en ſes diſcours par leur entremiſe. C'eſt par leur moyen que nous remarquons la quantité, le lieu, le temps, & le mouuement, qui ſont les principales affections de la Nature, les loix publiques ſous leſquelles les choſes particulieres conſeruent leurs exiſtences & reglent la conduite de leurs actions; quand ils nous font voir vn ordre ſi admirable entre les parties du monde, dans le cours des Cieux, dans la viciſſitude des elements, des ſaiſons, des ſiecles, ils nous forcent de tirer cette conſequence, qu'il dépend d'vne ſouueraine ſageſſe à qui nous deuons nos adorations, & ils nous monſtrent à garder au gouuernement de noſtre vie, la meſme police qui paroiſt en la Nature.

Cela eſt vray. Neantmoins le malheur de noſtre

condition, qui tourne les meilleures choses en mauuais vsages, & qui ne peut supporter le bien, s'il n'est meslé de quelque imperfection, a fait que les yeux qui ont esté les guides de la Philosophie, sont auiourd'huy les ministres de l'impieté. On defere aux sens iusques à les mettre en la place de la raison ; on ne veut croire que ce que l'on void ; on reduit la verité au rang des couleurs, & des qualitez externes ; on establit vne nouuelle Philosophie, selon laquelle les brutes qui nous passent en l'exercice des sens, nous doiuent seruir de Maistres. De là vient cét abus grossier de ceux qui nient les formes substantielles, parce qu'elles sont d'vne condition trop delicate pour estre apperceuës de l'œil, & par ce moyen ils arrestent court toutes les questions touchant l'Immortalité de l'ame, quand ils nous nient son existence.

Pour moy ie n'entreprens pas de vuider icy toutes les difficultez qu'on forge contre les principes, n'y de prouuer autant que la malice ou l'ignorance nous peuuent nier ; l'erreur qui est dans l'infiny, reduit ce dessein à l'impossible ; & si la Nature ne rend pas les corps à l'espreuue de tous les accidents, ie ne pense pas estre tenu de deffendre la verité contre tout ce qu'elle peut receuoir de doutes.

Neantmoins parce que la cognoissance des formes substantielles, est le fondement de tout ce traité ; l'accorde de satisfaire en cecy la curiosité des esprits qui se veulent rendre à la raison, Les Planetes

continuent

DE L'IMMORTALITÉ DE L'AME. 121
continuent de sorte leurs mouuemens, qu'ils souffrent les retrogradations qui les reportent aux signes qu'ils auoient quitté, & les vaisseaux apres vne heureuse course, sont souuent contraints de relascher sous la violence d'vn vent contraire. Il nous arriue le mesme en cette dispute, où les objections nous font remonter aux premiers principes, & nous demandent que nous prouuions qu'il y a vne ame, aptes auoir desia iustifié qu'elle est immortelle. Mais en cela mesme les sens, qui sont nos parties, peuuent estre nos Iuges.

Nous voyons icy vne continuelle permutation de diuerses choses, qui naissent, qui meurent, qui s'esleuent sur les ruines, & de la corruption de celles qui les precedoient. Le fumier se conuertit en la terre qui produit les herbes, dont vn mouton prend sa nourriture; cét animal meurt, se corrompt, se change en terre, puis en herbe, où vn autre mouton fait son pasturage. Les elements gardent cette mesme permutation, quand l'eau s'incorpore auec la terre, se subtilize en air, par des vapeurs qui estant ramassées, & espreintes par le froid de la moyenne region, s'escoulent en pluyes & refont de l'eau de ce qui estoit auparauant air & terre.

Or comme il faut vne cire, ou quelqu'autre matiere d'vne consistence molle qui souffre successiuement l'impression de plusieurs cachets; comme il faut vn bois, vn cuiure, vne toile, ou quelque autre fonds sur qui le pinceau couche ses couleurs: ainsi

Tome 2. Q

il faut necessairement admettre vne matiere qui soit le premier sujet de composition, la baze & le fondement des existences particulieres qui se succedent par les generations, & les corruptions.

L'on aduoüe que cette matiere est de soy aussi indifferente à receuoir tous les estres qui font les especes, qu'vn miroüer à representer tous les objets qui peuuent estre veus; Elle est toute ouuerte à ce qui la voudra remplir, souple à toutes figures, disposée à prendre tous les partis & tous les visages; mais impuissante de ce qu'elle est sans choix, sans force, sans fin, sans determination. Cela supposé il s'ensuit que cette partie substantielle doit estre animée d'vne autre qui regle ses appetits, qui determine son irresolution, qui la fasse estre vne chose de toutes celles qu'elle pouuoit estre, qui luy donne l'acte dont elle n'auoit qu'vn preparatif.

Il ne suffit pas de dire qu'à la faueur de la quantité, & de l'estenduë de ses parties, elle reçoit plusieurs accidents qui tous ensemble la releuent de ses defauts, & que de ce rencontre il en reüssit vn composé qui est accomply. Car comme la matiere est vne partie substantielle, il en faut vne autre qui soit de mesme nature, afin que ce qui perfectionne, ne soit pas de moindre condition, que ce qui est perfectionné; que l'estre resultant de cét assemblage ne soit pas seulement accidentel; qu'il ait vn acte qui responde par opposition à la puissance passiue de la matiere.

Ce composé doit estre reduit sous le degré d'vne

DE L'IMMORTALITÉ DE L'AME. 123
espece auec quelque condition qui soit incommunicable, pour luy donner l'estre singulier & indiuiduel: or les accidents ne sçauroient faire cette determination, par ce qu'ils se rencontrent indifferemment, & auec vne extréme égalité sur des sujets differens de nombre & d'espece. Direz-vous que le marbre, le jets, l'ebaine, l'ancre, le charbon, le corbeau, le merle, soient vne mesme chose, parce qu'ils sont également noirs. Considerez les premieres qualitez elementaires en quelque degré, & en quelque meslange qu'il vous plaira, elles peuuent bien faire vn temperament; mais outre cela il faut establir vne forme qui les tienne en suietion, qui constituë l'estre dans vne certaine espece, & qui le fasse incommunicable par sa difference; Autrement tout ce qui a mesme qualité seroit mesme chose; Nos yeux s'abuseroient en la distinction qu'ils font entre les fleurs de Camomille, du nasturce, de l'enula campana, des racines d'iris, du musc, parce que tout cela est chaud & sec au premier degré; & entre la chaux, la ruë, le sel, & le souffre, qui sont chauds, & secs au 4. la mercuriale seroit de l'argent, à cause qu'elle est froide & humide au premier degré, comme ce metail. Les terres qui nous la produisent plus que nous ne voulons, nous vaudroient des mines; & il faudroit plustost accroistre que diminuer les parties des Apothiquaires.

Nous voyons que les accidents exterieurs, & que ces qualitez elementaires, peuuent estre ostées d'vn

Q ij

sujet sans le ruiner ; elles ne sont donc pas le principe qui determine sa constitution, & qui luy donne la singularité de son existence. Les animaux sont tousiours les mesmes, quoy qu'ils changent de poil, & de complexion selon les degrés de l'aage, & sous vn autre climat. Les lievres qui blanchissent entre les neiges des Alpes, sont de mesme espece auec ceux qui gistent dans nos campagnes : qui oseroit dire que les oyseaux changent d'espece, en changeant de plumes; quand ils se dorent; qu'ils se diuersifient, & se maillent selon les muës; qu'vn homme ne fut plus le mesme quand l'aage, ou la maladie alterent son temperament. S'il faut mesurer son estre par ses qualitez, iamais il ne le possedera; sa vie ne sera qu'vne suite continuelle de morts, parce que sous les diuerses influences des Cieux, & entre l'animosité des parties contraires qui le composent, il ne peut demeurer plus d'vn clin d'œil dans vn mesme degré de complexion.

Quoy que la Physionomie nous amuse de ses obseruations, quelque iugement qu'elle tire du domaine des quatre premieres qualitez en regardant l'estenduë, la proportion, la couleur, la figure, & l'actiuité des corps; il est vray que tout cela despend des formes substantielles, dont les differences singulieres qui sont incognuës, se couurent, & nous trompent par ces indices exterieurs. De fait la rose qui est d'vne qualité rafraischissante, porte vne couleur de feu; les vignes qui ont ressenty le froid, rougissent leurs fueilles; & au contraire la chaux qui est vne mine de flammes, & l'arsenic qui met l'incendie dans les corps, ne nous monstrent qu'vn tein de neige. Les plantes qui sont les plus chaudes, croissent dans les marescages, aussi bien que sur les montagnes; quelques-vnes de mesme temperament ont leur vertu en leurs fruicts, les autres aux fleurs, aux feüilles, en la racine, toutes differences qui ne se peuuent rapporter qu'à la forme substantielle.

Regardez vn corps selon sa nature, & même enrichy de toutes les perfections accidentelles, ce n'est qu'vne masse morte, insensible, priuée d'action, & de mouuement. La grandeur, la figure, la proportion des membres restent au corps d'vn animal qui vient de mourir, cependant il ne se meut plus, & ses sens qui ont les mesmes organes, n'ont plus les mesmes capacitez. C'est l'absence de la forme substantielle qui cause cette suspension de vertu, qui esteint les yeux, qui arreste le flux des veines, qui durcit les nerfs, qui abbat le corps, & qui nous rauit d'admiration de voir, qu'en'estant point changé à l'exterieur, il ne luy reste rien de ses actions accoustumées; C'est comme vne plume qui cesse d'escrire sitost que la main ne la conduit plus; comme vn luth qui ayant ses cordes aiustées à ses cheuilles selon leurs tons, ne sonne qu'autant qu'on le touche. Comme vn Estat qui possedant encore ses armes, & ses richesses, void tout d'vn coup mourir sa bonne fortune auec son Prince. Il y a donc dans le corps quelque principe plus fort que les accidents, & que les premieres qualitez; & c'est ce que nous appellons forme substantielle.

L'experience nous la fait nettement cognoistre, & les sens que nous auons recusez, en seront tesmoins. Qu'on mettre de l'eau sur le feu, peu de temps apres que le vaisseau qui la contenoit, l'a trahy, & luy a fait souffrir les rigueurs de son contraire sans luy donner la liberté de la fuite, ny de la deffence; elle s'esleue contre sa nature, elle boüillonne impatiente de cette contrainte, & enuoye tousiours les parties qu'elle a plus fortes & plus fraisches au fonds du vaisseau, où est la plus viue attaque de son ennemy. Enfin apres vne infinité d'assauts & de retraites, elle fait perte de ses qualitez dans ce combat, elle deuient chaude, & toute changée à l'exterieur, elle offense ce qu'elle auoit coustume d'entretenir. Cela dure tant qu'elle est assiegée des flammes; mais peu apres qu'elle en est sortie, elle appaise ses esmotions, elle exhale & repousse petit à petit ces qualitez estrangeres, & reprend auec sa froideur, tout ce qui appartient à sa naturelle constitution.

Cette eau qui escarte ce qui l'offense, & qui reprend les droits qu'elle auoit perdus, fait en cela deux actions signalées, dont il faut que nous recognoissions le principe. Elles ne procedent pas de la matiere de soy incapable de toute entreprise, qui n'a que la souffrance au lieu de l'actiuité, & qui estant dans vne parfaicte indifference, ne veut point vanger vn tort où elle n'est pas sensible, ny vne perte qui luy tient lieu d'acquisition. Cela ne procede pas aussi des accidents de l'eau qui sont lors la chaleur, & l'humidité ; Car la chaleur ne peut produire le froid qui luy est contraire, conceuoir en soy ce dont elle ne peut souffrir les approches, ny engendrer ce qu'elle n'a pas conceu: Ce n'est pas aussi l'humidité, parce qu'elle s'accorde auec la chaleur, comme nous le voyons en l'air qui se répand, & se rarefie d'autant plus qu'il est chaud. Il faut donc que ce froid de l'eau qui estoit pery sous l'actiuité des flâmes, & qui ne se peut pas ressusciter de soy-mesme, soit produit par quelque principe interne, que nous appellons forme substantielle.

Elle contient originairement toutes les qualitez qui luy sont propres, elle les fait couler à la surface de la matiere, & l'en enrichit, quand son contraire ne l'empesche plus. Il reste vne fecondité naturelle dans les campagnes, qui eschape à la fureur des soldats, & qui remet les Prouinces en leur premier lustre, apres auoir enduré les desolations de la guerre: Il reste vn droict de naissance dans les prisonniers de guerre, qui les fait rentrer dans les fonctions ciuiles, si tost qu'ils sont deliurez de leurs ennemis. Si i'ay l'vsage d'vne fontaine, le droict ne perit pas quand elle tarit, mais l'exercice en ayant esté interrompu par accident, il recommence quand elle vient à pousser ses eaux ; Si la violence vsurpe les biens, le proprietaire se conserue vn droit de les vendiquer, lors qu'vne meilleure constitution d'Estat donnera la souueraine puissance à la Iustice; Ainsi quoy que les composez endurent de grandes alterations sous l'effort de leurs ennemis, ils se conseruent au dedans vne forme substantielle qui les restablit, qui reprend les qualitez qu'elle auoit en propre, qui se les redonne par vne secrete fecondité, & se remet en l'heureux estat qui auoit deuancé ses pertes.

L'inclination se tient ordinairement cachée, tant qu'elle demeure sous vne puissance qui luy oste sa liberté; mais si tost qu'elle s'en eschape, elle recompense sa retenuë auec des efforts qui la portent iusques dans l'excés. Ainsi certaines personnes qui se sont contraintes à viure selon les reigles de la vertu, se desbordent au vice auec plus d'impetuosité, quand elles ne sont plus arrestées par aucun respect; vn peuple qui a gemy long temps sous le ioug de la tyrannie, se sousleue, & renuerse les meilleures loix, pour s'affranchir des mauuaises, si tost que l'occasion luy est fauorable. Ainsi cette eau chaude appete tellement le froid, qu'estant mise à la gelée, elle se glasse plustost, que celle qui n'a point ressenty le feu. Cela nous oblige de recognoistre quelque chose d'interne & de secret qui soit le principe de ces mouuemens, l'habitude, & l'inclination en celuy qui retourne au vice, l'amour naturel de la liberté au peuple qui se sousleue contre vne iniuste domination, & la forme substantielle en cette eau qui s'emancipe

mancipe de la chaleur, & reprend le froid auec vne auidité si remarquable. Ce doit estre vn principe esloigné de l'inconstance de la matiere, vne cause fixe, & determinée, puis que l'eau possedant le degré de froid qui luy est propre, en tesmoigne de la satisfaction, & se le conserue tousiours égal, iusque à ce qu'vne cause estrangere luy donne du trouble.

I'aduoüe que les accidents, & que les premieres qualitez contribuent beaucoup aux actions des choses inferieures, & que la physionomie en peut faire ses coniectures; mais il est certain, qu'elles tiennent tousiours les premieres impulsions de leur vertu, des formes substantielles, comme les instrumens si propres qu'ils soient pour l'execution des arts, n'ont leur mouuement que par la force, & sous la conduite de l'ouurier.

Ostez cette forme substantielle des composez, il n'y reste plus que les premieres qualitez, qui en quelque degré & en quelque proportion qu'elles soient, ne peuuent donner ny les mouuemens, ny les instincts, ny les cognoissances qui se voyent aux brutes. Si par exemple la chaleur estoit la cause du mouuement, vne barre de fer qui a demeuré long temps au feu, & qui en est penetrée de sorte que vous n'y sçauriez trouuer la moindre petite partie, qui ne soit & rouge & brûlante, deuroit courir plus viste qu'vn cerf, & voler auec plus de legereté que les oyseaux; & les simples qui sont chauds au qua-

Tome 2.   R

triesme degré, ne deuroient pas estre attachez à la terre, ny priuez de l'actiuité qu'ont les animaux. Il y a donc vn autre principe de mouuement, que la chaleur, à sçauoir, la forme.

Mais supposons que le rencontre de ces qualitez, & que leur mixtion en certain degré fussent capables de faire l'animal, & de luy donner la force de se mouuoir, ie dis que ce mouuement seroit continu, & ne luy laisseroit non plus de repos, qu'à la pierre qui tombe sans resistance, d'autant que les actions des premieres qualitez, se font auec necessité, & comme la chaleur du feu brusle, comme l'humidité fait respandre l'eau, cette mixtion ne se relascheroit iamais du mouuement qu'elle peut donner. Ainsi il s'ensuiuroit qu'vn cheual n'auroit qu'vne seule de toutes les actions qu'il fait dans vn manaige; son repos ou son action seroient sans relasche, & il faudroit qu'il changeast d'autant de temperaments, qu'il prend de postures.

Considerez l'industrie des mouches à miel, des fourmis, des aragnées; la rauissante musique des serins, des fouettes, des rossignols, les cognoissances de toutes les brutes, pour choisir leurs aliments, & leurs medecines; Est-il possible de conceuoir, que leurs instincts, leurs conduites, leurs ruses, leurs préuoyances, qui approchent si prés de nostre raison, viennent des premieres qualitez elementaires? Elles n'ont de soy ny vie, ny sentiment, ny election, & comment pourroient-elles donner ce qu'elles n'ont pas, ny faire par leur assemblage, ce qui passe de beaucoup la portée de leur condition? Dix mille pauures qui n'ont rien vaillant, ne sçauroient fournir tous ensemble la valeur d'vn sol; vn nombre infiny de points indiuisibles ne sont capables de faire vne ligne, ny vne superficie; & tous les accidents sont trop foibles dans la plus heureuse de leur rencontre pour produire les actions qui partent des corps animez.

Et puis ces qualitez, comme i'ay dit, sont determinées à certaines choses, & à des effects qui leur sont propres, la chaleur eschauffe, & assemble ce qui est de mesme nature, le froid au contraire, l'humidité humecte, & s'escoule si elle n'est emprisonnée d'vn corps solide, la seicheresse au contraire. Or nous voyons bien d'autres actions dans les animaux, des mouuemens libres & indeterminez; des instincts; des artifices, des ruses, des appetits, des presages, dont les differences vont à l'infiny. Tout cela procede donc d'vn principe plus vniuersel que les qualitez, & plus solide que les accidents.

Quand toutes les pieces d'vn Estat sont parfaictement vnies, que l'on y void le commerce des cœurs, des biens, des forces, des industries necessaires à sa conseruation, nous iugeons qu'il est sous la conduite d'vn Prince qui l'entretient dans le bonheur de cette police; & comme tout le Royaume dépend d'vn Monarque, ou d'vn Conseil qui fait vne République; Ainsi chacune de ses prouinces à ses Gouuerneurs ; les villes , leurs Magistrats ; les villages, leurs Seigneurs, & leurs Baillifs ; les maisons particulieres leurs Peres de famille ; & par tout où il se trouue vne multitude qui trauaille pour vn seul dessein, ses parties & ses mouuements se doiuent aiuster par vn seul agent, qui luy tienne lieu de principe.

Nous auons déduit ces considerations au premier volume, où par l'aspect des parties du monde, de l'ordre qu'elles gardent en leurs situations, en leurs puissances, en leurs actiuitez, en leurs retraictes, nous sommes venus à la cognoissance d'vne souueraine vnité. Si ceste police vniuerselle tient ses loix d'vn premier Moteur, les choses particulieres, qui sont comme les familles de ce grand Estat, & où le concours proportionné des quatre elements fait vn petit monde, doiuent auoir chacune vne forme substantielle qui leur domine, qui conserue la paix entre les parties contraires dont elles sont composées, qui leur donne la force & la conduite de leurs actions, & qui tienne comme la lieutenance du premier Principe.

C'est ce que le Philosophe appelle Nature, qu'il definit estre le Principe du mouuement, & du repos dans chaque sujet, par ses propres forces, & non par celles qu'elle a d'emprunt, ou par accident. Elle est le principe du mouuement lors qu'elle donne l'appetit d'vn bien qui est conuenable ; qu'elle met les puissances en exercice, pour en fai-

DE L'IMMORTALITÉ DE L'AME. 133
re l'acquisition, ou pour vaincre la resistance du contraire qui la luy dispute. Et elle l'est du repos, parce que les violéces de cette guerre tendent à vne paisible possession de ce qui est sortable à l'espece, & qui est le centre où s'arreste le mouuement de ses appetits. Si l'on est contraint d'aduoüer des formes substantielles dans les plantes, & dans les animaux, à cause de la diuersité de leurs mouuemens, & de leurs instincts ; ce seroit vne grande folie de nier qu'il y en ait vne en l'homme, & de rapporter les miracles de son esprit, dont nous parlerons, au rencontre des premieres qualitez.

Il n'y a point de forme vniuerselle.

CHAPITRE XIII.

CEux qui font estat de nier tout ce que la Philosophie professe, & qui pensent se mettre au nombre des esprits forts, en ne cedant point à la verité, estans pressez des raisons que nous venons de deduire, aduoüent qu'il y a quelque forme substantielle, qui est le principe de l'action, dans les composez ; mais ils disent, que comme il n'y a qu'vne matiere premiere, que de mesme il ne faut admettre qu'vne seule forme qui la remplit, afin qu'il y ait du rapport entre la passion de l'vne, & l'actiuité de l'autre, & que ce qui est de plus noble, n'ait pas le moins d'estenduë. A leur dire vn chien, vn

R iij

cheual, vne fourmis, & vn elephant, ont la mesme forme, & ne sont distinguez que par des accidents intrinseques, qui causent la diuersité de leurs instincts, & de leurs figures. Il est vray que pour ne pas attirer sur eux la censure des Theologiens, ils gauchissent vn peu, & exceptent l'ame raisonnable, qu'ils ne mettent pas au nombre des autres formes, & qu'ils disent estre vne emanation de Dieu. Mais comme ils auancent cette proposition toute seiche, apres en auoir esbranlé les fondements, & desbauché les esprits de sa creance, elle passe pour vne feinte entre la plus part de ceux qui se rangent de leur party. C'est pourquoy ie m'arreste à nettoyer cét erreur quoy qu'extrauagant, parce qu'il offense moins la Philosophie que la foy, & qu'il mine insensiblement ce qu'elle propose touchant l'Immortalité de l'ame.

L'on nous accorde vne matiere premiere qui fait partie de la substance dans les composez, mais qui considerée en soy n'est qu'vne table d'attente, vn vuide qui n'a de toutes les perfections, que l'appetit & la puissance de les receuoir. Ce sujet si delié, qu'il eschape presque à nostre pensée, comme à nostre veuë, qui est au dernier degré de l'estre & voisin de la priuation, doit estre remply d'vne vertu qui le releue de sa langueur, & qui luy donne de l'actiuité. Les accidents ne sont pas capables d'vn si grand effect, d'autant qu'ils s'arrestent à la surface de la matiere, & ne penetrent pas l'intime de sa substance, ils fardent, & ne guerissent pas ses imperfections; au plus ils ne peuuent estre que des instruments propres à l'execution d'vn dessein, mais il faut qu'ils reçoiuent le mouuement, & qu'ils soient mis en œuure par quelque vertu actiue, autre que celle qui peut naistre de leurs aptitudes, & de leurs constitutions.

Si leur nature est si foible qu'elle doit estre soustenuë d'vne autre, & si elle s'appuye sur la matiere, qui est la plus imparfaite partie de la substance, il est certain, qu'ils ne peuuent pas estre le principe de l'actiuité, ny donner ce qu'ils n'ont pas, à sçauoir la vertu d'agir, qui ne vient qu'en suite de la substance dont ils sont priuez. La matiere parée de tous les accidents qu'il vous plaira, n'est qu'vn corps mort, qui pour auoir les armes en main ne laisse pas d'estre sans deffense, aussi bien que sans mouuement; c'est vne peinture qui aura ses coloris, mais non pas la vie, il faut vne forme qui soit le principe de l'action, comme nous auons dit, qui donne l'ordre aux accidents, & qui les mette en exercice selon ses desseins.

Or si cette forme qui suruient à la matiere, estoit vniuerselle, elle seroit indifferente, & dans la mesme irresolution que le sujet qu'elle vient secourir; ainsi elle seroit du tout inutile, parce qu'elle ne contenteroit pas les appetits de la matiere, elle ne feroit qu'accroistre ses auiditez, repaistre sa faim d'vn vuide, à cause qu'elle seroit comme elle indeterminée.

Ie voudrois bien qu'on m'explicaſt la nature de ce compoſé, & comment il peut auoir l'eſtre, n'eſtant pas vne choſe ny infinie, ny limitée, puis que du concours de ſes deux parties, il n'en reüſſit rien de particulier, & d'indiuiduel.

Certes ſi le deuoir de la forme eſt de ſe rendre le principe de l'action, l'vniuerſelle ne s'en acquitteroit pas, retenuë par vne indifference qui ne luy donne point de paſſion, ny d'abandonner vne nature ny de ſe reueſtir d'vne autre. Son indifference eſtant eſſentielle & ſubſtantielle, par conſequent plus forte que les accidents, elle ne pourroit pas eſtre determinée à l'action par eux, comme l'outil ne peut pas mouuoir la main; ainſi elle s'entretiendroit dans ſon indifference ſans iamais agir. Et comme dans cette irreſolution elle ne ſe propoſeroit point de fin comme elle ſeroit ſans deſſein, & ſans entrepriſe, auſſi elle demeureroit dans vne langueur priuée de tout exercice: Elle ſeroit auſſi contente d'vn accident que de l'autre. C'eſt pourquoy elle ne ſe trauailleroit pas dans l'animal à digerer l'aliment, ny à le conuertir en ſa ſubſtance. Eſtant vniuerſelle, & indifferente elle ne ſe porteroit iamais à quitter aucun ſujet, parce qu'il ne luy donneroit point d'auerſion, ny à en rechercher d'autres, parce qu'ils ne luy donneroient point d'amour. Par ce moyen il ne ſe feroit ny generations ny corruptions; cette viciſſitude qui peuple le monde manqueroit;

DE L'IMMORTALITE' DE L'AME. 137
queroit; les especes mourroient auec leurs indiuidus,
ou seroient en fort peu de temps confuses par des
naissances inconsiderées.

Ie ne voy point pourquoy cette forme se deust
employer à vn commerce qui luy seroit desauan-
tageux, parce que les actions, dont nous disons que
la Nature se sert pour se perfectionner, la mettroient
à l'estroit, & la despoüilleroient de son empire, en
ce que d'vniuerselle, elles la reduiroient à vne condition priuée. Tous les biens, & toutes les beautez
seroient sans attraits; Il n'y auroit point de chaleur,
ny de contentions en leurs recherches, ny de voluptez en leur joüissance, tous ces mouuements seroient morts dans vne forme indeterminée, & qui
n'auroit non plus d'appetit qu'vn malade; Mais
comment pourroit-elle se conseruer, & auoir de la
complaisance dans vne vie, sans poulx, sans dessein,
sans effect, si tous les estres se doiuent porter à l'a-
ction, comme à leur fin, & à vne naïue ressemblance
de leur principe.

De quelques pretextes qu'on desguise ses volontez, l'amour propre est le premier mobile des plus
grands desseins, & il semble que ce soit vne loy
publique de la Nature, d'agir pour la conseruation
de ses interests. De faict la police n'est pas heureuse,
qui cherche le bien public, & qui pense s'approprier
tout le trauail, & toutes les industries des hommes,
sans leur monstrer les amorces d'vn auantage particulier. Quoy que la communauté des biens puis-

Tome 2. S

se apporter quelques commoditez aux Republiques, en ce qu'elle retranche l'occasion des troubles; neantmoins ceste espece de gouuernement est demeurée dans l'esprit d'vn seul Philosophe, & tous les autres ont iugé que la distinction des Domaines estoit necessaire pour bannir la negligence que chacun apporte à conseruer, ou à faire l'acquisition d'vn bien dont les profits ne luy sont pas propres. La Nature seroit malade de cette langueur, il ne se feroit rien au monde; il n'y auroit ny actions, ny resistances, si les mixtes n'auoient des formes particulieres qui s'eschauffassent à la poursuitte de leurs propres commoditez. D'autant qu'vne seule forme vniuerselle n'agiroit pas comme nous venons de dire, estant sans fin, sans passions, sans contraires, sans appetits.

Ou cette lasche indifference la plongeroit tout à faict dans le repos, ou la porteroit à des changemens si precipitez & si continus, que les choses materielles n'auroient pas vne seule minute de consistance. Car si cette forme n'a point plus d'inclination aux accidents proportionnez à la nature & aux fonctions du cerf, qu'à d'autres, pourquoy les conserue-elle durant trois cens ans ? & pourquoy ne les quitte-elle pas, pour faire & entretenir quelque autre composition qui reuienne également à son humeur ? Si elle la suit, & si on suppose qu'elle soit capable d'agir auec cette puissance vague & indeterminée, rien ne subsisteroit en la Nature; les choses periroient au mesme instant qu'elles sont produites; l'ordre des parties du monde, & des especes qui l'enrichissent, passeroit dans vne confusion inconceuable, parce que le principe estant inconstant, les actions qui en dependent ne peuuent estre reglées, ny auoir plus de fermeté que des vagues poussées par des vents contraires.

Si cette forme auoit la mesme estenduë que la matiere, comme on le suppose, il s'ensuiuroit puis que c'est vne forme viuante, que tout seroit animé, les pierres aussi bien que les animaux. Vn corps mort seroit viuant; il n'y auroit point de raison, qu'ayant la mesme conformation d'organes, il n'en eust pas les mesmes vsages.

Ou si l'on dit que cette forme agit selon la diuersité des temperaments, il s'ensuiuroit, comme nous auons dit, que les mixtes qui possedent les premieres qualitez en mesme degré, seroient les mesmes, & n'auroient aucune distinction d'espece, ny d'indiuidu; comme la maladie altere le corps de l'homme, & le iette dans vn temperament égal à celuy des brutes; comme la chymie en la permutation qu'elle fait des qualitez, peut arriuer à celles de l'animal, aussi tost la forme vniuerselle en deuroit donner les figures & les mouuemens; les alambics seroient des haras, & nous verrions les veritables metamorphoses dont les Poëtes nous ont raconté les fables.

Il ne seroit point necessaire que les agens fussent dans vne distance proportionnée, pour verser l'influéce de leurs vertus, parce que l'actiuité de la forme vniuerselle ne doit point auoir de bornes, & il n'y auroit point pour elle d'esloignement, puis qu'elle seroit presente par tout. En fin toutes les raisons que nous auons déduites pour monstrer qu'il y a des formes, concluent qu'elles sont particulieres, & que dans chaque composé, il faut quelque principe, qui le mette dans le ressort d'vne espece, qui distingue & qui determine son estre, & qui conduise ses actions à vne certaine fin.

Il n'y a point d'ame du monde, ny d'Intellect vniuersel.

Chapitre XIV.

PLaton considerant que le monde estoit vne production de Dieu, & qu'il deuoit en porter l'image, iugea qu'il auoit vne ame intelligente, & que le tout ne deuoit pas estre moins auantagé que l'homme qui est sa partie. Il disoit, que comme Dieu contient la perfection de toutes choses dans la tres-simple vnité de son essence ; il y auoit vn ame du monde qui en conceuoit les idées en multitude, comme Dieu les auoit en vnité ; que c'est elle qui entretient le cours des naissances, les loix

DE L'IMMORTALITÉ DE L'AME. 141
des especes, qui moule les corps, qui aiuste les organes, & que toutes les perfections dont la matiere se trouue enrichie, sont tirées sur ces exemplaires intelligibles.

Quoy qu'il creust cette forme vniuerselle, il ne laissoit pas d'en admettre de particulieres dans les composez qui constituent l'estre, & qui sont les principes de son action. Aussi ce fut luy qui entre tous les Philosophes, eut des sentiments plus sublimes de l'ame raisonnable, & qui descouurit mieux les merueilles de ses operations, d'où il tira les consequences de son immortalité. C'est pourquoy comme l'opinion de l'ame du monde ainsi prise, ne fait rien contre ce que ie pretens prouuer en cét œuure, ie la passe, & me contente de renuoyer le Lecteur aux raisons que j'ay desduites au premier Tome.

Mais comme dans les figures des Mathematiques, le defaut d'vn poinct qui n'estoit pas sensible au commencement, fait dans son progres des inégalitez qui renuersent tout le dessein de la demonstration; comme d'vne mauuaise maxime d'Estat, dont l'idée se sembloit couurir de quelques excuses, l'on en void puis apres couler des pratiques sanglantes, contraires aux deuoirs des Princes, & à la felicité des peuples ; ainsi dans les speculations naturelles, vn mauuais principe produit mille fausses consequences, & à mesure que les esprits veulent encherir sur les inuentions des premiers au-

S iij

theurs, s'ils s'éloignent touſiours dauantage de la verité, dont ils ne tiennent pas la route, & s'embaraſſent en fin dans vn labyrinthe d'extrauagances inexplicables.

Voila comment l'erreur de l'ame du monde où tomba Platon, prenant cours auec le temps, s'eſt groſſie, & chargée d'autres opinions, qui renuerſent tout ce que la Philoſophie a cogneu, & ce que nos experiences nous font reſſentir touchant l'immortalité de l'ame. Car Auerroës oſa depuis dire, qu'il y auoit vn Intellect vniuerſel, reſpandu dans tout l'eſpace de la Nature, qui la rendant ſage & induſtrieuſe, cauſe ſes amours, entretient les loix de ſa police, & tient toutes ſes parties en tutelle ; que c'eſt luy qui donne le mouuement aux corps vers leurs centres, par vn choix dont la matiere d'elle-meſme n'eſt pas capable ; qu'il agit dans les ſympathies, & qu'il traite les alliances des choſes que nous appellôs inanimées ; qu'il imprime aux brutes leurs inſtincts ; qu'il les conduit dans les artifices particuliers neceſſaires à leur conſeruation. Mais que rencontrant en l'homme de meilleures diſpoſitions d'organes, & de temperament, qu'il y fait auſſi des operations de raiſon plus ſublimes, & plus vniuerſelles. Tout de meſme que le Soleil reſpandant ſa lumiere dans vne partie du monde, l'arreſte à la ſur-face des matieres opaques, & ne monſtre que ce qu'elles ne ſçauroient couurir ; que s'il trouue des corps diaphanes, il les penetre, & porte l'eſclat de ses lumieres iusques dans les plus intimes parties de leurs substances.

Suiuant cette opinion, ou l'homme n'est animé que par cét Intellect vniuersel ; ou s'il a vne forme particuliere, vegetante, & sensitiue, elle est de mesme trempe que celle des animaux, qui procede de la generation, & qui est sujete aux loix de la mort. Estrange & folle pensée qui ne meriteroit que le mespris pour responce, si elle n'estoit encore soustenuë de quelques Libertins de ce temps, qui se font des nouueautez de l'antiquité, & qui vont remuer les cendres des heresies estouffées depuis plusieurs siecles, pour se mettre en reputation d'auoir des sentimens autres que le commun.

Supposé cét erreur, & que nostre ame ne soit qu'vn rayon de celle du monde, qui se recueille & se reünit à son tout à l'heure de la mort. Il s'ensuit qu'il n'y a ny vice ny vertu en cette vie, ny peines, ny recompenses en l'autre. Nous agirions par necessité, nostre felicité ne consisteroit qu'en souhaits, & la Religion, qui exige beaucoup sous l'esperance des biens qu'elle promet dans le Ciel, seroit vne pure folie. I'ay desia touché ces considerations, & ie ne faits icy que les effleurer, afin qu'on voye la consequence de cette fausse opinion de l'Intellect vniuersel, & comment par vn malheureux progrés on fait vne maxime d'impieté, d'vne question de Philosophie.

Pour la resoudre, il faut supposer ce que nous auons dit au premier Tome, que Dieu a voulu faire au monde vne image sensible de ses perfections; & parce qu'estant infinies, vn seul estre limité par des conditions singulieres, ne les pouuoit bien representer, la souueraine sagesse a produit vne grande diuersité de choses, afin que leur multitude fust tousiours plus approchāte de l'infiny; Ainsi les figures qui ont plus d'angles, quoy que par ces destours, & cette inégale composition elles s'esloignent de la simplicité du cercle, neantmoins elles imitent mieux sa capacité. C'est pourquoy nous voyons au monde vne multitude innombrable de corps differens, dont les figures qui terminent leurs quantités, leurs separations de lieu, l'antipathie de leurs instincts, les contraires mouuements qui les emportent, monstrent assez qu'ils ne sont pas parties continuës d'vne mesmemasse.

Que s'il y a vne multitude de corps, il doit aussi y auoir vne multitude de substances intellectuelles, parce qu'elles sont plus propres à representer les perfections diuines, & qu'elles doiuent passer les choses materielles en nombre, comme en excellence. Les spheres superieures des Cieux, & des elements, comme elles tiennent vn rang plus noble, & plus esleué, aussi leur quantité est d'vne estenduë plus grande & plus vaste, puisqu'elle enferme les inferieures. Il y a plus d'especes de plantes que de corps metalliques; d'animaux, que de plantes: Pour garder cette proportion, il faut admettre vn nombre de substances

DE L'IMMORTALITÉ DE L'AME. 145
ces intellectuelles, plus grand que celuy des corps, afin qu'elles approchent plus prés de l'infiny.

Si c'eſt l'amour diuin qui a fait la production des eſtres, on peut iuger qu'il a plus fait de ces tableaux qui le repreſentent le mieux; & leur multiplication exprime plus naïuement le cercle eternel de complaiſance qu'il fait en luy-meſme, que ſi ſa bonté ſe fuſt arreſtée tout court, apres auoir creé vne Intelligence, ſans progrez, & ſans ſuite, parce qu'il ſembleroit que cét amour tout-puiſſant ſe ſeroit laſſé ou eſpuiſé en vne ſeule production. Nos ſentimens nous monſtrent cette verité, en ce que nous aymons le grand nombre des choſes qui nous plaiſent dauantage; Les curieux d'oiſeaux, de fleurs, de medailles, de pierreries, & d'autres ſingularitez n'en ont iamais trop, & leurs deſirs trouuent touſiours plus de ſatisfaction dans la multitude.

Il ne ſe faut donc pas imaginer qu'il n'y ayt qu'vn ſeul intellect au monde, & qu'il puiſſe eſtre vne image auſſi ample de l'immenſité de Dieu, que pluſieurs ames raiſonnables; l'vnité des choſes creées, parce qu'elle eſt dans certaines bornes ſingulieres, qui excluent, & qui ne comprennent pas les differences, trempe par conſequent dans l'imperfection, & n'a pas vne eſtenduë ſi rapportante à l'immenſité, que la multitude. Les creatures ſont incapables de cette vnité infinie de Dieu, qui eſt tout enſemble le poinct & la quantité, le centre, & la circonference, tellement eſtenduë ſans bornes, qu'elle eſt toute recueillie ſans

Tome 2. T

diuision: C'est pourquoy ce qu'elles ont de plus excellent, c'est l'vnion qui se fait d'vn nombre, où la multitude represente l'immensité, & cét accord qui joint, & qui attache les parties les vnes aux autres auec mesure, est vne image de l'vnité. Ces deux pieces doiuent cócourir és choses creées pour acheuer le portrait des grandeurs de Dieu; le nombre pour suppléer au defaut de l'vnité singuliere; l'vnion pour se defendre du vuide, & des foiblesses qui naissent de la diuision.

Donnez des lumieres si nettes, & si sublimes qu'il vous plaira à l'ame du monde, elle ne formera pas tant d'especes, & tant d'idées que cette grande multitude d'ames raisonnables que nous croyons; elle n'auroit qu'vne volonté, qu'vne seule intelligence d'vne mesme chose, & qu'vne seule illustration de Dieu à la fois; où plusieurs ames sont comme plusieurs voix qui concertent ses loüanges, & qui publient la grandeur infinie de sa sagesse, quand en mesme temps elle forment vne multitude innombrable de pensées.

Nous auons veu au precedent Chapitre que chaque composé naturel a sa forme particuliere, qui est le principe de son action, & qui fait la principale partie de sa substance; qui le place dans le degré d'vne espece; qui luy donne vn estre plus ferme, & plus solide, qu'il ne le pourroit receuoir des accidens.

Or nous serions moins auantagez que ces mixtes

inferieurs, si la raison qui constituë nostre difference, & qui nous fait hommes, nous venoit d'emprunt, & si nous ne la tenions que de la faueur, & du rayon de cét intellect vniuersel ; d'autant qu'en cela nostre nature ne seroit establie que par accident, & par vn secours estranger, où toutes les autres choses possedent le principe de leurs vertus en propre, par le moyen de leurs formes substantielles, qui en sont la source.

Le feu donne sa teinture & sa chaleur, aux corps qu'il peut embraser auec ses flâmes. Le Soleil subtilise la terre en vapeurs qu'il resout apres en air, ou en eau susceptibles de sa lumiere : Si donc cét intellect a vn empire absolu dessus la matiere, s'il pestrit les corps, s'il donne la trempe, & les dispositions telles qu'il luy plaist aux organes, d'où vient qu'il ne fait pas toutes les testes capables de raisonner & de receuoir ses lumieres, puis qu'il doit estre touché d'vn extréme desir de les repandre? d'où vient qu'il se rend ce mauuais office à luy mesme, de se bastir des demeures si incommodes? d'où vient qu'il laisse troubler le temperament d'vn homme sage? comment permet il que des organes qui luy ont seruy de thrône, d'où il a prononce les oracles de sa sagesse, tournent en pourriture? & comment se dépoüille-il luy mesme de son domaine?

Ie dis plus, qu'il n'est pas possible de conceuoir comment cét intellect respandant ses rayons sur l'homme, le rendre capable de cognoiſtre, & de raiſonner ; Ie veux qu'il luy puiſſe donner des impulſions à l'exterieur, & le conduire comme nous faiſons vn outil, pour acheuer vn ouurage ſelon les regles de l'art; Mais comme l'action ſe rapporte à l'ouurier, & non pas à l'outil; comme ce n'eſt pas le vaiſſeau qui void la bouſſolle, qui conſulte la Carte marine, qui iette la ſonde, qui prend les eſleuations; encore que le Pilote qui eſt dedans s'aquite de tous ces deuoirs; ainſi ce ne ſera pas l'homme qui cognoiſtra, mais l'Intellect vniuerſel ; & ſi nous n'auions point de forme particuliere, capable de raiſonnement, nous ne tirerions aucune lumiere de ſes cognoiſſances, & ne ſerions pas plus ſenſibles à ce qu'il opereroit en nous, que le vaiſſeau aux induſtries de ſon Pilote, & que l'Aſtrolabe aux obſeruations où il eſt employé par les Mathematiciens. Car entendre, c'eſt vn acte qu'on appelle immanent, c'eſt à dire, que la meſme puiſſance intellectuelle qui le produit, le reçoit, & vn autre n'en peut pas auoir la communication, comme mon œil ne void pas l'objet dont vn autre reçoit les eſpeces : Tellement que ſi à leur dire, c'eſt l'Intellect vniuerſel qui raiſonne en nous, ce raiſonnement ne ſera qu'en luy; cét acte ne ſera pas noſtre, & nous n'en aurons aucun ſentiment.

Ou ſi ce meſme Intellect agit en nous, & y cauſe vn reflechiſſement de ſes idées, ſelon qu'il y trouue les diſpoſitions; comme il eſt vn, immateriel, indi-

DE L'IMMORTALITÉ DE L'AME. 149
uisible, égal à luy mesme, il s'ensuiuroit que toutes les testes qui sont capables de raisonnement, auroient les idées vniuerselles de toutes les productions, & de tous les secrets de la Nature. Ce ne seroit pas seulement, comme le vouloit Platon, des especes infuses, auec vne obligation de les resueiller par les conferences, & de les faire iaillir par l'exercice de la dispute. Mais si tost que l'aage seroit susceptible de la raison, & de la science, l'ame du monde nous en deuroit aussi tost donner les habitudes. Cét homme a la substance du cerueau delicate, la constitution bonne, l'influence heureuse, le temperament froid & sec, pour profonder les secrets, & demeurer ferme dans ses speculations; vne pointe de chaleur moderée donne la viuacité aux especes, & les remuë auec ordre, sans troubler l'imaginatiue; Enfin le voila riche de toutes les bonnes qualitez necessaires au raisonnement : de fait, s'il s'applique à vne science, il s'en rend capable; si en vn art, il y deuient Maistre; il reüssit parfaictement dans les affaires dont il a receu les instructions, & qu'il a pris la peine d'estudier. Si donc cét Intellect vniuersel est respandu par tout, comme l'on dit, & s'il ne fait que chercher des dispositions propres, il deuroit informer l'esprit de cét homme de ses lumieres, & luy donner en vn instant tout ce qu'il est capable d'acquerir par le trauail de l'estude. Si vn Berger nourry dans les Alpes sans cognoissance aucune de lettres, a ces bonnes dispositions, il doit estre

aussi sçauant qu'Aristote, puis qu'à leur dire, il nous suffit d'estre preparez à receuoir les illustrations de cét intellect. Vn miroir dont la glace est nette, estát presenté au Soleil, reçoit aussi tost les especes de sa face, & de ses rayons: pourquoy cette lumiere intellectuelle ne seroit-elle pas aussi communicatiue? Ie dits mesme plus, puis qu'elle est moins sujette aux loix du lieu, du temps, & de la matiere, & puis n'estant pas souueraine, mais determinée de Dieu pour esclairer les ames, elle doit s'en acquiter auec la mesme necessité qu'a le Soleil de nous donner ses lumieres.

Nous verrions les veritez dans leurs principes, si nos cognoissances se faisoient par cette forme vniuerselle, plaine de toutes les idées. Ainsi il ne nous faudroit plus de discours de raison; la Dialectique qui se trauaille à tirer ses consequences auec methode, seroit aussi superfluë qu'vne lampe où le Soleil esclaire en plain midy. De sorte qu'il ne faudroit plus consommer son âge dans les melancoliques employs de l'estude; il ne faudroit plus consulter les morts pour se faire sage à leurs despens. Les Medecins ne feroient pas leurs experiences au peril de nos vies, & n'offenseroient pas la nature, où elle est saine, pour découurir l'endroit où elle est blessée; Les Politiques ne seroient par reduits à verser le sang, & à ietter la desolation dans les Royaumes, pour faire l'espreuue d'vne nouueauté, pour voir iusques où porte le pouuoir du Prince, & la su-

DE L'IMMORTALITE' DE L'AME 151
jetion du peuple. Les mines de ses conseils seroient éuentées, puis que la mesme Intelligence qui possederoit le ministre pour agir, instruiroit les sujets pour se conseruer.

Mais comment peut-on receuoir vn empire, & vne sujetion, des difficultez des controuerses, entre des esprits, dont les cognoissances ne sont qu'vne mesme lumiere? L'on nous accorde que cét intellect a vne comprehension de la verité, puis que ses idées sont le prototype sur lequel la Nature conduit ses ouurages, & qu'il doit sçauoir les loix du gouuernement qui luy est commis: Si donc c'est par luy que tous les hommes entendent & raisonnent, il ne leur feroit entendre que la verité, & iamais il ne tomberoit dans la contradiction, comme iamais la lumiere sensible ne fait les tenebres.

Il ne faut point dire qu'il opere en nous selon les diuerses dispositiõs des organes, parce qu'au moins tous ceux qui auroient vn temperament propre aux exercices de la raison, auroient mesmes sentimens; & nous ne verrions pas les grands Philosophes dans vne contrarieté d'opinions.

Car c'est vne vne respõce impertinente, & trop ridicule de dire, qu'il soit necessaire d'auoir vn certain temperament, pour croire que le Ciel est animé, vn autre pour iuger que non; pour sçauoir si les elemens sont dans les mixtes auec leurs formes, ou s'ils n'y laissent que leurs qualitez affoiblies, & ainsi des autres. Vne puissante & viue demonstration nous fait quitter nostre premiere creance pour en prendre vne autre, sans que les paroles qui frapent l'oreille, ou qui sont couchées dessus le papier, apportent aucune alteration aux humeurs; Nostre ignorance ne vient donc pas des impositions de la matiere: Et ce n'est pas ce qui peut empescher l'Intellect vniuersel de nous instruire.

Il est vray comme nous dirons plus bas, que nos ames sont attachées à nos corps, auec des liens d'amour, & de sympathie, qui rendent leurs ioyes & leurs tristesses communes, & qu'vn bel esprit se trouue dans vn corps mal sain, comme vn excellent Pilote dans vn meschant vaisseau. Neantmoins cét Intellect vniuersel qui a l'empire dessus la matiere, n'en deuroit pas releuer en ses operations, mais plustost ressembler au Soleil, qui monstre sa lumiere aussi belle dessus le fumier que dessus les roses. Ainsi tous les temperaments des hommes luy estants égaux, il leur donneroit à tous mesmes cognoissances, mesmes volontez, mesmes inclinations; il n'y auroit plus d'inimitiez, de procez, de guerres, parce que tous les hommes estans assistez d'vn mesme conseil, n'auroient qu'vn cœur, & seroient dans vne parfaite intelligence, que l'aspect infortuné des luminaires, que l'antipathie des climats, les desseins de l'amour, de l'auarice, de l'ambition, ne pourroient rompre.

Mais puis que le monde n'a iamais veu cette generale

generale societé des peuples, & que les desseins des Philosophes qui l'ont projettée sont demeurez inutils, puis que les auersions sont plus ordinaires que les bien-veillances; que les sentimens d'vne injure sont plus vifs & plus de durée que d'vn bienfait; qu'entre tous les hommes à peine peut-on trouuer vn parfait amy; & que les plus solides amitiez ne tiennent ordinairement que par vn petit interest, qui estant rompu à la moindre occasion, les change en haines implacables: En fin puis que nous voyons tant de querelles, d'auersions, de procez, de guerres, il faut conclurre de cette opposition de volontez, que les ames des hommes sont differentes: Tout de mesme que la diuersité qui se remarque aux mouuemens des orbes celestes, nous a fait croire qu'il y auoit plusieurs Intelligences commises à les contourner, & que chaque Ciel auoit la sienne.

L'ame sensitiue peut bien causer diuers mouuemens aux diuerses parties de nostre corps, estendre la main, remuer le pied, donner la respiration au poulmon, les battemens au cœur, & au cerueau; Vn Prince peut bien assigner diuers exercices à diuers officiers de sa Couronne; mais il ne faut pas inferer de mesme, que l'Intellect vniuersel puisse causer dans les hommes cette inconceuable diuersité de cognoissances, & de volontez; Dautant que, comme nous auons dit, ces choses sont dans la contradiction, aymer & hayr, cognoistre

V

& ignorer vn mefme objet, nier & fouſtenir vne mefme propofition; fuppofant l'vn, l'on exclud neceſſairement l'autre; & ſi c'eſt l'Intellect vniuerfel qui entend, & qui veut en nous, il feroit impoſſible qu'il tombaſt dans cette contradiction, qu'il aymaſt, & qu'il haïſt, qu'il cogneuſt, & qu'il ignoraſt en mefme temps vne mefme chofe, & cette comparaifon de l'ame fenfitiue qui donne de contraires mouuemens, n'eſt pas à propos; parce que, comme nous auons dit, entendre eſt vne action immanente, qui ne fe defploye pas au dehors, comme le mouuement, mais qui demeure dans la mefme puiſſance qui l'a produit, & qui par confequent ne peut fouffrir la contradiction.

Si cét Intellect agiſſoit en nous, il ne me fourniroit pas les raifons, les penfées, & les paroles pour le combattre, & puis que l'on luy attribuë toutes les operations de raifon; ce ne feroit pas moy, mais luy qui agiroit contre luy-mefme, & qui conferuant la Nature, comme l'on dit, fe deſtruiroit luy-mefme dans l'opinion des hommes, par vn menfonge le plus lafche, & le plus criminel qu'il y eut iamais.

S'il eſt fage, comme on le fuppofe, comment eſt-il poſſible qu'il foit le premier moteur des penfées humaines, où il fe forge des crotefques ſi ridicules, des extrauagances ſi prodigieufes, que le monde nous feroit vne farce continuelle, ſi nous

DE L'IMMORTALITE' DE L'AME. 155
auions la veuë de l'interieur, comme des visages? Ce seroit peu si l'on n'y remarquoit que des folies contraires à sa sagesse; mais il y a des crimes incompatibles auec sa bonté. C'est dans l'ame que se prennent les resolutions des adulteres, des meurtres, des brigandages, des infidelitez, & toutes ces actions noires, que nos yeux abhorrent, & que la Iustice humaine punit, ne sont que la moindre petite partie du mal qui se commet en la volonté. Combien la honte ou la crainte ont-elles estouffé de mauuais desseins, à qui il ne manquoit que l'audace pour se produire, cependant le desordre estoit en l'interieur où les passions retenuës captiues, comme des flammes dans vne fournaise, redoublent leurs violences de ce qu'il ne leur est pas permis de les déployer? quoy? cét Intellect qui conduit les Cieux auec vne cadence si mesurée? qui ajuste les actiuitez des elements auec tant de proportion? qui ne permet pas le moindre desordre au gouuernement du monde? causeroit-il ces desreglements en l'homme, & feroit-il des actions si disproportionnées à son excellence dans la plus noble des creatures?

Si c'est luy qui fait toutes nos cognoissances, & qui forme toutes nos affections, il allume donc également les flammes de la vertu & celles de la concupiscence, il donne les iustes & les illegitimes affections, de sorte qu'il doit estre foible pour souffrir ces cheutes, impuissant, de ce qu'il n'acheue pas les desseins qu'il forme de la vertu; enfin &

V ij

dans l'ignorance, & dans la malice qui se rencontrent tousiours en l'execution du mal, qu'on voye si l'on peut accorder ces defauts insignes, auec les perfections qu'on luy attribuë, d'estre sage, prouident, tousiours dans la contemplation du bien, & de regler sur ce prototype, toutes les actions qu'il fait en soy, & au gouuernement des creatures.

Il est plus facile de marier le feu auec l'eau, d'vnir les contraires, & les joindre en mesme sujet auec toutes leurs actiuitez, que d'accorder ces contradictions de cognoissance & de volonté dans l'ame du monde, qu'elle soit tout à la fois sage & ignorante, dans la resolution, & dans le doute, saincte & criminelle, bien-heureuse & miserable.

La matiere ne peut receuoir les formes contraires, qu'apres que la quantité a fait l'estenduë de ses parties pour leur donner diuers logemens, parce que les qualitez ennemies, ne peuuent demeurer ensemble dans vn mesme poinct. Si l'on vouloit inferer le mesme de l'ame du monde, & dire, qu'estant diuisée en plusieurs hommes, elle a des pensées & des affections diuerses. Ie responds que cette instance est inutile, d'autant que l'alliance se peut faire des contraires, les qualitez estant affoiblies, mais iamais elle ne se peut faire des contradictoires ; comme qu'vne chose soit vraye, & ne le soit pas. Quand on nous figureroit l'ame du monde diuisée en plusieurs objets, elle ne conceuroit pas le faux pour le vray, comme les pieces d'vn miroir cassé, ne laissent pas

DE L'IMMORTALITÉ DE L'AME. 157
de reprefenter les objets felon leurs couleurs, &
ne monftrent pas vne rofe rouge pour vne blanche. Et puis quand on nous dépeint cette forme
brifée en morceaux, qui fe reprennent à l'heure de
la mort, comme des goutes de Mercure, qui s'approchant, fe rejoignent en maffe : C'eft la dire materielle, & compofée, par confequent fujete à diffolution, incapable des cognoiffances fublimes, &
vniuerfelles qu'on luy attribuë, comme nous le dirons plus bas.

Les feintes de la Poëfie ont toufiours quelque
petit fondement en l'Hiftoire, & l'Idolatrie mefme
nous prouue la Diuinité. Ainfi cette opinion de la
forme vniuerfelle eft vne extrauagance qui ne laiffe pas de fignifier vne grande perfection de noftre
ame. Elle peut eftre dite en quelque façon vniuerfelle, parce qu'elle eft capable des cognoiffances
vniuerfelles; fes penfées penetrent les Cieux & les
abyfmes; elle conçoit la nature des fubftances intellectuelles : ainfi les poffedant par le moyen des formes intelligibles, on peut dire qu'elle eft vniforme, & tout ce dont elle conçoit l'idée. Les ames raifonnables font au-deffus du lieu, du temps, de la matiere, de l'indiuidu; & comme elles franchiffent les
bornes où les chofes materielles font enfermées,
on peut dire qu'elles font diftantes entr'elles. Vne
infinité de tableaux qui reprefentent vn mefme
vifage, ne font qu'vn portrait, ainfi toutes les ames
raifonnables ne font qu'vne, en ce qu'elles font

V iij

toutes creées à l'image, & à la reſſemblance de Dieu; Elles ſont auſſi vniuerſelles, en ce que leur prototype eſt vne nature immenſe & infinie. Les Platoniciens diſent, que pour ce qui eſt des operations ſurhumaines, elles ſont à l'eſgard de Dieu, ce que la matiere premiere eſt à la forme, preſte à receuoir toutes les influences de ſa bonté. Il les eſleue auſſi au deſſus de leur condition, par le ſecours de ſes graces; & comme elles ſont perfectionnées par vne meſme bonté, comme elles conſpirent à meſme fin, comme elles s'y eſleuent, & s'y vniſſent par amour, toutes ne ſont plus qu'vne, mais vniuerſelle, parce que l'amour les transforme en l'objet de leur beatitude. Marque infaillible de leur immortalité, de ce que leur cognoiſſance, & leur amour les porte à vn objet immortel ; comme nous le verrons plus bas.

C'eſt où conſiſte la vraye liberté de l'eſprit vniuerſel du Sage, non pas de voir ſimplement ce qui ſe pratique en diuers quartiers du monde ; & jetter les fondemens d'vne vertu qui doit eſtre touſiours égale, ſur l'inconſtance des mœurs, & de l'opinion : Mais de paſſer les choſes mortelles, de prendre ſes inſtructions dans la premiere verité, ſe donner de la conſtance, attachant ſon cœur à vn bien qui ne peut perir, à vne vnité qui ne ſouffre point de diuiſion. Vn eſprit qui porte iuſques à ce poinct, eſt vniuerſel ; Il void le cours, le progrés, & la fin de toutes choſes; il ſe mocque de ces fortunes eſcla-

DE L'IMMORTALITÉ DE L'AME. 159
tantes, qui doiuent briser à trois pas de là, & qui n'ont que le masque de felicité. Il iuge le monde, & en porte cét Arrest; que ses plaisirs sont des semences de douleur; que le repos ne se peut trouuer dans leur joüissance; qu'il faut chercher vn bien plus vniuersel, plus solide, plus veritable, qui remplisse sa capacité. C'est cette lumiere qui luy descoure sa fin, qui l'instruit en la cognoissance de sa nature, & luy fait voir que son ame est d'vne condition plus sublime que les formes qui releuent de la matiere.

Il y a des formes independantes de la matiere.

CHAPITRE XV.

SI nous agissions contre des personnes qui procedassent de bonne foy, & qui voulussent auoüer tout ce qu'elles experimentent, nous ne serions pas en peine de faire ces diuersions, & de tirer de si loin les preuues de nostre sujet : Mais puis qu'on ne veut ceder qu'aux forces de la raison, & qu'on ne donne rien ny à l'authorité des sages, ny aux sentimens de la nature; nous sommes contraints de iustifier beaucoup de propositions que d'autres supposent, afin de nettoyer toutes les difficultez de cette matiere. Saturne qu'on dit donner vn temperament propre aux sublimes speculations, est le plus lent de tous les planettes en son mouuement ; la nature trauaille long-temps à digerer l'humeur qui domine aux yeux, pour les rendre susceptibles de sa lumiere, & cette partie du corps, qui est la plus belle, est la derniere à qui elle donne vne parfaicte conformation. Ainsi nos esprits ne peuuent se faire iour dans des sujets vn peu releuez, sans vuider les doutes qui les obscurcissent, & ils veulent tousiours plus de temps, & plus de loisir en la recherche des veritez qui sont les plus importantes. Mais comme la longueur des conseils est ordinairement suiuie d'vne plus heureuse execution, les discours que l'on employe à essuyer les difficultez d'vne matiere, sont recompensez par la solidité, & l'esclaircissement qu'ils donnent aux preuues suiuantes. C'est auec ce dessein que nous auons fait voir qu'il y auoit des formes substantielles dans les composez, & qu'il n'y auoit point de forme vniuerselle. D'où il s'ensuit que chaque homme a son ame particuliere. Il faut maintenant chercher quelle elle est en ses qualitez & en ses operations, afin d'en pouuoir tirer la preuue de son immortalité.

Et d'autant que la pluspart de nos cognoissances sont comparatiues, & que nous ne sommes bien esclaircis d'vn sujet que par le rapport qu'il a auec les autres ; Pour nous informer si l'ame de l'homme est independante de la matiere, il nous en faut faire l'enqueste des parties du monde. Nous y verrons que la nature qui veut imiter les perfections
du pre-

du premier Principe, termine ses mouuemens par vn degré d'excellence, libre des foiblesses communes aux autres corps. Les trois elements inferieurs sont dans l'indigence, & ne subsistent que par vn secours estranger; la terre estant seule n'a ny consistence ny fertilité; l'air & l'eau ont vne complexion si foible & si peu capable de s'entretenir d'elle-mesme, qu'elle se corrompt dans le repos où consiste le bien des autres choses. Mais ces trois corps ainsi languissans sont enuironnez de la sphere du feu elementaire, actif, leger, pur de meslange, & qui paroist libre des alterations de la matiere, en ce qu'il s'entretient de luy mesme, sans alimens.

Il est enclos des globes celestes, dont les qualitez sont si precieuses, les formes si nobles, & si peu sujetes à l'inconstance, que la plus grand part des Philosophes, les iugent incorruptibles. Des planetes tousiours plus diuers en leurs mouuements, qu'ils sont plus bas en estage, l'on monte iusques au premier mobile, dont le cours est simple & vniforme, & de là au Ciel empirée, où le repos, aussi bien que le bon-heur, est eternel. Dans ces vastes corps qui roulent dessus nos testes, à mesure que les parties s'esloignent plus de la ligne equinoctiale, elles ont tousiours moins de mouuement, iusques à ce qu'on vienne aux deux poles immobiles, & qui sont les essieux de ces grandes roües. Le corps estendu auec toutes ses dimensions, de longueur, de profondeur, & latitude, se termine par vn poinct indiuisible, qui tient à la matiere, & qui neantmoins est au dessus d'elle, parce qu'il n'en fait pas vne partie, & qu'il n'est point sujet aux loix de sa quantité.

Ces marques exterieures qui tombent dessous nos sens, sont vn crayon de ce qui se passe en l'ordre des substances, & vn tesmoignage public, que comme le dernier terme du mouuement est immobile, & celuy de la quantité indiuisible, de mesme les formes qui suruiennent à la matiere, se doiuent terminer par vne qui en soit independante, & qui la perfectionne sans en releuer.

Les corps elementaires ont des formes, qui se prodiguent, & qui se perdent par vne vicissitude continuë, dans la composition des choses inferieures, & monstrent en cela qu'elles tiennent beaucoup de l'indifference de la matiere. Comme aussi les simples composez elementaires, qui n'ont pour tout mouuement que celuy qui les reporte à leur centre, & pour action, qu'vne lente froideur qui ramasse, & qui vsurpe quelque peu de parties visqueuses qui les approchent. La forme du vegetable a de plus la force d'attirer l'aliment au dedans du corps, d'en faire la digestion, & conuertir ce qu'elle en extraict, en sa substance : Celles des brutes est bien plus parfaite, parce qu'elle leur donne l'vsage des sens, le choix de ce qui sert à la conseruation, & leur fait gouster les charmes de la volupté.

Nous disons que ces formes sont materielles,

parce qu'elles sont tirées du sein & de la puissance de la matiere; qu'elles ne subsistent que par son appuy, & ne peuuent auoir leur existence sans elle. De sorte que si vous les considerez à part, elles ne sont pas vn acte, comme disent les Philosophes, mais elles sont seulement partie d'vn composé, où par vn égal retour elles payent leur giste, & donnent quelque perfection à la matiere qui les supporte. De soy neantmoins elles n'ont point de subsistance, & ne peuuent naturellement estre separées, non plus que les accidents; Elles sont comme le zero en chiffre, qui ne fait nombre qu'estant joint à d'autres, & comme ces termes qui estans seuls n'ont aucune signification : Aussi comme elles releuent de la matiere par droict d'origine, elles en suiuent toutes les affections, & sont comme elles, sujettes au lieu, au temps, à la quantité.

Il me semble qu'elles se peuuent comparer à ces anciennes dignitez de Rome, qui tenant leurs prouisions du peuple, se changeoient selon ses caprices, & n'auoient point d'authorité qui fut entiere, estant dans la dépendance de ce qu'elles deuoient gouuerner. Mais comme il y a des Monarchies absoluës qui releuent immediatemét de Dieu; lors, par exemple, qu'il donne les sceptres par quelque oracle, ou quelque prodige; Ainsi il y a des formes qui viennent immediatement de Dieu, & qui sans estre tirées de la matiere, luy suruiennent seulement pour la perfectionner.

Ceux qui souftiennent que le Ciel doit estre animé, afin que sa nature soit complette ; qu'ayant le gouuernement du monde, il procede auec raison, & qu'il ait ses mouuemens propres, & non pas d'emprunt, auoüent que sa forme est independante de la matiere, parce qu'vne si sublime intelligence, comme l'on se la figure, ne peut pas auoir vne si honteuse origine; l'ordre ne peut naistre de la confusion, ny la lumiere de l'obscurité. Ie n'accorde pas que les corps celestes soient animez, mais ie tire cette consequence de ce discours, que ce n'est pas vne nouueauté de conceuoir des formes jointes à la matiere, qui en soient independantes : Et comme nous auons remarqué, qu'au dessus des alterations du monde il y a des Cieux incorruptibles ; comme dans leurs globes qui roulent sans cesse, on y assigne des parties hors du mouuement; comme les corps se terminent par vn poinct libre de la quantité, comme il y a des Monarchies absoluës, selon cet ordre il doit y auoir des formes qui viennent immediatement de Dieu, sans estre tirées du premier sujet de composition.

Vn ouurier, apres auoir esbauché la matiere sur laquelle il desploye son art, par beaucoup de dispositions, luy donne enfin vne figure rapportante à celle qu'il auoit conceuë dans ses idées ; Le feu lançant les premieres pointes de ses flames sur le bois, en escarte, ou y consomme l'humidité qui luy faisoit teste, puis il l'eschauffe, l'embrase, & y introduit sa forme, auec les esclatantes qualitez de sa lumiere. Ainsi l'esprit diuin imprime premierement la matiere des formes elementaires; puis il la reueft de celles des mixtes, des plantes, des brutes; enfin pour dernier accompliffement il y infond vne ame qui a du rapport auec son essence, en ce qu'elle est spirituelle & immaterielle.

Il y a des formes dont tout le pouuoir se termine à viuifier les corps, d'autres qui n'ont aucun commerce auec luy, comme nous le prouuerons au traité des Anges: Il faut donc qu'il y en ait quelques vnes, qui puiffent & s'vnir au corps, & s'en feparer, afin qu'elles foient vn milieu entre ces extremitez, qu'elles en concilient la diuersité, & qu'elles en faffent vn continu par l'alliance qui les joint auec les deux.

Si l'on confidere de prés ces compofez où la forme eft extraicte de la matiere, l'on y verra beaucoup de defaut, en ce que pas vne de ces deux parties n'eft complette, l'vne ne poffedant pas la perfection de l'autre, non pas mefme celle qui luy eft propre; Car la matiere qui doit receuoir, ne laiffe pas d'ouurir fon fein, afin que la forme en foit tirée, & de s'affermir pour eftre fa baze & fon fondement; Et la forme à qui il appartient de donner, receuant beaucoup de la matiere, l'on peut dire, qu'au lieu de liberalité, il ne fe fait icy qu'vne efpece de compenfation. Il femble mefme que l'ordre y foit renuerfé, parce que la plus pauure y eft la plus liberale, en ce que la

X iij

forme qui estant actiue deuoir faire de plus insignes largesses, reçoit de la matiere l'estre, & la conseruation, & ne luy donne que l'actiuité qui en est seulement vne dépendance.

C'est pourquoy il est à propos qu'il se trouue en la Nature des formes qui perfectionnent la matiere sans en dépendre, afin que ces deux parties possedent les qualitez qui leur sont propres, l'vne de receuoir, l'autre de donner, que l'empire y soit absolu, & que le monde ait sa beauté, qui consiste, en ce que la forme passe la matiere : comme les Republiques sont bien-heureuses sous ces grands esprits qui sont tousiours plus puissans que les affaires, & qui sans en releuer, leur donnent ce qu'elles peuuent auoir de perfection.

L'ame de l'homme n'est pas materielle.

Chapitre XVI.

Plotin Philosophe demeuroit confus de honte, toutes les fois qu'il se representoit son ame vnie à son corps, comme si vne alliance si basse eust offensé la noblesse de son extraction, & luy eut fait perdre les droits de sa liberté. C'est pourquoy il éuitoit les discours de ses parens, de sa patrie, de tout ce qui luy donnoit quelque souuenir de sa naissance, & iamais il ne voulut permettre qu'on prist son portrait, parce, disoit-il, que cét exterieur qu'on voyoit, n'estoit pas luy, mais vn faux visage dont la nature l'auoit déguisé.

On peut dire, que ce Philosophe passoit à l'excez d'auoir tant d'auersion du corps qui en effet est vne partie de l'homme, l'occasion de ce que l'ame a esté produite, & qui la secourt en ses cognoissances, par l'entremise des sens; que c'est offenser le respect que nous deuons à la Majesté de Dieu, d'estre honteux des conditions auec lesquelles il nous a voulu donner l'estre. Mais ses sentimens eussent esté conformes à la raison, s'il eût dit, que nous ne deuons pas mesurer nostre excellence à ces forces & à ces qualitez sensibles qui nous peuuent estre ostées par mille disgraces, & dont le temps doit infailliblement faire sa dépoüille ; que nous auons vne portion spirituelle capable des choses diuines, où consiste la difference, & la beauté de nostre nature, & qui surmontant en ses operations, le temps & la matiere, monstre que sa vie n'y est point sujete. Entrons dans nous mesmes, & consultons les mouuemens de nostre interieur, vne experience plus asseurée que toutes les demonstrations Physiques & Morales nous fera cognoistre, que nostre ame n'est pas vn corps; que nous ne sommes ny bras, ny iambe, ny teste; que ce qui nous fait agir, penser, & parler, n'est pas dans la condition des choses sensibles.

Il est vray que tous les hommes ne sont pas dans ce sentiment, & que l'amour propre qui leur donne vne estime trop fauorable d'eux-mesmes en d'autres sujets, a le bandeau sur les yeux pour celuy-cy, quand il ne leur permet point d'admirer en eux d'autres perfections, que celles qui sont sous l'empire de la fortune. Comme si nostre corps auoit esté couuert de bouë dés nostre naissance, on se pourroit figurer, que cette diformité accidentelle luy seroit propre, & que la chair seroit naturellement couuerte de cette escaille; Ainsi l'ame ne s'estant iamais veuë qu'auec le corps, la pluspart de ses puissances estant employées pour sa conseruation, les alliances & les sympathies qu'elle a auec luy estant tres-estoites, comme si l'amour l'auoit transformée en luy, & qu'elle se fust fait vn naturel de la coustume, elle se figure aucune-fois qu'elle est corporelle.

Il importe grandement qu'elle, qui fait vn iugement de tout, ne soit pas ignorante de ce qui la touche; qu'elle sçache les conditions de son essence pour ajuster ses actions à la fin, tenir son rang dans l'ordre du monde, & se consoler dans les esperances d'vne felicité proportionnée à ses merites.

Toute la suite de cette partie prouuera que les actions de l'intellect & de la volonté, sont trop vniuerselles, trop libres, trop genereuses, pour despendre de la matiere, & par consequent que l'ame raisonnable est incorruptible. Cependant pour donner l'ouuerture à ce dessein, & pour vn peu esbaucher cette œuure; j'auance icy quelques considerations generales.

La

DE L'IMMORTALITÉ DE L'AME. 169

La premiere, que, s'il y a des formes qui suruiennent à la matiere sans en estre extraites, qui la perfectionnent sans en releuer, comme nous en auons fait la preuue, ces qualitez appartiennent par preciput à l'homme, d'autant qu'il est le plus parfait d'entre les creatures inferieures, comme on le void par l'empire qu'il a dessus elles. Or la forme la plus accomplie de celles qui peuuent s'vnir à la matiere, doit estre dans le sujet le plus excellent, comme dans vne police bien ordonnée, les plus hautes charges se donnent aux plus grands merites.

Nostre ame exerce vne domination par ses industries sur les elements, sur les mixtes, & sur tous les animaux; que si elle n'auoit point d'empire dessus la matiere qu'elle informe, & qu'elle n'en fust pas independante, elle seroit comme vne personne, qui n'estant pas capable du gouuernement d'vne famille, voudroit tenir vn Royaume, & commander à plusieurs peuples, ne se pouuant donner d'authorité sur ses domestiques.

Entre les actions de puissance, que l'ame raisonnable exerce dessus le corps, on rapporte cette conformation exterieure, sur laquelle la Physionomie fonde ses iugemens, comme si elle luy faisoit porter ses liurées, & des couleurs reuenantes à son inclination. Ce n'est donc pas qu'elle en depende comme quelques-vns le veulent inferer, mais au contraire c'est vne preuue qu'il luy est sujet, puis

Tome 2.   Y

qu'elle l'imprime de ses caracteres comme son esclaue, & qu'elle l'oblige d'estre complaisant iusques à se transformer en toutes ses humeurs. De fait nous voyons que le visage, & que les postures du corps changent selon les diuers mouuements de passion, qui agitent l'ame; & qu'il se fait des efforts extraordinaires pour l'accomplissement de ses volontez. Le fils de Croesus n'auoit iamais prononcé aucune parole, à cause d'vn empeschement naturel qu'il auoit de langue. Mais comme il void de loing vn parricide, qui par derriere alloit assassiner le Roy son pere, l'amour & la crainte perfectionnerent en vn instant les organes de la parole, & luy donerent la voix pour s'écrier, ha! traistre ne tuë pas Croesus; Que s'il importe à l'ame que ses desseins demeurent couuerts, elle sçait déguiser le corps, & monstrer les apparences d'amitié, ou des froideurs dans les plus chaudes esmotions de la haine, afin qu'on sçache qu'elle est d'vne autre nature qu'elle le pousse & l'arreste selon qu'elle veut; & si les sens luy compatissent, c'est comme vn peuple qui suit les humeurs de son Prince.

C'est pourquoy les anciens Philosophes de Perse, soustenoient que l'ame estoit la source de tout le bien, & de tout le mal qui suruient au corps, & que d'ordinaire le déreglement des humeurs procedoit du desordre de la raison; aussi personne n'exerçoit entr'eux la Medecine qui ne fust sçauant en Theologie, afin qu'il peust apporter du soulagement au malade, par la consolation de quelque sublime entretien, & ainsi guerir le mal en sa source.

Ils disoient encore que l'ame estant recueillie en elle-mesme, & ayant ramassé les forces de ses puissances par cette vnion, agissoit non seulement sur son corps, mais encore sur celuy des autres, comme ils le prouuoient par les charmes & les fascinations de la veuë. Mais que quand la pieté l'eleuoit au dessus des choses mortelles, & la transformoit en Dieu, que lors elle prenoit le mesme empire sur les elements du grand monde, que sur ceux du petit, qui est son corps.

Ie ne veux point icy alleguer les miracles pour prouuer que l'ame est d'vne nature superieure au corps, parce qu'ils se font par vne vertu diuine, & non pas humaine; neantmoins l'on en peut tirer cette consequence. Que l'ame ne s'vniroit pas à Dieu, & ne seroit pas employée de luy à vaincre les loix de la Nature, si elle n'estoit pour suruiure au temps & à la matiere. Sans donc nous arrester à ces puissances extraordinaires, nous auons vne infinité de preuues dans les actions morales, que l'ame n'est pas de la condition du corps. Quand cét Anaxarque dont nous auons parlé, estant tout rompu, se gaussoit encore du Tyran, de ce qu'il ne pouuoit toucher Anaxarque, soit qu'il se peust conseruer le repos d'esprit parmy ce fracassement d'os, ou qu'il affectast cette constance par vanité, pour mon-

Y ij

strer qu'il n'eſtoit pas en la puiſſance de ſon ennemy: Touſiours il faut conclurre, que ſi ſon ame euſt eſté de la nature du corps qui ſouffroit, elle euſt eſté incapable de ces grandes reſolutions, & que les meſmes coups qui briſoient les membres, euſſent abatu ſes forces. Nous pouuons dire le meſme de Sceuola ſoldat Romain, qui s'eſtant meſpris, & ayant tué vn autre, au lieu du Prince des ennemis, mit au feu la main qui auoit manqué le coup, & la ſacrifia courageuſement à ſon regret. Sans conſiderer icy la verité pour laquelle les Martyrs Chreſtiens ont ſouffert durant les perſecutions de l'Egliſe, ie dis ſeulement qu'ils n'euſſent pas meſpriſé les biens temporels, ny donné leur vie, pour ſouſtenir vne foy qui combat les ſens, & ſous eſperance d'vne felicité qui les ſurpaſſe; ils n'euſſent pas entonné des chants d'allegreſſe dans les ſupplices, ſi l'ame euſt eſté de la condition des choſes materielles.

Tous les iours il ſe preſente des occaſions auſſi rudes, où l'ame monſtre par ſa vertu qu'elle eſt independante du corps ; comme quand l'homme s'expoſe aux fureurs de la tyrannie, pour la conſeruation de la Iuſtice; qu'il ayme mieux mourir que flatter, & que faire quelque laſche tour contre ſon deuoir ; quand la pieté luy inſpire le meſpris de commoditez temporelles, pour ſe mettre dans vne pleine liberté de mieux ſeruir Dieu. L'ame qui s'y vnit, & qui par ce moyen rend l'homme le milieu des deux mondes, comme nous dirós, ne doit point

DE L'IMMORTALITE' DE L'AME. 173
eftre dépendante de la matiere. Elle la furmonte
auſſi en l'inuention des arts, en la ſubtilité des ſciences, en la recherche de la verité par des idées abſtraites, par les ſentimens, & les œuures de Religion. Ie
ne fais icy qu'effleurer ces choſes, dont ie dois faire les preuues, apres auoir combatu les opinions
contraires. Car il nous faut eſſuyer les difficultez
Phyſiques, deuant qu'en venir aux choſes morales.

Que l'ame n'eſt pas vn temperament, contre
l'opinion de Galien.

CHAPITRE XVII.

LOrs que l'Idolatrie inondoit le monde, chaque peuple ſe forgea des Dieux ſelon ſon humeur, & les caprices de ſa paſſion. Les doctes ado-
rerent les Aſtres; les Politiques dreſſerent des Temples aux Legiſlateurs; les guerriers aux grands Capitaines ; les voluptueux preſenterent des ſacrifices
aux objets de leur amour, & aux ſources des fontaines chaudes qui faiſoient leurs bains. Les anciens
Philoſophes ſe ſont monſtrez auſſi differents à juger de la nature de l'ame que les peuples en l'adoration de la diuinité dont elle eſt l'image, & chacun
s'eſt forgé des opinions conformes à la portée de ſa
ſcience. Car ceux qui auoient des penſees plus vni-

Y iij

uerselles, dirent qu'elle estoit vn rayon de l'ame du monde, comme nous auons veu ; les Astrologues, qu'elle estoit vne emanation des planettes, où elle deuoit retourner apres cette vie ; Les autres, qu'elle estoit d'vne nature etherée : En fin chacun d'eux se la figure telle qu'il la peut cognoistre par vne vertu assimilatiue de l'esprit, l'approprie à la science dont il est capable. Ainsi Galien voyant que la complexion des quatre premieres humeurs donne la santé, & que les principales operations en releuent, passe à cét excez de dire, que l'ame n'est autre chose qu'vn temperament ; & ne veut point auoüer d'autre principe de vie, que celuy qui depend de la Medecine.

Il se fonde sur ce qu'à son dire, non seulement les habitudes du corps, mais encores celles de l'esprit, la netteté ou la confusion de nos intelligences releuent du temperament ; Le sec donne la pointe à l'esprit pour percer, & des lumieres pour se faire iour dans les plus grandes difficultez de la Nature, d'où Heraclite tira cette conclusion, Que l'esprit tres-auisé estoit vne splendeur seiche. Ce qui paroist mesme és insectes, qui sont d'autant plus industrieux qu'ils participent plus du temperament froid & sec, comme sont les fourmis & mouches à miel. Au contraire les lumieres de la raison s'esteignent dans le sang, le phlegme, & sous les vapeurs d'vn temperament humide, comme celuy qui abonde dans les enfans. Galien adjouste encore, que les fiévres chaudes faisant boüillir la bile ; & le sang dans les veines, troublent l'esprit, & y causent les delires, & les phrenesies, que la rate & les hypocondres noircissent la substance du cerueau de leurs vapeurs ; qu'elles y attachent leur malignité, & embroüillent les organes d'vne humeur opiniastre qui demonte le iugement, & donne des imaginations si extrauagantes, qu'elles changent nostre compassion en risée ; Que la cyguë qui glace le sang, & les poisons qui portent l'incendie dedans les corps, y troublant la complexion des humeurs iusques à vn excez insupportable, ostent la vie & font mourir auec les exercices des sens, ceux de la raison.

Ce sont là à peu pres les experiences, d'où Galien veut conclurre, que les ames soit vegetantes, sensitiues, ou raisonnables, ne sont autre chose qu'vn temperament, puis qu'elles subsistent toutes par sa vigueur, & qu'elles disparoissent quand il se dissout ; puis qu'elles ont leurs maux & leurs remedes communs ; qu'elles ont mesme fondement ; qu'elles sont esbranlées d'vn mesme coup, & abatuës sous mesme ruine.

Mais ce grand personnage s'est rendu si attentif aux pratiques de la Medecine, qu'il a oublié la maxime des Philosophes. Tous sont vnanimement d'accord, de ce que nous auons dit, que dans chaque mixte, il y a vne forme substantielle qui y tient les elements en sujetion, qui regarde leurs actiuitez, & les regle, qui arreste les inquietudes de la matiere. Les accidents ne font pas d'eux-mesmes capables de ces grands effets; & si la puissance ciuile suppose la liberté, si le mouuement s'appuye dessus l'immobile, il n'est pas à croire que ces choses estrágeres qui ne subsistent que par emprunt, & dont la nature est si coulante, soient le fondement de l'estre, & le principe de son action. Or le temperament qui est vn concert des premieres qualitez elementaires, n'est pas vne substance, mais vn accident; C'est pourquoy il ne merite pas l'empire dessus la matiere, ny que l'on luy attribuë ce qui est du ressort de la forme.

Cette rauissante harmonie qui flatte l'oreille, n'est pas cause de ce que plusieurs voix, & plusieurs luths forment des accords dans la iustesse d'vn mesme air, & d'vne mesme ton; mais elle en est l'effet; elle ne produit pas ces mesures, ce n'est pas elle qui pousse & qui adoucit ces esclats de voix, par la mignardise de plusieurs feintes entrecoupées de boüillons & de roulades qui laissent du temps à remplir par vn creux de basse; mais l'harmonie reüssit de cette agreable diuersité: Elle la suppose doncques de sorte, que comme ces voix & ces instruments ne tombent pas d'eux-mesmes d'accord, sans vn Maistre qui ait composé la piece, & qui conduise le concert par sa mesure: Ainsi ce n'est pas le temperament qui met les premieres qualitez dans vn degré propre à vne espece; ce n'est pas luy qui esteint

le feu

DE L'IMMORTALITÉ DE L'AME 177

le feu, qui appesantit l'air, qui fixe l'eau, qui mouïlle la terre iusques à vne certaine proportion, & qui inuestit la chose de ses conditions indiuiduelles, mais le temperament naist de ce rencontre, il en est l'effect, & non le principe. Et comme les voix ne concertent que par l'industrie d'vn Maistre qui est autre que les voix ; ainsi ces premieres qualitez ne peuuent ny faire vn temperament, ny l'entretenir sans vne forme substantielle qui soit d'vne autre nature.

Toutes les raisons par lesquelles nous auons prouué aux Chapitres precedens, qu'il y a des formes substantielles, combatent l'opinion de Galien, & monstrent que cette complexion d'humeurs, qui n'est autre chose qu'vn accident, volage de sa nature, & qui n'a point de tenuë, n'est pas capable d'establir vn mixte. Autrement les choses seroient dans vn flux perpetuel, & la mort anticiperoit dessus la naissance ; il n'y auroit point de distinction d'especes, où il n'y en auroit point de temperament ; & toutes leurs differences se reduiroient à vingt-quatre, parce que la combination des quatre premieres qualitez ne peut exceder ce nombre : Il n'y auroit ny douleurs, ny voluptez, ny action, ny resistance de la Nature ; d'autant que la matiere de soy tres-indifferente, se plairoit tousiours dans le temperament qui luy suruiendroit, & pousseroit plustost à l'excez, que de reuenir à la mediocrité, & se releuer d'vne priuation, qui ne luy seroit pas

Tome 2.   Z

senſible. Ainſi il ne faudroit plus eſperer que la chaleur naturelle digeraſt les humeurs peccantes, ny les repouſſaſt par l'effort des criſes, & ſi les paſſions ſuiuent le temperament, il faudroit qu'vn homme bruſlé de la fievre, fuſt continuellement en cholere.

Chaque animal n'auroit qu'vne ſeule action, comme chaque corps n'a qu'vn mouuement naturel, ſelon la qualité de l'element qui luy predomine. Hé! qu'elle apparence de rapporter cette infinie capacité de l'eſprit de l'homme aux elements, d'eux-meſmes inſenſibles, ſans raiſon, ſans cognoiſſance, & qui ne ſont pas ſeulement capables de fournir aux plantes & aux brutes ce qu'elles doiuent auoir d'inſtinct pour ſe conſeruer!

Ie paſſe toutes ces raiſons qui i'ay deduites plus haut, pour venir aux obiections de Galien, qui ſont des conſequences tirées la pluſpart de faux principes, qui ſe peuuent reſoudre par vne negatiue auſſi franche, que l'aſſertion en eſt reſoluë. Le temperament ſec, dit-il, fait le iugement, c'eſt luy qui affine la trempe, qui vnit les forces, qui affranchit les diſcours de noſtre raiſon. Si cela eſt. Hé! comment les operations de l'Intellect ſe font-elles dans le cerueau, d'vne ſubſtance humide & froide de ſa nature molle & preſque aqueuſe, touſiours moüillée des broüillards de tout le corps, qui font des eſtangs dans les ventricules? C'eſt la ſource des fluxions qui inondent les autres parties, parce qu'elle est, comme la mer sous la domination de la Lune qui preside aux humiditez. D'où l'on peut conclurre en passant ce que disoit Platon, que l'homme est vn monde renuersé, que son centre, & le lieu de repos où tend le flux de ses recherches, est en haut. Si doncques le temperament sec & froid estoit necessaire à la raison, la Nature qui fait rouler le Soleil dans l'eclyptique où il trouue des estoilles de sa complexion; qui assigne aux planetes des domiciles de mesme vertu où ils reçoiuent vn redoublement de force; elle qui attache au centre des qualitez amies des corps qui s'y portent; qui ioinct les choses semblables; qui fait vne diuersion des contraires par vne secrete antipathie; n'eust pas esté si peu aduisée de donner le cerueau humide pour throsne de la raison. Si la seicheresse luy eust esté absolument necessaire, elle l'eust plustost logée dans les os qui ont ce temperament, & dans les basses parties du corps qui ont moins d'humidité, que dans la teste, où ses puissances deuoient estre si affoiblies.

Faictes la comparaison de l'homme auec les autres animaux, vous trouuerez qu'il est le plus humide de tous, comme on le peut voir par la douceur de sa peau; par ses maladies qui procedent la plus grand part des fluxions, par la quantité d'excremens qu'il iette par la bouche. Neantmoins il est le plus sage, le plus cognoissant, seul de tous qui agit auec raison. Aussi Plutarque apres auoir represeté les industries pratiquées par les animaux terrestres; ne leur donne point d'auantage sur les poissons, de qui la chair n'est qu'vne liqueur congelée, & qui estant de mesme temperament que l'eau, s'y nourrit par sympathie comme dans le propre element d'où elle est produite.

Ie veux qu'vn sang espuré des escumes de la bile, & des feces de la melancholie, & qui n'est point noyé de flegmes, enuoye au cerueau des esprits plus nets, & plus esclattans ; que comme vne matiere enflammée semble estre toute feu ; comme les Cometes changent les fumées de la vapeur en lumiere qui les fait prendre pour des estoilles; qu'ainsi les esprits esleuez d'vn sang fort pur, semblent deschargez de la matiere, & portent par tout comme font les Cieux, vne chaleur autre que celle des elements. Neantmoins ils ne sont pas l'ame, mais ils sont formez par sa vertu. Ce qui se void de ce qu'ils restent encore, quelque temps dans vn corps mort à qui on aura abatu la teste, ou percé le cœur. Et ce sont eux à ce qu'on dit, qui en font quelquesfois couler le sang à la presence d'vn amy, ou d'vn ennemy, par vne esmotion de sympathie ou d'antipathie naturelle, qui leur est restée. Cependant ce corps est mort, & priué des operations de la vie. Il la tenoit donc, non pas des esprits, qui y restent encore, mais de l'ame qui en est absente.

Ainsi quand j'auoüerois que la Iustice du temperament, la bonté du sang, & la netteté des esprits contribuent beaucoup aux operations intellectuelles de l'ame, ie dis que c'est seulement comme organes de sa puissance & comme des outils dont elle se sert pour l'accomplissement de ses desseins. L'ame des insectes, & des animaux que nous appellons imparfaits, comme elle est pauure en vertus, & d'vne condition extremement raualée, elle se contente de loger dans vn corps garny de bien peu d'organes; c'est pourquoy, quand ils sont couppez en deux, leurs parties viuent encore long temps apres cette solution de continuité; parce que leur forme est diuisible, & qu'elle se passe de ce pauure ameublement. Mais celle des animaux parfaits, & particulierement de l'homme comme elle est plus noble, elle veut vn Palais plus splendide, vn equipage plus esclatant, vn plus grand nombre d'organes, qui sont autant d'officiers que la Nature luy donne pour son seruice.

Si tost que ces dispositions necessaires viennent à manquer par quelque notable alteration, l'ame sort du corps, non pas comme estant jettée hors de son empire par vn plus puissant, selon que Galien se l'est figuré; mais elle le quitte comme vne demeure incommode pour ses exercices, & trop pauure pour sa Noblesse; elle déloge d'vne maison qui tombe en ruine, elle se despoüille d'vn vestement vsé; elle congedie vn valet deuenu impuissant pour la bien seruir; elle rompt vne societé qui ne pouuoit plus luy estre que fort des-auantageuse.

Si donc les operations de l'ame ne sont pas si

Z iij

accomplies, quand ses organes sont indisposez : Il ne faut pas inferer de là, que l'ame soit materielle & corporelle, ny qu'elle soit vn temperament, comme on ne dira pas qu'vn Peintre soit ny les coloris ny le pinceau, parce qu'il ne sçauroit acheuer vne peinture sans eux, quoy qu'il possede les regles de l'art; qu'il ait l'imagination viue, l'œil bon, la main delicate. Vn Prince peut auoir l'idée d'vn parfait gouuernement, & des loix qui establissent sa puissance sans blesser la felicité du peuple : mais il ne sçauroit les mettre en pratique si la fidelité de ses officiers ne correspond à la Iustice de ses desseins; Il est contraint d'employer les citoyens d'vne ville pour la tenir en sujetion, & de gouuerner le peuple par luy mesme. Voila comment l'ame agit auec le corps durant cette vie, & comme elle ne se sert de sa puissance, que par l'entremise de ses organes. Nous ne voyons la lumiere que par le moyen de l'air, elle nous paroist pasle, sombre, obscure, bluastre, esclatante, selon qu'il est plus pur, ou plus affecté de nuages. Neantmoins l'air n'est pas la lumiere, mais elle le perfectionne, elle s'en sert pour se respandre icy bas; elle le surpasse de beaucoup en l'eminence de ses qualitez, & peut subsister sans luy, au lieu de son origine. Ainsi l'ame raisonnable suruient à la matiere sans en estre extraicte; elle employe les organes durant cette vie, quoy qu'elle surpasse le sensible en vne infinité d'operations, comme nous verrons plus bas, & qu'elle puisse estre, & agir sans luy,

DE L'IMMORTALITÉ DE L'AME 183
lors qu'elle sera reünie à son principe.

Elle ayme le bon temperament parce qu'estant raisonnable, elle a de la sympathie auec l'ordre, & la proportion, qui est vne raison sensible, où la multitude des parties aiustées les vnes aux autres, est comme vn discours qui se termine en l'vnité d'vne conclusion. L'on peut dire que l'ame est vn temperament & vne harmonie, en ce qu'elle contemple Dieu, de qui l'essence contient toutes les perfections possibles dans cette tres-simple vnité, dont nos concerts, nos beautez, nos proportions ne sont que les ombres; Elle est vn temperament, parce qu'elle reçoit en soy les contraires, nonobstant leurs oppositions, & s'en sert pour se donner vne parfaite cognoissance des choses. Ainsi l'on definit la Iurisprudence vne science qui considere le iuste & l'iniuste : La santé & les maladies font l'objet complet de la Medecine. Vn Conseiller d'Estat est iugé plus sage, apres auoir esprouué les disgraces, aussi bien que les faueurs de la fortune. Enfin l'ame est vne harmonie lors que d'vne infinité d'actions particulieres, qui tombent sous l'experience, elle s'en fait vne loy pour sa conduite ; quand les œuures s'accordent auec les paroles & le deuoir; quand la charité la met en bonne intelligence auec tous les hommes, quand les incommoditez aussi bien que l'abondance des biens temporels luy tournent à profit; quand elle void tout en tout par proportion, & apres s'estre respanduë dans toutes les parties du monde, elle se recueille en son vnité pour se ioindre à celle de son principe : En ce sens dites que l'ame est vne harmonie & vn temperament, & on ne pourra nier qu'elle ne soit immaterielle, & incorruptible, puis qu'elle s'esleue au dessus des corps, & qu'elle iouyt desia des biens propres à l'eternité.

L'ame raisonnable, estant immaterielle, est incorruptible.

CHAPITRE XVIII.

CE Chapitre est vne conclusion que ie tire des precedens, & que i'auance sur ceux qui doiuent suiure ; que l'ame raisonnable n'estant point materielle, n'estant point vn temperament, comme l'a voulu Galien, est incorruptible.

Pour donner plus de iour à cette importante verité ; Ie dis que Dieu estant le premier Principe de toutes choses, son essence estant necessaire, absoluë, independante, il est aussi seul qui possede en propre l'Immortalité. Comme toutes les Creatures, mesme les intellectuelles ont receu l'estre de sa main, aussi elles luy sont redeuables de leur conseruation, & elles sont entretenuës par la mesme puissance qui les a produites. De sorte que quand nous les appellons immortelles, nous entendons par cette parole que Dieu leur continuë l'influence de sa bonté, & empesche qu'elles ne tombent dans le neant de leur origine.

DE L'IMMORTALITÉ DE L'AME. 185

Ce n'est pas neantmoins par vne liberalité generale, indeterminée, & qui n'ait aucun fondement; Mais le concours qu'il donne aux choses pour leur conseruation, se mesure au degré de l'estre où il les a placées en les produisant. Il a fait les choses materielles, sous differentes conditions, mais toutes sujettes à prendre fin; aussi il les conserue tout autant que leurs dispositions particulieres le peuuent permettre, & n'empesche pas qu'elles ne se corrompent sous l'action d'vn côtraire qui est le plus fort, ou lors qu'elles sont venuës au terme de la durée possible à leur complexion. Ainsi il conserue plus long temps le chesne, que le saule, ou le sureau, par ce qu'il est d'vne matiere solide & nerueuse qui peut soustenir vne longue vie, & son concours vniuersel est tousjours proportionné à la vertu interieure & à la nature du sujet qu'il vient assister.

C'est pourquoy les substances intellectuelles, n'ayant point le premier sujet d'alteration qui est la matiere, estant simple & sans ce meslange de parties contraires qui panchent sans cesse à la desvnion; il leur continuë l'existence tousiours égale & libre des apprehensions de la mort. Quand le Soleil oblige la terre de ses rayons, & qu'il desploye les thresors de ses influences sur les choses inferieures, c'est vne liberalité publique, qui donne & qui conserue la vie à tous les sujets qui en sont capables. Sa chaleur presse doucement la rose, de nous estaller les merueilles de sa beauté, & de ses

Tome 2. A a

parfums ; que si dans vn iour ses fueilles tombent toutes languissantes, le defaut vient de la fleur qui ne deuoit durer que ce peu de temps, & non pas de l'astre qui luy presente la mesme vertu, quand elle meurt, qu'il luy a donnée pour la faire naistre. Cela explique sensiblement le concours general dont Dieu assiste les creatures, sa bonté ne les veut point aneátir; elle leur presente tousiours la main, & quád elles meurent, c'est entre les secours, & les remedes, dont leur complexion par trop affoiblie n'estoit plus capable. Tellement que si leur nature particuliere n'est point d'elle-mesme sujette à corruption, elles ne meurent point, parce que le concours diuin est tousiours present pour les releuer des foiblesses generales de l'estre, qui coule au rien de son origine, & pour les continuer dans l'existence. Or l'ame raisonnable n'est point materielle, & au rang des composez sujets à corruption, comme nous l'auons monstré; Il faut donc conclurre qu'elle est immortelle.

Cette consequence est infaillible si vous considerez à contrepied que les formes extraites du sein & des puissances de la matiere sont corruptibles. Dautant que la matiere premiere est le principe de corruption, à cause de ce vague & indeterminé appetit qu'elle a de toutes les formes, qui luy donne le dégoust d'vne pour posseder l'autre ; qui luy fait faire vn perpetuel diuorce, & rompre autant de partis par ses secondes affections, qu'elle en auoit lié par ses premieres. Les formes qui releuent d'vn su-

DE L'IMMORTALITÉ DE L'AME. 187

jet si changeant en ses appetits ont leur fondement sur le sable, & ne sont pas plus asseurées que les amours, & les fortunes qui dependent d'vne humeur volage. Leur estre subsiste par vne composition de parties contraires, qui de leur nature tendent à se desvnir; Il ne se conserue que par l'entremise de plusieurs dispositions faciles à s'alterer; Ce n'est que par contingence que ces formes sont extraites de la matiere; C'est pourquoy elles n'y ont point d'assiette solide, cette inconstante les contraint de vuider, pour en receuoir en suite vne infinité d'autres pour lesquelles elle a de l'inclination. Aussi plus les choses sont deschargées de la matiere, comme les eaux, & les essences distillées, moins elles sont sujetes à se corrompre.

Il ne faut point dire que les Cieux sont materiels, & neantmoins incorruptibles. Premierement cette objetion n'auroit point de force entre ceux qui les disent estre animez d'vne forme si accomplie, qu'elle satisfait tous les appetits de la matiere & ne luy en laisse point pour le changement. Mais sans m'arrester à cette responce. Ie dits que d'eux-mesmes, & selon la portée de leur nature, ils sont sujets à se dissoudre par la reuolte de leurs qualitez ennemies, quand ils ne seroient point choquez au dehors par aucun contraire, comme nous l'auons prouué au premier Tome. On peut dire aussi que le Ciel estant vne cause vniuerselle, qui preside aux choses inferieures, reçoit vne conseruation particuliere de la

Aa ij

main de Dieu, par vn priuilege qui l'affranchit des viciſſitudes de la matiere, & dont la compoſition de ſes parties le menace; Comme les Princes moderent les chaſtimens, adouciſſent la ſeuerité des loix, & accordent des immunitez, ſelon la condition plus releuée des perſonnes.

On propoſe encore cette ſeconde difficulté, qu'il y a des choſes qui pour eſtre ſpirituelles, ne ſont pas exemptes de prendre fin ; comme les habitudes de grace que la bonté diuine reſpand dans nos ames, & que nous effaçons par des actes qui leur ſont contraires. Ie m'eſtonne qu'on auance des matieres de Theologie, dans des ſpeculations qu'on veut faire comme Philoſophe; & que contre le procedé ordinaire de la ſcience, on aille chercher ce qui paſſe noſtre raiſon, pour eſclaircir vne verité naturelle qui ſe peut cognoiſtre par le diſcours. Neantmoins ie reſponds, que quand on dit que les choſes immaterielles ſont incorruptibles, cela s'entend des ſubſtances. Or ces habitudes de grace ne ſont que des accidents, qui ſuruiennent à l'ame, & qui en peuuent eſtre oſtez ſans ruiner ſon eſtre, comme on peut deſpoüiller vn habit qui pare le corps, ſans perdre la vie.

Tellement que ſi elles periſſent, c'eſt parce qu'elles ſont des accidents dont la Nature eſt ſujette au change, & qui ont moins de connexion neceſſaire auec le ſujet qu'ils viennent enrichir, que la lumiere ſenſible, auec les corps ſur leſquels elle ſe reſpand. Eſtre immateriels, n'eſt qu'vn acceſſoire qui ſuit le

DE L'IMMORTALITÉ DE L'AME. 189.
principal, vne qualité qui ne les peut pas affranchir d'vn changement qui leur est propre, & les inuestir d'vne fermeté qui ne s'accorde pas auec leur nature. Leur nom fait assez paroistre qu'elles despandent du bon plaisir de Dieu; & comme les priuileges ne doiuent point estre tirez à consequence, & ne durét qu'autant qu'il plaist au Prince de les coceder. Ainsi ces graces surnaturelles, n'ont pour fondemét que la volonté diuine; de sorte qu'outre la qualité d'accidents, elles ont encore cette dependance, qui les rend sujetes à ne pas tousiours durer.

Pour donc reuenir à nostre conclusion, si les formes materielles sont perissables; il s'ensuit par la raison des contraires, que les immaterielles sont incorruptibles, parce qu'elles sont simples; sans composition de parties, d'où naist la dissolution; qu'elles sont independantes de la matiere, & affranchies de son inconstance; que supposant le concours general de Dieu, on peut dire qu'elles subsistent par elles mesmes, & ne sont point sujettes à prendre fin.

Si l'action ne se fait qu'entre les contraires qui sont sous vn mesme genre, & qui se veulent enrichir de leurs despoüilles, il est constant que les choses spirituelles ne peuuent estre offensées par les materielles, parce qu'elles sont d'vne categorie superieure, & moins sujete à leurs alterations, que le Ciel à l'actiuité des elements. Et puis comme elles n'ont point de parties qui se puissent corrompre, ny changer en la substáce de l'agent corporel; il ne leur

Aa iij

sçauroit faire la guerre, à cause qu'il n'en peut esperer aucun profit, & que ce seroit aller contre le dessein de la Nature qui ne pretend iamais à la priuation. La constance de la vertu parmy les supplices,
& dans les disgraces de la fortune, la volonté si libre
en son choix, qu'elle ne peut estre contrainte par
toutes les violences du monde, monstrent assez que
l'ame raisonnable ne releue point des choses materielles, non plus en son existence, qu'en ses actions.

Nous en voyons vne preuue sensible dans les vieillards, où l'esprit s'esleue sur les ruines du corps, &
paroist comme en triomphe apres la deffaite de son
ennemy. Car le temps n'a fait en eux que depósseder
les vices, affoiblir vn party, dont la puissance deuoit
estre suspecte, couper la source des rebellions, pour
rendre l'empire de l'ame plus absolu. Dans cét aage,
qui est l'hyuer de la vie, & sous ces neiges qui couurent la face, l'esprit deuient plus fertile en grandes
pensées, plus riche en desseins, & dans cette saison
destinée à la recolte, on ne laisse pas de voir les fleurs,
& les beautez du Printemps. Isocrate ne composa-
il pas ses oraisons qui nous seruent encore d'idée de
l'eloquence, en l'aage de quatre-vingts ans. Platon
dressa sa Philosophie aagé de soixante & dix. Seneque escriuit ses Epistres fort aagé, comme on le
peut recueillir de celles où il se console de sa vieillesse. Caton employa les derniers iours de sa vie à l'e-
stude; & au dire de Ciceron, on trouuoit dans ses
entretiens tout ce qu'on pouuoit souhaiter de do-

&trine,de memoire,de douceur,de subtilité. Les Republiques de Lacedemone & d'Athenes, ne commirent le gouuernement de l'estat qu'à des vieillards,& ne creurent pas que la vraye prudence se pût trouuer qu'en cét aage, où la nature a domptéles forces de la passion,auec celles du corps.

Si les loix Romaines dispensoient des charges publiques, ceux qui auoient passé quatre-vingts ans, c'estoit vne faueur, & non pas vn reproche fait à cét âge; Les Empereurs iugerent que les hommes qui auoient consommé leur vie à seruir l'Estat, meritoient bien cette recompense de posseder en repos les dernieres de leurs années. Que si neantmoins il se rencontroit des esprits qui trouuassent leur contentement dans l'action, ils y estoient continuez, comme vn certain Turrianus que Cesar remit dans ses offices, parce que depuis qu'il en fut deschargé à cause de son aage, il fit porter le dueil à toute sa famille; comme si le repos luy eut esté vne mort. Tellement que l'ame ne souffrant rien sous les qualitez qui causent les corruptions, & ne deperissant point auec le corps; il s'ensuit que le monde n'a point de contraires dont elle puisse estre offensée.

Chaque chose se consomme par les maladies qui luy suruiennent, & qui sont les propres defauts de sa nature, le fer par la roüille, les fleurs, les bois, les vestemens par des vers qui y sont produits, & par certaines defaillaces qui les accueillent. S'il y a quelques maladies qui affligent l'ame, c'est l'ignorance,

& l'iniustice; estre priué de la verité, & agir contre la raifon; or cela ne luy oſte pas la vie, comme on le void par le grand nóbre d'ignorans, & de pecheurs: Donc elle ne la peut perdre, puis que ny les defauts eſtrangers, ny ceux qui la touchent, & qui l'incommodent, ne la luy peuuent oſter. L'ame raiſonnable n'a point de contraires, puis qu'elle en fait l'alliance en ſes idées; qu'elle meſle toutes ſortes de matieres par l'inuention des arts, qu'elle reduit les eſpeces oppoſées ſous vn meſme genre; & qu'elle a la cognoiſſance, & l'amour du ſouuerain bien, exempt de toute contrarieté.

L'ame raiſonnable eſt le milieu du monde intelligible, & du corporel.

CHAPITRE XIX.

LA premiere penſée qui nous reuient de la contemplation du monde, c'eſt que ſes parties ſont ajuſtées auec des meſures ſi bien priſes, & s'entretiennent par de ſi eſtroites correſpondances, qu'elles ne ſe donnent pas moins de luſtre, que de ſecours en l'exercice de leurs deuoirs. Dieu a voulu placer toutes choſes auec cét ordre, d'où naiſt la beauté. D'autant qu'il eſt la naturelle production d'vne cauſe intelligente, & que la multitude liée par vne police qui n'en fait qu'vn corps, eſt l'image d'vne eſtenduë

DE L'IMMORTALITÉ DE L'AME 193
duë infinie de perfections, recueillie dans vne fouueraine vnité.

Mais il eſtablit principalement cét ordre, pour mettre les creatures dans vne telle diſpoſition, qu'eſtant eſcoulées de luy, elles peuſſent y retourner par l'entremiſe de celle qui eſt la plus eminente; il a voulu acheuer le cercle, & comme elles tiennent à luy en qualité de principe; il fait qu'elles s'y rejoignent comme à leur derniere fin. Ainſi la maſſe de toute la terre s'approche du centre du monde, par la ſucceſſion de ſes parties, s'y joint & le poſſede par vne ſeule qui a le plus de rapport à ſes qualitez.

Pour voir cette dependance, & cette reünion, il faut d'vn coſté contempler au deſſous de nous vn Dieu tres-ſimple en ſon vnité, ſouuerainement heureux en la jouyſſance de ſes propres biens, toute gloire, toute lumiere, toute perfection, ſi complete qu'elle ne peut receuoir, ny accroiſſement, ny dechet: En fin tout ce que nos penſées peuuent conceuoir, tout ce que nos paroles peuuent exprimer de ſes excellences, eſt infiniment au deſſous de ce qu'il en poſſede.

Abaiſſant les yeux ie vois dans l'autre extremité de l'eſtre, la matiere premiere dont l'exiſtence eſt ſi profonde, ſi approchante du rien, ſi deſpoüillée de tout acte, qu'à peine elle peut eſtre apperceuë de la penſée. Ie trouue au deſſus des corps qui ſubſiſtent par vn ramas de parties limitées, d'euxmeſmes incapables de mouuement, qui n'ont du repos que par impuissance, exposez aux outrages de leurs contraires, & à des alterations si continuës, qu'ils sont plus dans la priuation que dans l'existence.

Tellement que le monde materiel a des conditions trop basses, & trop opposées au premier principe, pour s'y réjoindre sans l'entremise de quelque nature moyenne qui soit le nœud de ces deux extremitez. Quand on aduoüeroit ce dont nous ferons la preuue ; qu'il y a des Intelligences separées des corps, elles ne seroient pas capables de moyenner cette reünion : d'autant que le milieu doit estre d'vne nature accordante auec les deux extremes, dont il negotie la paix. Ainsi l'air ayant vne chaleur qui symbolise auec le feu, & vne humidité qui est bien auprés de l'eau, calme les orages, & arreste les entreprises de ces deux contraires qui menacent continuellement la terre d'vne entiere desolation. Or les Anges sont d'vne nature purement spirituelle, qui ne leur donne aucune inclination pour les corps; c'est pourquoy ils ne peuuent traitter l'vnion de ces deux mondes, & faut qu'il y ait quelque autre espece, qui tenant les deux extremes soit capable de moyenner cette alliance.

L'ame raisonnable est vrayement le milieu de l'vniuers, l'horizon des creatures, le nœud du monde archetype & du corporel ; D'autant qu'elle a des cognoissances & des volontez, auec lesquelles elle se peut approcher de Dieu, & s'y vnir tres-estroitement estant tirée par le secours de ses graces; Neantmoins parmy ces élans qui l'emportent au dessus des choses creées, & qui la rejoignent à son principe, elle conserue vne secrette inclination pour le corps; elle s'abaisse iusques à y pratiquer les fonctions vegetantes & sensitiues.

Comme sa nature est metoyenne, aussi l'on remarque en ses actions vn pouuoir meslé, & qui tient de deux differens principes. La portion superieure porte vn sentiment de Dieu, d'où naist la Religion commune entre tous les peuples; c'est où elle reçoit des lumieres autres que du raisonnement; c'est où elle a l'idée du bien & du vray, qui donne des applaudissemens à la vertu, quand tout le monde luy seroit contraire, & qui fait la punition des crimes dans la conscience, quand la flatterie des Cours, la folie de peuples, l'vsurpation de la tyrannie, leur dresseroient des trophées. Ces sentimens qui nous viennent sans les recherches de la raison sont les apennages de la partie superieure, qui tient de l'indiuisible, comme le poinct qui joint l'extremité de la ligne à son centre.

En l'autre partie elle emprunte les principes de ses cognoissances du rapport des sens ; elle fait de longues enquestes parmy les choses materielles; elle violente leurs inclinations, & les met à la torture de mille experiences pour en tirer le secret d'vne verité. Ses discours s'estendent par vn art subiect à mille fallaces; l'on y void des multiplicitez des diuisions, des repugnances; Ils se font auec le temps, ils sont limitez à certaines choses, & n'ont le progrez que sous la contrainte de certaines regles. Quoy que le raisonnement soit l'acte d'vne puissance immaterielle, neantmoins il semble auoir quelque rapport auec les sens, par ces multiplicitez & les fautes qui s'y commettent, comme l'air se trouble en sa plus basse region par les vapeurs qui luy sont enuoyées de la terre.

Sa nature ainsi metoyenne, fait que nous sommes seulement capables des choses qui sont dans la mediocrité, on ne meurt pas seulement de tristesse, mais aussi de ioye, si elle est excessiue, & que dilatant le cœur, elle fasse vne trop grande profusion d'esprits. La paix & la guerre, le repos & le trauail nous deuiennent insupportables s'ils continuent sans relasche; Nostre vie qui s'entretient par le mouuement, se plaist dans la vicissitude; les plus charmantes delices deuiennent fades, & perdent ce qu'elles ont de douceur, si on ne leur donne le change. Voila comment nostre nature est le milieu des deux mondes archetype & materiel, parce qu'elle s'approche des choses diuines pour en receuoir sa perfection, & s'abaisse aux materielles pour la leur communiquer; elle a la faueur de Dieu, & l'empire dessus les corps, immaterielle en sa substance, & diuisible en ses operations.

Les Platoniciens ont representé cette condition moyenne de l'ame, par les nombres, qui n'estant pas au rang des choses materielles, s'y approprient, & ne laissent pas de les signifier. Ils disoient que le 5. en estoit l'Image, à cause qu'il fait la moitié de dix, nombre vniuersel, & qui comprend en soy tous les autres. Le cinq est composé du premier pair à sçauoir de deux & de 3. qui est le premier impair, ainsi l'ame est diuisible en ses operations, & indiuisible en sa substance. Diuisez dix en cinq diuerses parties, comme en 9. & 1. 8. & 2. &c. le cinq sera tousiours le centre également distant des deux parties de ces diuisions, comme par exemple de 9. à 5. & d'vn 5. il y a à dire quatre, de 8. à 5. & de 2. à 5. il y a également à dire trois, & ainsi de suite. Voila comment l'ame est inuariable en son essence entre les mouuemens des Cieux, la course du temps, les alterations des choses inferieures, entre la diuersité mesme de ses puissances & de ses operations. On peut inferer de cette demonstration, qu'elle ne peut faire le milieu des deux mondes, qu'elle ne soit immortelle, & inuariable par proportion, comme l'est le centre.

Le milieu doit tousiours auoir de la correspondance en ses parties auec les deux extremes, l'ame s'accorde auec les choses inferieures en quelques-vnes de ses operations, donc elle doit auoir de la sympathie auec Dieu en son essence, l'ayant immaterielle & incorruptible, encore que ce soit par dependance, & participation. Aussi est-ce vne regle generale en la police du monde, que les natures moyennes qui seruent à faire la connexion des deux autres, tiennent toufiours dauantage du degré fuperieur en leur effence, quoy qu'en leurs operations elles s'abaiffent, & compatiffent aux chofes inferieures; autrement elles ne pourroient pas faire les actions propres au degré fuperieur, fi leur effence n'y eftoit proportionnée pour les produire. Ainfi toutes les efpeces d'huiftres & de coquillages qui eftant attachées aux rochers fans mouuement progreffif, font le milieu entre les plantes & les animaux, font vrais animaux, autrement elles ne feroient pas fenfibles à l'attouchement, qui eft vn effect neceffaire de l'ame fenfitiue: Les meteores font entre les compofez qui font icy bas, & les elements; neantmoins ce font des mixtes; & l'on y remarque vn meflange de qualitez qui ne fe trouue pas dans les elements; Quoy qu'Ariftote mette la Lune entre les Cieux, & les chofes inferieures, à caufe des grandes varietez de fes mouuements, & de fa lumiere; Neantmoins fa fubftance eft la mefme que celle des autres Cieux, & ne perd rien de fa quantité, ny de la vertu, qui luy eft propre, parmy toutes ces alterations. Ce Philofophe cōpare l'ame à ce planete, & dit qu'elle eft moyenne entre les intelligences & les corps, comme la Lune entre les Cieux & les elements; elle eft donc fpirituelle & immortelle auffi bien que les intelligences, comme la Lune n'eft pas moins incorruptible en fa fubftance que le Soleil, encore qu'elle foit changeante en fa lumiere & en fes mouuemens.

Les Princes ne laissent pas d'estre souuerains, & d'auoir l'idée de la Iustice quand ils donnent quelque chose aux esmotions d'vn peuple contre la teneur des loix; la vertu conserue ses habitudes entre les disgraces qui trauersent ses exercices, & qui couurent son éclat aux yeux du vulgaire. Vn Gentilhomme ne perd pas les droicts de sa Noblesse, par l'alliance qu'il fait auec vne roturiere; Ainsi il ne s'ensuit pas que l'ame raisonnable soit materielle, encore qu'elle soit jointe à vn corps mortel; qu'elle en espouse quelquefois les humeurs, & qu'elle agisse auec les sens; parce que comme nous venons de dire, son essence doit auoir du rapport auec la nature superieure; Autrement les actions de l'intellect & de la volonté qui passent le temps, & la matiere, ne luy seroient pas possibles.

Toutes choses peuuent bien faire moins, mais non pas plus que leur portée; elles peuuent moderer leurs forces, ne déployer pas toutes leurs puissances, s'abaisser aux exercices des especes inferieures; mais non pas s'esleuer naturellement à des actions qui passent le degré de leur essence.

Il faut donc conclurre, que nostre ame estant ainsi le nœud des deux mondes, intellectuel, & corporel, est spirituelle, & par consequent incorruptible. La Nature nous monstre cette verité par l'exemple de plusieurs choses qui estant metoyennes, se conseruent sans mouuement, & sans alteration. Le centre est immobile entre vne infinité de circonferences dont on le peut ceindre, & d'vne infinité de lignes qui en peuuent naistre. La terre l'est ainsi, au milieu de l'air, du feu, des Cieux qui roulent à l'entour; le Soleil qui fait le milieu des Cieux, n'est pas sujet aux variations d'epicicles, que souffrent les autres planettes; son mouuement est égal, sa lumiere propre, & continuë; l'or qui est son metal, que les Philosophes mettent entre l'elementatif & le vegetable, ne se corrompt, ny par le temps, ny par le feu; En la fabrique des horologes solaires, la ligne de midy est tousiours égale, mais celles de toutes les autres heures changent selon les diuerses esleuations; le cœur qui est dans nos corps ce que le Soleil est dans le Ciel, est le premier viuant & dernier mourant; par les operations de Chymie, le Mercure s'exhale, le souffre se consomme au feu, il n'y a que le sel, qu'on peut appeller la terre incorruptible, parce qu'il est le constringent & le lien de la composition. De tous ces rapports, & de cette loy generale de la Nature, on peut inferer que l'ame raisonnable faisant le milieu du monde, doit estre exempte de corruption.

En effect si on considere attentiuement la nature du milieu, en ce qu'il fait l'assemblage de deux extremes, que leurs dernieres parties s'y viennent rendre; & que par son moyen elles se continuent; il leur tient lieu de fin & de principe, deux qualitez qui luy donnent quelque rapport auec la premiere cause. En ce milieu il se fait vne vnion, qui s'écarte au-

tant

tant qu'elle peut de la difference ; comme elle est en cela vne image de la premiere verité, elle doit aussi auoir du rapport auec l'eternité de sa durée. Cela se peut plus particulierement dire de nostre ame, qui fait le milieu de deux causes vniuerselles, de Dieu eternel, & du monde, qui auec le concours diuin s'entretient tousiours par la vicissitude des generations: De sorte que si l'ame en qualité de milieu, doit auoir du rapport auec la nature de ses extremes, & mesme tenir dauantage de celuy qui est le plus eminent, il s'ensuit qu'elle est immortelle.

Il est vray que cét ordre ne se remarque pas dans les elements, où le metoyen a sa qualité dominante, qui symbolise auec l'inferieur, comme l'air a l'humidité, par laquelle il se joint à l'eau, plus puissante que la chaleur, qui l'allie auec le feu. Et cela d'autant que la situation des elements est establie, les forces leur sont dispensées auec vne mesure qui préuient l'excés, & qui arreste la trop violente actiuité d'vne partie resoluë à troubler l'harmonie du monde. Comme si l'air auoit la chaleur dominante, cette qualité qui est la plus vigoureuse de toutes, se trouuant maistresse en deux elements voisins, & dont les spheres sont plus estenduës, causeroit icy bas vne generale desolation, tariroit les mers & les fleuues, consommeroit les humeurs qui donnent la vie aux plantes & aux animaux. Pour doncques reduire son action à la mediocrité, & couper chemin à l'abus qui suruient lors que la plus grande puissance est donnée aux plus nobles, la sagesse diuine a voulu que l'air eust alliance par la plus forte de ses qualitez auec l'element inferieur. Cette confederation ne se trouue point en l'ordre des choses intellectuelles, où il n'y a point d'excez à craindre, & particulierement au sujet de l'ame raisonnable, qui estant moyenne entre le monde intellectuel & materiel, doit tenir dauantage de l'intellectuel, parce qu'elle doit esleuer les choses materielles à Dieu qui est la derniere fin, & pour cét effet elle doit estre d'vne nature superieure, & plus puissante.

Nous auons dit que l'homme estoit la fin du monde materiel; que les Cieux & les elements trauailloient pour son seruice: C'est pourquoy l'air qui est metoyen a pour qualité dominante, celle qui s'accorde mieux à nostre temperament, & qui y fait seruir toutes les autres. Ainsi l'ame raisonnable qui est le milieu des deux mondes, doit tenir dauantage de l'intellectuel & immortel qui est sa fin & son principe, où elle se doit reünir auec toute la nature.

Cela se fait lors que les hommes gouuernent les choses materielles auec raison; qu'ils n'en reçoiuent les vsages, que pour rendre le corps propre à seruir l'esprit, quand aussi en consideration de tant de faueurs receuës de la main de Dieu, ils luy presentent le sacrifice de leurs volontez, & quand enfin par l'assistance de ses graces, & le cours d'vne saincte vie, ils meritent la possession de sa gloire. L'ame raisonnable est donc d'vne autre condition que les choses,

DE L'IMMORTALITE' DE L'AME. 203
materielles pour les transformer, & plus puissante pour les esleuer. Elle doit estre immortelle, & capable de iouyr de Dieu, autrement que ne luy permet cette vie, puis qu'elle se le propose pour derniere fin.

Des cognoissances dont l'homme est capable.

CHAPITRE XX.

LEs Cieux gaignent nos admirations par leurs lumieres, les diamans par leurs éclats, & l'homme par la capacité comme infinie de ses cognoissances. C'est en cela que consiste l'auantage de sa nature, & comme nous faisons iugement des choses par l'aspect des vertus qui leur sont propres; aussi en cette dispute de l'ame nous deuons particulierement nous arrester sur la consideration de ses cognoissances qui en sont l'effect principal, pour en tirer les preuues de son immortalité.

La veuë continuelle des plus belles choses en oste le prix, & nous en fait perdre l'estime; mais quant aux productions de l'esprit de l'homme, quoy que nous en ayons tous les iours les experiences, nous ne laissons pas de les admirer, parce qu'elles tiennent de l'infiny.

L'ancienne Philosophie creut que nostre ame estoit d'vne nature etherée & de feu, à cause que

Cc ij

comme cét element se glisse insensiblement dans toutes les parties du monde, ainsi l'ame raisonnable penetre par ses speculations les choses plus releuées de nos sens, & qui ne sont encore que dans les desseins de la Nature. Elle s'enfonce dans les abymes où elle va recognoistre la matiere, les accidents, les digestions de tous les metaux, les sources communes de nos fontaines, les grands reseruoirs de nos fleuues, la cause des vents & des tremblemens de terre. De là s'éleuant aux Cieux, elle y contemple leurs globes, leurs grandeurs, leurs lumieres, leurs influences; elle s'informe des loix de leur conduite, elle préuoit les temps & les effects de leurs rencontres; elle entend par ces characteres lumineux, les alterations que le monde doit souffrir apres plusieurs siecles.

 Les sens exterieurs donnent bien quelque ouuerture & quelque preparatif à ses cognoissances; mais elle ne s'arreste pas à la surface de leurs objets, elle les penetre, & passant à trauers l'espaisseur de la matiere, & les gardes des accidents, elle va recognoistre quelle est leur substance. D'où i'infere qu'estant ainsi au dessus du lieu, du temps, & de la matiere, qu'elle n'est ny materielle ny corruptible, ce que nous iustifierons plus bas par plusieurs raisons.

 Mais comme elle va descouurir la source de toutes choses, aussi faisant reflexion dessus elle mesme, elle veut sçauoir quelle est l'origine de ses cognoissances, & d'où luy vient la faueur de tant de lumierés. Quelques Philosophes ont creu que Dieu auoit produit l'ame auec les especes de toutes choses, afin qu'elle fust vn portrait plus vif de son essence, qui est la premiere verité, l'idée & le prototype de la Nature; Que comme les corps sont fournis auec l'equipage de leurs qualitez & de leurs organes, les animaux auec leurs instincts, l'homme a deu de mesme estre inuesty des habitudes dont il est capable; qu'il n'est pas de croire que Dieu ait fait la moindre faueur à la plus noble de ses creatures; qu'elle soit sortie de ses mains auec de l'imperfection; & qu'il n'ait pas remply le vuide de ses puissances; ayant surmonté le rien de son origine. Dieu cognoist par sa propre essence, les sens par des especes qui à l'instant de leur action leur sont enuoyées par les objets: L'ame raisonnable qui est metoyenne entre ces deux estres, doit donc à leur dire posseder ses cognoissances par des especes qui luy soient imprimées dés sa creation, afin qu'elles ayent du rapport auec l'intelligence diuine en ce qu'elles sont permanentes; & auec les sens, en ce qu'elles luy sont données, & qu'elle ne les a pas en propre.

De là vient qu'on se consulte soy-mesme dans les affaires importantes debatuës par vne diuersité d'opinions; qu'on fait vn plus insigne progrés dans les sciences, qu'on y trouue des ouuertures extraordinaires dans la solitude; & c'est ce qui rend le gouuernement d'vn seul heureux, parce que sans s'embroüiller dans les diuers sentimens de l'opinion, il

Cc iij

se conduit auec cette lumiere de la Nature.

Que de là procede le sentiment de Religion, vniuersel entre tous les peuples, la synderese, le terme mental, qui est le mesme parmy la diuersité des langues, la Rhetorique, la Logique naturelle, le raisonnement qui se trouue quelquesfois plus solide dans l'esprit d'vn vilageois que d'vn courtisan; & c'est pourquoy Platon vouloit que les personnes de basse condition fussent aussi bien que les autres consultées dans les affaires publiques, parce que les meilleurs expediens sont quelquesfois venus des boutiques & de la charruë. Outre que pour iuger de la beauté de l'honnesteté, de la vertu, il faut necessairement que nous en ayons les idées comme des reigles fermes, & droites à la faueur desquelles nous puissions voir de combien les actions s'escartent de la rectitude, & donner le prix à celles qui ont le moins de defaut.

Voila en peu de mots vn recueil des plus fortes considerations pour lesquelles Platon nous veut persuader, que l'ame raisonnable vient dans le corps instruite de toutes les cognoissances, & pleine des idées de toutes choses. Mais Aristote combat cette opinion par l'experience que nous faisons tous les iours du contraire. Car les sciences n'ont en leur entrée que des espines qui blessent l'esprit, qui rebutent la curiosité mesme, & qui font quelquesfois perdre courage aux plus resolus, quand l'appetit naturel de la verité, le sentiment de l'honneur, les considerations de l'vtil obligeroient à l'estude, on est reduit à grauer petit à petit les principes d'vne science dans la memoire, à consulter les morts & les viuans auec beaucoup de trauail pour en tirer quelque mediocre esclaircissement; & apres auoir consommé nostre aage en cette recherche, la mort vient tousiours trop tost; elle nous surprend dans les plus grandes auiditez, & lors que nous formons les plus beaux desseins de sçauoir.

Si nostre ame possedoit en propre l'idée des sciences, quoy que nous n'en peussions pas iouyr durant nostre minorité, au moins quand l'aage a meury les forces, & perfectionné les organes, elle en deuroit aussi tost auoir la disposition. Si ces lumieres intellectuelles sont cachées dans son essence, comme les estincelles du feu dans vn caillou, qu'il soit necessaire de les faire esclater à force de raisonnemens & de disputes; quand nous tirerions ces thresors d'vne mine dont elle possedast le fonds, il n'y faudroit pas employer vn si long-temps, ou bien la Nature nous donneroit de la peine à plaisir; Elle qui permet à l'homme vn empire sur les choses estrangeres de luy, comment ne luy auroit-elle pas laissé vne iouyssance paisible de ce qui luy est propre.

Enfin si ces especes nous estoient infuses, nous ne sentirions ny curiositez pour chercher la verité qui seroit en nous, ny admiration, parce qu'il n'y auroit point de nouueautez pour vn esprit qui connoiſtroit tout, Il ne ſeroit pas neceſſaire de recourir aux fantoſmes, & d'employer le rapport des ſens, auec les eſpeces de l'imaginatiue, pour informer & pour ſecourir noſtre raiſon. Mais comme les ſens agiſſent ſi toſt que les organes ſont bien diſpoſez: ainſi l'ame ayant ſes idées ſans l'entremiſe du corps, les deſployeroit ſi toſt qu'elle y eſt infuſe; & comme elle eſt le principe de l'action, elle ne laiſſeroit pas les principales de ſes puiſſances inutiles. C'eſt pourquoy Ariſtote prit ſujet de comparer l'ame à vne table d'attente qui n'eſt imprimée d'aucune figure, & qui eſt en diſpoſition de receuoir celles que le Peintre y voudra coucher.

Elle a ſeulement receu de Dieu quelques principes naturels, les vns qui regardent la Religion, les autres qui ſeruent à la conduite des mœurs, & qui ſont comme les ſemences de pluſieurs autres veritez, que le diſcours de la raiſon en peut faire eſclorre; Tout de meſme que la Nature ne nous donne pour armes, que l'inuention, & les mains pour les fabriquer.

Ie ne m'arreſte pas dauantage en cette diſpute; Soit que Dieu imprime l'ame raiſonnable de ſes eſpeces, ſi toſt qu'il l'a creée. (Ce priuilege par lequel elle n'eſt point reduite ſous la loy commune, & au progrés ſucceſſif des choſes mortelles, eſt vne marque de ſon immortalité) ſoit qu'elle faſſe l'acquiſition de ſes cognoiſſances par ſon induſtrie, nous la deuons

DE L'IMMORTALITÉ DE L'AME. 209
la deuons iuger incorruptible, de ce qu'elle se donne à elle-mesme le mouuement, & que de la priuation elle entre dans l'habitude des veritez qui sont eternelles. Elle n'auroit pas la liberté de porter la main dans les tresors de Dieu & de la Nature, ny de prendre ces biens celestes par auancement, si elle n'estoit heritiere du Ciel, & d'vne vie qui ne doit point prendre fin.

Quand elle ne possederoit pas ces lumieres en propre, mais par son acquest, tousiours il faut aduoüer, que ces cognoissances qui d'vn petit commencement s'accroissent iusques à l'infiny, supposent vne vie, qui ayant esté produite de rien par la toute-puissance de Dieu, doit continuer & s'estendre dans les espaces infinis de l'eternité.

En ces discours elle monte iusques au premier Principe, parce qu'il est le centre où elle doit trouuer vn repos eternel; ou bien elle descend iusques au dernier de ses effets, & d'vne idée abstraite de la matiere elle tire vne consequence, par la veuë des choses possibles; elle se donne l'inuention d'infinis ouurages, parce qu'elle n'est point tributaire du temps & de la matiere, & qu'elle est vne ressemblance du premier Principe intellectuel, qui a produit toute la Nature. De plusieurs propositions ou experiences, elle forme la consequence d'vne verité, d'autant qu'elle doit posseder cette bien-heureuse vie, où le commencement & la fin, le passé & l'aduenir, seront recueillis en vn seul moment de gloire, & en vn seul rayon de lumiere.

Elle a plusieurs pensées de l'infiny, comme quand elle conçoit la capacité & l'indifference de la matiere à receuoir tout ce qui represente des formes, la continuë du mouuement circulaire des Cieux, qui faisant son principe de sa fin, ne nous laisse point voir de dernier terme, où s'acheue la durée du temps; Elle se figure aussi vne infinité de parties, de poincts, & de lignes dans la masse d'vne quantité, où elle fait doublement paroistre l'excellence de sa nature independante de la matiere, par cette idée qui void la diuersité dans le continu; & par le concert d'vn infiny, que les plus subtiles operations des Mathematiques ne peuuent reduire en acte, & diuiser en effet la ligne en autant de particules, que nous la conceuons estre indiuisible. Il n'eut point fallu auantager l'homme d'vne puissance de tant d'estenduë, pour vn voyage si court, & si precipité que la vie, & si l'on doit faire iugement de l'estre par les actions, la durée de l'ame doit aussi bien estre infinie, que ses cognoissances.

De l'Inuention des Arts.

Chapitre XXI.

Comme Dieu qui de toute eternité possedoit l'idée de la Nature l'a voulu faire esclorre auec le temps, & par la production des choses materielles disposées auec vn ordre si admirable, se former vn nouuel objet de sa complaisance, vn paranymphe de sa Majesté, vn tesmoignage sensible de sa sagesse ; Ainsi l'homme ne se contente pas des simples discours de son esprit qui luy font cognoistre les qualitez & dependances des choses, mais il desploye encore ses industries dessus la matiere, & ne se monstre pas moins riche en ce qu'il acheue par les inuentions de l'art, qu'en ce qu'il a receu des liberalitez de la Nature : Il ne l'imite pas seulement, mais il la perfectionne, & la surpasse ; il donne la derniere main à ses ouurages ; il iouë de sa puissance quand il luy plaist, il la deffait & violente ses inclinations par ses propres forces.

La peinture ajuste si bien les traits du pinceau aux proportions des corps : & figure si naiuement les apparances, par le meslange insensible de ses coloris, qu'elle fait prendre les Images pour des realitez. Les oyseaux venoient piquotter le tableau de Zeuxis, où il auoit representé des grappes de raisin ; les cheuaux hannissoient voyant la caualle qu'Appelles peignit ; il fallut des gardes pour defendre la Venus de Praxitele contre les efforts impudiques de la ieunesse d'Athenes. Tous les iours nos yeux se trompent auec plaisir dans vn plan, où la perspectiue nous fait paroistre de relief, de grands fleuues qui apres vne longue course se terminent par vn filet d'eau ; Les villes, les forests, les montagnes, comme les poincts semez dans le vaste qui lasse la veuë, iusques à ce que parmy le meslange confus de corps, d'ombres, de lumieres, de reflexions, le Ciel se courbe pour baiser la terre & finir le monde. Cet art nous fait des iardins & des campagnes dans vne chambre; il trompe la solitude par les festins, les danses, les chasses qu'il peut faire voir dans les prisons ; il rend les petits courages presens aux combats auec les premieres esmotions de crainte, & puis de ioye, quand ils se voyent en asseurance entre des armes qui ne blessent point.

Il ne faut pas dire que les choses animées ont le principe de leur mouuement par aduantage sur les artificielles ; puis que nous lisons qu'vn Architas de Tarente fabriqua vn pigeon de bois qui de luy-mesme s'esleuoit de terre, & voloit aussi bien que ceux de nos colombiers. Platon rapporte que les Egyptiens faisoient parler & marcher les statuës de leurs faux Dieux; que Dedale mettoit des ressorts dans ses ouurages, par le moyen desquels ils s'eschappoient des mains de leurs Maistres, si on ne les tenoit enfermez comme des esclaues, sujets à prendre la fuite. Archimede composa vn globe d'airain où les planettes auoient leurs spheres, & leurs mouuemens auec les mesmes proportions que dans le Ciel, & y marquoient tous les rencontres & tous les aspects qui nous causent la diuersité des temps.

Nous disons que la Nature est vn art diuin, qui met l'ordre entre les parties du monde, qui com-

DE L'IMMORTALITÉ DE L'AME. 213
passe leurs actiuitez & leurs resistances auec vne iustesse dont toutes les choses particulieres reçoiuent leur perfection. Si doncques l'ame raisonable l'imite en cela, par la Peinture, par les operations de Chymie, de Medecine, & par tous les Arts qui font l'alliance des choses diuerses, d'où il reüssit vn composé plus parfait que les parties ; il s'ensuit que son essence est immaterielle, & approchante de la diuine, puis qu'elle exerce vn art diuin dessus la matiere.

Les brutes employent quelques artifices pour la conseruation de leur vie, & de leur espece ; mais quelques subtilitez qu'elles pratiquent, elles sont tousiours fort esloignées de celle de l'homme ; Elles n'ont pas ces cognoissances de leur acquest ; leurs ouurages ne se conduisent pas sur le modelle de leurs idées, & ne font point de projets pour la pretention d'vne fin, mais elles agissent par vne impulsion violente de la Nature, qui les emporte, qui ne leur donne ny la faculté, ny le loisir de deliberer ; Aussi vous voyez que les mouches à miel si tost qu'elles volent, sont toutes instruites à piquoter sur les fleurs, à se charger les cuisses de la substance dont elles composent la cire, ou à se gorger de la liqueur propre à la confection du miel, & sçauent proportionner leurs cellules en hexagone auec toute la iustesse que la main la plus delicate y pourroit apporter auec le compas. Si tost que les fourmis ont trompu la peau des œufs où ils ont pris

Dd iij

toute leur croissance, ils courent, se chargent, moissonnent, & trauaillent pour les prouisions de l'hyuer, sans qu'ils ayent iamais fait experience de ses rigueurs. Les araignes tout nouuellement escloses, & si petites qu'elles eschappent à nostre veuë, se suspendent & vont attacher les cordages qui doiuent soustenir leurs toiles auec diuers estançons proportionnez au lieu où elles les posent. Vous les verrez tirer quantité de lignes d'vn mesme centre, & puis conduire plusieurs fils en rond, qu'elles attachent à chacun des montans. Ainsi elles font leurs mailles, acheuent leurs rets, se logent au milieu, & attrapent les mouches à la passée.

En ces artifices les ieunes sont aussi sçauantes que les plus vieilles ; ainsi les autres animaux sçauent en naissant tout ce qu'ils doiuent faire durant leur vie, & chacun d'eux n'exerce qu'vn seul mestier qui luy est propre. Ce qui fait paroistre que leurs formes sont materielles, puis qu'elles n'ont pas le principe de leur mouuement, & qu'elles le reçoiuent de la Nature qui les conduit comme la main de l'ouurier fait vn instrument propre à vn seul ouurage. Mais l'homme qui naist ignorant de tous les mestiers, s'en est donné de luy-mesme la cognoissance sans la receuoir de la Nature, pour preuue que son ame est d'vne condition plus releuée que celle des brutes, & l'image du premier Principe qui conduit tout le monde. De plusieurs experiences il s'en est fait des regles, par lesquelles il reüssit infailliblement en ses entreprises, & en sçait l'issuë deuant que mettre la main à l'œuure. Ce raisonnement qui d'vne chose en infere vne autre; qui d'vne action particuliere s'en fait des loix generales, d'vne experience fautiue, des regles qui ne manquent plus; Ces idées abstraites de la matiere qui voyent l'œuure acheué deuant qu'on l'ait entrepris; qui sont veritables, quand toutes les choses du monde periroient, sont toutes actions d'vne puissance materielle, & par consequent incorruptible.

Ce seroit peu si l'art n'estoit que dans l'imitation de la Nature, mais ce qui est de plus admirable, c'est qu'il la perfectionne, & l'enrichit de qualitez, pour lesquelles elle n'auoit que des desirs impuissans. Elle ne nous monstroit que des cauernes pour nostre retraite, & l'homme a esleué des Palais superbes en leur matiere, admirables en leur symmetrie, & en l'ordre de leurs enrichissemens. Elle ne luy presentoit qu'vne nourriture de fruicts indigeste, de là il s'est fait vne infinité de mets delicieux au goust, & plus propres à la santé.

Quoy que la terre n'ait pas les dispositions necessaires pour se couurir par tout de mesmes ornemens, & nous presenter les mesmes delices, l'homme a trouué le moyen de suppléer ces defauts du fonds & du Ciel, par le trauail de l'Agriculture. Elle nous dresse des solitudes au milieu des villes, par les grottes qu'elle creuse; par les bois de haute fustaye qu'elle esleue; par les berceaux sauuages & destournez qu'elle entretient: Elle fait couler, jaillir, precipiter les fontaines à gros boüillons, & puis leur prepare vn lict de repos dans les bassins & dans les estangs. Elle enrichit la terre d'vn compartiment de broderie, elle peuple cinq ou six carreaux de toutes les diuersitez de fleurs; elle ramasse dans vn iardin tout ce qu'il y a de simples, de fruits, de potager; d'vn petit clos elle en fait l'abregé du monde où l'on trouue tout ce qui regarde la satisfaction des sens, & les curiositez de l'esprit.

Comparez les laines telles que les brebis les portent, ou les soyes cruës, & meslées en pelotons comme les vers les ont filées, auec les precieuses estoffes de draps, de serges, de veloux, satin, damas & infinis autres que l'on en façonne, auec les Tapisseries où l'esguille & le mestier figurent naïuement, tout ce que le monde produit, & ce que le pinceau peut representer; Vous verrez que l'homme est à la Nature, ce que la Nature est au vegetable, & au sensitif. De toutes les choses possibles Dieu n'en a fait paroistre qu'vn certain nombre dans les limites de quelques especes, & a laissé le pouuoir à l'homme d'en produire vne infinité d'autres, ou au moins d'accroistre le degré de leurs actiuitez ordinaires, afin que de là on cogneust l'excellence de l'ame raisonnable : Comme vn Prince veut quelquesfois que les affaires plus importantes se terminent par l'entremise de ses fauoris, pour les mettre en plus grand credit, sans neantmoins

DE L'IMMORTALITÉ DE L'AME. 217
moins affoiblir son authorité. Si donc l'homme a le moyen de perfectionner la Nature, il s'ensuit qu'il est le mignon du Ciel, & d'vne dignité plus eminente, que ce qui est sujet aux loix de la mort.

Si son ame n'auoit vne essence superieure aux choses materielles, & n'estoit incorruptible, elle ne pourroit pas agir au dehors par ses industries, & par l'application de diuers sujets, ny donner plus de perfection à la matiere que la forme qui luy est propre, & qui suruient aux plus fauorables de ses dispositions. Affiner l'or dans vn creuset, plus que la terre, les astres, ou le feu central ne le peuuent faire dedans les mines; extraire d'vn mixte des sels, & des essences qui ne se corrompent point; ramasser dans trois ou quatre goutes d'huile, toute la vertu respanduë & confuse dans vne grande quantité de matiere.

L'homme est seul de tous les animaux qui se sert du feu pour les commoditez de la vie, ou dans les operations des arts mechaniques, quand il modere son actiuité à certains degrez de chaleur, selon les diuers sujets qu'il traite, quand il tient ce prince des elements dont les choses materielles empruntent leurs forces, comme son esclaue, il fait paroistre que son ame qui luy donne cét empire, est d'vn ordre superieur à la Nature, & qu'elle n'est pas mortelle, puis qu'elle domine à cette portion du monde, en qui les Philosophes ont creu que les autres se deuoient resoudre.

Tome 2. Ee

Aussi voyez comme l'homme domte la Nature & les elemens, lors qu'il se met en deuoir de deffendre ses interests par l'art de la guerre: Il fait sousleuer les plaines en montaignes par les remparts & les fortifications; il fait des rochers par les tours; des fleuues par les fossez; il tonne & foudroye par les canons; il fait abysmer la terre auec les mines; il a trouué des feux qui bruslent dans l'eau, & des eaux qui ont le mesme effet que les flâmes. Tous les iours la Medecine appaise les esmotions de la nature, par la douceur, ou par la violence de ses remedes: La nauigation contraint l'eau de supporter des corps solides; elle empesche que la pesanteur n'aille en bas; elle fait qu'on vole, & qu'on nage cependant qu'on se promene dessus vn plancher; elle attele les vents aux voiles, & les contraint de tirer le vaisseau comme vn char où elle triomphe de trois elements.

Archimede demandoit vn poinct hors le monde, où il peut poser sa machine, & il se promettoit de l'enleuer de sa place, & de luy faire changer de situation. Ie tiens qu'il vinst à bout de son entreprise, puis qu'il auoit les regles asseurées pour l'executer, si le lieu n'eust manqué à son dessein, comme la vertu a le merite de ses grandes resolutions, & de son courage, lors mesme qu'vne mauuaise fortune trauerse ses exercices.

Si les effets qui passent le cours ordinaire de la nature, sont les preuues d'vn pouuoir diuin, tous les arts qui la perfectionnent & qui la domtent, sont autant de petits miracles qui nous asseurent que l'ame raisonnable est d'vne condition diuine à l'égard du monde, & qu'elle n'est pas mortelle ; que l'homme tient icy bas la Lieutenance de Dieu ; que si les creatures se monstrent rebelles à ses volontez, ce n'est qu'vn chastiment des resistances qu'il fait luy mesme à son souuerain, & vne peine qui procede de son demerite ; Neantmoins dans ce dechet de sa condition, il ne laisse pas de se monstrer en plusieurs choses superieur au lieu, au temps, & à la matiere.

Il domine au temps, comme nous verrons, par la subtilité de ses pensées, qui rapellent le passé, & qui anticipent dessus l'aduenir, par la prudence & les Propheties, & par la veuë qu'il a des choses possibles, dont les arts font les productions. Il domine aux Astres par la sagesse ; la Medecine fait teste à la mort, & prolonge la vie du corps, si elle ne peut la rendre du tout immortelle ; l'on a des parfums qui conseruent les corps sans se corrompre ; des mesches, & des huiles, qui nourrissent le feu sans se consommer, comme estoit celuy qui brusloit au Temple d'Ephese. L'homme est au dessus du temps, par les supputations, & les iugemens de l'Astronomie ; il en fait son ieu par la Musique, & par la Poësie, où meslant les poses, les tons, & les syllabes auec certaine mesure ; il en compose vne harmonie plaine de delices, & monstre en cela que son ame qui fait l'accord des contrarietez, n'y est pas sujette.

Ee ij

Il est encore au dessus du temps par l'escriture & l'impression, qui attachent au papier, ce qui eschaperoit de nostre memoire, qui rendent les choses passées comme presentes, qui nous font parler auec les absens, qui ressuscitent les morts, & nous donnent communication du secret des cœurs.

L'homme prend aussi vn empire sur la quantité, par les machines qui remuent les corps, si pesans qu'ils soient; qui tirent les grands vaisseaux du fonds de la mer, & par ces industries qui ont destourné les fleuues, percé les montagnes, foüillé iusques au centre du monde, pour y voir ce que la Nature a de plus secret.

L'intelligence des ombres, leurs proportions, & leurs harmonies contiennent tant de mysteres, que Pythagore eut sujet de les prendre pour l'image du premier Principe; & de dire qu'ils sont l'estenduë d'vne Nature feconde qui regne dans l'vnité; le plan ou le relief de la structure de l'vniuers. Sans entrer dans les miracles de l'Algebre, ny faire parade d'vne beauté, qui ne se laisse pas voir à tous les yeux, & qui est tres-rare. Ie ne rapporte icy que ce qui tombe dans l'intelligence commune de tous les hommes. L'Arithmetique compte, assemble, multiplie, partage, & subdiuise plus de choses que le monde n'en peut contenir dans son enceinte, & que nous n'en pouuons voir durant toute nostre vie. En moins d'vne heure on suppute dans vn cabinet, les frais d'vne armée, l'embarquement d'vn

DE L'IMMORTALITÉ DE L'AME 221
vaiſſeau, les profits d'vne ſocieté, les partages d'vne
ſucceſſion, on rend à chacun ce qui luy appartient
en trois coups de plume, ce qui ne ſe pourroit faire
en fort long temps, & ſans erreur, s'il falloit que
chacun tiraſt piece à piece ſucceſſiuement ſa part,
comme on y ſeroit obligé ſans cette induſtrie.

Les nombres ſont immateriels, parce qu'ils font
abſtraction de tout ſujet; car quand ie dits cent, deux
cens, mille, cela ne s'entend ny de pierres, ny de plantes, ny d'animaux, ny de choſes aucunes ſenſibles, &
ſingulieres, mais c'eſt vn concept releué par deſſus
le lieu, le temps, la matiere, dont les brutes ne ſont pas
capables; Doncques la puiſſance qui les comprend,
qui les poſſede, qui en diſpoſe, qui en fait ſon ieu, &
ſon diuertiſſement eſt immaterielle, & par conſequent incorruptible.

Les nombres ſe multiplient par la redite de l'vnité, qui fait leur ſuite, leurs liaiſons, qui termine, & qui
conſtituë leur eſpece; Ils tirent leur commencement
d'vn petit principe, & puis ils s'eſtendent, & ſe multiplient par vn progrez qui n'a point de bornes; figure de l'ame qui eſtant creée de rien, comme nous
le prouuerons, eſtant immaterielle, & indiuiſible
en ſon eſſence, eſt capable d'vne durée qui ne finira
iamais. Ie penſe auſſi que ces nombres qui de l'vnité s'eſtendent à l'infiny, ſignifient les immenſes faueurs que la bonté diuine nous a faites ſans aucun
merite de noſtre part, & qui demandent auſſi de
nous des recognoiſſances eternelles.

Ee iij

Entre les artifices qui surmontent le lieu & la quantité, on y peut encore reduire le Compas de proportion ou l'eschelle Altimetre, auec quoy l'on mesure les hauteurs, & les profondeurs, d'aussi loing que la veuë se peut porter ; & le Geometre fait en deux stations, marque admirablement sur vn petit carton gradué les distances de diuers lieux, qui autrement ne se pourroient cognoistre, sans le trauail d'vn fort long chemin, & auec vne mesure confuse & incertaine. Ainsi l'ame comme affranchie, du lieu, du temps & de la matiere en mechaniques, se meut encore d'vne maniere qui marque son immortalité par la Dialectique.

Par cét art l'esprit assemble & diuise comme a fait Dieu en la constitution du monde; il porte vn iugement infaillible des choses qui ne sont point veuës; il s'esleue des effects à la cause, ou de la cause il descend aux effets, pour faire paroistre sensiblement que nostre ame porte l'image de Dieu, qui est le premier Principe & la derniere fin des creatures; qu'elle en tient immediatement son origine, & qu'elle y doit trouuer sa felicité. De l'accord qu'elle fait d'vn terme auec vn autre, elle infere vne verité stable & eternelle, pour monstrer qu'elle est le nœud des deux mondes, & qu'en cette qualité elle doit estre affranchie de la corruption.

Mais lors que l'eloquence y suruient, que cét art diuin qui semble contenir tous les autres, joint ses douceurs à la force du raisonnement, vne seule bouche est capable de calmer les esmotions d'vn peuple, de donner courage à toute vne armée, de ietter la crainte, l'amour, la haine, le desespoir dans les cœurs. Ainsi l'on void que nostre ame conçoit en elle-mesme, tout ce que Dieu a produit au monde; elle l'exprime par les paroles, elle le couche dessus le papier par l'escriture, elle l'imprime dessus la matiere par les arts. Et qui doute que cette forme ne soit diuine, & d'vne condition plus noble que toutes les autres, qui sont jointes aux corps, puis qu'elle est dans vne si expresse imitation de Dieu, à perfectionner, & à vaincre la Nature. Si les actions sont vn tesmoignage public de l'excellence de l'estre; Il faut conclurre, qu'estant ainsi releuée par dessus le lieu, le temps & la matiere aux operations tant des arts mechaniques, que des liberaux, qu'elle est immaterielle, & incorruptible en son essence.

Quelques habiletez qu'on se soit acquis, l'esprit a tousiours des veuës plus sublimes que ce que la main façonne, ou ce que la parole peut exprimer, & c'est ce qui entretient les plus grands genies dans vn humble sentiment d'eux-mesmes, parce qu'ils ne se peuuent iamais contenter. Cela monstre que nos ames aspirent naturellement à la possession d'vne premiere verité, dont les arts, les sciences, & les plus sublimes ouuertures d'esprit, ne sont que des rayons extremement affoiblis.

De l'amour & la cognoiſſance de la verité.

CHAPITRE XXII.

NOs yeux ayment la lumiere d'vn double amour de complaiſance & d'intereſt, d'autant qu'elle a de la ſympathie auec la pureté de leur ſubſtance, & que les retirant de la nuict, elle leur donne la vie auec les eſpeces, qui ſatisfont leurs puiſſances, & qui exercent leur actiuité. L'homme ne compte entre ſes richeſſes, l'or, l'argent, le criſtal, les perles, les pierreries, ſinon parce que ces corps enuoyent vn eſclat, & vn brillant de lumiere qui ſe fait aymer; Le Ciel meſme pour ſe mettre dans noſtre eſtime, en flattant noſtre inclination, rend ſes parties qui ont le plus de vertu, les plus lumineuſes. De tout temps les hommes ont preſenté leurs vœux à Dieu, auec la ceremonie du feu & de la lumiere, pour l'honorer en luy offrant ce qu'ils auoient de plus cher, & qui ſembloit auoir plus de rapport à l'excellence de ſa Nature. Certains peuples ſe tournoient vers l'Orient pour prier; les autres vers l'Occident, parce que le Soleil adoucit la pointe de ſes rayons, & ſe laiſſe voir, quand il eſt aux extremitez de noſtre hemiſphere; quelques vns tournoient viſage vers le Midy, d'autant que cét aſtre nous enuoye de là vn plus grand iour. I'infere
vne

vne mesme chose de cette diuersité de coustume, & que les hommes ont tousiours eu la lumiere en si grande estime, qu'ils en ont fait vn principe de Religion.

En cela nos sens suiuant les inclinations de nostre esprit; & si nos yeux tesmoignent tant de complaisance pour la lumiere, ce n'est qu'vn indice des passions que ressent nostre ame pour la cognoissance de la verité. C'est la fin où se rapportent les operations sensitiues: Le Ciel ne concerte ses mouuemens, la terre ne porte vne grande diuersité de pierres, de plantes, de brutes, de couleurs, de figures, de qualitez auec des sympathies qui les assemblent sous certaines especes, que pour nous monstrer que les choses particulieres se reduisent sous des raisons generales, & à des principes tousiours plus vniuersels, iusques à ce que l'on vienne à la premiere verité, qui est l'idee & le prototype de la Nature. Nos yeux sont ouuerts la moitié du temps, pour en receuoir les images, ils portent loing, & en vn instant ils descouurent vne infinité d'objects pour l'instruction de l'esprit; quand la nuict les couure de ses voiles, c'est pour laisser à nostre meditation le loisir de digerer ce qu'elle a receu, & par ce relasche, eschauffer dauantage nostre appetit à vne nouuelle recherche; mais dautant que beaucoup de choses eschappent à nostre veuë, la Nature donne les oreilles tousiours prestes à en receuoir les enseignemens, & l'vsage de la parole, pour les nous communiquer.

Tome 2. Ff

Les plus belles ames ont les plus violens desirs de la verité; c'est pour elle qu'il est permis de quitter le commerce de la vie commune, de preferer le repos à tous les emplois, & c'est le seul subjet pour qui les Philosophes nous permettent de quitter nostre liberté. Si on ne decerne pas des prix aux lettres comme aux armes, c'est dit Aristote, parce qu'il n'y a point de recompenses esgales à ce qu'elles meritent, & que ce seroit allumer des flâbeaux en plein midy, de vouloir accroistre le lustre naturel de la Sagesse par vne estime foible, estrangere, & qui releue de l'opinion. Elle se rend recommandable par elle-mesme sans artifice; mais pour desbaucher les hommes de ses legitimes emplois, où la nature les porte auec douceur, & les engager dans l'exercice de cét art, qui sçait respandre le sang, saccager les villes, desoler les Prouinces, ietter la diuision dans les Estats, voler tous les droicts de l'humaine societé, il a fallu tromper leurs inclinations par les amorces de l'honneur, & des recompenses. Encore les armes qui semblent auoir l'auantage sur la science, par la pompe de leur appareil, & l'esclat de leurs magnifiques qualitez, s'y monstrent subjettes, en ce que le conseil d'vn homme qui aura blanchy sur les liures, & dans la robbe, met les armes en campagne qui agissent tousiours pour vn pretexte de iustice ou de Religion; & ainsi pour la verité, qui est le premier mobile de ces entreprises.

Vous verrez des Philosophes qui s'eschauffent

dans vne dispute de Metaphysique, auec des contentions d'esprit, des violences de geste, & de voix aussi grandes que s'il y alloit de la perte de tout le Royaume. Le démentir qui n'est autre chose qu'vn reproche de n'auoir pas dit la verité, est la plus outrageuse, & la moins supportable de toutes les iniures, & dont le cœur conçoit des indignations qui ne s'effacent ordinairement que par le sang de celuy qui l'aura donné. Ainsi entre les dissolutions des mœurs, & les desguisemens de l'opinion, qui fait passer le vice pour la vertu, l'amour de la verité reste tout entier en nos inclinations, parce que c'est vne lumiere naturelle qui ne peut s'esteindre, qui pour se repandre sur des ordures, ne se salit point; c'est vne alliance auec le Ciel, que le dechet des dignitez, ny la seruitude ne peuuent rompre.

D'où peut proceder cét insatiable desir de sçauoir, & cét amour violent que tous les hommes tesmoignent pour la verité? à quelle fin? & quel profit en peuuent-ils receuoir? si les animaux pratiquent quelques industries, s'ils vont tousiours furetants, si les oyseaux volent en diuers endroicts, ce n'est que pour chercher leur nourriture, ou les commoditez d'vn lieu necessaire à leur conseruation. Mais l'homme entreprend de longs voyages seulement pour contenter sa curiosité par la veuë des merueilles de l'Art ou de la Nature. Les anciens Philosophes comme Platon, Zenon, Trismegiste, Apollonius, & plusieurs autres, coururent le monde pour auoir la

Ff ij

conuersation, & apprendre de ceux qu'ils rencontreroient eminens en quelque science.

Certes le corps ne tiroit aucun profit de cela, au contraire, il souffroit beaucoup dans les fatigues d'vn long chemin qu'ils entreprenoient parmy les perils, dans la priuation de leurs familles, de leurs patries, sous les influences, & les qualitez de diuers climats peu conuenables à leurs temperaments. L'estude continuel affoiblit le corps, ou parce qu'elle ne luy donne pas l'exercice necessaire pour dissiper les humeurs peccantes; ou parce que consommant les plus subtiles parties du sang en esprits qui montent au cerueau, elle ne laisse au reste du corps, qu'vne masse seiche, noire & melancholique pour sa nourriture, dont il ne se peut faire qu'vne mauuaise complexion. Les lectures donnant des lumieres à nostre esprit, esteignent celles de nos yeux; elles en desseichent l'humeur, les rendent pauures à force de faire des acquisitions, & les reduisent à ne plus voir que par artifice. Nostre ame n'est donc pas vne forme semblable à celles des brutes, puis qu'elle leur est si contraire en ses inclinations; elle n'est pas de mesme trempe que le corps, puis que les plus genereux de ses appetits n'en recherchent pas les commoditez; elle est d'vne nature superieure puis qu'elle sacrifie la santé aux plaisirs de la cognoissance. Si elle deuoit finir auec le corps elle en mesnageroit les forces, & n'en aduanceroit pas les ruines.

Vn homme d'estude sera mille fois plus content dans sa pauureté, que les Princes dans la splendeur de leur empire; & que les auares en la possession de leurs thresors. Vn Crates quitte tous ses biens, & se tient riche d'auoir la liberté de l'estude. Vn autre ayant tout perdu sur mer, creut auoir fait vn grand gain, & loüoit les Dieux de ce que par ce naufrage il auoit eu suiet de se sauuer heureusement dans le port d'vne saincte Philosophie.

Ce n'est pas quelque fatale contestation, ny l'inimitié de Mercure & de Iupiter, qui rendent pauures des biens de fortune, ceux qui s'adonnent à la cótemplation de la verité. C'est que ces ames genereuses ne veulent pas abaisser leurs soings à des choses qui doiuent perir, qui n'ont prix que de l'opinió, qui sont estrangeres de leur nature, & qui ne seruent qu'aux commoditez du corps. Elles ne mespriseroiét pas ces biens sensibles si elles n'estoiét immaterielles; elles ne destacheroient pas leurs affections de ce qui est perissable, si elles n'estoient incorruptibles. Elles ne témoigneroient pas tant d'amour pour la verité qui est eternelle, elles ne la rechercheroient pas comme leur propre bien, comme vn objet proportionné à leur puissance; si elles n'estoient de mesme nature, immaterielle, & affranchie de corruption.

La verité est quelque chose de spirituel; car elle ne consiste pas en la matiere, dont la puissance vague indeterminée, & dans vn flux perpetuel, n'a rien d'arresté. Elle ne consiste pas aussi en la forme, qui

Ff iij

suruient à la matiere, parce qu'elle n'en satisfait pas les appetits, & que n'y rencôtrant pas toutes les dispositions propres à son establissemét, elle ne peut atteindre la derniere perfection de son espece, auoir vne existence, & vne actiuité telle qui luy est deuë. La poincte d'aiguille la plus affinée du monde ne peut faire vn poinct indiuisible; on ne peut arrondir vne boule auec tant d'égalité, qu'elle soit dans vn mouuement continuel sur vne superficie bien esgale, comme elle deuroit estre par raison, la quantité ne se pouuant reposer sur l'indiuisible ; ainsi on ne sçauroit donner precisément aux autres figures tout ce qu'elles doiuent auoir de iustesse, & de proportion. De sorte que pour faire vne demonstration de Mathematique, il faut la conceuoir abstraite, & separée de la matiere, qui n'est iamais sans quelque defaut. Platon forma l'idée d'vne Republique, Ciceron de son Orateur, les autres d'vn Prince auec des perfections dont les pensées nous sont bien permises, mais dont l'existence ne s'est iamais veuë. La verité est donc immaterielle.

Elle est aussi eternelle, car il est vray que de toute eternité, deux & deux font quatre, que le tout est plus grand que sa patrie, que les lignes droictes tirées du centre à la circonference sont égales, encore qu'on n'en n'eust point fait l'operation sur aucune matiere, d'où il faut conclurre que l'ame raisonnable qui ayme la verité, qui en fait ses delices, & son entretien, est incorporelle, & incorruptible;

DE L'IMMORTALITÉ DE L'AME 231
d'autant que la recherche n'est que des choses semblables, & qui ont vne mutuelle correspondance.

La verité est le propre aliment de nostre ame, elle la fortifie plus que la nourriture ordinaire ne fait le corps; elle rend l'homme plus puissant que la Nature, & le met dans vne saincte imitation de Dieu. Diogene qui n'en auoit que la premiere teinture par la Philosophie Morale, se moquoit dans son tonneau des Palais, des conquestes, & de la splendeur d'Alexandre, il en receuoit mesme des visites d'honneur, parce que la fortune, & tout ce qui est de mortel, doit rendre hommage à la verité. Or nous sommes nourris des choses de mesme nature; les poissons ont pour element l'eau, où ils ont esté formez; tout ce que la terre produit & conserue a de la sympathie auec elle; l'enfant ayme le laict à cause qu'il est de mesme substance que celle dont il est formé, quoy que la nature le desguise d'vne douceur qui flatte son appetit. Il s'ensuit donc que l'ame procede de la verité, & est de mesme nature, puis qu'elle l'ayme, qu'elle la recherche, qu'elle s'en nourrit.

Il est vray que les lumieres de nostre esprit ne sont pas si nettes, qu'elles ne soient entrecoupees d'ombres qui nous cachent la moitié des choses, qui meslent le doute à nos cognoissances, & qui ne nous donnent iamais vne plaine satisfaction. Les plus doctes se croyent ignorans, parce qu'ils entreuoyét beaucoup d'autres choses qu'ils voudroiét sçauoir, comme on descouure d'autant plus de pays, qu'on monte sur vne plus haute montagne. Mais cela mesme monstre la capacité de nostre ame qui se cognoist capable de plus que ce que la Nature luy offre, & que les sciences ne luy peuuent expliquer. Elle n'entend icy les choses qu'auec vne diuersité de concepts, qui partagent, & qui rompent le rayon de la verité qui est vne. Elle y aspire d'autant plus qu'elle s'en approche par vne science vniuerselle; le mouuement de son appetit redouble, & elle se trouue quelquefois confuse dans vne diuersité dont elle ne sçait pas bien faire l'accord, comme plusieurs lignes ne nous paroissent ny bien vnies, ny bien distinguees, quand elles sont voisines du centre. Neantmoins cela cause des admirations qui entretiennent nos estudes auec plaisir, & nous monstrent mesme dans le progrés, quelque chose de l'infiny, auquel nous aspirons. Ce mouuement de nos esprits tient du repos & de l'vnité, d'autant plus qu'il est viste & vniuersel. C'est pourquoy il est sans fatigue, & sa continué, qui donne toussiours de nouuelles jouyssances, ne peut-estre que tres-agreable. C'est delà que les arts, & les sciences ont pris vn accroissement si merueilleux; on ne peint plus les ombres cóme anciennemét, on ne conduit plus les vaisseaux à la veuë du Ciel, & d'vne estoille, qui estát cachée d'vn nuage, laissoit le Pilote en cófusion; on a trouué l'industrie de reüssir en mesmes desseins par des methodes directemét opposees de

guerir

guerir en fortifiant la Nature par les sympathies, ou en combattant le mal par ses contraires; de gouuerner ou gaignât les affections d'vn peuple auec douceur, ou exigeant ses seruices auec la crainte, pour preuue de ce que l'on dit, que tout est en chacune chose, & cela d'autant qu'il y a vne souueraine verité sans contraires où nostre ame aspire, & où ses mouuemens doiuent rencontrer leur repos.

Il se trouue plusieurs personnes ignorantes, mais non pas sans curiosité : car il n'y a point d'homme qui ne vouluft cognoistre la verité de toutes choses, & ceux, comme nous auons dit, qui ont la raison plus nette, ont ces desirs plus violents. Or ils ne sont pas satis-faits en cette vie, il y en a donc vne autre où ce contentement nous est reserué; Ou bien l'homme seroit la plus miserable des creatures, si toutes ayant les instincts qui leur sont propres, luy seul demeuroit eternellement priué des cognoissances dont il est capable, & n'auoit que le desir au lieu de la possession.

Des cognoissances abstraites & qui sont par dessus les sens.

CHAPITRE XXII.

LE progrez de la Nature, & l'ordre de la police nous font ordinairement voir les plus grandes choses humiliées dans de foibles commencemens, & s'establir à la faueur des mesmes puissances sur qui puis apres elles doiuent exercer vne plaine domination.

Les formes substantielles entrent en la matiere, par l'entremise des accidents dont elles se despoüillent, selon les degrez de l'aage, & subsistent sans ces foibles appuis de leur enfance ; les sages prennent les premieres occasions de la fortune pour luy commander ; on s'est quelquesfois seruy d'esclaues & de criminels dans les armees pour deliurer vn Estat de la Tyrannie, & le remettre en sa liberté ; plusieurs Princes se sont accommodez à l'humeur d'vn peuple, pour en obtenir l'empire, & puis par leurs loix ils ont reprimé les mesmes insolences dont ils s'estoient fort vtilement seruis à gagner le sceptre, contre les prétentions de leurs concourans.

Voila le procedé de nos ames quand elles sont infusés dedans nos corps. Car ayant de grandes dispositions à la science, & n'en possedant pas encore les especes ; elles se iettent du party des sens, & employent leurs forces, leurs recherches, leurs diligences pour se mettre en possession de la verité. Les yeux fondent du Ciel en terre, se respandent dans tous les espaces, & parcourent tous les objets où ils pensent descouurir quelques raretez. Les oreilles sont tousiours ouuertes à tous les bruits, & à toutes les voix, pour en tirer quelque instruction ; les mains se portent sur toutes les matieres qui le permettent, & les tastent, afin d'en recognoistre les qualitez.

Mais les sens s'abusent au discernement de leurs objets, ou par la foiblesse de leur puissance, ou par l'indisposition des corps moyens, qui cachent, & qui desguisent l'espece; de sorte qu'estans suiets à ces tromperies, on ne peut fonder vne creance certaine dessus leur rapport.

Quand ils seroient tres-fidelles en leurs enquestes, ils ne peuuent representer que les choses singulieres, distinguées entr'elles par vne infinité de circonstances, & d'accidents, sans ordre, sans reigle, & dont l'imaginatiue demeure plustost confuse, que d'en pouuoir tirer vne reigle certaine de verité. Enfin les sens ne touchent que la surface des choses, reuestuës ordinairement de couleurs & de figures qui nous les desguisent, ils apperçoiuent bien au monde quelques effects, qui apportent de l'alteration, mais ils ne sçauroient voir les substances qui en sont les causes. Ainsi l'imaginatiue ne peut porter qu'vn mauuais iugement, sur le rapport de tesmoins qui ne rendent pas raison de leur dire, ny se former que des images trompeuses, sur des especes qui sont desguisées.

C'est pourquoy l'ame raisonnable voyant le defaut des sens, & de l'imagination, vse de ses droicts, & pour employer leurs forces, sans tomber dans leurs abus, elle forme des pensées vniuerselles, esleuées par dessus la matiere, & l'indiuidu. Comme dans vn conseil d'esprits, les vns violens, qui s'emportent à toutes les extremitez, & qui mesurent l'euenement des choses à leur desir; les autres timides, qui de toutes les choses possibles ne preuoyent que les infortunes ; Autres irresolus qui flottent entre vne diuersité d'expediens mal digerez ; vn Prince qui est sage tire des lumieres de ces brouillards, & fait vn temperament de ces contraires, par l'idée generale qu'il a d'vne parfaicte Police.

Quelqu'vn aura practiqué des hommes de toutes sortes d'humeurs; Il aura veu la stupidité des vns, les saillies ou les moderations des autres, dans vne difference extréme qui embarasse l'esprit, & qui ne luy permet pas de porter vn vray iugement; C'est pourquoy sans s'arrester à ces cognoissances particulieres, ny à l'inclination de Pierre, de Iean, de François, il considere par vne pensée abstraite, que l'homme est vn animal raisonnable, jaloux de sa liberté, impatient dans les violences qui sont extrémes; qu'il ayme l'honneur; qu'vn peuple s'engage au peril moins par courage, que pour euiter le reproche de lascheté; que les changemens luy sont agreables; qu'il est admirateur des magnificences quoy qu'elles soient basties de son sang ; qu'il s'appaise dans son oppression par vn petit relasche d'excez, ou par l'ombre d'vne vengeance ; que la monstre d'vne grande diuersité de choses calme ses esmeutes, arreste ses yeux, le tient en suspens dans l'admiration du present, & l'attente de l'aduenir. L'application de ces maximes generales faictes bien à propos pour vn bien public, n'appartient qu'à ces grāds esprits, que les anciens disoient estre conseillez par des Intelligences separées de la matiere, parce qu'vne ame qui en est extraite, comme celle des brutes, n'est pas capable d'vne idée vniuerselle.

Si tous les hommes n'ont pas ces hautes pensées, ils ne laissent pas de faire paroistre l'excellence de leur esprit, en d'autres aussi generales, & aussi abstraites, encore qu'elles soient dans des suiets de moindre importance. Ceux mesme qui n'ont point d'estude, parlent des choses par abstraction, comme de la nature de l'homme, du vice, de la vertu, de la force, de la temperance, de la Iustice, & d'autres semblables qui sont independantes du lieu, du temps, & de la matiere; ils ont l'vsage des nombres qui sont abstraits comme nous auons dit; & s'ils parlent des mestiers, du commerce, du labourage, c'est tousiours auec des termes qui expliquent vne pensée vniuerselle. De là ie conclus que l'ame raisonnable est independante de la matiere, & par consequent incorruptible, d'autant que la cause doit posseder par auantage la bonté de ses effects & l'essence celle de ses operations.

La Philosophie recognoist cette maxime pour veritable, que les choses qui sont receuës dans quelque sujet se traueftissent à sa mode, s'y proportionnent, & en espousent les qualitez auec tout ce qu'elles peuuét de cōplaisance. La lumiere quitte sa blanleur, & ſe rougit quand elle paſſe à trauers vn verre rouge ; toutes les couleurs ſont iaunes dans des yeux malades d'vne effuſiõ de bile ; vous diriez que la terre tréble, & que les maiſons renuerſent quand on remuë l'œil auec le doigt, parce que les eſpeces qui y ſont receuës, ſuiuent le mouuement & compatiſſent au défaut de l'organe. Or toutes les choſes du monde ſuietes à prendre fin, & qui dans le petit eſpace de leur vie ſouffrent des changemens continuels, ſont repreſentées à nos ames ſous des raiſons immobiles, conſtantes, & eternelles. Donc noſtre ame qui les fait ainſi paroiſtre libres des chágemens propres à leur nature, eſt incorruptible.

Comme les corps qui tiennent beaucoup de la terre, ne ſe laiſſent pas penetrer à la lumiere ſenſible, ainſi les formes qui ſont tout à fait plongées dans la matiere, ne ſont pas capables d'intelligence. C'eſt pourquoy la Nature deſtine les parties moins craſſes des animaux, pour organes de la cognoiſſance. Le cerueau qui eſt le ſiege de l'Imaginatiue, eſt briſé par ondes, d'vne matiere molle, & penetrable ; les yeux qui regorgent d'vne quantité d'eſprits, approchans du ſpirituel, ſeruent au ſens le plus actif, le plus penetrant, le plus eſtendu de tous. Il faut dóc que l'homme qui eſt le plus parfaict des creatures inferieures, & qui entre toutes poſſede l'intelligence au plus haut degré, ait vne ame entierement dégagée de la matiere, comme nous en auons deſia fait la preuue. C'eſt pourquoy la perfe-

DE L'IMMORTALITÉ DE L'AME. 239
ction de son intelligence consiste à s'en esloigner autant qu'elle peut par les pensées abstraites, & vniuerselles. Or rien ne se peut ruiner par ce qui le perfectionne; nos corps ne perissent pas, par ce qui restablit leur temperament, & qui facilite les actions de la vie; vn Estat ne souffre point de déchet par les loix qui le rendent heureux en paix, & puissant en guerre : ainsi puis que l'ame raisonnable reçoit sa perfection lors qu'elle s'escarte de la matiere, il s'ensuit qu'elle ne perira pas en se separant du corps; & le procedé de ses operations est vne preuue des proprietez de son essence.

Cela se iustifie encore de ce que les choses qui subsistent par vne composition de parties, s'entretiennent par vne certaine mediocrité, hors laquelle l'excés leur est aussi dangereux, que le defaut; la chaleur elementaire fait l'embrasement de la fievre dans nos corps, si elle passe le degré propre à nostre temperament; mais si vous l'esteignez tout à fait, celle que les Medecins appellent celeste, manque aussi tost auec la vie: La paix est souhaitable à la Republique, mais si elle est continuelle, & si vous n'exercez les courages au moins dans les guerres estrangeres, ils tombent insensiblement dans des langueurs qui leur ostent la resolution de prendre les armes; lors mesmes qu'ils y sont obligez par la necessité d'vne equitable deffence. Les simples perdent leurs forces, auec l'austerité de leurs feüilles, & de leurs sucs, s'ils sont cultiuez auec vn soin qui corrige tout ce qui leur reste de leur extraction sauuage; le droict Ciuil ne se peut écarter entierement du naturel, ny faire des loix qui en renuersent tous les principes, parce qu'il en releue, & qu'ils sont les fondemens de ses constitutions. Mais nostre ame a ses lumieres plus pures, & plus asseurées, quand elles sont abstraites de la matiere; en cela elle ne garde point de mediocrité, l'excés contribuë à son excellence, & plus les choses sont abstraites, mieux elles sont cogneuës; Il s'ensuit donc qu'elle n'est pas du rang des choses qui subsistent par composition, que la matiere ne luy tient point lieu de principe, ny de partie, ny de secours dont elle depende, qu'ainsi elle doit suruiure à la mort qui l'en separe.

Par ces cognoissances abstraites, elle reduit la multitude non seulement dans vne vnion, mais encore dans vne vnité simple, tres-pure, & détachée de tous les sujets sensibles, comme quand ie considere la temperance en elle-mesme, la force, la magnanimité, sans m'arrester aux personnes en qui ces habitudes peuuent estre en diuers degrez, & receuoir du dechet. Ou bien elle diuise ce qui est vny, & considere separement les parties qui composent vn tout, pour se donner vne cognoissance plus netre & plus exacte de leur nature ; comme quand ie contemple dans vn animal, la forme, la matiere, les proprietez, les accidents, & que ie discours sur chacune de ses parties.

Les Empereurs de Rome firent paroistre leur
authorité

authorité, & qu'ils n'estoient pas dans la condition du peuple, lors qu'en vn temps ils interdirent les confrairies, afin d'empescher les monopoles; & qu'en l'autre ils les commanderent, afin de concilier les esprits plus diuisez qu'il ne falloit pour la conseruation de l'Estat. Ainsi il faut que ce soit vne essence libre de composition pour faire & deffaire les composez quand il luy plaist. Cette forme doit estre independante de la matiere, qui considere les formes materielles sans la matiere, & qui dans ses pensées leur donne vne existence plus noble que celle qu'elles ont receu de la Nature; tout de mesme que les priuileges ne peuuent estre octroyez, que par des Souuerains, exempts eux-mesmes de la subiection commune des loix.

L'assemblage qu'elle fait de diuers suiets par les cognoissances abstraites, est sans aucune distinction de parties, & bien plus pressé que celuy d'où naist la confusion entre les choses materielles. Les diuisions aussi qu'elle fait, sont plus entieres, que celles qui rompent les corps, ou qui font escouler la vie par vne solution de continuité. Cependant elle se perfectionne par ces amas, & par ces playes qui ruinent les choses materielles; Elle est donc d'vne nature opposée à la leur, & elle ne doit non plus perir auec le corps, dont elle reçoit de l'empeschement, que la lumiere auec les ombres qui l'obscurcissent.

Par le moyen de ces cognoissances abstraites

elle fait couler vne infinité de conclusions particulieres d'vn seul principe, & elle est à l'esgard des choses suiettes à la diuision ; ce que l'vnité est au nombre, le poinct à la quantité, le repos au mouuement; Elle comprend tout ce qui est dans le monde sous dix categories, qu'elle reduit encore au genre generalissime de l'estre ; Elle preuient le mouuement des Cieux par l'Astronomie, sans voir la quantité; elle en deuine le nombre & les dimensions par la Geometrie & l'Arithmetique; elle peut faire autant de productions intellectuelles que Dieu en fait de reelles. Ainsi passant le monde en ce que son estre est plus noble, & ses cognoissances plus estendues; il s'ensuit qu'elle le passe en la continuation de sa durée.

Il ne faut point dire que ces pensées vniuerselles, despendent du rapport que les sens nous font des subiets particulieres ; Dautant que ces subiets peuuent bien faire nombre; mais non pas vniuersel; ie puis voir plusieurs personnes qui ayment la liberté, mais si ie ne fais que suiure les sens, ie n'auray l'espece que de ceux-la que i'auray veus dans cette humeur, & ie ne porteray iamais vn iugement vniuersel, que tous les hommes ont cette inclination. Tous les exemples qui s'offrent, sont choses separées, que les sens ne peuuent vnir; Ils sont dans vn nombre determiné qui arreste l'imaginatiue, & qui ne luy permet pas de passer plus outre. Mais quand par vne pensée vniuerselle ie dits que l'homme ayme sa liberté, ie ramasse la multitude en vn ; Ie passe toute la multitude possible ; parce que tout ce qui peut estre, doit estre dans certain nombre determiné ; où cette pensée donne iusques dans l'infiny, estant sans aucune determination ; Donc si l'existence de l'ame se doit mesurer à ses actions, comme il est constant, il s'ensuit que iamais elle ne doit prendre fin.

D'où il faut conclure, que ces pensées vniuerselles ne sont pas les productions d'vne puissance organique; Pour deux raisons. La premiere, parce que ces puissances, qui consistent en vne certaine conformation de parties, sont determinées à certains obiets ; d'où vient que la main ne peut voir comme l'œil, ny l'oreille gouster comme fait la langue, & iamais leur action ne s'estend que sur vn objet particulier. Or ces pensées vniuerselles, sont comme nous auons veu, indeterminées, infinies, abstraites de la matiere, & de l'indiuis. La seconde raison, parce que les puissances organiques n'agissent que sur les choses dont les sens nous enuoyent l'espece. L'imaginatiue se peut bien figurer quelque monstre qui ne se trouue point en la Nature ; mais ce sera tousiours par la composition des parties que les yeux aurôt veu en diuers suiets, comme vne chimere qui aura la teste de lyon, le corps de chevre, la queuë de serpent. Quant à nostre esprit il conçoit l'idée des choses entierement abstraites de la matiere, & dont les sens ne nous peuuent donner aucunes especes; comme quand la Physique traicte des substances, la Theologie de Dieu, & des Anges qu'elle contemple comme des substances purement intellectuelles, & auec des perfections qui passent infiniment celles de la Nature; & y a-il rien de plus abstrait, & de plus esloigné des sens, que de parler de l'abstraction mesme cóme nous faisons à cette heure? Ces actes d'entendement, & ces pensées vniuerselles ne se font dóc pas dans vn organe corporel; Ce qui suffit pour conclurre, que l'ame est immaterielle & incorruptible, & qu'elle peut estre sans le corps, puis qu'elle peut agir sans luy.

Quand on supposeroit que celuy qui veut former vn acte d'entendement, doit recourir aux especes de l'imaginatiue, & aux fantosmes; il demeure tousiours constant, que ces actes dont nous venons de parler, les passent; Ils sont donc produits par vne puissance superieure, & qui n'est pas de mesme nature. Si l'on est au fonds de l'eau, on ne se peut esleuer, qu'en frappant la terre du pied, & par le mouuement qu'on fait dans l'eau mesme; ainsi nostre ame plongée dans le corps, se sert des phantosmes pour s'en descharger, & pour s'esleuer au dessus de la matiere. Cela vient de ce que n'ayant pas encore la veuë des substances intellectuelles, nous ne les pouuons conceuoir que par la comparaison des choses sensibles, en disant qu'elles ne sont pas ce que nous voyons; par exemple pour former vne pensée de Dieu, ie considere l'homme qui est la plus accomplie des creatures inferieures. Et parce que i'y trouue de grands defauts, Ie conclus que Dieu, qui doit eſtre ſouuerainement parfait, n'eſt point vn eſtre compoſé de parties, que ſes cognoiſ-ſances ne ſont point ſujetes aux longueurs & aux fallaces de noſtre raiſonnement, ny ſa volonté aux irreſolutions, & à l'inconſtance, mais que ſon eſſence eſt tres-ſimple; qu'il eſt la premiere bonté, la premiere verité; qu'il poſſede plainement toutes les perfections, dont nous remarquons icy les défauts.

Cette neceſſité que nous auons des choſes ſenſibles, pour nous eſleuer aux intellectuelles, eſt cauſe que l'entendement ne produit pas ces actes d'intelligence, quand l'imaginatiue eſt troublée, parce qu'il n'a pas ſurquoy fonder ſa comparaiſon. Mais il ne s'enſuit pas de là, que l'ame ne ſoit immaterielle; qu'elle ne ſuruiue au corps, & qu'elle ne puiſſe agir ſans luy, eſtant ſeparée, comme ce n'eſt pas vne conſequence que iamais l'homme ne puiſſe auoir la diſpoſition de ſon bien, & de ſes actions, à cauſe qu'il eſt en tutelle durant ſa minorité: Vne voûte peut ſubſiſter ſans ſes ceintres & ſes eſchaffaudages, encore qu'elle ne puiſſe eſtre baſtie ſans leur ſupport; l'enfant prend ſa nourriture d'vne autre façon eſtant au monde que dans le ventre de ſa mere, & comme c'eſt vn témoignage, que nous pouuons viure, & nous mouuoir hors de l'eau, de ce que nous nous en tirons meſme par ſon moyen;

Hh iij

C'est vne preuue infaillible que l'ame doit suruiure au corps, & agit vn iour sans les especes des choses sensibles, de ce que s'en seruant, elle les surpasse, & s'en descharge.

On dit qu'elle fait plus d'operations conformes aux sens, que d'autres qui soient abstraites & vniuerselles, & que la denomination d'vn suiet se prend de ce qui s'y trouue en plus grand nombre. Ie responds, qu'au contraire nous deuons estimer les choses par les differéces & les proprietez qui sont tousiours moindres en nombre, plus rares en leurs exercices, quoy que plus excellentes en vertu, que celles qui leur sont communes auec les degrez inferieurs. Dieu peut faire des miracles, neantmoins il ne s'y porte que fort rarement, & d'ordinaire le concours de sa puissance ne fait qu'entretenir le progrez accoustumé de la Nature. Vn Monarque peut donner des graces, & faire passer ses volontez absoluës pour toute raison : Neantmoins il laisse ordinairement agir les loix, il veut que le peuple cognoisse la Iustice de ses ordonnances, & n'accorde que bien peu de priuileges. Le Ciel qui a la lumiere par auantage sur les autres corps, ne la monstre qu'en peu de parties ; La terre ne produit l'or qu'en bien peu d'endroits : Si en nos corps nous voyons que les actions vegetantes sont continuelles, & non pas les sensitiues ; que hors l'attouchement tous les autres sens sont attachez à de petites parties, dont l'exercice est souuent interrompu ;

DE L'IMMORTALITÉ DE L'AME. 247
Quelle merueille si nostre ame qui agit plus selon le vegetable que le sensitif, fait aussi plus d'actions sentisitiues que raisonnables. Mais comme le Roy ne laisse pas d'estre d'vne autre condition que les Gentils-hommes, encore qu'il ne se serue pas tousjours de sa souueraineté; comme le Ciel est different de la terre, quoy qu'il ne déploye pas ses lumieres par tout, & tousiours. Il faut conclure que l'ame raisonnable est immaterielle & incorruptible, encore qu'elle fasse peu d'operations qui nous le tesmoignent, parce que sans ceste qualité elle ne seroit pas capable de les produire.

De la reflexion de cognoissance que l'ame raisonnable fait sur elle-mesme.

CHAPITRE XXIV.

ON a deu peindre la Nature, aussi bien que la fortune, dessus vne boule, puis que ses effects ne sont que des reuolutions qui font renaistre les choses passées, & qui nous monstrent en fort peu de temps, ce qui s'est veu durant plusieurs siecles. Les Cieux roulent sans cesse autour de leur centre; les planettes reprennent les gistes qu'ils auoient quitté dans les signes du Zodiaque, pour nous ramener les mesmes saisons; les elemens continuent leurs échanges; les fleuues retournent à la mer, doù ils s'eſtoient écoulez, & luy rendent par vn hommage public, les eaux qu'ils en auoient receuës en cachette. Enfin le monde paroiſt ſi paſſionné de ſes ouurages, qu'apres les auoir eſtendus iuſques à vn certain nombre, l'amour le rappelle de la fin au commencement pour les reuoir, & toutes ſes lumieres tournées au dedans, monſtrent que s'il luy eſtoit permis, il feroit vne reflexion continuelle de cognoiſſance; mais n'en eſtant pas capable, il imite autant qu'il peut la nature intellectuelle, à qui ce procedé de reflexion appartient en propre.

Quand aux corps, le mouuement circulaire leur eſt violent, parce qu'il ne les porte pas à vn centre determiné, où leurs recherches trouuent le repos, & qu'ils recommencent leurs agitations au meſme terme où elles deuroient finir. C'eſt pourquoy les Philoſophes aduoüent que les Intelligences contournent les Cieux, & leur impriment la force de reuenir ſur eux-meſmes par des reuolutions qui peuuent eſtre infinies dans vne quantité qui eſt limitée, & recommencer touſiours vn cercle qui n'a point de fin. Le mouuement de reflexion eſt donc propre à la nature intellectuelle, puis qu'elle en eſt la premiere cauſe, & qu'elle doit poſſeder par aduantage la qualité dont elle gratifie le corps. Comme elle le paſſe en excellence, auſſi il eſt plus conuenable qu'elle ſe tienne lieu de principe & de fin par la reflexion, & qu'en cela elle ſe rende plus ſemblable à Dieu, que les Sages nous ont decrit

comme

DE L'IMMORTALITÉ DE L'AME. 249
comme vn cercle eternel; & sa felicité, selon que
nous la pouuons conceuoir, consiste en la cognoissance, & en l'amour reciproque qu'il a de ses immenses perfections.

L'ame raisonnable fait icy paroistre qu'elle est vne forme immaterielle, & qu'elle imite les grandeurs de Dieu, aussi bien en son essence, qu'en ses operations. Car si elle cognoist vn suiet, elle rentre dans elle mesme, & cognoist quel est le degré de sa cognoissance; si elle ayme, elle a de la complaisance dans ses ardeurs, & ayme son propre amour. Par ces actes ainsi redoublez, elle se donne à elle mesme le mouuement & la perfection; dautant que si elle remarque quelque defaut en ses premieres actions, elle le reforme; & si elle y void du merite, le cotentement qui luy en reuient, luy donne courage de se conformer tousiours d'autant plus à l'idée Diuine. D'vne cognoissance elle vient à l'autre, & apres l'auoir descouuerte, elle descend à de nouuelles experiences, qui luy donnent subiet de chercher de nouueaux principes, d'où encore elle tire d'autres veritez, & d'autres lumieres plus vniuerselles. Ces retours continuels de l'effect à la cause, & de la cause à ses effects, ont produit l'accroissement des sciences, & d'vne grossiere industrie, dont l'occasion d'vn rencontre donnoit l'ouuerture, & les arts sont montez au poinct de merueille, où nous les voyons. Ainsi les rentrées que l'homme fait en luy-mesme, examinát sa vie selon les regles de la raison,

Tome 2.   Ii

luy donnent succesliuement les habitudes de plusieurs vertus, iusques à ce qu'il s'esleue au degré heroïque, où les reflexions luy sont plus ordinaires, & les mouuemens d'affection plus vistes, à mesure qu'ils s'approchent plus prés du souuerain bien.

On ne peut nier que ces actes de reflexion ne partent d'vne puissance immaterielle, & par consequent incorruptible, parce que ny les sens, ny l'imaginatiue n'y contribuent rien ; mais seulement les especes intellectuelles, trop sublimes, comme i'ay dit, pour estre receuës dans vn organe, se multiplient d'elles-mesmes, & seruent d'objets à l'entendement. C'est pourquoy les brutes ne sont pas capables de ces reflexions, parce que leurs formes originaires de la matiere, ont toutes leurs cognoissances dependantes des organes ; aussi chacune ne sçait qu'vn mestier pour qui la Nature l'a disposée, & ne s'instruisent point en d'autres, par ces ouuertures qui naissent de la reflexion.

Quand par l'aspect des beautez du monde, par la consideration de l'ordre & de la police de ses parties, ie monte à la cognoissance d'vn premier moteur ; Il est vray que les sens ont fourny de matiere à ma speculation ; mais mon esprit passe infiniment les choses sensibles & mortelles, quand il conçoit vn estre infiny, eternel, tout puissant, toute vertu, & qui estant vne tres-simple vnité, contient en soy toutes les perfections imaginables. Et puis quand i'examine ceste conclusion que i'ay tirée, & que ie considere s'il est possible qu'il y ait vn estre infiny, tout puissant & eternel, vous voyez qu'en cét acte mon esprit ne tient plus à la matiere, puis que le fondement, le progrés, & le terme de ma speculation est d'vn estre tout à fait esleué au dessus du monde, tout spirituel, & qui par consequent ne peut estre conceu que par vne puissance spirituelle & immortelle.

L'on en peut encore tirer les preuues, si l'on considere de prés la nature des reflexions. Car, comme la figure ronde est la plus ample, & neantmoins la plus simple de toutes: ainsi le mouuement circulaire contient tous les autres en sa regularité: Il monte, il descend, il biaise; & parce que ses termes ne sont point contraires, il se peut entretenir tousiours sans estre interrompu par aucun repos, & repasser sur ses pas, en continuant sa course. Tous les Philosophes demeurent d'accord de ce dont i'ay desia fait la preuue, que le corps ne peut pas auoir de luy-mesme ce mouuement circulaire, & que les Cieux le reçoiuent des intelligences. Or l'ame raisonnable se le donne à elle-mesme; Elle n'est donc pas corporelle; d'où il faut conclure qu'elle est incorruptible. Ce mouuement a cela de propre qu'il se peut tousiours continuer sans relasche; que si les actions sont les images & les truchemens des substances; si les Cieux qui ne tiennent ce mouuement que d'vne vertu estrangere, ont des formes, qui selon la commune opinion des Philosophes, ne font point sujetes à se corrompre. Nous auons bien plus de suiet de conclure que l'ame raisonnable, qui se donne à elle-mesme ce mouuement qui n'a point de termes contraires, est vn essence simple, immaterielle, & qui ne doit iamais prendre fin.

Les Cieux enuoyans leurs lumieres, & leurs influences sur les choses inferieures par vn mouuement qui les emporte auec necessité, font paroistre qu'ils agissent sous la domination d'vne puissance superieure ; qu'ils sont les seruiteurs publics de la Nature ; que trauaillans pour autruy, n'estant ny le principe, ny la fin de leur mouuement, ils ne sont pas aussi l'image de Dieu, qui a tout fait pour luy mesme. Mais quand l'ame raisonnable imprime quelques formes dessus la matiere, ou qu'elle descouure quelques veritez par son discours, les lumieres de son esprit, & les complaisances de sa volonté se refleschissent dessus elle mesme, auec vne liberté qui est la marque de son essence immortelle, comme nous le prouuerons plus bas. Par ce mouuement elle ne s'escoule point au dehors, mais elle se met d'elle-mesme en action, & en reçoit tous les profits ; en quoy elle imite de plus prés le premier Principe, qui tient toute sa felicité de luy mesme, mais d'vne façon infiniment plus releuée, puis que c'est sans succession, sans defaut, & sans dépendance. Les bonnes qualitez aussi qu'elle se donne par vn mouuemét qu'elle peut tousiours continuer sans dépendre des

DE L'IMMORTALITÉ DE L'AME. 255
choses sensibles, sont des dispositions d'où l'on peut iuger qu'elle est creée pour la iouyssance d'vn bien infiny, dans vne autre vie.

L'ame raisonnable de l'vnité de son essence simple, & sans composition de parties, comme nous auons dit, passe à l'action diuisible, & imparfaicte comme l'est le deux; puis elle rendre dans soy, & par ce ternaire, où l'vnité fait le commencement, le milieu, & la fin, nombre impair, indiuisible, qui a sa fecondité sans alteration, elle monstre l'excellence de sa nature immaterielle, & incorruptible.

Les puissances des choses inferieures ont des bornes où elles s'arrestent; leurs efforts se lassent dans la continuë, & meurét quand ils sont arriuez à vn certain terme sans clorre le cercle, ny ramener les effets à leur origine. Ainsi dans la police de la Nature, l'amour descend, & ne remonte iamais; les successions en ligne directe ascendante n'y ont point de lieu, comme dans nos Republiques : les causes ne tirent aucune recognoissance de leurs productions, mais elles y espuisent les plus grands thresors de leur vertu; & les natures qui monstrent plus de fecondité, sont celles qui ont le moins de durée. L'ame raisonnable est tout au contraire; Car plus elle agit, plus elle se perfectionne, ses reflections augmentent ses lumieres, & ses vertus. Il n'y a donc point d'apparence que iamais elle prenne fin, puisque ses forces s'accroissent par l'actiuité qui ruine toutes les autres choses.

Ii iij

Elle fait des loix à l'exterieur, qui ont du rapport au procedé de ses cognoissances ; elle conserue ce qui est sous sa conduite par vne reflexion, & par ce retour qui rapporte la fin au commencement. Les Republiques se rendent immortelles, si ceux qui les gouuernent ont le soing d'arrester le cours vague, & precipité des mœurs, & remettre bien souuent les choses au poinct de leur premiere institution. La Iustice ne fait qu'aplanir les inégalitez que la mauuaise foy introduit dedans les affaires, & remet les parties en l'estat qu'elles estoient auparauant, quád elle rend à chacun ce qui est deub. Les amitiez se nourrissent par les bien-faits reciproques ; la terre continuë ses feconditez, parce que nous l'assistons de nostre trauail ; les flâmes qui se reuerberent sont plus penetrantes, & entretiennent long temps leur chaleur auec bien peu de matiere ; Voila comment la reflexion est cause de la durée. Il est vray qu'elle doit finir en ces choses qui subsistent par vne composition de parties, qui releuent de la matiere, ou de l'inconstance de l'opinion ; mais l'ame raisonnable estant affranchie de ces seruitudes, n'ayant ny parties, ny matiere, ny defauts propres, ou estrangers qui la menassent de luy faire prendre fin, nous la deuons iuger immortelle; puis qu'on remarque des operations de soy continuës, dans vne essence qui ne peut perir.

Elle s'enrichit tousiours de quelques bonnes qualitez par ces reflexions, mais tous les obiets sin-

DE L'IMMORTALITÉ DE L'AME. 255
guliers du monde, ne sont qu'vne pratique grossiere & trop basse pour la portée d'vn esprit capable
de l'vniuersel. Ces actes qu'elle peut multiplier à
l'infiny, ne viennent que successiuement, de sorte
que le defaut surpasse tousiours l'acquisition. Il faut
donc necessairement admettre vne autre vie, où vn
objet d'infinie bonté remplisse l'ame d'vne capacité
infinie, & luy donne dans vne extreme viuacité
d'action, le repos, dont ces reflexions de cognoissance ne sont que le mouuement.

Tant qu'elle informe ceste matiere pesante, elle
ne peut recognoistre la beauté des corps, si elle ne
sort comme hors d'elle-mesme, par l'attention
qu'elle donne aux sens qui la luy descriuent ; mais
pour voir la beauté spirituelle, elle n'a qu'à rentrer
dans soy, & pour la bien cognoistre, il faut qu'elle la possede. Or elle la possede par deux sortes
de reflexions : la premiere se fait lors que rappel-
lant ses pensées & ses soins des choses externes, elle entre dans son interieur, toute tranquille, hors
des bruits, des desordres, des inconstances, des
changemens, que souffre le monde. De là le Sage
condamne l'abus des opinions qui trompent le
peuple, les sottises qui gesnent les cœurs, les vanitez qui se font saure de l'ambition ; & comme dans
vn Ciel calme & serein il descouure sans empeschement les lumieres de la verité. Dans ce conclaue interieur, où la cósience est vn Iuge incorruptible, il termine les plus importantes difficultez qui se

rencontrent dans le commerce de la vie, il donne le prix à toutes choses, il void auec quelles subjections l'on doit achepter la faueur des Grands, iusques à quel poinct doit aller la condescendance qu'on donne au peuple, & à ses amis, quel est l'empire de la fortune, combien dure l'éclat, d'vne authorité vsurpée par artifices, & defenduë par violence. De quelque pompe de paroles qu'on nous déguise les affaires qui se traictent au monde, elles sont toutes sujettes aux changemens, elles n'ont point d'autre solidité que celle des glaces, qui apres auoir porté des équipages de guerre durant les rigueurs d'vn hyuer, se fendent quand le Soleil nous oblige d'vne meilleure saison, & se font à elles mesmes des escueils qui les fracassent. Cependant que tout se bouleuerse, que les grandeurs fondent dans le precipice, que la bassesse s'esleue dessus les throsnes, que la guerre vient par vne iuste recognoissance trouuer ses autheurs, la constance & la fermeté ne se rencontrent qu'en l'esprit du Sage. Apres auoir consideré les Idoles à qui l'ambition presente ses vœux, auec des loix qui veulent y assuietir toutes les libertez, il dit en luy mesme; Ces choses sont estrangeres de moy, trop fragiles pour y establir ma felicité; Ie suis raisonnable; toutes les faueurs humaines ne me pourront faire passer le moindre article contre la raison. Ie suis créé pour le Ciel ; La terre auec toutes ses violences, & ses industries ne me reduira iamais à manquer aux seruices

DE L'IMMORTALITÉ DE L'AME. 257
uices, & aux fidelitez que ie dois à Dieu.

Sur cette pensée l'ame raisonnable fait vne seconde reflexion plus sublime, aussi plus puissante pour luy donner vne liberté superieure à celle que promet la Philosophie. Car elle s'esleue au premier Principe, d'où elle reçoit des consolations qui l'animent au mespris des choses caduques, & descouure des veritez plus solides que les sciences ne nous les peuuent donner: S'estant remplie de ces thresors celestes, elle s'en sert dans la conduite de ses actions, elle en presente des sacrifices de vœux, & deuient tousiours plus riche par ses offrandes. Ie croy que quand Crassus fit bastir à Rome vn Temple à l'ame raisonnable, il vouloit signifier qu'elle en estoit vn, où se traitoit le commerce de la terre auec le Ciel, & où Dieu enuoye ses graces à proportion des prieres & des vœux qu'on luy presente. Peut-on douter maintenant de l'immortalité de l'ame, qui fait ses actions independantes de la matiere, qui a ce mouuement continu, qui au(ec) le secours du Ciel se donne à elle mesme la perfection ; qui se repaist de l'eternité, qui se la propose pour fin, qui s'y porte comme au centre de son repos, quelques-fois mesme par des moyens extraordinaires à l'estat de cette vie?

Tome 2. Kk

De la contemplation & de l'extase.

CHAPITRE XXV.

CEluy que l'amour de la verité a mis en poſſeſſion de la vie contemplatiue, me ſemble vn Prince qui apres le malheur des guerres ciuiles rentre dans ſes Eſtats, & reprend le ſceptre auec vne magnificence à qui les infortunes paſſées donnent plus d'eſclat. Il luy a fallu rendre quelques combats contre les ſens pour les aſſuiettir aux deuoirs de la raiſon, vaincre les charmes de la volupté du corps, pour ſe reſoudre aux fatigues d'vne longue eſtude, ſouſtenir la charge des opinions contraires dans les diſputes, ranger les meilleurs liures de ſon party, au moins profiter de leurs reſiſtances, & les rendre touſiours tributaires de ſes deſſeins. Ce trauail eſt comme celuy de la chaſſe, que l'ardeur de la paſſion change en plaiſir; mais l'iſſuë de ces aymables difficultez eſt bien plus heureuſe, dautant que par la ſcience l'homme ſe rend arbitre des opinions du vulgaire; Il prend vn empire deſſus les eſprits, ſes contentemens ne craignent plus les coups de fortune; Il ſe void au port d'vne mer, où c'eſt auoir du bon-heur de ſouffrir la tourmente ſans faire naufrage; & ſa plus ſolide ſatisfaction, vient de ce qu'il ſuit auec douceur les deſſeins de ſa

DE L'IMMORTALITE' DE L'AME. 259
nature raisonnable.

Nous ne sommes pas nés pour entasser des pierres les vnes sur les autres dans les bastimens; pour sacrifier nostre liberté à vne faueur humaine qui peut-estre nous coustera l'honneur & la vie; pour nous ietter dans des intrigues d'affaires dont les pretentions trop hautes & trop esloignées auortent ordinairement, & laissent le monde dans la souffrance des moyens cruels dont on s'est seruy. Si ces pratiques infortunées ont quelques fois gagné l'admiration des peuples, c'est comme les torrens, & les foudres qui font des rauages, comme les productions monstrueuses qui pechent contre les loix de l'espece, & qu'on regarde auec estonnement pour preuue de leur extréme deformité.

Dieu demande de nous des employs plus tranquilles & plus releuez; il ne destine pas les lumieres que nous auons de sa liberalité, à la consultation des crimes, mais à l'intelligence de la police du monde, d'où nous pouuons tirer les maximes de la vertu, & les sentimens de Religion: Il n'y a point de contentemens qui égalent celuy du contemplatif, lors que dans vn calme de pensées il possede les sources de la verité, & void vne infinité de conclusions dans peu de principes vniuersels. Rien ne luy paroist petit dans l'ordre de la Nature. Il descouure dans les moindres choses vn abregé de plus eminentes, il sçait leurs forces, leurs sympathies, leurs vertus cachées, qu'il apprend du principe d'où

Kk ij

elles s'écoulent, il predit ce qu'elles doiuent faire, & ses iugemens preuiennent la necessité de leurs operations. Si l'ame, comme nous auons dit, estoit materielle & corruptible, elle ne formeroit pas des pensées abstraites de la matiere, vniuerselles en leurs consequences, eternelles en leur verité, & ses contentemens ne consisteroient pas en des entretiens, que les Philosophes appellent la mort du corps, parce qu'elles le priuent de ses plus agreables obiets.

Neantmoins ces delices de la contemplation ne sont que de foibles preparatifs à celles qui sont reseruées dans vne autre espece de cognoissance plus haute & plus diuine. Car quand quelquesfois l'ame esleuée au dessus des choses materielles, descouure le rayon de la verité, elle se ramasse toute en elle-mesme, & rallie toutes ses puissances, pour se donner la force de le soustenir : auparauant elle montoit des effects à leurs causes, ou descendoit des causes à leurs effects, elle s'entretenoit par les raisonnemens, comme on se paist de discours & de peintures à l'absence de l'objet qu'on ayme; mais si tost qu'elle descouure le visage de la verité, elle quitte les representations pour le naturel, elle se deffait de tout ce que les sens & l'imaginatiue luy monstrent d'especes, pour se donner toute entiere à cette bien-heureuse iouyssance.

Cependant le corps deuient immobile, les sens demeurent pasmez, soit parce que les douceurs de cét obiet gagnent toutes les attentions de l'ame, ou qu'il ne luy faille pas moins que toutes ses forces pour le comprendre. On dit que Trismegiste, Socrate, Platon, Plotin, & autres anciens Philosophes, se sont veus vne infinité de fois rauis des iours entiers, sans autre mouuement que d'vne legere respiration, qui faisoit cognoistre qu'ils n'estoient pas morts. Mais il ne faut point consulter l'antiquité, ny les liures, pour trouuer les exemples de cette merueille, puis que nostre aage nous en fournit vne infinité. Nos yeux ont veu vn homme de saincte vie, qui estant en oraison mentale dans vne solemnité publique, perdit petit à petit l'vsage des sens, par vn progrés de douceur assez remarquable en ses postures; apres vne longue priere à genoux, qui l'auoit tenu immobile, l'on veid le corps chancelant s'appuyer contre vne muraille qui luy estoit proche, & là demeurant ferme, les mains entrelacées, & tombans autant que le permettoit la longueur des bras, les yeux entrouuerts vn peu mouillez, la bouche agreable, les iouës colorées d'vn vermillon qui rendoit ce visage plus beau que son ordinaire. Estant emporté de là pour le sauuer de l'affluence du peuple qui l'eust accablé, on le mit dans vn lieu de repos, où ie le contemplois d'vn œil fixe, & auec vne saincte horreur, qui me faisoit ressentir quelque chose de diuin & d'extraordinaire. C'estoit peu d'auoir la veuë de ce corps honoré des hommes, de ce qu'il estoit lors negligé de l'ame;

chacun des assistans eut bien voulu penetrer dans ses pensées, au moins tous faisoient coniecture de leur douceur par vn profond & respectueux silence, cependant que les cœurs desdaignans le monde, poussoient des souspirs pour ie ne sçay quoy d'infiny qu'ils ne pouuoient bien conceuoir.

Apres quelques heures son mouuement nous ayant tesmoigné la fin de l'extase, plusieurs eurent la curiosité, en loüant Dieu, de luy demander quelque petite communication des lumieres qu'il en auoit receuës. Mais son humilité, & la grandeur du subiet, qui tenoit encore toutes ses puissances esbloüyes d'estonnement, luy interdirent la parole.

Ie ne sçay si en effect ces choses se peuuent dire, s'il en reste des especes assez distinctes pour les exprimer auec le discours, & s'il est permis de reueler ces secrets du Ciel. Ie croy que si les mesmes idées continuoient dans l'ame, que le rauissement continueroit iusques à la mort, & qu'elle ne pourroit retourner aux basses operations des sens. Quoy que les organes y fussent bien disposez pour receuoir les objets, elle ne s'apperceuroit pas qu'ils agissent, comme quand on s'entretient de quelque serieuse pensée, on ne prend pas garde à ce qui passe deuant les yeux, ny à la signification des voix qui frappent l'oreille.

En cela l'ame s'esleue à Dieu par l'inclination naturelle qu'elle a pour luy, comme pour son cen-

DE L'IMMORTALITÉ DE L'AME. 265
tre; il l'esleue aussi par ses graces, & luy donne, comme premier Principe, plus de force, & plus de perfection par ce surcroist de faueur, que la matiere ne luy apporte d'empeschement par la societé qu'elle a auec elle. Neantmoins c'est par priuilege, parce que l'ame retombe bien tost dans l'vsage de la fantaisie, & de l'vnité dont elle iouyssoit, dans la diuision du raisonement, comme la flamme s'eslance quelquesfois de sorte qu'elle semble tout d'estachée de la matiere, mais elle y retombe bien tost pour en receuoir son aliment. Ces efforts quoy que foibles, & de peu de durée, ne laissent pas de faire paroistre que le feu a son centre au dessus de l'air: ainsi les extases quoy qu'elles ne soient pas continuës, sont des preuues tres-asseurées, que nostre souuerain bien consiste en vne autre vie, dont l'ame attachée au corps, ne peut encore auoir vne plaine, & entiere iouyssance.

Elle se monstre ordinairement passionnée pour les interests du corps; elle compatit à ses peines, elle prend part à ses plaisirs, elle se lamente dans ses douleurs, comme si elle estoit dans vne generale societé de biens, & de sentimens. Neantmoins si tost que les choses diuines luy paroissent dans vn esclat autre que celuy qui se decouure par la raison, elle s'y iette auec vne auidité precipitée, & pour en iouyr elle romp l'ancienne alliance contractée auec la matiere: Elle en a donc vne plus estroite auec les choses diuines; aussi pour la conseruer, l'homme mesprise les biens de fortune; & s'expose volontairement aux supplices. Ce qui fait paroistre qu'il a vne secrete asseurance que son ame doit suruiure au corps, & que la mort luy donnera l'entrée d'vne plus heureuse vie. Si l'exstase qui l'en d'estache à demy, luy fait gouster des delices si rauissantes, qu'elle oublie tout ce qui regarde le monde; il faut conclure qu'vne entiere separation ne luy ostera pas la vie, mais qu'elle satisfera pleinement ses appetits, qui ne doiuent pas estre en vain.

Ce qui est de plus naturel, excede tousiours en quantité ce qui est le moins conuenable, comme i'en ay fait la preuue. Or nous auons veu que la iouyssance des choses diuines est plus conuenable à l'ame, que des biens sensibles, puis que par l'extase elle se separe autant qu'elle peut du corps pour s'vnir à Dieu. Neantmoins ces faueurs sont rares en cette vie; & d'ordinaire l'ame se laisse desbaucher aux passions qui suiuent le party des sens. Il faut donc qu'il luy reste vne eternité où elle iouysse pleinement des graces celestes, où elle se recompense des contraintes, des priuations que le corps luy fait souffrir durant cette vie; afin qu'il y ait plus de ce qui luy est le plus conuenable.

Si le mouuement se doit terminer dans le repos, si les perils & les fatigues de la guerre, ne tendent qu'à la tranquillité d'vne bonne paix; Cette vie qui souffre des agitations continuelles, & que les sages appellent vne milice, se doit rendre dans vne bien-
heureuse

heureuse eternité. Tant qu'elle dure il faut s'acquitter de sa faction, auec le courage que merite la majesté du Prince que nous seruons, & les recompenses qui nous sont promises. Les douceurs de l'exstase en sont les montres; & si elles semblent vn aussi grand miracle entre les hommes, que de voir vn enfant rire, & parler d'vne voix articulée, si tost qu'il est né; vn temps viendra qui mettra fin au temps, & à nostre enfance, par vn aage capable de discerner ce que nous n'auons fait qu'entreuoir durant cette vie. Cependant les sentimens de Dieu qui nous surprennent, qui comblent les bonnes ames de consolation, qui en vn instant nous instruisent des laideurs du vice, & des merites de la vertu, sont des demies extases; des voix de l'eternité que nous entendons, & qui nous la font recognoistre pour nostre patrie.

Des Diuinations & Propheties.

Chapitre XXVI.

CE seroit peu si l'homme ne faisoit que conseruer le souuenir des choses passées par sa memoire, par les liures, les traditions, & les monumens qui en informent la posterité; s'il ne sçauoit que iuger des choses presentes, tirer la conclusion d'vn raisonnement, resoudre les mixtes pour voir ce qui entre en leur composition, sonder les essences, & les vertus occultes de toutes choses. Ses pensées portent bien plus loin, puis qu'outre le passé, & le present, il veut encore sçauoir quel est l'aduenir.

De toutes les cognoissances, c'est celle pour qui il tesmoigne plus de passion, & qu'il cherche auec plus d'empressement. Vne infinité de causes & de circonstances doiuent concourir & se determiner à la production d'vn seul effet, & mille orages le peuuent faire auorter. Ces difficultez qui tiennent l'esprit en suspens, luy donnent de plus violens desirs de sçauoir; il quitte le passé, il coule sur le present, & s'auance d'autant plus sur l'aduenir qu'il semble y auoir moins de droict, parce que sa liberté s'irrite par les obstacles, & n'en veut point trouuer qu'elle ne surmonte; comme vn fleuue qui fuit sa source, & qui roule legerement ses ondes dans son canal, les sousleue, & fait d'estranges efforts quand il trouue de la resistance.

Les hommes cherchent encore ceste cognoissance de l'aduenir, parce qu'elle importe au succés de leurs affaires, & à l'accomplissement de leurs desirs. C'est pourquoy les Anciens n'entreprenoient chose aucune de consequence, au bien de l'Estat, ou de leur famille, qu'ils n'eussent consulté l'Oracle, & pris leur resolution sur les esperances qu'ils tiroient de quelques augures. Les Romains gardoient pour cét effect les liures des Sibylles, où ils se

DE L'IMMORTALITÉ DE L'AME. 267
perſuadoient voir le deſtin de leur Empire. Ils entretenoient quantité de Preſtres, qui faiſoient profeſſion de deuiner par le vol des vautours, le chant des oyſeaux, par l'appetit qu'auoient les poulets à manger ce qu'on leur iettoit, par l'aſpect des meteores, par les entrailles des victimes, par l'obſeruation des accidens qui ſuruiennent durant les aſſemblées & les Sacrifices. Les Egyptiens auoient leurs Brachmanes, les Gaulois leurs Druïdes, & tous les peuples auant la venuë de Ieſus-Chriſt, eſleuoient des Idoles dans les Temples, & dans les maiſons qu'ils conſultoient dans l'occurrence de leurs affaires. Quoy qu'ils fuſſent ordinairement trompez, neantmoins ils aymoient mieux endurer les pertes, & les dangers où ces folles ſuperſtitions les precipitoient, que de quitter la cognoiſſance de l'auenir, comme vne pretention impoſſible à l'homme.

Auſſi on ne s'y porte pas ſeulement par la conſideration du bien qui en peut reüſſir dans les affaires, mais encore par vne curioſité dégagée de tout intereſt, qui bruſle de ſçauoir ce qui ſe fera d'icy à quelques années, & à quelques ſiecles; qui de deux contendans d'amour ou d'ambition aura l'auantage; ſi les faueurs ſeront continuées; ſi les ſtratagemes reüſſiront; ſi ceux qui s'en ſeruent mourront en victorieux, ou en criminels; qui doit ſucceder au Sceptre; de qui les peuples doiuent attédre leur felicité; quand & combien les Eſtats ſeront contraints de changer de faces. Ie penſe que la curioſité de ſça-

Ll ij

uoir ces choses fut vn des premiers motifs de l'idolatrie, & qui porta les hommes à consulter les Demons. Mesmes dans les moindres choses, comme aux jeux, aux courses, aux exercices des Arts, on se picque de deuiner qui emportera le prix, & les gajeures qu'on fait pour cela, tesmoignent la contention des esprits qui exposent le bien, & en quelque façon la vie, pour souftenir la certitude de leurs iugemens.

Ie ne m'estonne pas que l'homme soit picqué de cette émulation, d'autant que l'aduenir est aussi bien l'objet de sa cognoissance, que le passé, & que le present, puis qu'il en peut estre instruit par les diuinations naturelles & diuines, cóme nous dirons. C'est pourquoy il doit se picquer de reüssir aussi bien au iugement qu'il en fait, que des autres choses, dont il a la veuë. Mais de là ie tire vne consequence de l'Immortalité de l'Ame, dautant que l'aduenir pris selon son acception generale signifie vne vaste estenduë du temps, sans bornes, qui reçoit toutes les generations, qui les surpasse par vne durée, qui s'aduance touſiours plus loin que l'empire de la mort; & qui est en effect l'eternité, quand nous la considerons à l'égard de cét infiny qui reste apres le present de nostre existence. Or il faut que la puissance soit proportionnée à son objet. L'ame raisonnable par la pensée de l'aduenir conçoit vne durée qui n'a point de fin : Elle mesme ne prendra donc point de fin, & est immortelle.

DE L'IMMORTALITE' DE L'AME. 269

Aussi bien quand elle cherche la cognoissance de l'aduenir, elle veut ramasser les deux extremitez de la durée au poinct du present, ce qui n'appartient qu'à l'eternité, elle est donc capable de la posseder, cóme nous dirons, autrement ses appetits seroient vains, & la Nature y laisseroit vn vuide, qu'elle ne rempliroit pas, ce qui ne peut estre. La Lune estant conjointe au Soleil retient tousiours quelque filet de la lumiere qu'elle doit auoir toute pleine en son opposition; Les corps monstrent dés leurs naissances vne partie de la grandeur propre à leur espece: Ainsi l'ame raisonnable tient ces desirs, & ces cognoissances de l'aduenir comme des commencemens de l'eternité que Dieu luy reserue.

Elle a deux sortes de diuinations, l'vne naturelle, & l'autre diuine à qui l'on donne le nom de Prophetie. La naturelle est lors que par la consideration de l'essence, des proprietez, des accidens d'vn sujet, on fait iugement de ses effects, & de ce qu'il peut produire de soy, ou par le meslange des autres choses. Ainsi par les signatures des plantes, l'on a préiugé les secours qu'elles pouuoient donner aux parties de nostre corps, & aux infirmitez qui luy suruiennent. Voyant vne terre dont la face est seiche, ridée, & entre-coupée de fentes, l'on a recognu qu'elle estoit riche au dedans, & que la nature ainsi desguisée cachoit ses thresors sous cette auare Physionomie. La Medecine iuge de la complexion des humeurs, par la situation des climats;

Ll iij

elle preuoit les maladies par le temperament des quatre saisons ; les crises, les redoublemens, la santé, par des signes & des symptomes, dont elle s'est fait vn art. On deuine la pluye du iour suiuant quand le Soleil se couche dans vne nuée noire, quád les estoilles semblent couronnées de lumieres. Quand au croissant de la Lune, la corne superieure paroist sombre, elle menasse de pluye au decours, & quelques iours apres le premier quartier si celle d'embas est la plus obscure ; ainsi l'on a dressé vne science des Phaenomenes, où par l'aspect des quatre elemens, des Cieux, des actions, & des postures des animaux, l'on peut faire le prognostique des temps. L'on void tous les iours les predictions de l'Astrologie veritable, en ce qui regarde le cours des saisons, & leurs changemens ; de l'entrée du Soleil en l'Aries on dresse vne figure qui sert d'instruction pour toute l'année, ainsi des nouuelles, & des pleines Lunes.

Voila comment Dieu a voulu rendre les creatures insensibles, comme des voix qui nous donnassent les instructions de l'aduenir, quelques presages des disgraces dont les choses corporelles sont menacées. Mais l'homme qui a peine de garder vne mediocrité dans ses cognoissances, est passé de là dans des excés superstiticux, & s'est fait diuerses especes de diuinations, par l'eau, l'air, le feu, & la terre, se promettant mesme de predire ce qui dépend de l'interieur & de la liberté. Ce n'est pas icy le lieu de refuter ces extrauagans, ie les passe, & reuiens aux diuinations naturelles & innocentes, que ie dits estre vn priuilege de Dieu accordé à l'homme, comme vne prerogatiue de sa nature, & vn tesmoignage de son immortalité.

Les brutes dont la fantaisie est esclaue des operations du corps, & seulemét attentiue à l'exercice des sens, ressentét les influences des Cieux, si tost qu'elles disposent l'air à se changer; & comme elles sont conduites par la mesme cause qui agite les elemens, ce n'est pas merueille si elles en suiuent les impressions. Ainsi les oyseaux de mer sentants l'eau qui fromit sous eux, & l'air, qui s'enuelopant en tourbillon, arrache leurs plumes, s'enuolent, & en fuyant cette douleur ils nous donnent vn presage de la tourmente. Les oyes sentants l'air humide prest à se resoudre en eau, sont inuitées à se plonger, & nous signifient la pluye; ainsi quád les oyseaux s'esbroüent; quand ils volent en troupe, & font d'autres actions, dont nous tirons cóiecture de quelque changemét d'air, cela vient, non pas de ce qu'ils ayét cognoissance de l'aduenir, mais de ce que leurs sens sót desia affectez d'alterations, & de qualitez extraordinaires qui les obligét à faire ce que nous prenós pour vn presage.

Il est vray, comme i'ay desia dit ailleurs, que l'homme n'est pas si tost touché de ces changemens d'air, parce qu'il n'a pas les sens si subtils que les animaux, & puis la fantaisie ne s'y rend pas attentiue, estant trop occupée aux ouurages de la raison. Mais le iugement qui est vne faculté plus noble supplée ce defaut, & se sert des elements, des plantes, des animaux, & de toutes les parties du monde, pour faire ses coniectures de l'aduenir; de l'vn il tire la consequence de l'autre, & part l'Astrologie il predit des effets mil ans deuant qu'ils arriuent. Cela se fait par le discours de la raison, qui est l'effect d'vne puissance incorruptible, comme nous l'auons prouué. D'où il s'ensuit que cette ame qui tient toute la nature comme sujette par ses industries, qui s'en rend le iuge par les diuinations, qui porte ses cognoissances si auant dãs l'aduenir, n'est pas de la condition des corps, suiette comme eux aux loix du temps, & de la mort.

La prudence dont l'homme se sert en la conduite des Estats, & des familles, est vne espece de diuination par l'homme mesme, où il surpasse son estre, en ce qu'il se iuge, & qu'il tire ses consequences aussi bien des causes libres que des necessaires. La science du monde instruit comment on se doit comporter dans les affaires, sans magie, & sans consulter autre oracle que la raison; elle fait voir ce que l'on en peut esperer. Vn bon Ministre d'Estat qui cognoist bien les peuples auec, ou contre lesquels il agit, void vne grande partie des euenemens dans ses desseins, & la prudence est l'espion dont il reçoit les meilleurs aduis. Neantmoins parce qu'il se rencontre des coups d'hazard, aussi bien dans les conseils, que dans le monde, les Sages ont conclu, qu'il falloit tousiours laisser quelque chose à la fortune.

Il n'y

LA THEOLOGIE NATVRELLE, 273

Il n'y a qu'vne seule espece de diuination qui soit infaillible, à sçauoir celle dont les lumieres sont données à nostre ame, ou de Dieu immediatement, ou par le ministere des Anges. Nous monstrerons au liure de la Religion, que les Prophetes ont predit ce qui s'est veu en Iudée, depuis la mort de Iesus-Christ, plus de mille ans deuant que les choses fussent arriuées. Les Sibilles rendirent aussi des oracles sur ce suiet, par vne prouidence particuliere de Dieu, qui vouloit tirer les preuues de la Religion Chrestienne, des bouches mesmes Idolatres, & confondre ainsi l'impieté de ceux qui nous la disputent. Il n'y auroit point de fards, s'il n'y auoit point de veritables beautez, & les demons n'eussent pas controuué de fausses diuinations, s'il ny eust eu des vrayes Propheties ; ils n'eussent pas fait rendre des honneurs diuins aux Idoles, qui prononçoient l'ambiguité des Oracles, si les hommes n'eussent eu ce sentiment naturel, que la vraye cognoissance de l'aduenir, est vne lumiere qui nous doit estre enuoyée de Dieu.

C'est vne extrauagance aux Naturalistes, de dire qu'il y a certaines drogues capables de rendre l'homme Prophete, & luy donner vne nette cognoissance de l'aduenir. Pline rapporte que le cœur encore tout palpitant d'vne taupe estant aualé, produit cét effect, comme si cét animal stupide, qui n'a pas seulement des yeux pour voir le iour, nous pouuoit donner des lumieres intellectuelles, que les pierres amandines & selenites, estans portées, les yeux d'vne hyenne, ou ceux d'vne tortuë de mer mis sous la langue font deuiner les choses futures, comme si tous ces remedes priuez de vie, pouuoient donner ce qu'ils n'ont pas, à sçauoir vne cognoissance qui passe le sensitif & le raisonnable.

Quand nous demeurerions d'accord qu'ils peuuent alterer le temperament, par quelque vertu autre que celle des premieres qualitez, il en faut tousiours reuenir-là, que le temperament en quelque degré qu'il soit, ne peut estre cause de la Prophetie. Tout ce que l'on en peut esperer, c'est qu'il rend les organes de meilleure trempe, pour les operations de la fantaisie, & pour mieux former les especes. Or les choses futures n'ont point d'especes qui puissent estre enuoyées aux sens, puis qu'elles n'ont pas mesme leur existence, & qu'elles ne sont pas produites hors de leurs causes: nostre ame ne les a pas aussi imprimées dés sa creation, comme nous l'auons prouué, & si elles les auoit, tous les hommes capables de raisonnement le seroient de la Prophetie, & discourroient des choses futures, auec la mesme facilité que des presentes,

Aussi ceux qui attribuent la Prophetie au temperament, se ruinent eux-mesmes, par la contrarieté de leurs opinions: car les vns disent qu'elle procede d'vne complexion chaude, qui émeut la fantaisie auec le cerueau, & fait estinceler ces especes:

Les autres veulent qu'elle dépende d'vn temperament melancholique, en ce que recueillant l'ame en elle-mesme, & vnissant toutes ses puissances, il luy donne la force de faire ces extraordinaires productions. Ce seroit assez d'employer les raisons de ces deux opinions contraires, pour les destruire par elles mesmes, & monstrer le peu de creance qu'on leur doit donner. Mais quand il en faudroit venir à la raison, il est certain que la chaleur ne peut exciter en l'imaginatiue les especes des choses futures qui n'y sont pas, comme on pourroit renuerser toutes les arenes de Libye, qu'on n'y trouueroit point d'or ny de perles, si en effect il n'y en a point. Et puis les ondes du cerueau agitées par cette tourmente, causeroient pluftoft les extrauagances, & les fureurs de la frenesie, que des especes assez pures pour representer l'aduenir. Aussi les choleriques sont les moins prudens, & la premiere perte qu'on faict dans cette passion qui met le feu au sang, & au cerueau, c'est de la preuoyance, & de la sagesse.

La melancholie ne peut aussi produire la diuination: car comment cette humeur noire & terrestre, d'où naist la manie la plus forcenée, & la moins curable, enuoyeroit-elle des lumieres intelligibles d'vn obiet qui n'a pas encore son existence, comme i'ay dit, & qui ne peut estre veu que par vne abstraction du lieu & de la matiere. Ce temperament est sec, & par consequent resserré dedans luy-mesme, sans disposition à receuoir les choses estrangeres. Or selon le consentement des plus sages de l'antiquité, les especes de la Prophetie, nous sont enuoyées de Dieu par vne faueur particuliere, lors que sa prouidence l'ordonne, pour le bien du monde, & que nous n'auons point d'empeschement à les receuoir, comme peut estre cette humeur maligne.

Platon dit que l'homme estant le milieu du monde, comme nous l'auons prouué; a vne puissance actiue sur les choses inferieures, & vne passiue, par laquelle il reçoit les impressions de la main de Dieu, quelquesfois par le ministere des Anges; que si ces esprits bien-heureux grauent sur les corps celestes, les presages des choses futures; qu'ils doiuent bien pluſtoſt mettre sur nos ames, ces caracteres de diuinité, parce qu'ils ont plus de sympathie auec elles. Or ils en ont moins auec les humeurs terrestres, & melancoliques.

Il est donc certain que la Prophetie ne vient pas du temperament, mais d'vne faueur particuliere que Dieu fait à l'ame, & qui est vne preuue de son immortalité. Car il ne luy confieroit pas le secret de ses decrets, si elle ne portoit son Image, & si elle ne deuoit vn iour estre participante de sa gloire. Par la prophetie elle anticipe l'existence des choses, & cognoist ce qui n'est pas encore; en quoy elle monstre vn effect qui passe le cours de la Nature, de parler de ce qui n'appartient qu'à Dieu de voir dedans son essence.

DE L'IMMORTALITÉ DE L'AME. 277
Elle cognoist les choses deuant qu'elles soient, pour marque qu'elle subsistera quand elles ne seront plus, & que son estre est moins dependant de la matiere que ses cognoissances. Elle donne vn estre intelligible à ce qui n'a pas encore le reel, pour monstrer qu'elle n'est point sujette aux loix communes de la mort & de la naissance ; qu'elle est au dessus du temps, puis qu'elle ramasse ses differences, & qu'elle racourcit son estenduë au present; Elle opere où elle n'est pas, en ce qu'elle cognoist le temps futur, où elle n'est pas encore; Ainsi elle porte ces marques honorables de Diuinité, qui l'esleuent au dessus des choses contingentes, par ce que son essence est immaterielle & immortelle.

Ces prerogatiues ne sont pas communes ; neantmoins Dieu les accorde à quelques-vns, pour faire paroistre la dignité de nostre ame, & luy donner des objets proportionnez à la capacité de ses trois puissances ; le passé se rapporte à la memoire, le present à l'intellect, le futur à la volonté, qui dressant ses appetits à la fin, se monstre passionnée de l'aduenir ; Le bien, & non pas le vray est son propre objet ; Neantmoins cette diuersité se reünit en son centre, & n'est qu'vne mesme beatitude dans le premier Principe ; elle possedera les deux à la fois au moment de l'eternité dont la Prophetie est vne representation, & vne iouyssance anticipée.

Cependant ceux à qui ces lumieres ne sont pas données, se doiuent abstenir des superstitieuses &

Mm iij

criminelles diuinations, qui font affez paroiftre qu'elles ne procedent pas de Dieu, en ce qu'elles gelent l'ame de craintes ; qu'elles trauaillent la confcience ; qu'elles oftent la paix & la fuauité qui procedent des bonnes actions. Nous ferons Prophetes, & nous prononcerons des oracles de l'aduenir, fi nous difons que les biens du monde s'acquierent auec beaucoup de peine, fe conferuent auec des inquietudes & des fujettions indignes de l'homme, & qu'ils apportent toufiours moins de fatisfaction que l'on ne s'en eft promis. C'eft prophetifer de dire qu'il ne fe faut point fier aux faueurs de la fortune ; qu'vn grain de vent brife & enfonce les vaiffeaux en la mefme plage, où peu auparauant ils s'eftoient ioüez à plein voile ; que la fidelité eft rare quand elle deuient onereufe ; que les affaires qui ont plus d'éclat, trainent apres elles plus d'inquietudes ; que les puiffances fouueraines vous veulent auoir pour efclaues, ou pour ennemis ; que vos bons offices paffent en leur eftime pour des deuoirs ; & les moindres defauts, pour des offences irremiffibles : Mais il ne faut qu'auoir la cognoiffance de l'aduenir pour fe deliurer de ces feruitudes ; Vne faincte ambition de poffeder la gloire de l'autre vie, nous fera genereufement méprifer les contentements de celle-y ; & c'eft de ces efperances que noftre volonté tire vne force inuincible aux charmes, & aux tyrannies de la terre.

De la liberté de la volonté

CHAPITRE XXVII.

LEs parties du monde sont disposées auec vn ordre si bien proportioné que les plus basses reçoiuent des superieures l'influence qui les entretient, & le mouuement qui les conduit. Les deux plus bas elements se conforment aux affections de l'air; l'air en sa plus haute partie, suit le mouuement circulaire des Cieux; la mer l'imite par son flux, & son reflux; nostre cœur par les deux battemens, dont l'vn pousse, & l'autre retire, & qui sans former le contour du cercle, reüsissent à mesme proiet; en ce qu'ils rapportent comme luy la fin au commencement. Il est certain que les choses inanimées ne possedent pas en elles-mesmes le principe de leur motion, soit qu'elles soient pesantes, legeres chaudes, ou froides, elles n'agissent que par la vertu des causes superieures, sans laquelle leurs qualitez languissent dans l'impuissance. Quoy que le vegetable & le sensitif semblent auoir en soy le principe du mouuement auec la vie, neantmoins ils sont bien plus dans la souffrance que dans l'action, & quelque vigueur qu'ils monstrent en la diuersité de leurs inclinations, & de leurs vertus, il les faut mettre au rang des choses passiues. Car les plantes ne croiffent que felon les habitudes du lieu où elles font attachées; elles feichent fi l'air ne les arroufe, & fi la terre ne les nourrit; elle font comme des canaux ouuertes aux humeurs qui veulent s'y écouler, fans pouuoir refufer celles qui les empoifonnent. Les brutes font emportées en leurs appetits, par la qualité de l'element qui leur prédomine, par l'objet qui meut leur puiffance, par les inclinations de leur efpece, par l'influence des Aftres; de forte qu'il ne leur eft non plus permis de s'arrefter dans le cours de ces mouuemens, qu'à vne pierre, quand elle tombe fans refiftance.

Or nous n'auons monftré au premier tome, que des chofes qui font muës par l'actiuité des autres; Il faut monter à celles qui font meuës par elles-mefmes; & c'eft vn des argumens dont nous nous fommes feruis, pour iuftifier qu'il y a vn Dieu, premier principe de la nature. Ainfi afin que le monde porte fon image, il doit y auoir vne fubftance intellectuelle, qui ayt en foy le principe de fon mouuemét auec plus de perfection que les plantes, & les brutes, & qui ayant receu l'accompliffement de fon effence du premier principe, agiffe puis apres dans vne parfaicte liberté.

Il ne nous faut point employer beaucoup de preuues pour monfter que l'homme a ce priuilege, puis que nous en faifons tous les iours les experiences en nous mefmes, dans toutes les rencontres, où nous deliberons, comme arbitres de noftre bonheur,

DE L'IMMORTALITÉ DE L'AME 281
heur, s'il nous faut fuyr ou embraſſer vn ſujet; & cela auec tant de franchiſe, auec vne liberté ſi pleine & ſi deſtachée de toute contrainte, que nous pouuons meſme nous abſtenir du bien particulier que les ſens appetent, ſans autre motif, que pour monſtrer que nous ſommes maiſtres de nos appetits.

L'intellect eſt vne puiſſance indeterminee en ſes lumieres, qui peut cognoiſtre tous les Arts, toutes les Sciences, toutes les particularitez d'vn ſujet, mais elle eſt ſemblable à ces Conſeillers d'Eſtat, qui ont vn eſprit de feu, & qui trouuent tant d'expediens, & tant d'ouuertures ſur vne affaire, qu'ils s'embaraſſent dans ceſte multiplicité, ſans pouuoir prendre de reſolution. La volonté eſt vne puiſſance plus meure qui luy eſt ioincte, pour tirer les concluſions de ce que le iugement luy a fait cognoiſtre; & de pluſieurs biens, ſe reſoudre à prendre celuy qui luy plaiſt, ſans ſe laiſſer vaincre, ny aux inclinations de la partie ſenſitiue, ny à vne force eſtrangere, qui voudroit faire violence à ſes deſſeins.

Voyla comment Dieu a voulu que l'homme regnaſt dans le monde, non ſeulement par le pouuoir qu'il a ſur le reſte des creatures, mais encore par la poſſeſſion de luy-meſme, auec vne independance telle qu'aucun agent exterieur ne peut l'empeſcher aux actions qui luy ſont propres, à ſçauoir aux decrets de ſa volonté.

Tome 2. Nn

C'est pourquoy il ne faut pas considerer l'ame raisonnable comme vne partie du monde corporel, dautant que si elle en estoit vne partie, elle ne se pourroit pas égaler au tout, ny le supasser, par l'intellect qui estend ses lumieres, & par la volonté qui porte ses affections au delà des Cieux. Vne partie ne peut aussi mesurer son tout, comme l'ame raisonnable mesure les globes des Cieux & de la terre, par ses pensées, par les instrumens, les figures, & les nombres de Mathematique. D'où il s'ensuit qu'elle n'est pas vne forme materielle; qu'elle ne fait pas partie du monde corporel, & par consequent qu'elle n'est pas sujete à ses alterations, ny obligée de suiure ses mouuemens. Elle est donc le principe du sien, qui est vne preuue infaillible de son immortalité; d'autant que comme nous l'auons monstré, le mouuement se doit appuyer dessus l'immobile; son essence est donc immobile, c'est à dire, qu'elle n'est pas sujete à corruption, puis qu'elle porte, qu'elle produit, & qu'elle ne reçoit pas son mouuement. Vne chose ne se peut pas separer d'elle-mesme, ny manquer d'amour pour sa conseruation: C'est pourquoy supposé qu'elle soit le principe de son mouuement, elle se le continuera tousiours, & iamais la vie ne luy pouurra manquer.

Mais il faut remarquer les particularitez de son procedé; elle n'appete pas seulement vn objet, en consideration des bonnes qualitez qui s'y rencontrent, mais quelques-fois elle s'y porte, parce qu'elle le veut ainſi, & ſon choix n'a point d'autre fondement, ny d'autre raiſon que ſon plaiſir, comme les Princes pour marque de leur ſouueraineté, eſleuent les perſonnes de baſſe condition aux plus hautes charges, & par priuilege approchent de leurs perſonnes, ceux que la naiſſance, ou la fortune en auoit le plus eſloignez.

Mettez deuant moy les plus agreables objets des ſens, les banquets, les honneurs, les threſors, les belles maiſons, ie puis meſpriſer toutes ces idoles à qui le luxe ou l'ambition preſentent leurs ſacrifices, & ma volonté peut refuſer ſon conſentement aux ſens, qui ſans cette retenuë s'y porteroient comme à leur ſouuerain bien. Employez les menaſſes, les geſnes, & toutes les cruautez capables d'affliger le corps, la volonté peut demeurer tranquille entre ces orages; quád toutes les puiſſances du monde ſeroient liguees, elles ne la peuuent contraindre d'aymer ce qu'elle hayt, ny de rabatre choſe aucune de ſes premieres reſolutions. Teſmoins les Martyrs qui ont courageuſemét publié la foy Chreſtienne, & entonné des chátsd'allegreſſe dans les ſupplices ſi ſanglans; & ſi inſupportables en apparence, qu'ils rebutoient la cruauté meſme des bourreaux.

Il eſt vray que la volonté ſe determine ordinairement à l'eſlection des objets; gaignee par les charmes qu'elle y rencontre, & les commoditez qu'elle s'en promet. Si donc ſes mouuemens aſpirent au bien & à l'eſtre, on ne peut pas dire que ſon eſſence se termine à rien, qu'elle est vne fin moins noble que ses operations; qu'elle auance à la mort & à la priuation, cependant que ses desirs tendent à vn estre auantageux.

En cela mesme elle n'espuise pas toute sa puissance comme font les brutes qui ne se peuuent retenir dans la pente de leurs appetits; D'autant qu'apres auoir donné vn demy consentement à vn sujet, elle se peut arrester tout court dans vne irresolution qui tient du choix & du refus; Elle peut aussi comme souueraine se releuer elle mesme d'vn contract dont elle reçoit quelque dommage, & selon le rencontre des lieux, des temps, des personnes, des nouuelles lumieres qui luy suruiennent, changer d'aduis auec vne puissante liberté, qui surmonte toutes les resistances. Puis qu'elle ne se change point dans le commerce de ses actions; qu'elle ne s'y porte pas auec vne cheute precipitée ; qu'elle arreste, qu'elle auance, qu'elle remonte comme il luy plaist, il faut conclure qu'elle ne tient rien du mouuement, non plus que de l'alteration des corps. Elle reuient sur elle-mesme par des reflexions qui luy font aymer ou des-aprouuer ses amours, qui luy causent ou les redoublemens de la complaisance, ou les foideurs d'vn repentir, par vn mouuement circulaire, qui est comme nous auons dit, vne preuue de l'eternité.

Les brutes se laissent aller à l'impulsion de leur instinct, & font vne chose, & puis l'autre sans pre-

DE L'IMMORTALITÉ DE L'AME. 285
uoir ce qui en doit reüssir, par ce qu'elles ne sont pas capables du raisonnemét qui cognoist l'effet en sa cause, & qui choisit des moyens propres pour la conduite de son entreprise. Mais l'homme se propose premierement la fin, puis il delibere, & prend resolution des moyens qu'il veut employer. En cette premiere intention, il anticipe bien auant sur l'aduenir; il ioint les extremitez, à sçauoir le terme d'où commence le mouuement, auec celuy où il doit finir sans passer par le milieu, & en tout ce procedé, il fait paroistre que son ame n'est point sujete au loix de la Nature, qu'elle est au dessus du temps & du mouuement.

Si l'on considere la volonté de l'homme en elle mesme indeterminée pour les objets particuliers, elle est comme le centre du monde, où toutes les choses imaginables se rapportent; en cette qualité de centre, elle est immobile, & affranchie des loix de la mort. Où si au contraire on la veut considerer dans le mouuement de l'amour, on void qu'elle a de la conuenance auec toutes choses, par ce qu'elle les peut vouloir toutes: elle estend ses appetits iusques aux dernieres extremitez de l'estre par vne capacité infinie, qui est vn tesmoignage d'vne duree qui n'a point de fin; Elle ne rencontre point de sujet si fort dans l'antipathie, qu'elle n'y puisse attacher ses affections ce qui fait paroistre qu'elle est au dessus des qualitez sensibles, exempte de la contrarieté, d'où naist l'alteration; comme immortelle

Nn iij

sa puissance s'estend sur tous les suiets, de mesme que l'eternité a du rapport auec tous les temps.

De sorte qu'elle est comme le centre de l'Vniuers en ce qu'elle est immobile en son estre, & indeterminée en son pouuoir; il seble aussi qu'elle en soit la circonferéce, parce que ses appetits enferment tous les objets sensibles, & imaginables; qu'ils les surpassent en ce que vous ne sçauriez prescrire chose aucune si accomplie, qu'elle n'y puisse souhaiter encore plus de perfection. Quand son amour s'attache à diuers suiets, & qu'elle passe des vns aux autres, c'est qu'elle veut gouster & recueillir le merite de tous, pour s'approcher tousiours dauantage de l'infiny par la multitude, comme on dit que les Cieux roulét par vn appetit extréme qu'ont ses parties de toucher toute l'espace de leur globe successiuemét, ne le pouuant occuper tout à la fois. Et c'est pourquoy les plus belles choses nous lassent dans la continuë; les palais quoy que superbes, nous sont de prisons, quand nostre liberté y est retenuë captiue; les plaisirs de la possession n'égalent iamais les projets de l'esperance qui entretient la poursuitte, parce que la volonté cherche vn infiny, qu'elle ne rencontre point en ce monde, mais qu'elle doit posseder, & où ses mouuemens doiuent trouuer leur repos, apres ceste vie.

La volonté de l'homme n'est pas subjete à l'influence des Cieux.

Chapitre XXVIII.

POur combattre ce que nous venons de prouuer, que la volonté est libre, & par consequent que l'ame est immortelle, l'on dit qu'elle est subjete à l'influence des Cieux, & que le mesme destin, qui roule les Astres, emporte nos affections. Mais ie trouue que pour resoudre ceste difficulté, il suffiroit de consulter nos experiences, & de remarquer, que tous les iours nous continuons dans mesmes desseins, encore que les Cieux changent leur constitution, & que sous semblables aspects, nous pouuons auoir de contraires volontez.

Si elles releuoient absolument de ces causes superieures, il ne faudroit point faire de consultation; chercher dans le concert de plusieurs esprits, & par les lumieres du raisonnement, des motifs qui nous determinassent au choix d'vn sujet; dautant que nous y serions violentez par le destin.

Dans ceste contrainte, comme il ne nous resteroit plus de liberté, il n'y auroit aussi ny vertus, ny vices, & ne faudroit plus de loix qui prescriuissent des peines & des recompenses. Auec quelque egalité qu'on peust les distribuer, elle seroient iniustes, en ce qu'elles ne s'exerceroient pas sur les autheurs de l'action ; temeraires, parce que le Prince entreprendroit sur les decrets des causes superieures, dont luy-mesme seroit esclaue.

La Lune s'eleuant sur nostre hoziron, tire la mer dessus nos terres, & luy donne vn flux, qui se fait auec vne égale émotion de tout son corps; si de mesme les volontez des hommes estoient sujetes aux Cieux, l'vne ne condamneroit pas ce que l'autre auroit resolu, mais elles contribueroient leurs efforts à mesme dessein; elles seroient toutes semblables, & n'auroient qu'vn mesme mouuement sous l'impulsion d'vne mesme influence qui seroient en regne.

Si l'on prend la peine de considerer de prés la nature de nos volontez, l'on verra qu'elle est trop excellente ; que leurs forces sont trop viues, & trop estenduës pour estre tributaires des Cieux, pour n'agir que sous leur gouuernement. Car les Astres estans materiels, ne peuuent enuoyer icy bas que des qualitez sensibles, qui font impression sur les corps, qui les despoüillent, ou qui les inuestissent de quelque notable qualité. Or nostre ame est immaterielle de son essence, comme ie le iustifie par ses operations ; elle est donc d'vn ordre superieur, affranchy de cét esclauage, & la terre prendroit plutost l'empire dessus le Ciel, auec lequel elle a quelque conuenance en la matiere, en la quantité, en l'vnion de plusieurs parties, que le Ciel sur nos volontez,

DE L'IMMORTALITÉ DE L'AME. 289
volontez, dont l'essence est vne, simple, & d'vne categorie bien plus noble.

La Philosophie nous fait cognoistre que les Cieux ne sont pas mesme capables de determiner la matiere, encore qu'elle soit susceptible de toutes les formes, par ce que leur actiuité est aussi vague que sa puissance, & qu'ils n'ont pas plus de choix à donner qu'elle à receuoir: tellement qu'ils ne font que prester escorte, & exposer leurs secours aux desseins des agents particuliers. Comment donc pourroient-ils determiner nos volontez, qui d'elles-mesmes sont libres, qui ont vn puissance infinie, vers vne infinité d'obiets, & qui ne sont point du ressort des corps.

Les influences celestes n'ont force que sur le present, & quand nous aduoüerions ce qu'on dit, que les Astres presidans aux natiuitez, portent leur vertu du premier, iusques au dernier âge, l'effect neantmoins, selon que l'obseruent les Astrologues, n'arriue qu'vne seule fois au temps de la direction; ou au plus, il se fait paroistre auec langueur, & bien foible, tous les douze ans, selon l'ordre de la profection. Or la volonté n'a point d'appetits limitez à vn certain temps; elle ayme l'objet de ses premieres amours par vne passion qui court, & qui quelques-fois s'afoiblit dans la continuë; elle s'aduance sur l'aduenir, elle possede sa fin en intétion; elle se nourrit d'esperances, l'auarice possede tous les thresors, & l'ābition s'esleue, à tous les honneurs en desir.

Tome 2. Oo

Aussi le mouuement de Cieux qui paroist extremement viste, à l'egard des choses inferieures, est lent, si vous en faictes comparaison auec celuy de la volonté, qui dés son commencement se trouue à sa fin, sans interrompre sa continuë, qui se porte à vne infinité d'objets ; qui se receuille, & se redouble par vne infinité de reflexions. Neantmoins dans cette vitesse, elle garde vn ordre beaucoup mieux reglé que celuy des Cieux, où l'on void le passage d'vne extremité à l'autre, du feu à l'eau, de la foiblesse à la force, sans que le rencontre des choses contraires, soit adoucy par l'entremise d'vne qualité moyenne; comme dans la suite des Poissons au Belier; de l'Escreuisse au Lyon ; du Scorpion au Sagitaire ; des signes diurnes & masculins, aux nocturnes & feminins; des maisons malheureuses aux fauorables; Mais la volonté se porte à la fin, par vne entresuite de moyens bien proportionnez, où le progrés se fait auec vne douceur qui surprent la veuë, qui ne laisse point de vuide ny de repugnance.

Elle se meut par vn mouuement en ligne droite, parce qu'elle monstre tousiours visage & auance auec le plus de vitesse qu'il luy est possible, au terme où elle veut arriuer. Elle se refléchit aussi dessus elle mesme quand elle cognoist ses cognoissances, & qu'elle ayme ses affections. Ainsi vnissant en soy les choses opposées, à sçauoir la ligne droite auec la circulaire, elle monstre que sa puissance tient de l'infiny ; qu'estant au dessus de la condition des corps, & superieure aux mouuemens qui les emportent, elle n'est point suiette à celuy des Cieux, ny aux alterations qu'ils causent icy bas.

Si elle estoit sujette aux impressions de ce mouuement, elle auroit de la complaisance, mesmes dans les infortunes, & sous la charge de tous les malheurs qui en releuent; Elle aymeroit les deluges, les embrasemens, les foudres, les abysmes, & les tremblemens de terre; elle verroit auec plaisir toutes ces desolations. Si elle estoit obligée de suiure les influences celestes, & de s'y conformer autant en desirs, que les elemens en leurs qualitez.

Et puis les effets aussi bien dans la Nature, que dans la Morale sont tousiours dans la dependance des principes qui les ont produits; Le seigneur dominant retient vn domaine direct dessus le fonds qu'il donne en fief, & vne authorité sur la personne de son vassal. Les Maistres anciennement se conseruoient vn Empire sur les esclaues qu'ils auoient emancipez; Celuy qui fait vne donation, a tousiours droict de la reuoquer en cas d'ingratitude de son donataire; & les couleurs se maintiennent dans leurs teintures par le mesme temperament qui les a produites. Si donc la volonté des hommes releuoit des Astres, il s'ensuiuroit que les Astres l'auroient produite; qu'estant spirituelle, elle seroit emanée des corps; ce qui ne se peut conceuoir, que la cause donne ce qu'elle n'a pas, & quelle produise vn effect plus noble que n'est son essence.

Il ne faut point dire, que comme les corps celestes agissent sur les corps inferieurs, que les Intelligences qui les conduisent, ou qui les informent, agissent sur les ames raisonnables. Car nous monstrerons au suiuant traité, que ces Intelligences ne sont pas capables d'vn ministere si vaste & si laborieux. La Philosophie ne iuge pas que la sphere de leur actiuité s'estende plus loing que le Ciel dont chacune d'elles a la conduite, quoy qu'il roule d'vn pas reglé, & qu'il ne fasse qu'vn mesme chemin; Comment donc pourroient-elles auoir l'intendance d'vne infinité d'ames raisonnables, dont les operations sont infinies en nombre, en differences, en contrarietez; Les raisons que nous auons deduites plus haut, pour monstrer qu'il n'y a point d'Intellect vniuersel, combatent l'opinion des Platoniciens, qui disent que plusieurs ames releuent d'vn mesme Astre.

Si ces Intelligences auoient la conduite de nos volontez, elles y employeroient vn pouuoir aussi absolu qu'à rouler les Cieux; ainsi nous ne ferions chose aucune que par leur impulsion, elles seroient causes de tous les crimes qui font gemir l'innocence, & en la punition desquels la Iustice humaine demeure occupée. Elles ne seroient donc pas bien-heureuses; Hé! comment Dieu auroit il commis la conduite du genre-humain à des Tuteurs infideles, qui le portét à dissiper sa substance; à des Pilotes qui luy font faire naufrage; à de mauuais guides qui l'écartent de son chemin, & qui le meinent droit au precipice.

Que si vous supposez ces Intelligences sainctes & veritables, elles nous deuroient donner toutes les habitudes des sciences & de la vertu, comme i'ay dit de l'intellect vniuersel. Ce gouuernement qui deuroit estre également iuste & puissant sous la commission de Dieu, nous deliureroit des tenebres de l'intellect, & des dereglemens de la volonté; & quand mesme il s'y glisseroit quelque imperfection, nous ne ressentirions pas le repentir d'vne faute qui ne seroit pas nostre. Mais l'experience que nous faisons tous les iours de nos ignorances, de nos cheutes, de nos regrets, de nos irresolutions, fait assez paroistre, qu'il n'y a point de force estrangere qui violente nostre liberté, & que la conduite de nos actions nous est commise.

Quand nous serions gouuernez par les Cieux, & que nos volontez, aussi bien que nos complexions, leur seroient sujetes; il faut aduoüer qu'vne grande diuersité d'influences concourra à cela. De faict, selon les Regles de l'Astrologie, ce n'est pas vn seul Planete qui preside à vne natiuité, mais tous y contribuent le bien ou le mal, selon leurs dignitez essentielles & accidentelles, mesme les estoilles fixes de la premiere, seconde, & troisiesme grandeur; les parties du Zodiaque, diuisées en termes & en dizaines, prennent part à ceste influence; de sorte que c'est vne Democratie, & vn gouuernement comme populaire, le plus meflé, le plus confus, le plus irregulier qui fe puiffe voir. Ainfi nous ne ferions pas fans la conduite d'vn feul genie. Et fi felon les Platoniciens, noftre ame au fortir du corps, fe doit aller rendre aux Planetes qui luy ont dominé; il faut ou qu'elle foit affez eftenduë pour occuper tous les efpaces du Ciel, ou qu'elle fe puiffe brifer en dix millions de pieces, pour fe rejoindre à tous les Aftres, dont elle auoit receu l'influence, mais eftant ainfi diffipée comme fi elle eftoit vn corps, elle ne feroit plus elle-mefme, elle changeroit de nature. Ainfi l'on void qu'on deftruit fon eftre, & qu'on tombe dans d'extremes abfurditez, de dire que la volonté de l'homme releue des Aftres, fur qui mefme elle a vne efpece d'empire.

Le Sage domine aux Aftres.

CHAPITRE XXIX.

COmme Platon dit que l'efprit diuin a des Idées, qui font le prototype du monde materiel, ainfi le monde celefte a des vertus, qui font les exemplaires des qualitez inferieures; de forte que ce qui touche nos fens icy bas, fe trouue là haut auec plus de perfection, Ie ne m'arrefte pas aux obferuations des Arabes, qui affignent dans le premier mobile, certaines parties correfpondantes à tout

DE L'IMMORTALITÉ DE L'AME. 295
ce qui naist de la terre, & qui peut estre l'objet de
nos appetits, des parties de bled, d'huile, de vin, de
laict, ainsi des autres remarques superstitieuses, qui
n'ont aucun fondement. Il suffit de dire que les vertus des sept Planetes, des estoilles fixes, & des parties du Zodiaque, se peuuent reduire aux qualitez
des quatre elemens; comme i'en ay fait la deduction au premier tome. C'est pourquoy nous voyōs
par experience qu'ils leur dominent; que la terre reçoit ses sterilitez, & ses abondances; la mer ses calmes ou ses tempestes; l'air ses vents, ses pluyes, ses
froids, ses orages; les montagnes arrestent, ou font
couler les fleuues de feu, selon la constitution du
Ciel, & l'empire des sept Planetes.

Ces alterations qui paroissent dans le grand
monde auec beaucoup d'éclat, se font voir aussi
puissantes par proportion dans le petit : c'est à dire,
dans l'homme ; & soit que les elemens s'allient dans
nos corps auec leurs formes, ou seulement auec
leurs qualitez, ils sont plus souples, & font moins de
resistance à l'impression des Cieux, que s'ils estoient
dans le fort de leurs regions. Tellement que les quatre humeurs ayans du rapport aux quatre elemens,
& aux Planetes; la bile à Mars & au feu; le sang à
l'air & à Venus, la pituite à l'eau & à la Lune, la melancholie, à la terre & à Saturne. Il s'ensuit que le
Ciel ferme leur complexion, & marque le degré du
temperament.

Or les passions de la partie sensitiue se mesurent ordinairement à l'humeur qui est dominante. Vn bilieux sera prompt à la cholere, à la vengeance, à l'yurongnerie ; vn sanguin aux voluptez ; vn melancholique, à la solitude aux soupçons, aux haines implacables ; vn flegmatique aux langueurs de la paresse : de sorte qu'ils doiuent rendre de grands combats, pour vaincre ces reuoltes de leur interieur ; & pour acquerir ce que les autres n'ont, ce semble, qu'à receuoir des faueurs de la Nature. Ils doiuent essuyer les allarmes continuelles, les caprices, les seditions, les perfidies de leurs sens, pour se mettre dans vn bon reglement de vie. Mais enfin ce sont des entreprises dont l'issuë n'a rien d'impossible ; ce chocq peut estre suiuy de la victoire, & les grands courages prennent quelques-fois plaisir de se porter à vne maniere de vie contraire à leurs inclinations, pour se seruir des droits de liberté & triompher tout à la fois, du vice, du Ciel, & d'eux-mesmes.

Socrate fut iugé par son horoscope, & par les regles de Physionomie, l'homme le plus intemperant de toute la Grece ; neantmoins ce fut le plus sage ; celuy qui persuada la vertu plus par son exemple, que par ses discours, qui rapporta toute la Philosophie aux preceptes de la Morale, & aux sentimens de Dieu. Cóbien se trouue il d'esprits dans le móde, qui ayans de fortes inclinatiós pour l'estude, s'apliquent neantmoins au commerce de la vie actiue,

pour

pour se sauuer de la necessité, & sacrifient les influences de Saturne, & de Mercure aux commoditez de leurs familles. Ceux qui poursuiuent quelque fortune en la Cour des grands, & qui taschent de gaigner leurs affections par des complaisances honteuses, aduoüeront icy qu'il leur est libre de vaincre ce que les astres leur donnent d'inclination, & qu'ils font toute autre chose que ce à quoy ils se sentent portez par l'instinct de la nature. L'on void dans les cloistres des personnes de toutes sortes d'humeurs, de pays, de conditions, & qui estant nés dans vne secrete antipathie d'humeurs, se reduisent sous l'obseruance d'vne mesme reigle.

La diuersité des influences celestes, se remarque particulierement en diuers climats qui en reçoiuent la force de produire certaines choses qu'on ne trouue pas ailleurs : Elle se void mesme en nos corps, dont Hypocrate tient que les temperamens sont diuers, selon les diuers lieux de la naissance : la taille, les postures, les façons de faire sont differentes, d'où vient que nous recognoissons les estrangers à leur mine, encore qu'ils soient vestus à la Françoise. Neantmoins à la longue ils se peuuent former à toutes sortes d'habitudes, suppleer au defaut de leur naissance, & se naturaliser plus par leur bon esprit, que par la faueur du Prince. Alexandre, Mytridat, Commodus, & quantité d'autres Empereurs, se sont transformez en l'humeur des peuples qu'ils auoient vaincus, pour les tenir en sujection plus par les attraits de la complaisance, que par la force des armes. Et si les loix anciennes n'ont pas permis qu'on employast des Ministres estrangers de naissance au gouuernement. Ce n'est pas qu'ils ne puissent espouser l'humeur des pays qu'ils seruent: mais l'on a craint que l'enuie qui les persecute ordinairement, ne renuersast les desseins publics, en se voulant venger d'vne personne particuliere.

Ceux qui traitent de l'art militaire, disent que les bons soldats viennent des pays Septentrionaux, qui sont sous le domaine de Mars, parce que la Nature leur ayant donné beaucoup de chaleur interne pour resister au froid de dehors, ils sõt plus hardis & craignent moins de verser le sang, dont ils se sentent auoir abondance ; Neantmoins le plus sage des Empereurs experimenta, que tous les pays qui portent des hommes, portent des soldats, pourueu qu'ils soient dressez, & qu'on mette leurs courages en exercice. De fait les Romains qui sont d'vn climat bien chaud, ont tenu l'Empire du monde, conquis les Gaules & les Allemagnes. Autrefois la Grece estoit le pays des Muses, maintenant c'est celuy de Mars: & les lettres sont entierement bannies de ces contrées, où elles ont esté les plus florissantes depuis que le Turc y a establi le siege de sa Tyrannie.

Tout cela monstre que l'homme peut vaincre ses inclinations, & qu'il n'est pas tellement sujet à l'influence des Cieux, qu'il ne se puisse porter à des desseins tout à fait contraires, lors qu'il prend resolution de les accomplir. Pourquoy donc accuser les Astres & les rendre autheurs ou conseillers de nos infortunes, comme si leurs regards nous estoient aussi pestilentiels que ceux du basilic. Toutes leurs influences sont bonnes, mais nos passions les destournent à de mauuaises pratiques. Venus ne donne qu'vne complexion plaine de douceur, propre aux exercices de la charité, & de la concorde, & on l'accuse d'allumer les flames de concupiscence. Le Soleil & Mars donnent ce qu'il faut de sang & de bile pour vn grand courage; Neantmoins on les prend pour les autheurs de l'ambition, & de la cholere. Mercure subtilise les esprits esleuez du sang & les rend plus propres aux fonctions de l'estude, cependant on les prodigue à forger des fourbes, & à desguiser l'infidelité. Le temperament de Saturne bastit de solitudes interieures, dont le silence inuite aux profondes contemplations & on l'accuse de conjurer la haine des hommes, de leur imprimer des humeurs noires, semblables à celle de cet ancien, qui pensoit gratifier ses Concitoyens de leur dresser des gibets pour se deffaire.

Il ne faut donc point imputer aux Astres le mal qui se rencontre en nos actions, puis que leurs influences ne sont point mauuaises, quand elles donneroient quelques inclinations aux excés ou aux defauts contraires à la vertu, nostre volonté à la force de se les assujettir. Nous pouuons ne pas épancher tous nos esprits dans les affaires, nous y prester, sans nous y donner, adoucir les ennuys d'vne longue estude par vn honneste diuertissement, n'employer le courage que pour la Iustice; & auec le concours des graces diuines, rendre nostre ame aussi ferme en son innocence que le Ciel l'est en sa vertu.

Quand mesme l'excés d'vne qualité en nostre temperament, seroit la matiere de nos passions, & des desordres qui paroissent en nos appetits, nous les pouuons vaincre, comme i'ay dit, & faire regner la Iustice dans vne complexion inégale, par le moyen des preceptes que donne la Philosophie. Nous ne voyons point d'aigles, de loups, de lyons, qui ne chassent, de poissons qui ne nagent, de taupes qui ne foüillent en terre; enfin tous les animaux agissent selon leur nature auec vne necessité qui ne reçoit point de dispense; mais nous voyons des hommes bilieux de temperament, qui seront d'vne extremement douce couuersation, des sanguins qui ayment l'estude, & qui s'imposent les loix de la continence; des melancholiques qui sortent de la solitude, & qui font merueille dans les emplois, où les considerations d'vn bien public les appellent. De là l'on doit conclure que l'ame raisonnable n'est pas au rang des choses materielles & corruptibles; puis qu'elle n'est pas sujete à l'impression des Astres, ny aux loix du temperament.

Hé! comment nostre volonté dependroit-elle

des Cieux; si les autres puissances, sur l'esquelles elle a l'empire n'y sont pas sujetes ? Car l'intellect les surpasse, comme ie l'ay dit plus haut; les Cieux n'ont qu'vne certaine constitution à l'heure que ie parle; & en ce mesme temps ie puis voir les mouuemens, les aspects, les rencontres des Planetes qui se feront d'icy à mille ans, si i'ay des Ephemerides dressées pour tout cét espace: i'estends mes pensées plus loing que le cours des Cieux qui nous mesure le temps, quand ie conçois vne eternité, & que ie ne trouue point de fin à la multiplication des nombres. La Mathematique fait des astrolabes, des quadrans, des silindres, des planispheres, & vne infinité de differentes figures, auec lesquelles l'on prend les hauteurs, les distances, les situations, la quantité des Astres; ainsi l'ame se monstre plus grande que les Cieux & le mouuement, puis qu'elle les mesure; elle est hors du mouuement, comme la mesure doit estre separée du corps dont elle prend les proportions; ainsi n'estant point dans le mouuement, elle n'est point sujete aux alterations, ny à prendre fin. Les sens ne remarquent que le mouuement qui leur est present, & dont ils reçoiuent l'espece ou l'agitation: de sorte qu'ils luy sont sujets, mais l'ame raisonnable, comme i'ay dit, retient le passé, demeure tranquille dans le present, & void le futur par les predictions astronomiques. Tout ce qui est icy bas, suit le mouuement du Ciel; nostre ame en est libre, & se le donne à elle-mesme

Pp iij

elle ne peut donc finir, ny par le mouuement auquel elle est superieure, ny par celuy dont elle est la cause & le principe; elle est donc immortelle.

Ptolemée, & tous les Astrologues demeurent d'accord, qu'estant menacez d'vne mauuaise influence, l'on peut l'esquiuer, en changeant de lieu, & se mettant dans vn climat, où la pointe de ceste irradiation ne se terminera pas. Mais, sans fuyr deuant les Astres & sans leur quitter la place auec quelque peu de honte, on peut parer dextrement leurs coups, ou par vne genereuse resolution de ne point faire ce à quoy on se sentira porté, ou si l'affaire depend du concours de plusieurs causes naturelles, on peut les mettre en estat d'agir autrement que le Ciel n'ordonne. Ainsi l'on rapporte qu'Agesilaüs, & plusieurs autres Princes se seruirent de l'Astrologie, pour euiter plusieurs accidens; la mesme science qui leur descouuroit le mal, leur donnant l'inuention du remede.

La vertu d'vne conjonction de plusieurs Planetes s'écoule auec le mouuement qui les separe, & l'impression qu'elle fait sur les choses inferieures, estant forte au commencement, s'affoiblit dans son progrés en cedant aux autres qui luy succedent. Neantmoins les Astrologues se vantent de recueillir, & de conseruer ces vertus celestes, dans des Talismans; de faire vn anneau d'vn certain metail, le grauer d'vne certaine figure en certain temps, qui rende vne constellation passée, comme si elle estoit toufiours prefente au lieu, ou à la perfonne, qui fe mettent fous la protection de ce Ciel artificiel. Ces methodes eftoient affez ordinaires dans l'antiquité, deuant que la Religion Chreftienne euft donné fes reproches à l'Aftrologie, & que les Empereurs l'euffent interdit, de peur qu'elle ne reuelaft le fecret de leurs confeils, & ne foufleuaft le peuple, luy donnant des coniectures de leurs entreprifes. Auffi i'ay veu à Paris dans le cabinet d'vne perfonne de merite, qui aime l'antiquité, plus deux mille medailles grauées fur toutes fortes de pierres precieufes ou l'on void les horofcopes, des natiuitez, des reuolutions, des proffections, ou du temps de quelque genereufe action faite par vn grand perfonnage, auec cét éloge, *Fortune de Cefar*, ou d'autre. Ils fe perfuadoient que portans ces figures fur eux, ils tenoient le Ciel obligé de leur continuer les mefmes influences, dont il fauorifa les perfonnes defquelles ils auoient dreffé l'horofcope. Ie n'alegue point ces fuperftitions pour y adioufter foy, mais pour remarquer vne creance publique, que l'homme peut affuiettir les vertus du Ciel à fes vfages; que comme il les preuient par fes cognoiffances, il fe les conferue par fon induftrie; que s'en feruant il ne leur eft non plus fujet qu'aux cheuaux qu'il penfe, & à la terre qu'il cultiue, afin d'en tirer fes commoditez. Hé! qui doute que l'ame ne foit vn iour au deffus des Cieux en fon effence, puis que mefme durant cette vie, eftant encore enuelopee des obscuritez du corps, elle est libre, & se sert de leurs influences par ses operations.

Des Vertus Morales

CHAPITRE XXX.

LA Nature a mis dans quelques sujets des qualitez dominantes qui triomphent tousiours de leurs contraires, & qui reçoiuent mesme leur perfection dans les rencontres où les autres font perte de leurs forces. L'or se purifie dans le feu ; le vray baûme ne se mesle, & ne se resoud point dans l'eau ; la lumiere celeste n'a point d'ennemis qui la puisse esteindre ; elle se respand autour des liens qui pensent la captiuer ; que si les corps opaques se rendent indignes d'en receuoir autre chose que la couleur de leur surface, elle se redouble sur elle-mesme, & accroist ses splendeurs de l'esclat qu'elle leur refuse. Voilà comment l'ame raisonnable estant mise dans vn corps mortel, luy donne tout ce qu'il peut receuoir de son influence par les fonctions vegetables & sensitiues ; Apres elle s'esleue au dessus de la matiere, par les arts, les sciences, les contemplations, les rauissemens, les Propheties ; elle se deffend de ses infirmitez, & en tire mesme de grands auantages, dans l'exercice de deux principales de ses puissances. Car de quelques rencontres particuliers culier l'intellect se forme les regles d'vne verité generale & eternelle ; Il employe le rapport des sens pour recognoistre leur tromperie, & rectifier leurs operations. Mais sa force paroist dauantage en ce que l'influence des Astres qui ordonne le temperament, & des humeurs d'où naissent les passions, la volonté s'en fait la matiere de ses vertus & traisne toutes les difficultez qui semblent empescher sa gloire, comme des esclaues attachez au char de son triomphe.

Aussi les vertus estant considerées en general, signifient vne euacuation de tout ce qui est estranger de nous ; vn estat où l'ame estant en possession de son Empire, donne la loy aux sens, & fait paroistres sa souueraineté, quand ils se monstrent moins souples qu'ils ne deuroient à ses desseins. Elle reüssit principalement en cela par la temperance, qui tient en bride, & qui modere les plus violens appetits de tous ceux que la Nature donne à l'animal pour la conseruation de l'indiuidu ou de l'espece. Les brutes s'emportent à ces mouuemens auec des precipitations qui ne leur laissent point de choix, qui les rauissent à elles mesmes, qui leur font prodiguer leur vie, pour assouuir les boutades d'vne passion. Mais l'homme comme nous auons dit, se retient dans cette pente, par le priuilege de sa liberté, & il se priue mesme auec vne satisfaction interieure des objets que les sens recherchent comme leur souuerain bien.

Tome 2. Qq

Cette maniere de vie est la mort du corps, puis qu'elle arreste le cours & l'actiuité de ses puissances. Si neantmoins nous faisons gloire de cette priuation; si elle nous cause des consolations interieures beaucoup plus charmantes que celles qui flattent le corps: Il faut conclure que l'essence de nostre ame ne tient rien de la matiere; qu'elle est immortelle puis qu'elle mesprise les biens perissables; pour vn exercice qui tend à l'eternité. La moderation n'est que pour les moyens, non pas pour la fin; si doncques l'ame raisonnable estoit mortelle, si elle n'aspiroit point à vne autre felicité que celle de cette vie, l'homme s'emporteroit comme les brutes aux concupiscences sans regle, & sans retenuë, parce que sa fin consisteroit en la possession des objets sensibles.

Quand vn homme prend resolution de viure selon les loix de la Iustice, qui est vne vertu empeschée à rendre le droict, & à seruir aux commoditez du prochain. Il quitte les siennes particulieres, & se sousmet à vne infinité de dommages dont l'innocence est presecutee dans le monde. Ce qu'il se propose en la pratique de la vertu, n'est pas vn objet de la nature du corps, parce qu'il en ruine les interests, mais il se rend en cela imitateur de la premiere verité, dont la Iustice paroist en l'ordre des parties du monde.

Il neglige les biens du corps, comme s'il estoit deja affranchy de ses miseres, & dans vne abondance qui ne redoutast plus la necessité; Il pouruoit aux besoins d'autruy il distribuë comme tout puissant; il imite Dieu qui reduit les disproportions à l'égalité, & en ceste independance où il se met pour iuger sans acception de personne, vous diriez qu'il possede deja son bon-heur complet dans vne vie libre des apprehensions de la mort. Quoy qu'il soit pressé des necessitez de sa famille, des prieres de ses amis, des alliances du sang, des menasses, & des esperances de ceux qui sont en faueur, il demeure immobile entre ces secousses, & rien n'est capable de luy faire entreprendre chose aucune qui soit contre la Iustice.   Ne me consultez pas si vous ne voulez, dit vn Senateur à vn Prince, mais si ie suis appellé au Conseil, rien ne m'empeschera de dire la verité. Anciennement en Egypte les Iuges faisoient le serment solemnel de ne point obeyr au Prince, lors que ses commandemens ne seroient pas conformes à la raison. Qui doutera que ceste ame ne soit immortelle, qui resiste par ses resolutions à tous les charmes, & à tous les efforts de Nature, & que son essence, aussi bien que ses volontez ne soit sans aucune contrarieté qui la destruise?

Vous pensez auoir offencé ce sage, mais il n'est non plus touché de vos iniures, que le Ciel des coups de la terre, & l'Olympe des émotions de l'air. Il ne peut perdre ce qu'il n'a iamais tenu pour sien; il demeure égal entre l'abondance & la disette des biens de fortune, comme la mer entre l'abord,

& l'écoulement des fleuues; & si quelques fois ses forces laissées ne luy permettent plus d'aller auec tant de vistesse; il ne laisse pas de tenir tousiours le mesme chemin. Enfin la vertu est l'art de toute la vie, c'est vne moderation qui se conduit auec iustesse entre les extremitez, & qui fait paroistre que l'ame de l'homme est simple, sans composition, sans contraires, par consequent immaterielle, incorruptible, heritiere de ceste bien-heureuse vie, où tous les biens, & tous les temps se rencontrent en vn, & où tous nos souhaits doiuent auoir vne pleine satisfaction.

Par la vertu, l'ame se rend tout ensemble moyenne & superieure à toutes choses ; moyenne en ce qu'elle euite les extremitez, & qu'elle se rend comme le centre de la Nature, à qui elle est aussi superieure, dautant que ses desirs ne pouuans estre satisfaits des choses mortelles, s'éleuent à l'infiny, iusques à la possession de Dieu : elle est donc d'vne autre condition que le corps, elle est sans contraire, & il luy doit rester vne autre vie, où elle ayt l'accomplissement de ses souhaits.

Nous auons tant d'inclination pour ceste vertu qui surmonte ainsi le temps, & la matiere, qu'encore que la naissance ne nous en donne pas les habitudes, nous en conceuons neantmoins les desirs, & il est comme impossible de n'auoir point d'amour pour sa beauté. Car tous les hommes portent les loix d'vne Iustice naturelle grauées dans leurs cœurs, comme vne autre demonstration, qui les conuainc sans raisonnement; les meschans qui les prophanent en conçoiuent de la honte, & quelques excuses qu'ils cherchent à leurs crimes, ils souffrent tousiours les reproches de leurs consciences, d'auoir violé des loix si sainctes, & si vniuerselles. Aussi tous les peuples ont deferé les Sceptres, les Gouuernements, mesme des honneurs diuins aux persones qu'ils ont cogneu les plus vertueuses. Plusieurs ont passé les mers, & entrepris de longs voyages, pour voir vn homme de grand merite, & iouyr de sa conuersation.

Enfin nous auons tant d'amour pour la vertu, que nous l'allons chercher iusques chez les ennemis pour luy rendre ce qu'elle merite d'honneur; en cela les inimitiez particulieres s'appaisent, comme en vne cause où il s'agist de l'interest public de nostre nature: tesmoin Cesar qui versa des larmes sçachant la mort de Pompée, quoy qu'il triomphast de sa mauuaise fortune. Les Lacedemoniens dresserent des statuës à la Reyne Artemise, qui auoit attaqué la Grece auec Xerxes, & estoit morte, combattant de sa personne auec vne valeur qui passoit les conditions de son sexe. Si on a les honneurs, les richesses, les dignitez en quelque estime, cela vient de ce qu'on les regarde, comme des fruicts ou des recompenses de la vertu, & tout cét éclat qui nous donne dedans les yeux, ne procede que de ce principe. Puis que la Nature nous imprime ces for-

tes inclinations pour des habitudes releuées au def-
sus des choses materielles. Il s'enfuit que noftre ame
eft crée pour vne felicité autre que celle de cette vie.
Autrement ces vertus que la Nature nous affigne
comme des moyens, & des mouuemens, ne feroient
pas proportionnez à la fin.

Il eft vray qu'on nous dépeint la vertu logée fur
vne haute montagne, d'vn accés extremement difficile ; on nous dit, qu'il faut de longues fatigues
pour y arriuer, rendre les preuues de noftre courage dans plufieurs combats, deuant que meriter les
couronnes qu'elle nous propofe. Mais cela n'em-
pefche pas que la Nature n'en ait graué l'amour
dans nous cœurs ; Et en effet fans cette puiffante inclination, il feroit impoffible d'auoir de la conftan-
ce, ny du plaifir dans les trauaux qu'il faut vaincre
pour la poffeder. Lors mefme que l'on s'en defbau-
che, ce n'eft pas qu'on ne l'ayme ; c'eft qu'on s'abu-
fe en ce que l'on penfe en iouyr auec les plaifirs des
fens qui nous font extremement familiers, parce
que nous y auons efté nourris dés noftre naiffance,
& qu'ils ont acquis les premieres de nos habitudes.
Mais comme les planettes emportez par la violence
du Ciel qui eft fans lumiere ; ne laiffent pas d'aller
toufiours au contraire, & d'eclorre leurs periodes
par leur mouuement naturel ; comme il fe trouue
dans les viperes des parties dont la fecrete vertu refi-
fte au venin ; comme dans la mer il y a des fontaines qui pouffent leurs eaux, & des ifles delicieufes

qui brauent l'infidelité de cét element: Ainsi au milieu des plus grands desordres de l'esprit, il reste tousiours de secretes affections pour la vertu, & des sentimens qui ne sont point esclaues du vice. Que si les planetes font plus de chemin par le mouuement de violence, que par celuy qu'elles ont naturel; si la surface des eaux a plus d'estenduë, que la terre destinée à nostre demeure; si les simples ont plus de matiere inutile, que de parties riches des qualitez pour lesquelles elles sont produites, il ne faut pas s'estonner si entre les hommes la vertu est rare, encore qu'elle leur soit naturelle. Outre les raisons que i'en déduiray plus bas, c'est assez de dire, que ce monde luy est vne terre d'ennemis, où ne pouuant paroistre auec son esclat, & n'estant que sur la deffensiue, celuy est beaucoup de ne point perir tout à fait sous les insolences du corps, & de se conseruer ses droits en peu de personnes.

C'est pourquoy les sages en establissant leurs loix, ont cedé quelque chose aux mauuaises coustumes des peuples, & ont quelquesfois permis vn mal pour en esuiter vn plus perilleux, & pour faire reüssir quelque grand dessein. Cela monstre que l'homme a vne inclination naturelle pour la vertu, puis qu'elle est si forte qu'elle conuertit en soy les choses qui luy sont contraires, & que du mal elle en fait vn bien; comme il n'appartient qu'à vne complexion vigoureuse de changer le poison en nourriture; & il faut que les qualitez du sang, soient propres & naturelles au foye; puis qu'il conuertit en cette humeur les corps d'vn autre temperament, que l'estomac luy enuoye delayez en chyle. Ainsi quand les loix Romaines n'ont pas puny les femmes publiques, elles ont fait diuersion d'vn amour, qui autrement se fut assouuy par les adulteres, & elles se sont seruies de l'incontinence, pour conseruer la pudicité, Elles n'approuuent pas la lesion outre moitié de iuste prix; elles n'authorisent pas la mauuaise foy des vsurpateurs, ny l'impunité des criminels par les prescriptions, mais elles punissent la negligence de ceux qui se monstrent trop lasches en la poursuite de leurs interests, de peur que les domaines ne fussent trop long temps en l'incertain, ce qui troubleroit le repos, & incommoderoit le commerce public. Les Empereurs concluent en faueur de la Nature qui nous porte à la vertu, supposans que tous les hommes sont bons, s'il n'y a preuues manifestes du contraire, & comme si les accusations estoient vne violence faite à ces preiugez naturels, ils ne veulent pas qu'elles soient continuës.

Si l'on entretient des guerres estrangeres, pour entretenir la paix dans l'Estat, c'est parce que la iustice & la vaillance sont des vertus naturelles à l'home qui veulent estre en exercice, & qui se porteroient à vanger les iniures particulieres, si on ne les employoit à soustenir les interests du public. Comme la chaleur naturelle qui dure en nous autant que la vie,

DE L'IMMORTALITÉ DE L'AME. 313
la vie, consomme l'humide radical, & tourne indirectement ses forces contre ellemesme, si on ne luy donne des alimens sur lesquels elle puisse agir. Il faut donc conclure que l'homme a vne inclination naturelle à la vertu, & par consequent que son ame est immortelle, qui tire sa perfection, de ce qui est la mort & le supplice du corps.

L'appetit insatiable de la volonté.

CHAPITRE XXXI.

I'Ay quelques-fois consideré l'homme auec de profondes admirations, de ce que dans vn si petits corps, exposé (ce semble) à toutes les incommoditez de la Nature, il a vne certaine puissance qui agit tousiours, qui controlle l'ordre du monde, qui porte ses desirs & ses cognoissances au delà des Cieux. L'on regarde auec respect ces puissans Genies, qui donnent les loix aux peuples; qui conduisent de grands desseins de paix & de guerre; qui se concilient la fortune, qui se donnent quelque droict sur l'aduenir par leur prudence. Neantmoins ces merueilles sont bien peu de chose, si vous en faites comparaison auec la capacité infinie de l'esprit de l'homme. Car apres que ces personnes auront gagné des batailles, assujety des rebelles; traitté les ennemis, & les alliez, auec vne conduitte qui change l'enuie en admiration, toute ce qu'ils ont fait n'est que la moindre partie de ce qu'ils sont disposez de faire ; les biens, les honneurs, les dignitez, les acclamations que leur donne vn peuple rauy du bon succés de leurs entreprises, sont des vents qui allument les flammes de l'ambition ; la grandeur qui leur deuient ordinaire, leur semble insipide ; ils veulent toute autre chose que ce qu'ils voyent ; & quoy qu'ils ne puissent bien exprimer ce qu'ils desirent, leurs cœurs poussent des souspirs qui tesmoignent leur pauureté parmy leurs richesses.

D'où vient cela ; sinon de ce que l'ame humaine estant capable d'vn bien infiny, se fasche de se voir tousiours trompée en la iouyssance des objets sensibles qui promettent beaucoup, & luy donnent peu ; apres tant de desirs frustrez, il ne luy reste sinon à porter ses affections plus loing que ses yeux, & ses esperances.

Il est vray que les biens du monde ne nous donnent du contentement que dans la poursuitte, parce que l'ame se trompe elle-mesme, & se figure dans ce mouuement, qu'elle aduance au bien où consiste sa derniere felicité ; mais quand elle arriue au terme de la possession où ses souhaits ne finissent pas, c'est lors qu'elle les redouble, que ces gouttes d'eau irritent sa soif, & que son amour s'enflamme par des objets qui ne peuuent le rassasier. Comme si l'on rencontre plusieurs portrais d'vne personne que l'on tient chere, on les considere tous, on cherche celuy qui la reprefente plus au naturel ; mais enfin l'imagination ayant fortifié fon idée par ces efpeces, fe laffe de cefte trompeufe prefence, & le cœur foufpire pour l'objet, dont ces coloris ne font qu'vne morte reprefentation.

Noftre volonté fe mefure à nos cognoiffances; & comme nous conceuons quelques veritez vniuerfelles ; par abftraction du lieu, du temps, & de la matiere ; comme nous auons vne idée confufe, qui nous fait parler d'vn objet fouuerainement accomply. Ainfi noftre cœur a vne fecrette, mais puiffante inclination, pour vn bien qui comprend toutes les perfections, & qui eft exempt de tous les defauts imaginables.

Nous trouuons par experience que ce bien ne fe rencontre pas en cefte vie, parce que tout y eft renfermé dans les bornes d'vne exiftence, & d'vne perfection indiuiduelle ; meflée par confequent de plus de priuation que d'eftre ; les chofes s'y écoulent par vn flux continuel d'alterations, & le temps les emporte par vne courfe trop precipitée pour y eftablir le fiege de noftre bon-heur. Quand mefme le Ciel nous prefenteroit le bien que nous fouhaittons, noftre ame eftant prifonniere dedans le corps, eft encore d'vne condition trop baffe pour le receuoir, & fes yeux fe trouuent trop foibles, pour vne lumiere fi éclattante ; de forte qu'elle eft feulement capable d'en conceuoir les defirs.

Il doit donc y auoir vne autre vie où les recherches de nostre esprit, & les mouuemens de nos volontez se terminent dans vn repos, & dans vne parfaicte satisfaction. D'autant que la Nature n'imprime point d'appetits à toute vne espece qui soient vains; elle ne leur propose point de fin où elle ne les porte; autrement elle se tromperoit elle-mesme; elle des-honoreroit ses œuures & sa conduitte d'auoir des desseins, où elle ne pouuroit reüssir.

Si les eaux, si l'air & la terre produisent ce qui contente l'inclination des animaux; si les corps legers & pesans ont leurs centres, où leurs mouuemens se viennent appaiser. L'homme qui est la plus noble des creatures, ne sera pas le plus mal-heureux d'auoir de la passion pour vn bien vniuersel, dont la iouyssance luy soit impossible. Dieu est vn acte tres-pur; hé! comment permettroit-il que l'homme qui tient sa lieutenance au gouuernement du monde, & qui porte l'image de sa grandeur, eust plus de puissance, que d'acte; qu'il n'eust que des desirs au lieu de possessió; que le vuide, que le mouuement sans terme qui ne se rencontrent pas au monde materiel, se trouuassent dans l'appetit raisonnable; que le defaut & la priuation fussent l'appennage de l'essence la plus accomplie entre les choses inferieures.

Nous auons dit que l'homme est la fin du monde materiel; que s'il ne se rapporte pas au premier principe, comme à sa dernier fin; s'il ne la peut ioindre, & y trouuer sa beatitude; voila ce cercle

DE L'IMMORTALITE' DE L'AME. 317
de lumiere dont nous auons parlé, rompu, & ce qui est procedé de Dieu n'y retournera pas.

Que s'il faut iuger de l'essence par les operations, on ne doit pas croire que cette essence finisse iamais, dont les operations n'ont pour terme que l'infiny, & dont l'amour apres auoir couru tout le monde ne trouue vne plaine satisfaction qu'en Dieu.

Ramassez en vn tous les honneurs, toutes les pompes, toutes les richesses, toutes les delices imaginables, ce sont parties disiointes, & des-assemblées qui ne se goustent que successiuement, qui laissent du vuide, & de la priuation, & qui ne peuuent former vn bon-heur complet. Tout ainsi donc que d'vne quantité discrete, comme sont les nombres, l'on vient à la continuë de qui les parties ont de la liaison, & de là à l'vnité, de laquelle toutes les vnions ne sont qu'vne image; Comme des diuerses perfections partagées entre les choses inferieures, l'on vient aux Cieux qui les comprennent auec eminence: Ainsi faut que l'homme qui contient en soy tous les degrés de la Nature, s'esleue à vne felicité qui surpasse tous les biens qui auoient esté l'objet insuffisant de ses appetits.

Ie ne rapporte point icy l'opinion des Philosophes touchant le souuerain bien; parce que i'en ay desia dit quelque chose dans le triomphe de la vie Religieuse, & ie me reserue d'en traiter encore dans les Morales Chrestiennes : Il suffit de dire,

Rr iij

qu'ils demeurerent tous d'accord qu'il ne confiſtoit pas aux honneurs, aux richeſſes, aux voluptez, ny en tous les biens de fortune, mais en la contemplation de la verité qui eſt l'action propre à l'homme, & qui part d'vne puiſſance, par laquelle il eſt diſtingué de toutes les autres choſes. Or il ſe trouue fort peu de perſonnes inſtruites aux ſciences, ſoit qu'ils y ayent des indiſpoſitions particulieres, ou qu'ils en ſoient diuertis par des neceſſitez qui les iettent dans vne vie purement actiue, & qui ne trauaille que pour le corps. Ceux meſmes qui donnent leur temps aux eſtudes, n'ont qu'vne cognoiſſance ſi ſombre, reſtrainte à ſi peu de choſe, obſcurcie de tant de doutes, que le plus ſage de l'antiquité dit, qu'il ne ſçauoit autre choſe, ſinon qu'il ne ſçauoit rié. Cependant nous auons vn deſir extreme de ſçauoir; s'il ne peut pas eſtre accomply en cette vie, il doit y en auoir vne autre où cette ſatisfaction conforme à noſtre nature nous ſoit reſeruée, & vn iour d'eternité doit chaſſer toutes les tenebres de noſtre ignorance.

On dit à cela que les hommes ne ſont tous enſemble qu'vn ſeul corps, dont comme membres ils ont diuerſes aptitudes, les vns aux cognoiſſances ſpeculatiues, les autres aux pratiques du gouuernement, & des arts; qu'il n'eſt pas neceſſaire que tous y reüſſiſſent également, & qu'vn ſeul ſuffit en cela pour toute l'eſpece. Que c'eſt auſſi vne pretention trop ambitieuſe, & qui paſſe les termes de no-

DE L'IMMORTALITE' DE L'AME. 319
ſtre nature, de ſe promettre vne nette cognoiſſance de la verité.

Ie reſponds que quand on dit que tous les hommes ne font qu'vn corps, cette vnité n'a ſon exiſtence qu'en noſtre penſee qui forme vn vniuerſel, & qui conçoit pluſieurs perſonnes ſous l'idee d'vne ſeule eſpece. Mais en effect elles ſont reellement diſtinguées les vnes des autres; Elles ont toutes leurs deſſeins, leurs intereſts, leurs appetits particuliers, & ſi tous les hommes eſtoient, comme on dit, membres d'vn meſme corps, ils conſpireroient tous à meſme deſſein; il n'y auroit point entr'eux de guerres, d'animoſitez, de meurtres, de violences; Ce ſeroit vne parfaite ſocieté, où le reſſentiment des biés, & des maux ſeroit neceſſairement commun par la complaiſance, & la compaſſion. Il ſe peut donc faire que toute la terre ſoit reputée poſſeder ſon centre, quoy qu'elle ne le touche qu'en vn ſeul poinct, d'autãt que c'eſt vne maſſe d'vne quantité cõtinuë, dont les parties n'ayants point d'autre diſtinction que celle que nous nous figurons poſſible, n'eſtant qu'vn corps, il ne faut qu'vne ſeule poſſeſſion pour le ſatisfaire. Mais cela ne ſe peut pas dire des hõmes, parce qu'ils ſont reellement diſtinguez les vns des autres; qu'ils ne s'entretiennent point, & que le bon-heur n'eſt pas commun, cõme l'experimentent ceux qui gemiſſent ſous les tortures des maladies, & dans les langueurs de la pauureté, cependant que les autres ſont dans l'abondance, & dans les delices.

Les parties des elemens ne s'incommodent point, & ne se font point à charge, quand il est question d'approcher leur centre; autrement ceux qui plongent dans la mer, seroient estouffez sous la masse des eaux qu'ils ont sur leurs testes, si elles auoient la mesme pesanteur dedans que dehors leur lict. Les hommes au contraire, se poussent, se renuersent, se precipitent l'vn l'autre, pour posseder vn bien qui est recherché de plusieurs. On ne bastit sa fortune que du debris de celle des autres; & le ieu le plus ordinaire en la Cour des Grands, c'est le boute-hors.

L'vnion n'est donc pas telle entre les hommes, que la iouyssance d'vn seul suffise pour le contentement de tous les autres, mais comme ils sont separez, & leurs affections particulieres, chacun doit auoir la possession de sa fin. La Nature ne se contente pas de perfectioner vn seul de plusieurs indiuidus, qui participent d'vne mesme espece; mais elles les equippe tous d'organes, de force, de vertus, & les met en exercice des actions propres pour ioindre leurs fins. Tous les lyons, les aigles, les ours, les dauphins, ont la force & l'agilité necessaire pour pendre leur proye, tous les cerfs, & tous les liévres ont de la disposition pour la fuitte; tous les rossignols, & tous les serains entonnent le chant où ils trouuent de la complaisance: Pourquoy les hommes seroient-ills si miserables qu'entre eux il n'y eust qu'vn seul qui possedast la perfection de l'espece;

qu'au

DE L'IMMORTALITÉ DE L'AME. 321
qu'au lieu de felicité tous les autres n'eussent que des desirs pleins d'inquietude, & vne enuie qui augmentast le supplice de leur indigence.

Vn Prince ne satisferoit pas à la loy Royale qui l'oblige de procurer la felicité de ses sujets, s'il ne faisoit du bien qu'à vn fauory, & s'il reduisoit tous ses autres peuples dans des calamitez pires que la seruitude. Ainsi il ne seroit pas conuenable à la souueraine bonté de Dieu, d'auoir mis dans tous les hommes des desirs extremes de la verité, & du souuerain bien, pour ne les contenter qu'en vn seul; qu'estant vn acte tres pur, & vne bonté souueraine, il eust laissé plus de puissances vuides que satisfaictes, plus de priuation que de jouyssance.

Au reste les preuues que nous auons aduancées que l'homme a vn desir naturel de posseder le souuerain bien, & de cognoistre la verité, monstrent que s'il n'en peut auoir la possession par ses propres forces, qu'il la doit receuoir de la liberalité du premier principe; qu'il est capable de tout ce dont la Nature luy a donné le desir, comme vn vase peut estre remply d'autant d'eau qu'il a de creux & de vuide. Ceste possession est la fin où nous pretendons; le centre qui doit terminer tous nos mouuemens; C'est pourquoy ie ne m'estonne pas si ce bon-heur estant comparé à nos miseres, ce repos à nos agitations, ce calme à l'inquietude de nos desirs, semble auoir peu de rapport à nostre nature. Mais cela mesme qu'on prend pour vne propor-

Tome 2. Sf

tion, est vne preuue que ceste felicité nous est promise; puis que le mouuement se doit terminer au repos, & la multitude par l'vnité ; les dispositions que nous auons à toutes sortes de cognoissances se doiuent remplir; le cours de nos raisonnemens, qui descouurent les veritez auec imperfection, & par interualles, doit arriuer à vne vie où nous en ayons vne pleine & tranquille iouyssance.

Les Cieux annoblissent bien les corps d'icy bas de leurs vertus; ils donnent à l'or, & au diamant l'éclat que nos yeux y admirent; à l'aymant l'inclination de chercher le pole, & de se faire suiure du fer; aux medicamens, les vertus qui purgent nos corps: si la Nature gratifie d'vne qualité celeste les corps rauallez au dernier degré de l'estre ; comment Dieu ne se monstreroit il point liberal de quelques faueurs releuées au dessus de l'estat de ceste vie, enuers l'homme qui est son image, la fin & l'abregé des choses materielles.

Nous auons dit qu'il est mitoyen entre les deux mondes, & comme en cette qualité nostre amë s'abaisse & influë au corps la vertu vegetante, & sensitiue, il est raisonnable qu'elle reçoiue quelque grace qui soit au dessus de la Nature, qu'elle soit plus releuée par le premier principe, qu'elle ne souffre d'humiliation quand elle s'vnit à la matiere, parce qu'elle n'est que l'ombre & l'image de la bonté de Dieu, & qu'elle a vn amour pour luy, qui demande quelque faueur extraordinaire.

De l'amour de Dieu, & des sentimens de Religion.

CHAPITRE XXXII.

L'Homme ne se recognoist pas seulement nay pour la possession d'vn bien infiny, de ce que le monde n'a pas dequoy contenter ses appetits ; Il n'a pas seulement les preuues de sa capacité par son vuide, & ses tenebres, mais par les sentimens reels & effectifs d'vne souueraine diuinité. Sans tirer des consequences de l'ordre du monde, de l'accord des parties contraires, & de ces vicissitudes si bien reglées ; sans raisonner sur cette raison vniuerselle qui conduit les plantes & les brutes par des instincts infaillibles, nostre ame fait quelquesfois des élans plus genereux, & conçoit tout d'vn coup vn premier principe de la Nature, la source & l'origine de toute bonté. Elle le recherche comme son asyle, dans l'occasion de quelque disgrace qui la menasse, ou qui la tourmente ; elle le reuere comme le iuge de ses actions, elle l'inuoque comme le tesmoin de son innocence. Mais elle l'ayme comme la souueraine bonté, comme le Principe de qui elle tient la vie, & dont elle doit esperer sa gloire.

Elle l'auoit cherché par la voye des creatures, & par des speculations qui ne luy en donnoient

Sf ij

qu'vne veuë fort eloignée. Maintenant l'amour la porte droit à ce centre, & luy en permet aussi tost la possession que le desir, Les contemplations naturelles peuuent bien donner de grandes lumieres, & ce fut par leur moyen que les Philosophes vinrent à la cognoissance du premier Principe de la Nature. Neantmois en cela l'intellect ne s'esleue point au dessus de sa condition, parce qu'il attire l'objet dedans soy, qu'il l'apetisse, & le proportionne à sa portée. Mais la volonté toute de feu a des mouuemens qui l'emportent hors d'elle-mesme, vers ce souuerain objet qu'elle rencontre riche de tous les thresors de bonté: Estant pauure elle en reçoit, par grace, cela mesme qu'elle luy doit rendre en hommage, & le moyen de l'aymer plus que ses propres forces ne luy permettoient. La cognoissance s'instruit dans les longueurs du discours, & par les diuisions de son sujet. L'amour fait ces saillies en vn instant, & n'aspire qu'à l'vnion, & comme nous sommes partis de la main de Dieu sans l'ayde d'aucun moyen; l'amour nous y reporte par vne saincte confiance, sans l'entremise d'aucune chose creée: Toutes preuues manifestes de l'immortalité de nostre ame, en ce qu'elle surpasse le temps & le mouuement par la promptitude de son action; qu'elle s'esleue au dessus des choses mortelles; qu'elle s'affranchit de leur seruitude, qu'elle anticipe déja sur l'eternité se mettant en possession de Dieu.

Quand on reduit la quantité à l'indiuisible, ou

les nombres à l'vnité, l'on vient à l'existence, la moindre de toutes, & la plus voisine du rien : mais quand de la multiplicité des choses mortelles, l'ame se porte à l'vnité diuine, de l'estroit elle vient au large; elle entre dans vn Ocean sans fonds & sans riue, où l'infinité des perfections s'accorde auec l'vnité & la simplicité de l'essence. Or toutes choses se ioignent à la faueur de quelques vertus sympathiques, & de quelques ressemblances qu'elles ont entre elles. Donc l'ame raisonnable qui se ioint à Dieu par l'amour, fait paroistre qu'elle ne trempe point dans les basses conditions de la matiere; qu'elle est simple, sans composition, & incorruptible, puisqu'elle s'vnit d'amour au premier estat tres-simple & eternel.

Il est vray que quelquesfois elle se mescognoist dans le bon heur de ces vnions, parce qu'elle agit d'vne maniere extraordinaire, ne se seruant ny des especes de l'imaginatiue empruntée des corps, ny des discours de la raison qui s'acheuent par vne longue suite de propositions. Mais comme les douceurs qu'elle gouste, & les lumieres dont elle se void esclairée dans ses extases, n'ont rien de commun auec le procedé de cette vie, elle pense estre desia dans l'eternité. En cela elle monstre qu'elle est creée pour la posseder; d'autant que ces delices spirituelles ne charmeroient pas ses puissances, si le bien, dont elles luy doanent l'essay, n'estoit conuenable à sa nature, elle n'oublieroit pas ses operations ordinaire, si elles ne luy estoient vn trauail qu'elle quite auec contentement, pour des douceurs qui luy representent celles de sa fin; comme le lieu où la pierre arreste son mouuement naturel, suppose le centre où elle doit demeurer immobile; ainsi ces operations de l'amour diuin releuées au dessus du temps & de la matiere, où l'ame raisonnable s'arreste auec contentement, & qui sont propres à l'eternité, monstrent qu'elle en doit iouyr dans vn autre vie.

Apres auoir veu le Soleil quelque temps, ce n'est pas vne consequence que ie le puisse voir tousiours, parce que son essence n'est pas necessaire, la lumiere dont il se couure pour son ornement en peut estre ostée. Ie le regarde aussi auec des yeux materiels comme luy, & dont la puissance est sujete à corruption. Mais l'immortalité est inseparable de l'essence de Dieu. C'est pourquoy l'ame qui la conçoit, qui la contemple, & qui l'ayme, doit estre spirituelle, & incorruptible, & telle qu'elle le puisse aymer & contempler tousiours, afin qu'elle ayt quelque proportion à son objet.

Dieu ne permettoit pas que nostre ame fust touchée de son amour dans le temps qui est la durée des choses mortelles, sans l'estre dans l'eternité qui luy est propre. Il est souuerainement bon, souuerainement parfait & aymable. Il doit donc estre aymé dans vne vie sans fin, & sans terme; & la volonté qui commence icy à l'aymer, doit estre tous-

DE L'IMMORTALITÉ DE L'AME. 327
iours, pour l'aymer toufiours, afin qu'elle l'adore par cét hommage continu, comme le merite l'excellence de fa nature; qu'eftant fon image, elle reprefente en cela le cercle infiny de fon amour eternel, & effentiel.

Si vous interrogez vne perfonne qui ayme bien Dieu, elle vous dira qu'elle n'a point de defirs plus violens que de l'aymer toufiours fans fin, & fans aucune intermiffion; que fi l'infirmité de cefte vie la fait retomber de fon extafe dans la pratique des fens, dans cefte priuation elle ne laiffe pas de fe conferuer les fentimens du fouuerain bien, & de le poffeder au moins en defir. Quelques Philofophes ont dit, que l'extreme amour qu'a noftre ame de iouyr de Dieu, fait qu'elle ne s'en fepare iamais, & qu'elle y demeure toufiours vnie, lors mefme qu'elle eft la plus diftraite dans les occupations de cefte vie, encore qu'elle ne s'en apperçoiue pas, comme elle exerce les fonctions vegetantes fans y prendre garde. Mais fans en venir iufques à cefte opinion trop fpeculatiue, l'appetit infatiable de la volonté, dont nous auons difcouru au Chapitre precedent, & les mouuemens de fon amour qui croiffent dans l'exercice, nous monftrent affez qu'elle a de puiffantes inclinations de iouyr continuellement de Dieu.

Or nous ne voyons point d'appetits naturels qui foient inutils; toutes les puiffances trouuent des actiuitez qui les fatisfont; La bonté diuine nous referue donc vne vie, pour nous y donner le parfait accomplissement de nostre amour. La matiere premiere qui a de la passion pour toutes les formes, les reçoit icy bas successiuement ; mais parce que ceste jouyssance, meslée, suiuie, & deuancée de la priuation, ne peut contenter ses auiditez, elle est enfin remplie de la forme des corps celestes, dont elle ne se deffait iamais, à cause qu'elle est la plus accomplie, & qu'elle contient toutes les autres par eminence. Ce nous est vn signe, qu'apres que nos ames auront cherché leurs contentemens dans les biens du monde ; sans les y auoir trouuez, qu'enfin elles arriueront à vne vie, où leurs capacitez seront satisfaictes dans la possession pleine, & continuë d'vn bien infiny.

Il est vray que nous souffrons icy bas des inconstances plus grandes que celles qui se remarquent dans le premier sujet de composition ; nos volontez sentent vn peu de temps les douceurs de l'amour diuin, le zele, & puis les langueurs, comme on void tout ensemble sur le mont Etna, des fleurs, des flammes, & des neiges : neantmoins si la matiere premiere arreste le cours de ses appetits, pour se reuestir d'vne forme qui est parfaicte ; si le mercure (quoy que pesant) s'enuole, & quoy que fluide, se cole à l'or, qui est le Roy de metaux, si l'aiguille frottée de l'aymant, apres auoir bien balancé vers les diuerses parties du monde, s'arreste tout court au droit de son pole ; nous en pouuons tirer ceste conjecture, que l'inconstance de nos affections se

doit

doit arrester dans la possession d'vn bien infiny; qu'il ne faut pas moins que cét objet, & qu'vne durée sans fin, pour remplir vne capacité de tant d'estenduë.

Autrement Dieu exerceroit plustost ses rigueurs que sa bonté enuers les hommes, s'il permettoit que leurs mouuemens se terminassent en la priuation. Il leur tiendroit lieu de supplice, s'il se rendoit seulement l'objet de leurs desirs, & non pas de leur iouyssance. Il feroit aussi vne action repugnante au dessein eternel qu'il a de son amour & de sa gloire, s'il ne continuoit pas la vie à l'ame raisonnable, qui ne la demande que pour l'honnorer. Quelle apparence que les hommes aymassent plus Dieu, que Dieu ne voudroit estre aymé, luy qui s'ayme, & qui est aymable infiniment.

L'amour que les peres ont pour leurs enfans, est plus empressé, moins dans l'interest, & plus solide que celuy qu'ils reçoiuent d'eux. Les petits lyons ne flattent leur mere que par impuissance, & par vne necessité qui les presse de caresser les flancs d'où ils tirent leur nourriture, mais la lyonne les ayme de cét amour, qui au lieu de rechercher ses profits, prodigue sa propre substance, deuient esclaue, & souffre la faim pour ces petits qui peuuent luy seruir de proye. Les loix Romaines supposent que cét amour naturel, descend tousiours, & ne monte point: C'est pourquoy elles ne parlent de celuy des enfans enuers leur pere, que pour en punir le defaut. Mais elles ordonnent le droict des adoptions pour remede à l'amour des peres qui souffre le plus en l'absence de son objet, & qui n'en peut supporter la priuation sans estre soulagé par quelque sorte de ressemblance. Dieu est le principe & le prototype de la Nature. Il doit donc auoir plus d'amour pour les hommes, que les hommes qui sont ses creatures, pour luy. Or les hommes l'ayment d'vn amour qui n'a point de bornes, & qui ne veut point finir: Dieu donc selon ces loix naturelles qui sont les témoignages de sa volonté, les doit aymer tant qu'il sera Dieu, & conseruer les ames raisonnables incorruptibles, pour en receuoir l'amour, & pour les obliger du sien.

Platon dit que celuy qui ne recognoist point l'amour qu'on luy porte par vn autre amour, est homicide de son amant, en ce que ne luy rendant point d'amour, il luy retient la vie qu'il luy a donnée. O seroit-on dire, que Dieu se laissast vaincre en amour par sa creature; qu'estant l'autheur de la vie, il luy causast vne triple mort, faisant mourir l'ame auec le corps, frustrant ses attentes, & ne reconnoissant point son amour.

S'il nous a aymez deuant que nous fussions, & par cét amour, du rien nous a mis en l'estre, sans doute il le conserue, & nous ayme encore plus depuis qu'il nous a rendus capables de l'aymer. Tellement que s'il nous oste la vie du corps, ce n'est que pour nous faire passer à vne plus auantageuse, par ce qu'on ne doit pas croire de sa bonté, qu'elle vouluſt deffaire ſon œuure, & eſtre méconnoiſſante de noſtre amour.

C'eſt luy qui nous inſpire les deſirs de le poſſeder en l'eternité; s'il ne les ſatisfaiſoit, au lieu d'aſſigner vne cognoiſſance à noſtre amour, il luy impoſeroit vne peine de deſirer ce dont la iouyſſance ne luy ſeroit pas permiſe; l'amour le plus legitime, & le plus ſainct ſeroit puny du méſme ſupplice, que les Roys des Indes impoſoient anciennement aux adulteres, de ſe voir, ſans eſperance de ſe pouuoir iamais, ny approcher, ny parler.

Si donc il n'y auoit point de vie apres celle-cy, l'amour que nous portons à Dieu, ne nous ſeroit pas ſeulement inutil, mais fort onereux, & à cauſe de nos deſirs qui ſeroient fruſtrez, & principalement parce qu'il nous perſuade de quiter les commoditez de la vie pour nous conſeruer dans vne plus entiere innocence. Ce qu'on rapporte de l'amour, qu'il eſt pauure & nud, parce qu'il eſt prodigue de tout ce qu'il a, ſe doit dire de l'amour diuin, qui ne ſe contente pas de deſpoüiller l'homme des biens de fortune, mais encore il met les ſens comme en interdit; il les priue de leurs plus agreables objets, & reduit le corps en vn eſtat où la vie ne luy continuë, que pour ſupporter vn nóbre infiny de morts. Cela ſe fait par vn ſentiment de Religion vniuerſel entre tous les peuples, d'où eſt procedé la couſtume de preſenter des ſacrifices, non ſeulement des biens, mais du sang, & de la vie, sous esperance de posseder les felicitez d'vne autre.

Ce sentiment qui est general, & naturel, ne sçauroit estre fautif, comme nous l'auons prouué, & si en effet il n'y auoit point de vie apres celle-cy; Dieu ne permettroit pas que les hommes se priuassent d'vn bien qu'ils ont present, pour courir apres vn, qu'ils ne deuroient iamais toucher. Il est inconceuable que sa bonté prist plaisir à nos ignorances, à nos abus, & à nos supplices, à nous voir tourmenter inutilement pour son amour, & à la recherche d'vne felicité qui ne nous est pas possible.

Si tost qu'on s'acquite bien des deuoirs de Religion, on sent dans son interieur des douceurs & des complaisances qui passent toutes les voluptez de la Nature; les esperances s'esleuent des choses humaines aux biens de l'eternité; l'ame en reçoit des promesses si viues & si asseurées, que quelquesfois il luy semble estre déja deliurée du corps, & en possession de ce bon-heur. C'est ce qui luy fait regarder les contentemens du monde auec mespris; souffrir ses iniures auec vne force qui les cherit comme des combats, dont elle se promet de toucher les palmes. L'amour qui la separe des choses mortelles, & qui l'vnit à son Principe, luy inspire ces genereuses resolutions, & comme la fin enuoye par auance quelques rayons de sa vertu, sur les actions qui la recherchent; ainsi l'eternité qu'elle se propose pour son objet luy donne cette ferme assiette, in-

DE L'IMMORTALITÉ DE L'AME. 333
uincible aux charmes & aux violences de la fortune.

*Pourquoy les hommes sont sujets aux
passions*

CHAPITRE XXXIII.

LEs parties du monde qui conspirent à le conseruer dans son vnité, se reuestent des qualitez
les vnes des autres quand elles s'approchent, afin
que la tissure en soit plus douce, & que la diuersité
y soit moins sensible. Ceste deference, qui les couure des couleurs de leurs voysins, qui rabbat, ou
qui releue beaucoup les apparences de leur estat ordinaire, les fait mécognoistre; de sorte qu'il est difficile qu'on ne s'y abuse, si on les considere seulement
en leurs extremitez. La plus haute region de l'air
ressemble au feu, la plus basse à l'eau; le fonds de l'eau
s'épaissit en vn limon qui tient de la terre, & ainsi
des autres elemens, & des especes, comme ie l'ay
deduit au premier tome. Si de mesme vous considerez l'ame raisonnable en ceste supreme partie, qui
comprend & qui mesure le monde, qui s'approche
des choses diuines, & qui tient le gouuernement
des mortelles, elle vous paroistra vne substance diuine; mais si vous la regardez en ceste portion inferieure qui s'abaisse aux necessitez du corps, qui luy

T t iij

donne la force de se nourrir, de croistre, de se mou-uoir, à peine la pourrez-vous distinguer de la forme sensitiue d'vn autre animal.

Les Anciens considerans l'homme dans ces bassesinclinations, le representerent par des figures de monstres, par des Satyres, des Centaures, des Sphinx, des Tritons, par vn Vulcan precipité du Ciel, boiteux de sa cheute, à cause de la debilité de ses puissances, & attaché aux ouurages d'vn art mechanique. Ils ne laissoient pas d'aduoüer que l'origine de nostre ame estoit celeste; qu'elle estoit d'vne autre condition que le corps, encore qu'elle fust employée à luy donner les mouuemens de la vie, comme ces monstres estoient hommes, en ayant la teste, le cœur & le foye, & comme ce Dieu Forgeron estoit tenu d'eux pour immortel, encore qu'il fist sa demeure en terre.

Ce qui les empeschoit le plus, c'estoit de voir l'homme sujet aux passions de la partie sensitiue; de voir qu'il ayme, qu'il hayt, qu'il craint, qu'il fuyt, qu'il espere, qu'il desire, & qu'il se laisse emporter à ses émotions, auec des fureurs precipitées, où quelquesfois il ne monstre aucune conduitte de iugement. De là Pyrrhon, Zenophante, & quelques autres de mesme secte, se mocquoient des disputes que forment les Philosophes, du souuerain bien de l'homme; parce, disoient-ils, que parmy les agitations irregulieres de ses appetits, sans repos; & sans aucune pretention certaine, il n'estoit pas capable de felicité. Mais ces libertins ne consideroient pas le commerce de l'ame auec le corps, & l'eſtat moyen qui luy permet de s'éleuer aux choſes diuines, encore qu'elle compatiſſe aux materielles.

La reduire au rang de celles des brutes, à cauſe de cét abaiſſement, c'eſt dire que les Cieux, & le Soleil ne ſont pas d'autre condition que les mixtes qui ſe corrompent, parce qu'ils les touchent de leurs lumieres, qu'ils contribuët à leurs naiſſances, & que quelques-vnes de leurs vertus ſe trouuent engagées dans leur compoſition ; que le Prince n'eſt point d'autre qualité que le peuple, aux infirmitez duquel il compatit par ſes loix.

Il eſt certain, que comme l'ame raiſonnable contient par eminence les trois formes qui luy ſont inferieures, celle de l'élementatif, du vegetable, & du ſenſitif, elle en doit faire les exercices dans le corps & y tenir les elemens en ſujetion. Les ſens agiſſent ſans ceſſe pour trouuer les commoditez du corps, & le pouruoir de ce qui importe à ſon bien. Si toſt qu'ils ont fait la deſcouuerte de ce qui luy eſt propre, l'imaginatiue en reçoit l'eſpece, & toute émeuë de ce rencontre; gagnée par les apparences du bien, elle s'y porte quelques-fois auec des élans precipitez, qui n'attendent pas le conſentement de la raiſon.

Cela procede de ce que comme les corps recherchent leurs centres, ſelon l'inclination de l'element qui leur prédomine ; ainſi le mouuement de l'appetit senſitif, ſuit d'ordinaire le temperament, où il ſe trouue engagé, & qui luy ſert de matiere, comme nous auons dit. Les bilieux qui tiennent de Mars ſont plus ardans que les autres à la cholere; les ſanguins de Venus, ſont & laſcifs, & grands mangeurs, par vne auidité de la Nature, qui veut remplacer ce qu'ils alienent par la profuſion de leur ſubſtance. Les Saturniens melancholiques, s'enfoncent dans la ſolitude, craintifs & neantmoins amoureux de leur liberté, tenans de la ſeichereſſe, qui ſe reſtreint en elle-meſme, & qui ne reçoit pas ayſement l'impreſſion des corps eſtrangers.

En ce la il faut admirer la prouidence diuine, qui a voulu ioindre l'ame auec le corps, ſous des conditions ſans leſquelles il ſeroit à craindre que la difference de leurs appetits ne rompiſt leur ſocieté: L'ame ſe porte naturellement à des entretiens ſublimes, à des operations d'autant plus pures & plus vigoureuſes, qu'elles ſont plus abſtraites de la matiere. Il eſtoit donc, comme neceſſaire que quelquefois elle fut emportée par les mouuemens de la partie ſenſitiue, fauorables au corps, ſans le conſeil de la raiſon, parce qu'auſſi bien elle n'y ſeroit pas conſentante. De là viennent ces appetits extraordinaires qu'on void aux malades de certaines choſes qui leur paroiſſoient contraires, & dont neantmoins l'vſage leur rend la ſanté. Hippocrate accorde à ces violens appetits, ce que les Aphoriſmes deffendent; & les liures de Medecine ſont pleins d'exemples
d'vne

d'vne infinité de personnes gueries par ces doctes & heureuses passions de la Nature.

Elles les esmeut encore, pour se donner la iouyssance des voluptez qui flattent les sens, & pour s'affranchir des douleurs qu'ils souffrent dans la priuation de leurs objets; de sorte qu'outre ces mouuemens inuolontaires, il a fallu encore employer les deux parties de la Iustice, les peines de la douleur, & les recompenses de la volupté, pour obliger l'ame à rechercher les commoditez du corps. Dautant qu'elle trouue sa perfection dans l'esloignement de la matiere; estant immaterielle & incorruptible, elle eut negligé ces basses occupations si elle n'y eust esté emportée par surprise; gaignee par le plaisir, & comme contrainte par les souffrances du corps.

Mais comme les peuples se font insensiblement vn droict de ce que le Prince leur a permis par grace, ou de ce qu'ils ont vsurpé durant son absence; ainsi les sens & l'imaginatiue qui tiennent leur party, s'estans mis en possession de contenter leurs appetits, veulent faire passer ceste mauuaise coustume pour vne loy establie de la Nature, lors mesme qu'il n'y a point de necessité. Durant l'enfance l'ame trouuant ses organes destrempées d'vn excés d'humeur, ne s'en peut encore seruir pour les actes de la raison, & ne trauaille que pour les sens; si bien que les passions s'esleuent sans resistance, & lors mesme vne mauuaise education les fomente auec autant de soins, qu'on en deuroit employer pour les affoiblir. On donne aux enfans tout ce qu'ils conuoitent, on essuye leurs larmes par des vengeances feintes qu'ils croient veritables: on les porte à ce qu'ils desirent, & on les appaise par l'esperance de ce qu'ils ayment: on leur fait peur par des bruits, par des fantosmes, par des menaces de chastiment, on leur fait sentir de la complaisance en de beaux habits, dont on les reuest, & en des honneurs que l'on leur defere. Enfin on les irrite par ce qui blesse leur inclination, & on les appaise par tout ce qui la satisfait.

Ce sont-là les semences des conuoitises, des vanitez, des ambitions, des coleres, des vengeances, des timiditez, & des autres dereglemens qui troublent l'ame durant cette vie & qui estant cultiuées durant le bas âge, s'estant fortifiees par vn long vsage, ne veulent plus ceder à la raison. Neantmoins comme le Prince ne perd pas le droict qui luy appartient à la Couronne, quand ceux qui ont tenu le gouuernement durant son enfance, se le veulent approprier; Nous ferons paroistre au suiuant Chapitre que l'ame raisonnable, estant d'vne nature immaterielle & incorruptible, souueraine dessus le corps, peut calmer ses troubles quand il luy plaira, & s'assuiettir les sens, quelque aduantage qu'ils ayent vsurpé sur son domaine.

Ie sçay bien que tous les iours les hommes se plaignent d'estre gourmandez par leurs passions, & tirez comme esclaues à des actions où leurs conscien-

DE L'IMMORTALITE' DE L'AME. 339
ces souffrent vn éxtreme supplice. Mais de là mesme i'infere, que l'ame est d'vne condition contraire à celle du corps; qu'elle est immaterielle & incorruptible, comme il est mortel, que sa felicité est reseruée à vne vie autre que celle des sens, puis que ce qui leur donne de la satisfaction, luy est vne gesne. Les Tygres trouuent tant de plaisir en leur cruauté, qu'ils tuent & deschirent ce qui se presente, sans y estre excitez par la faim; les dogues ne partiroient pas de la main auec tant de fureur, & ne s'exposeroient pas si librement au peril de coiffer vn ours, ou vn sanglier, s'ils ne prenoient plaisir au combat, & si la Nature ne mesloit de la volupté parmy leur colere. Il n'y a point de remords interieur qui les arreste, ny qui leur donne du repentir de s'estre emportez à ces violences. Ils la font paroistre à tous les rencontres, & ne se rebutent pas mesmes, quoy qu'ils soient battus & fort mal traitez; parce qu'en cela les sentimens de la douleur sont moindres que ceux de la volupté qui naist de la passion.

Les hommes seroient de mesme; ils auroient du plaisir, & non pas des remors de conscience d'auoir suiuy l'appetit des sens; ils ne se porteroient iamais à l'amendement de vie; ils ne donneroient pas des Palmes & des Couronnes à la vertu qui domte les passions, si l'ame estoit de la condition du corps qu'elles seruent, & si elle dépendoit du temperament qui les met en exercice. Mais parce qu'elle est spirituelle; qu'elle a de secrettes inclinations

V v ij

pour l'eternité, elle regrette la peine employée en ces mouuemens qui l'en esloignent beaucoup ; elle ne peut agréer vn trauail indigne de sa puissance, qui l'écarte, au lieu de l'approcher de sa fin.

Vn faucon le plus ardant à fondre dessus sa proye, est le meilleur, comme vn léurier qui ne refuse rien; n'estans qu'animaux sensibles, leur nature est d'agir selon les sens; & leur perfection consiste en la violence de leur actiuité; tout de mesme que le feu est le plus parfait, dont la chaleur est la plus ardente : La pierre est dans vn estat d'autant plus accomply, qu'elle tombe par vn mouuement plus viste, à mesure qu'il s'approche plus prés du centre. Si de mesme les hommes n'auoient point vne nature autre que celle du corps & des sens ; ils feroient d'autant plus parfaicts, qu'ils feroient plus possedez de leurs passions, & les vaincre, ne seroit pas vne action loüable. Neantmoins elle passe pour telle dás le sentiment vniuersel, & par consequent infaillible de tous les peuples, qui ont tenu les hommes sujets à leurs passions, metamorphosez en brutes, comme si ces déreglemens qui contrarient à la raison, destruisoient leur estre.

Ils blessent mesme le temperament ; le corps se tient si fort offensé de ces injures faictes à l'esprit dont il est sujet, qu'il ayme mieux perdre la vie, que de l'auoir auec ces indignitez. De faict l'homme a cela de particulier sur les brutes, qu'il meurt d'vn excez de passion, de cholere, d'enuie, de tristeſſe, d'amour, & de ioye. Ie n'en veux point icy rechercher la cauſe dans les accidens qui ſuruiennent aux parties vitales, & ie ne ſuis pas d'accord qu'on meure, ou parce que le cœur s'eſtouffe de l'abondance du ſang & des eſprits qu'il a ramaſſez de prouiſion, ou de ce qu'il ſe dilate, & les reſpand auec vne prodigalité qui en deſſeiche la ſource; enfin parce que l'effuſion de la bile, ou de la melancholie, infecte le ſang, le glace, ou l'enflamme, iuſques à vn excés qui n'eſt plus propre à la nourriture. Si cela eſtoit, les chiens mourroient de cholere, les liévres, & les taupes de melancholie, & les autres beſtes de ſemblables paſſions, qu'elles ont plus viues que nous, parce qu'elles ſont le propre & l'apennage du ſenſitif.

On peut donc dire que quand vn homme meurt en ſuitte de quelque violente paſſion, que cela procede non ſeulement du corps qui eſt alteré; mais auſſi de l'ame, qui eſtant offenſée de ces deſordres, quitte vn gouuernement où ſes loix ne ſont pas receuës: Au moins ie penſe qu'elle conçoit vn regret interieur de ſe voir ſi mal traittée par ces reuoltes; qu'ainſi elle redouble les premieres paſſions par d'autres nouuelles qui troublent encore dauantage le temperament, & qui mettent fin à la vie. De faict, ceux qui ſe ſont laiſſez emporter à la paſſion, en conçoiuent de la honte, & cherchent tous les pretextes poſſibles pour leur tenir lieu d'excuſe. Ils la deſ-aduoüent, comme eſtrangere de leur nature, & de l'ame raisonnable, qui ne releuant point de la matiere, ayant vne fin plus excellente que toutes les choses sensibles, doit aussi auoir des actions plus nobles, auec vne conduitte qui ne soit point sujete à ces alterations.

Aussi voyez quelle difference. La raison allie les contraires, & se fait vne science de leur opposition; elle contemple les veritez vniuerselles, & aduance aux fins qu'elle se propose, auec vn progrés tranquille, & plein de douceur; mais la passion n'est qu'vn combat, que rendent les sens pour la conqueste de leur objet, & pour vaincre leur ennemy. Elle ne pretend qu'à des choses particulieres & sensibles; son cours est precipité; ses agitations irregulieres ressemblent à celles des flots qui s'enueloppent estans poussez par des vents contraires, ou aux foudres qui apportent le feu du Ciel en bas contre sa nature, & qui ne produisent que des effects lamentables à la nostre. Car comme la contemplation nous esleue au dessus de nous; les passions sont vne espece de rauissement qui nous rauale, d'où neantmoins nous pouuons tirer quelque consequence du degré de nostre nature, & du merite dont nous déchéons.

De quelques passions, d'où l'on peut inferer l'immortalité de l'ame.

CHAPITRE XXXIV.

VNEstat où les voluptez ont abatu les courages, monstre encore parmy ses langueurs, la force des places, la commodité des ports, la fertilité des terres, la bonne complexion des habitans, les richesses, & les autres auantages de l'air & de la Nature, dont vn sage Prince se seruiroit fort à propos pour de grands desseins. On voit dans les gentils-hommes esclaues, vn port, & des actions genereuses qui sont les preuues de leur Noblesse. Vn homme ne laisse pas de faire paroistre la bonté de son temperament, les traits de son visage, la majesté de la taille, quand il est dans les ardeurs de la fiéure, & l'on peut mesme iuger de ses inclinations, par les extrauagances de la frenesie.

Si vous considerez l'ame raisonnable, lors mesme qu'elle est vaincuë par les voluptez, & par les esmotions de la partie sensitiue ; vous cognoistrez qu'elle ne tient pas son extraction de la matiere; que son origine est celeste, & sa vie exempte des loix de la mort. Que les passions troublent tant que l'on voudra le calme de ses puissances ; qu'elles iettent la confusion dans la volonté, & les tenebres dans l'entendement, sa grandeur se fera tousiours paroistre, comme celle du Soleil & de la Lune, qui dans les eclipses ne laissent pas de monstrer toute la circonference de leurs faces, quoy que pâles, & défigurées.

L'amour est la plus violente de toutes les passions; celle qui empesche le plus d'esprits, qui est le premier mobile de la plus grande part des affaires publiques ou particulieres; Neantmoins on en peut tirer quelques consequences de la perfection, & de l'immortalité de l'ame. Les brutes n'ont cét appetit que par vne impetuosité naturelle qui les emporte auec fureur à la poursuite de leur objet, & à l'assouuissement de ce qu'vn sexe se promet de l'autre; & cela sans respect du lieu, du temps, des sujets, & sans autre retenuë que celle qu'ils souffrent par impuissance.

Quant à l'homme il ne paye pas ces redeuances du corps seulement par vn instinct de la Nature, mais par des considerations qui regardent le bien de l'espece, d'vne famille, ou de l'Estat; & quoy que ces motifs soient tres-iustes, la honte ne laisse pas de luy faire chercher les tenebres, le silence, & la solitude. Il se des-aduouë, comme s'il n'estoit pas luy mesme, quand il s'employe dans vne action qui ne represente ny l'origine, ny la dignité de l'ame. Il tient ce commerce si peu conuenable à l'honnesteté, qu'il en vouë vne perpetuelle continence, quand il se veut approcher de Dieu par vn estat de perfection;

DE L'IMMORTALITÉ DE L'AME. 345
perfection; & dans la vie commune, ils s'en abstient auec les personnes de qui l'alliance du sang demande des solides amitiez; ou l'eminente condition, du respect.

On ne parle de cela qu'à demy mot, par sousententes, & des enigmes qui font paroistre qu'on a peur d'en resueiller l'espece dans l'imagination, & de se salir d'vne pensée purement brutale. Cette honte vient de ce que l'ame n'estant point extraite de la matiere, ne luy donne ce semble qu'à regret les dispositions d'vne vie qu'elle ne luy doit pas. Estant immortelle, elle ne voudroit point concourir à la generation qui l'offence, parce que c'est vn remede destiné de la Nature à la propagation des estres qui souffrent la mort.

Que si neantmoins les hommes sont autrement sensibles à l'amour; ces premieres flammes, comme ie l'ay dit ailleurs, sont innocentes; le cœur ne souspire au commencement que pour vne possession, & pour des complaisances que les loix ne punissent pas.

La Nature n'imprime le mouuement de cette passion dans les brutes, qu'afin de conseruer l'espece, par la succession des indiuidus; & leurs poursuites n'est qu'vn trauail mercenaire aux gages de la volupté. Mais l'homme seul de tous les animaux, ayme la beauté, & se passionne pour cét objet dont le corps ne tire aucun auātage: dautant que son ame est libre, & n'entre point dans les interests de la matiere. Tome 2. Xx

Depuis que ce premier sujet de composition est remply de quelque forme, auec vn iuste ajencement de parties; l'on void éclatter dessus ce lustre que nous appellons beauté, qui n'est autre chose qu'vn esloignement des imperfections, & des desordres de la matiere, vn triomphe de l'art diuin dessus elle, vn raisonnement sensible, vne pompe & vne magnificence qui a du rapport à l'idée du premier principe, où il n'y a rien de confus. C'est pourquoy l'ame raisonnable conçoit de la complaisance pour cét objet, par quelque sorte de sympathie, à cause qu'elle possede en elle-mesme vne idée de beauté, qui luy sert comme de principe en l'inuention des arts, à cause qu'elle est esleuée au dessus de la matiere; qu'elle regarde ce lustre, comme vn rayon qu'elle suit, pour auoir la veuë de son Soleil.

Si vous examinez les autres passions, elles ne feront pas moins paroistre l'ame raisonnable, immaterielle & incorruptible. Il n'y a rien de si furieux que la cholere; c'est vn feu qui desole tout; vne tempeste, & vn foudre qui fracasse ce qui s'y oppose. Dans sa chaleur vous diriez qu'elle ayt changé les hommes en lyons; qu'au lieu de nature sociable, elle leur en ayt donné vne alterée de sang, qui se plaist dans les meurtres, & dans les combats. Mais considerez ceste passion en son origine, vous verrez qu'elle se forme le plus souuent auec conseil, pour vne injure receuë en l'honneur. Or nous

DE L'IMMORTALITÉ DE L'AME. 547
prouuerons au suiuant Chapitre, que ce sentiment est vne marque de la Nature spirituelle de l'ame qui affecte l'hommage deub aux choses diuines.

Quelques-fois on ne ressent aucune incommodité au corps, aux biens, n'y en l'honneur, de l'injure qu'on pense auoir receuë: neantmoins la cholere s'enflamme auec des mouuemens & des transports d'indignation sur ce que quelqu'vn ne se sera pas comporté en homme de bien, qu'il aura manqué aux deuoirs d'vn parent, d'vn amy, d'vn Iuge; qu'il aura trompé nos esperances, & payé nos bienfaits d'vne ingratitude. Ce sentiment de Iustice qui vient de l'idée vniuerselle du bien, & du vray, & qui est vn rayon de la verité eternelle, ne peut estre receu que dans vne substance esleuée au dessus de la matiere superieure à la Nature, puis que comme Dieu, elle entreprend de iuger le monde, & de rendre à chacun ce qui luy est deu.

L'excés suppose tousiours la mediocrité qu'il passe ; les fleuues qui noyent la campagne, ont les eaux qui luy pourroient donner la fertilité, si elles demeuroient dans leur lict ; les armes qui rauagent les Prouinces par leurs violences, ont la force, & les Magistrats qui les despoüillent par leurs concussions, ont l'authorité suffisante pour les maintenir en paix, & pour y faire regner la Iustice. Ainsi on ne peut nier que l'ame n'ayt le sentiment d'vne equité naturelle, & assez de forces, auec le concours special de Dieu, pour la garder, quoy que les pas-

Xx ij

fions qui abufent de cefte lumiere paffent à l'excés, caufent le defordre, & allument le feu qu'ils doiuent uent efteindre.

Auffi l'homme tout couuert de honte d'eftre tombé dans ces déreglemens en vient aux excufes, fi toft que le temps a rendu le calme, & l'exercice à fa raifon: Il vous fera le difcours auec de puiffantes exagerations de l'injure qu'il aura receuë, afin qu'on cognoiffe la Iuftice de fa cholere, tout ce qu'il aura fait ne fera que par zele du bien public. Ses vengeances feront des actions de courage à punir vn mal, qui fe fuft rendu infolent & trop temeraire par l'impunité. Il ne conceuroit pas le repentir d'vne action fauorable aux fentimens de la Nature; il feroit bien ayfe, comme les lyons, & les dogues en la deffaicte de fon ennemy; la force feroit fa Iuftice, & il n'employeroit pas tant de paroles pour perfuader aux autres, & à luy-mefme qu'il a raifon, s'il n'auroit vne idée de ce qui eft iufte, qui monftre fa naure fpirituelle, & fi la felicité ne confiftoit en vn bien autre que celuy des fens.

Si les haines durent, & fi on continuë dans l'auerfion de celuy qu'on a offenfé; Cela vient de ce que fa prefence r'ouure la playe que l'ame a receuë par vn defordre contraire à la Iuftice, & l'on fuyt ces perfonnes comme des tefmoins qui font vn continuel reproche de cette faute. Ou bien on fe flate, & on fuppofe toufiours de mauuaifes qualitez dignes d'auerfion en ceux qu'on a offenfez,

DE L'IMMORTALITÉ DE L'AME. 349
pour ne se point condamner de s'estre bandé contre eux auec iniustice. Voila comment l'ame fait paroistre l'amour naturel qu'elle a pour la vertu, lors mesme qu'elle souffre le desordre des passions en ce qu'elle se couure de leur pretexte, comme le Soleil naissant se voile la face des vapeurs qu'il doit resoudre, lors qu'il aura toutes ses lumieres dans son midy.

Quand l'indignation fait ses plaintes de ce que des personnes de peu de merite possedent les grandes charges, ce n'est que par vn zele de Iustice, qui voudroit voir le gouuernement de l'Estat, dans le mesme ordre que celuy du monde, où les corps tiennent leur seance & leur domination, selon le degré de leur merite. On voudroit que les Princes eussent comme Dieu la sagesse inseparable de la domination; que leur Sceptre fust tousiours veillant, qu'ils ne fussent eminens en authorité, que parce qu'ils le seroient en prudence.

Neantmoins si la vertu n'y est iointe, les gouuernemens ne sont pas heureux pour les peuples. Ainsi l'on a quelques-fois veu des Philosophes, qui estans venus à l'Empire se sont monstrez plus cruels, & & plus inhumains que leurs predecesseurs nourris dans les armes. Tesmoin vn Ariston, vn Critias, vn Atheneon, & plusieurs autres qui estant sortis des leçons d'Epicure & de Pythagore exercerent de si estranges tyrannies qu'on peut dire que la lumiere de leur science deuint vn feu qui consomma

Xx iij

la Republique d'Athenes, & la mit en l'eſtat des terres que la chaleur du Soleil rend inhabitables. Cela vient ou de ce que ces Philoſophes meſurant la pratique à leurs ſpeculations, ſe portoient à toutes les extremitez poſſibles, pour voir l'iſſuë d'vn deſſein & iuſques où peut aller l'authorité d'vn Prince deſſus le peuple ; leur abſtraction les rendoit inſenſibles à la voix des pauures ; il leur ſembloit qu'entre vn nombre infiny de rigueurs, dont leur eſprit de feu leur donnoit les inuentions, celles qu'ils exerçoient pouuoient tenir lieu de miſericorde. La facilité qu'ils croyoient auoir aux remedes, leur donnoit l'audace de faire le mal, & d'exercer des violences, qui puis apres deuenoient neceſſaires à leur ſeureté. Ils voyoient auſſi le peuple ſi bas au deſſous de leur puiſſance & de leur ſageſſe, qu'ils croyoient auoir le meſme droit deſſus luy, qu'a Dieu, ſur le monde, qu'il afflige quelques-fois de ſterilitez, pour apres le conſoler d'abondance.

C'eſt auec cette pernicieuſe & fauſſe imitation de Dieu, que les ambitieux veulent monter aux plus hautes charges ; que l'auarice taſche d'amaſſer tous les threſors, que la curioſité ſe fait iour dans tous les ſuiets ; que les mondains veulent gouſter toutes les delices les choleres tenir tout le monde ſuiet à ſouffrir les coups de leur indignation. En fin c'eſt ce qui fait que l'homme veut cognoiſtre & poſſeder tout, eſtre en tout lieu, & en tout temps.

Comme la chaleur naturelle qui ſouſtient la vie,

DE L'IMMORTALITÉ DE L'AME. 351
estant desbauchée allume la fievre par son excés ; & la mesme qui fait la digestion de l'aliment, donne l'efficace au venin, par vne vertu innocente, qui en qualité de cause vniuerselle agit sur ce qui luy est presenté. Ainsi il reste dans l'ame raisonnable vn secret sentiment de l'imitation de Dieu, dont les bons se seruent pour s'auancer tousiours à la vertu, & les meschans pour desguiser & entretenir leurs crimes. C'est luy qui porte les saincts au denuëment des choses materielles, pour estre, s'il leur estoit possible, tout esprit; il leur fait mespriser les vanitez qui dépendent de l'opinion des hommes ; il les met dans vn estat qui approche de l'immobile, & leur fait regarder auec compassion l'inconstance de ceux que l'auarice roule d'vne dignité à l'autre, iusques à ce que voulans estre tout, ils perdent toutes les qualitez, pour celle de la honte & de l'infamie. Les mauuaises ames abusent de ce mesme sentiment de l'imitation de Dieu, & le prennent pour vn pretexte de leurs passions, comme ie l'ay deduit au liure de la vie Religieuse. Plus les cœurs taschent de s'esleuer par ce sentiment mal pris, & mal entendu, plus ils se raualent en terre où ils tiennent d'affection. Comme si on iette en haut vne balle attachée en bas auec vne corde, quand elle est venuë au bout de son estenduë, le mouuement qu'on luy auoit donné pour l'esleuer, le rabat auec beaucoup de vitesse, & puis luy fait faire quantité de petits bons, qui sont les essais langoureux de ce qu'elle

deuoit auoir d'eleuation. Encore que les passions humaines rampent sur terre, quoy que ces grandeurs imaginaires ne soyent que des roulemens, que la saincteté void dessous ses pieds; neantmoins il est vray qu'elles n'auroient pas cette actiuité, ces inconstances, ces ambitions, ces inquietudes, si l'ame raisonnable n'estoit poussée d'vn mouuement naturel vers l'infiny qui est sa fin, comme son Principe, où elle se doit reioindre pour iouyr de sa derniere felicité dans vne vie qui n'a point de mort.

Du desir d'honneur, & d'estendre sa reputation apres la mort.

CHAPITRE XXXV.

LEs Cieux, les montagnes, les Pyramides, & toutes les choses qui sont eminentes, ont cela de propre qu'elles se font voir de loing, & la hauteur de leur quantité, leur donne en quelque maniere les autres dimensions, par vne vaste effusion de leurs especes. C'est ainsi que les grandes ames qui se sentent esleuées à vn degré de merite hors le commun, attirent sur elles les yeux de tout le monde, comme si elles estoient vn trophée de l'estre spirituel dressé dessus la matiere, que tous les hommes deussent regarder auec applaudissement, & vn ciel qui leur enuoyast ses lumieres pour leur conduite.

Ils s'en

DE L'IMMORTALITÉ DE L'AME. 353

Il s'en trouue qui se sentants auoir du merite, n'attendent pas qu'on leur vienne rendre du respect, mais ils le recherchent auec beaucoup d'empressement, parce qu'ils croyent iuste, que, comme ils sont dans vne plus expresse imitation de Dieu, on leur defere l'honneur, qui est vne image des adorations qu'on rend à sa Majesté. Et parce que l'amour propre leur pourroit donner vne estime trop auantageuse d'eux-mesmes, ils sont bien ayses de voir les autres dans leur sentiment, & d'apprendre de la voix publique, ce qu'ils doiuent croire de leurs actions.

L'honneur n'est donc autre chose qu'vn éclat de vertu, qui sort de la personne qui le possede, & qui luy est renuoyé par les aplaudissemens & les loüanges des autres. Or comme le rayon estant reflechy double sa lumiere, & s'inuestit d'vne chaleur capable de causer vn embrasement sur les matieres bien disposées : ainsi cét éclat de merite retournant sur l'ame d'où il emane, y augmente les cognoissances, le zele pour la vertu, & enflamme les autres à son imitation.

Depuis que les Estats eurent trouué ce moyen de gagner les cœurs par les attraits de l'honneur, l'on veid les courages bien plus resolus dans les armées, la fidelité plus entiere dans les offices, les nouuelles inuentions dans les Arts, & les Republiques aduantagées de tout ce qui auparauant leur defailloit. Rome auoit pour cela ses Ordres de Cheualerie, le

Tome 2.   Yy

droit de porter les animaux d'or, les titres, les inscriptions, les statuës, les arcs, les colomnes, les trophées, les triomphes, les Panegyriques, les couronnes, entre lesquelles celles de simple herbe verte, estoient plus honorables que celles qui estoient d'or, pour monstrer qu'ils mettoient le poinct d'honneur en ce qui estoit le plus éloigné des interests de l'vtil.

Ceste police qui flattoit l'homme en la plus sensible de ses inclinations, & qui recompensoit la vertu des particuliers, sans épuiser les thresors publics, rendit cét estat victorieux de toute la terre. Aussi l'on remarque que les Republiques qui tiennent ceste methode, sont plus fertiles en grands personnages, que les Monarchies, où les Princes, se reseruans tous les grands honneurs, ne proposent que des recompenses profitables, que l'auarice peut amasser par d'autres moyens, & animent froidement à la vertu, par les mesmes considerations qui la débauchent.

Neantmoins tous les Gouuernemens, pour épargner le sang, & pour exercer la Iustice sans cruauté, s'accordent à punir quantité de crimes par l'infamie, par des morts ciuiles, qui font suruiure l'homme à soy-mesme, & luy laissants vne vie sans action, rendent l'exemple de son suplice continuel. Il se trouue des personnes assez desesperées pour mourir, mais non pas pour viure infames, & ce que la mort des criminels condamnez a de plus horrible, vient de l'infamie. Le deshonneur est la plus seure garde de la chasteté des femmes; c'est la seule authorité qui arreste l'insolence de la Tyrannie, le Sergent le plus rigoureux, qui pousse les soldats à leur deuoir; aussi les Lacedemoniens craignoient plus leurs Capitaines que leurs ennemis, cause des renuoys honteux dont ils punissoient les petits courages. Quelques-fois mesme les ames moins fortes, se monstrent les plus sensibles au poinct d'honneur, & ne peuuent souffrir qu'on les touche en ceste partie qu'elles ont blessée. D'où vient qu'vn peuple nourry au commerce, prend de fortes resolutions au combat; entre dans des perils où de bons soldats auroient de la crainte; se porte aux extremitez pour excuser son deffaut, & repousser le reproche qu'on luy fait de n'auoir point de courage.

Comme Dieu affaisonne les actions necessaires à l'entretien de la vie des douceurs de la volupté, il a mis dans le cœur des hommes le sentimens de l'honneur, pour l'obliger par vne douce violence aux deuoirs de la societé ciuile, & à soufmettre ses interests particuliers à ceux du public. Les brutes, comme i'ay dit, ne poursuiuent que ce dont le corps peut tirer quelque plaisir ou quelque commodité; mais l'homme sacrifie toutes ses considerations aux loix de l'honneur; les premiers tiltres de Noblesse viennent de ce qu'on a exposé ses biens & son sang pour la deffence de la Iustice. L'ame n'est donc pas materielle en son essence ; non plus que l'obiet de ses plus ardans desirs. Sa felicité n'a rien de commun auec celle du corps, puis qu'elle mesprise ses commoditez pour l'honneur, qui est vne chose purement spirituelle, vn acte & vn rejaïliment de raison, vn amour du vray & de la Iustice; l'éclat d'vne vertu qui tend à l'eternité.

Quand on rend de l'honneur à la vertu, on presente vne espece d'adoration à Dieu, dont elle est l'image, & on aduoüe que ceste diuine qualité ne se rencontre qu'en vn suiet capable de la possession de Dieu dans vn autre vie. Aussi de tout temps les plus grands honneurs ont esté rendus à la saincteté qui nous y dispose; C'est pourquoy l'on donna anciennement le sceptre au Sacerdoce, dont le ministere regarde vn obiet immortel.

Et pour monstrer qu'on ne rend pas ces venerations par coustume comme aux autres dignitez qui esleuent les personnes au dessus du peuple ; c'est qu'elles se payent volontairement à la saincteté, & à la vertu quoy qu'elle fut pauure, & priuee de tous les biens de fortune. Alexandre honora la vertu de Diogene, qui viuoit d'ausmones, & ce grand Monarque quittoit son Palais, pour visiter vn Philosophe en giste dans son tonneau. Les victorieux ont posé les armes ; les choleres se sont amolis ; les Tyrans ont vne infinité de fois tremblé de crainte entre leurs gardes, par le seul respect qu'ils portoient à vne personne qui faisoit profession de la vertu.

DE L'IMMORTALITÉ DE L'AME. 357

Les Princes se flattent tant qu'ils peuuét dans l'esclat de leur puissance ; les riches dans leurs thesors, les voluptueux dans leurs delices, & l'amour propre leur persuade de regarder auec mespris toutes les manieres de vies, qui se proposent des fins differentes: neantmoins les voila forcez d'estre admirateurs de la vertu, & de luy rendre l'hommage de leurs iugemens, par vne secrette inclination qu'ils ont pour l'eternité, où elle conduit, & par vn sentiment qui estant naturel, ne se peut vaincre par le desordre du vice, & de l'opinion.

La merueille est que ce desir d'honneur ne se termine pas au temps, & à la durée de nostre vie, mais il s'estend dans tous les siecles qui la doiuent suiure; de sorte qu'vne grande partie des affaires publiques ou particulieres que l'on entreprend, tendent à se mettre en estime de la posterité. Les Princes de plus grand cœur, se sont iettez dans les guerres, dans les perils, & ont sué dans les longues fatigues du gouuernement, afin de meriter les statuës, les arcs triomphaux, les jeux, les combats, les sacrifices, les oraisons funebres instituées tous les ans en leur nom, & pour auoir quelque part auantageuse en l'histoire. Les Egyptiens esleuoient des Pyramides, batissoient des Labyrinthes, des Mausolées, & des Monumens si superbes & si solides, qu'il sembloit que tout le trauail de leur vie fut amplement recompensé par ces structures qui vangeoient leur nom de l'oubly. Leur Roy estant mort,

Yy iij

l'on ordonnoit vne suspension de dueil, iusques à ce que l'on entendist les sentimens que le peuple auoit de sa conduite, & que l'on en eust recueilly les suffrages : Si ils luy estoient fauorables, si les sanglots, & si les larmes eschappoient à la multitude pour tesmoigner ses regrets en la mort d'vn bon Prince, vn Orateur en prononçoit le Panegyrique, & l'on acheuoit le dueil auec des magnificences, qui paroissoient plustost vn triomphe, que des funerailles : Mais si au contraire le peuple crioit vengeance des oppressiós & des tyrannies qu'il auoit souffertes durant son regne, le Prince estoit priué de la sepulture, & au lieu de loüanges, on fulminoit mille maledictions contre sa memoire. Diodore qui fait ce recit, adiouste, que la crainte de cette infamie, tenoit les Roys d'Egypte dans leur deuoir : qu'ils espargnoient leurs passions durant leur vie, pour ne point tomber dans celle du peuple apres leur mort.

Ce sentiment n'est pas particulier aux Princes, mais il se trouue mesme dans l'esprit des personnes priuées. Les oraisons funebres qu'on faisoit tous les ans en Grec, en l'honneur de ceux qui moururent en la iournée de Termopille, redoubloient le courage aux soldats qui aspiroient à semblable gloire; & peut estre que les Romains ietterent le Dieu du silence hors de leur Capitole, parce qu'on arreste le cours des victoires, si on oste l'esperance de la reputation. Les Empereurs qui deffendent de faire

DE L'IMMORTALITÉ DE L'AME. 359
des legs en fraude des creanciers, & de disposer des biens affectez à leur payement, permettent neantmoins en ce cas de donner la liberté auec le titre d'heritier à vn esclaue, sur qui l'heredité soit decretée, afin d'espargner la memoire de son deffunct maistre.

Concluons de là que l'ame humaine est immaterielle, & incorruptible, puis qu'elle se monstre non seulement libre des enceintes du lieu, en ce qu'elle veut estendre sa reputation par tout le monde; mais encore comme elle voit cette vie menacée du temps, elle se fortifie contre ses coups, & s'en donne vne qui n'a point de fin dans la memoire des hommes; Pourquoy se prepareroit-elle des objets de complaisance dans l'aduenir, si elle n'estoit encore pour les receuoir; Il faut que ce soit vne substance immortelle, qui fasse durer des actions beaucoup plus que ne leur permet la condition de leur nature. Ce sont des accidens, & en cette qualité, ils ne doiuent pas suruiure à la substance qui les a produits. Tellement que cette affection qu'on a de les faire passer à la posterité, suppose que l'ame humaine aura encore lors son existence. Car si elle mouroit auec le corps, & que tout perist par cette dissolution, dont on fait le dueil; il n'importeroit pas à l'homme comment on parlast de luy apres ceste vie, parce qu'il ne seroit plus sensible aux blasmes, ny aux loüanges; il ne feroit point de prouisions pour vn temps auquel il ne seroit plus; & quelle apparence que ceste estime de la posterité, qui n'est qu'vn accessoire de l'estre, ayt plus d'estenduë que son principal.

Les recherches de ses cognoissances n'ont point de terme, sa volonté est insatiable en ses appetits, iusques à ce qu'elle touche le souuerain bien. Il veut estre, sçauoir, & posseder tout, & en tout temps; son estre tend donc aussi bien à l'infiny que ses actions, & la durée de son existence doit estre immortelle, comme il voudroit que le fust sa renommée.

Quand les brutes se portent aux actes de generation, elles n'ont pas la veuë des commoditez qui s'en doiuent suiure; c'est la Nature qui en destine les fruicts au remplacement des indiuidus qui meurent, & à l'entretien de l'espece. Mais l'homme sçait quelle doit estre la fin du corps, & conçoit des sentimens interieurs de la vie de l'ame. C'est pourquoy il veut estendre sa reputation dans la posterité, afin que comme viuant en ce monde, il a esté de pensée au Ciel; estant au Ciel en substance reste sa memoire dans le monde, & qu'il viue dans le souuenir des ames immortelles, qui luy soient vne seconde eternité.

C'est vne Iustice naturelle qui inspire aux hommes ceste affection d'honneur apres la mort; parce que si l'on le doit rendre à la vertu, il est raisonnable qu'on leur defere lors que possedans le souuerain bien, ils sont en estat de perfection; l'honneur, qui

DE L'IMMORTALITÉ DE L'AME. 361
qui est la lumiere de la vertu, ayant son origine du Ciel s'y doit refléchir. Si donc l'homme rentre dans son interieur, & s'il consulte le secret de ses sentimens, il cognoistra que ce desir d'honneur apres la mort, luy donne vne secrette asseurance d'vne autre vie, où la terre qu'il a vaincuë, luy doit des loüanges par vn droit d'hommage.

Il est vray que quand ce desir se trouue dans vne ame qui n'a pas le vrays sentimens de vertu, & qu'il est comme hors de son centre, il cause des émotions déreglées, semblables à celles que la terre souffre, lors que l'air enfermé dans ses cachots, cherche sa sortie. L'on n'a que le manteau de la Iustice, que le masque, & que l'apparence, & neantmoins l'on a l'ambition dautant plus viue d'en receuoir toute la gloire, qu'on se void pressé des reproches de ne la meriter pas : mais les hommes qui descouurent ces feintes, & ces tromperies, s'y opposent, & au lieu de respect, ils payent ceste insolente vsurpation de mespris. De là viennent les auersions, les querelles, les combats, où ces pauures miserables s'égorgent, renuersent les loix diuines & humaines, exposent leur vie, leurs biens, leur fortune, les contentemens de leurs familles, pour vne ombre de reputation. Ie me reserue à traitter les miseres de ceste fureur ; & de ceste loy de sang en vn autre endroit. C'est assez maintenant de dire, que comme toutes les vertus ont leurs excés ; comme les Estats souffrent leurs Tyrannies, l'air & la mer les tempe-

Tome. 2. Zz

stes , qui violentent le cours de leurs mouuemens; que ces saillies de courage, sont les maladies, & les desordres d'vn legitime sentiment d'honneur. Les vaisseaux ne se briseroient pas contres les Phares trompeurs , s'il n'y en auoit de vrays, qui conduisent au port; & les hommes ne se perdroient pas contre ce faux lustre que l'opinion a esleué dans le monde, s'il n'y auoit vn honneur solide & genereux , pour qui les bons courages mesprisent les biens & la vie , & monstrent par ce moyen que nostre ame n'est pas dans la condition des choses materielles & corruptibles.

Cét honneur est double, l'vn essentiel, qui consiste en la vertu, en ces satisfactions interieures, en ces applaudissemens qu'elle cause en l'ame , & en ces mouuemens bien ordonnez, qui nous meinent droit au port de nostre felicité: L'autre est accidentel, qui suruient de dehors par reflexion, comme nous auons dit , & par ces fauorables acclamations que la voix du peuple donne à la vertu. Mais quand tout le monde auroit conjuré contre sa gloire , & quád il tascheroit de la noircir d'infamie; ceste diuine qualité donne à l'homme vn honneur independant de l'opinion, il porte tousiours les témoignages du Ciel , & de sa conscience, qui luy applaudissent , & qui le font triompher de la calomnie.

Hé ! combien y a-il eu de grands personnages, de Princes , de Capitaines, d'hommes admirables

DE L'IMMORTALITÉ DE L'AME. 363

en doctrine & en prudence, dont la memoire est enseuelie de l'oubly; la mort qu'ils ont peut-estre auancée par vn sentiment d'honneur, est celle qui a mis fin à leur reputation. On void dans le monde vn flux de l'honneur comme de toutes les autres choses mortelles ; le merite des personnes encore viuantes qui engagent le monde dans leurs interests, efface celuy des morts ; & les sentimens de l'admiration, aussi bien que la douleur, sont tousiours plus vifs pour le present que pour le passé. Ie suppose qu'on ait quelque lieu dans l'histoire. Quel grand auantage y a-il d'estre nommé de ceux qui ne cognoissent pas nos personnes, & qu'vn petit nombre de curieux dans la posterité ne soient informez des actions de nostre vie, que pour nous mettre au dessous d'vne infinité de grands personnages qui sont plus celebres. Il me semble que cela ne merite pas les empressemens de nos esprits; qu'on trouble le repos de sa vie; qu'on se iette dans des intrigues ; qu'on perde les commoditez presentes pour vn bien qui est si fort dans l'incertitude, pour des esperances que la malice du monde peut faire auorter, exposées à la mercy de toutes les plumes, à l'inconstance de la fortune ; aux émotions d'vn peuple, à la Iustice ou à la ialousie des Princes qui ont vne infinité de fois brisé les statuës, effacé les inscriptions honorables, & noircy la memoire des ambitieux, de sorte que la posterité la tient en execration.

Zz ij

C'est pourquoy ie pense que la Nature n'imprime pas ce desir d'honneur dans les ames, pour luy mesme, & comme la pretention d'vne fin où se doiuent reposer nos affections ; mais seulement comme vn tesmoignage que nostre ame est immaterielle, & incorruptible, qui conçoit vn si violét amour, pour vn objet qui ne sert de rien au corps, qui est purement spirituel, qui donne vne espece de vie sans fin, qui braue la mort, & qui est comme l'ombre de nostre existence continuë.

Si les passions sont necessaires, & comment elles sont sujetes à la Raison.

CHAPITRE XXXVI.

LE sommaire de la Philosophie des Stoïques qui mettoient le souuerain bien de l'homme en luy mesme, & la maxime pour auoir cette constance, qui void les faueurs & les disgraces de la fortune d'vn mesme visage, cósistoit en ce seul poinct, d'esteindre toutes les passions & tous les mouuemens de la partie sensitiue. Dautant, à ce qu'ils disoient, que leurs cours est vne cheute precipitée qui ne se peut arrester à discretion, & qu'il est bien plus facile de fermer la porte à son ennemy, que d'en moderer les insolences quand il est entré : que ce n'est pas aller, d'estre emporté par vne tépeste ; que

DE L'IMMORTALITÉ DE L'AME. 365
ce n'eſt pas auoir des forces, ſi elles ſont ſemblables
à celles d'vn frenetique, ny des armes, ſi elles prennent le mouuement d'elles-meſmes, ſans attendre
celuy que la main leur doit donner; qu'en fin ce n'eſt
qu'vn meſlange de choſes inferieures à l'ame qui en
alterent la ſincerité; que la raiſon eſt aſſez puiſſante
d'elle meſme pour reüſſir en ſes entrepriſes, ſans
emprunter vn ſecours foible, ſans fidelité, ſans
obeyſſance, qui ſe briſe ſur ce qu'il attaque, comme les tourbillons; qui perd ſes forces dans l'exercice, comme les viperes, qui en picquant ſe deſarment,
& ſe vuident de leur venin.

Mais cette Morale qui deſpoüille ainſi l'homme
de toutes les paſſions, a eſté iugée trop ſeuere, impoſſible, vne mort qui au lieu de donner la paix,
eſteint l'actiuité des puiſſances, au moins vne lethargie qui les tient plongées dans vne profonde
ſtupidité. Si la Nature qui appelle l'homme aux exercices de la raiſon, luy a neantmoins donné ces
mouuemens de la partie ſenſitiue, c'eſt vne preuue
qu'il s'en doit ſeruir; autrement elle auroit manqué
à ſa prouidence, & trahy la plus noble des creatures, d'auoir mis chez elle des forces qui ne peuuent
ſeruir qu'aux rebellions, & à luy oſter la paix. Vn
Prince ne fait pas mourir tous ſes ſujets; vn Capitaine tous ſes ſoldats; vn Maiſtre tous ſes ſeruiteurs,
quoy qu'ils ne ſoient pas touſiours ſi prompts à
obeyr, qu'ils ne faſſent quelque reſiſtance. L'art de
gouuerner conſiſte à gaigner les mauuais courages

Zz iij

par industrie, & n'en venir à la seucrité de la peine, que comme les Chirugiens aux incisions, quand des remedes plus doux ne peuuent seruir. Où seroit l'empire de la raison, si vous faites mourir toutes les passions à qui elle doit commander. Ce ne seroit pas vn gouuernement, mais vn massacre, & cette extreme rigueur luy arracheroit le sceptre des mains, luy ostant tous les sujets qu'elle doit regir. Comment les vertus pourroient-elles tenir leur seance dans vne mediocrité, si leur principe, & si la premiere loy de leur establissement commande l'excés?

Quoy que nous persuadent ces Philosophes, les passions nous sont necessaires, pour donner de la generosité à nos desseins, de la promptitude à nos poursuittes, vn surcroist de ioye à nos iouyssances. Les planetes que l'on tient incorruptibles ont bien de grandes inégalitez en leurs mouuemens, & les influences de quelques-vns ne sont fauorables aux naissances inferieures, que par leur opposition. Le monde ne s'entretient que par la contrarieté, en ce que les choses estans piquées d'vne espece de ialousie à la veuë de leurs concourantes, déployent toutes leurs vertus pour en triompher; mais comme l'action de leurs contraires s'oppose à leur agrandissement, elles demeurent dans vne certaine mediocrité, où leurs forces ont de l'exercice ce qu'il en faut pour estre ny trop lasches, ny trop insolentes. Le contraste des passions a le mesme effect dans nos

DE L'IMMORTALITE' DE L'AME. 367
ames. Car si l'amour nous inspire de puissans desirs, si l'esperance les entretient; si la ioye couue le trauail de la poursuitte, la crainte, la honte, la douleur, retiennent les premieres saillies de nostre courage, & dans ceste suspension de conseil, les puissances de l'ame sont comme des armées sur pied, qui attendent l'ordre de la raison pour se mettre aux champs.

L'ame seroit trop foible sans ce secours, elle auroit de grands projets sans effect, & les empeschemens que la pesanteur du corps apporte à ses cognoissances, ne sçauroient estre mieux recompensez que par la viuacité que luy donnent les passions. Elles animent nostre iugement à la recherche de la verité; elles sollicitent sa diligence, & peut-estre qu'il demeureroit quelquesfois dans l'irresolution, entre les apparences qui nous déguisent la sincerité des choses; si elles ne donnoient vn lustre à celles qui nous sont commodes, pour nous obliger d'en faire les choix.

Et certes, comme les Sibylles rendoient leurs Oracles apres des entousiasmes & des émotions qui les mettoient dans vn estat autre que le naturel; ainsi l'experience nous fait cognoistre que l'imaginatiue esmeuë par la passion donne des lumieres à l'esprit, qu'vn humeur pesante ne descouuriroit iamais, tesmoin les Poëtes qui ne reüssissent que quand vne forte application de la fantasie les transforme au sujet qu'ils traittent, & que la verue poussant genereusement leur plume, leur fait dire plus qu'il ne sçauent. La fureur d'amour est, dit Platon, la maistresse de l'eloquence, celle qui donne les plus sublimes saillies à nostre esprit; à qui les arts & les sciences sont redeuables de leur origine.

La volonté n'est iamais si fort resoluë, que quand ses mouuemens raisonnables sont accompagnez d'vn amour sensible; & la passion luy est en l'accomplissement de son desir, ce que les vents, & vne marée fauorable sont à vn vaisseau; elle vole, elle tranche, elle passe tout. Il n'y a point de difficultez qu'elle ne surmonte; point de trauerses capables de la retenir, & quand elle est animée de l'esperance, la poursuitte luy vaut vne possession.

Luy interdire de se porter au bien que la raison luy a descouuert, auec la generosité que la passion luy inspire, c'est luy enuier son bon-heur, & luy faire courre la fortune des soldats Romains, qui furent deffaits par leurs ennemis, quand on leur deffendit de fondre dessus, auec l'impetuosité que la premiere chaleur de Mars donne aux grands courages. Enfin comme il n'y a point de legitimes entreprises qui n'ayent leurs trauerses, les passions qui les secondent leur seruent & de remede, & de recompense, en ce qu'elles diminuent les difficultez de la poursuitte, & augmentent les delices de la possession.

Il est vray que comme l'Automne auec son temperament meslé des autres saisons, nous donne des fruicts,

fruicts; mais nous cause des maladies, qu'ainsi l'ame humaine, conduite par la raison, & par le mouuement sensitif, souffre quelques-fois des incommoditez qui semblent contrebalancer ce qu'elle en reçoit de profit. Car elle a ses accés & ses remises où l'amour l'emporte auec precipitation, où la crainte retient ses forces captiuées sous vne fausse imagination de peril. Mais ie responds à cela qu'il ne faut pas iuger l'homme par vne seule de ses passions, parce qu'elles sont toutes données à l'ame pour la secourir, & que de tous leurs efforts, il en reüssit vne espece de temperament, par l'entremise de la raison, qui les retient & qui les modere.

Quand mesme l'ame souffriroit par leur moyen quelques vicissitudes, elles sont fort conuenables à la condition mettoyenne de l'homme; elles adoucissent les deplaisirs, & resueillent l'actiuité d'vne vie qui n'auroit qu'vn train; la vertu se fortifie contre ses contraires; nous nous releuons auec plus de generosité apres la cheute qui nous vient d'vne passion; nous congnoissons nos remedes & nos maladies, & par l'experience de nostre interieur, nous apprenons la police generale de nostre espece, & de tout le monde.

I'ay voulu déduire ce raisonnement, pour respondre aux reproches qu'on fait à l'homme, de ce qu'il agit auec les passions de la partie sensitiue. C'est assez qu'il en est le maistre & qu'il les tient suietes à son empire, puis que les Philosophes

Tome 2. Aaa

mettent en question, sçauoir s'il les doit tout à fait esteindre, ou seulement les moderer. Mais soit que la raison les estouffe, ou qu'elle se contente de s'en seruir leur donnant la loy, & les faisant agir à discretion; i'en tire cette consequence, que nostre ame qui a ce pouuoir, est d'vne nature immaterielle & incorruptible. Car les passions ne s'échauffent, & ne combattent que pour l'interest des sens. Cette puissance n'est donc point materielle, qui refuse les objets qu'appette le corps, & qui se porte à ce qu'il refui. Elle n'est point sujette aux loix de la mort, puis qu'elle domine aux choses mortelles, & qu'elle preside à leurs mouuemens. Ainsi les Cieux qui gouuernent les choses inferieures, sont d'vne complexion toute differente, affranchie de leurs communes alterations, & d'autant qu'ils sont des corps d'eux-mesmes incapables de gouuerner, tous les Philosophes aduoüent qu'ils sont conduits par des Intelligences spirituelles & immortelles. Nostre ame est donc à l'égard du corps, & des mouuemens de la partie sensitiue qu'elle gouuerne, ce que sont les Cieux comparez aux choses materielles qui meurent icy bas; & spirituelle comme sont les Anges, à l'égard des globes qu'ils tournent.

Comme Dieu a donné au reste des animaux des corps robustes, des passions violentes, & des ames foibles, il a voulu que l'homme portast dans vn corps foible, vne ame assez puissante, pour dominer aux choses inferieures, & tenir les mouuemens

DE L'IMMORTALITE' DE L'AME. 371
de la partie sensitiue en suiction. L'on donna plus de loüange à Cesar d'auoir pardonné à ses ennemis, que de les auoir défaits, parce que calmant les boüillons de sa cholere, & les saillies d'vne puissance qui n'a pour loy que sa volonté, il vainquit le victorieux, & doubla la gloire de son triomphe par cette action heroïque. La generosité de l'ame humaine paroist aussi dauantage en ce qu'elle domine à ses passions, qu'en ce qu'elle excelle en ses cognoissances, & qu'elle assujettit la Nature par les industries de l'art.

Quand vn cheual s'arreste tout court, & parc au milieu de la carriere qu'il vouloit acheuer; c'est vne force autre que la sienne qui luy fait souffrir cette contrainte. Si vn fleuue retenoit son cours, & remontoit vers sa source, nous dirions qu'il seroit poussé par vne force estrangere; quand le feu leue la fusée en haut, nous iugeons que cét element n'est point sujet aux pesanteurs de la terre, qu'il est d'vne autre nature, & que son centre luy est opposé. Ainsi on doit côclure, que ce n'est pas vne puissance materielle & corruptible qui violéte les passions attachées aux interests du corps & de la matiere; mais comme elle se porte à vn mouuement directement opposé & contraire au corps, il faut conclure qu'elle est d'vne autre condition, sans matiere, au dessus du lieu, & du temps.

L'ame raisonnable arrestant ainsi le cours des passions, se meut d'elle-mesme sans suiure l'appetit

Aaa ij

des sens, les impressions du Ciel, ny les instincts du temperament. Or nous auons fait la preuue que ce qui se meut de soy-mesme, ne doit iamais prendre fin. Elle agit aussi librement & sans contrainte puis qu'elle arreste & pousse les passions ; qu'elle les meine à la charge, & fait la retraite, comme il luy plaist, auec vne liberté, qui, comme nous auons veu, est vne marque infaillible qu'elle est immortelle.

La passion des autres animaux necessitée par l'indigence, ou l'inclination de la nature auance droict à la commodité qu'elle pretend, comme vn fleche à son but, sans auoir moyen de s'en retirer : mais nostre ame se porte à son objet auec vne conduitte si libre & si genereuse, qu'elle traitte les passions comme des esclaues ; se fait vn spectacle de leurs combats, & les fait trauailler selon qu'elle veut pour le seruice de la vertu ; ainsi on se figure de l'imperfection dans le sujet pour qui on ne veut plus auoir d'amour ; on conçoit de la misericorde pour se retirer de la vengeance ; de la crainte pour retenir la temerité. On employe l'émulation qui est vne dépendance de l'enuie, l'amour, & les autres mouuemens, qui d'eux mesmes ne tendent qu'aux choses materielles, pour acquerir les sciences & la vertu : l'auersion que l'on conçoit des biens de fortune, est vn moyen propre pour acquerir la tranquillité de l'ame ; la cholere s'arme fort vtilement sous la conduitte de la raison, pour proteger vne innocence

DE L'IMMORTALITE' DE L'AME. 373
opprimée ; la haine qu'on porte au vice en épargnant la personne, est vne force qui maintient l'empire de la vertu, & qui donne des triomphes à la pieté sur ses ennemis.

Nostre ame a donc la mesme intendance sur la partie sensitiue, où resident les passions, qu'vn artisan sur les outils de son mestier, vn bon écuyer sur son cheual, vn pilote sur son vaisseau, dont il presente, plie, & tourne les voiles comme il veut, pour le mener à vn port, où de luy-mesme il ne seroit pas capable de se conduire : & par consequent elle n'est point dans la categorie des choses mortelles & sensibles, sur qui elle tient ceste espece de gouuernement ; mais elle se fait paroistre d'vne nature approchante de la diuine, de faire le bié au lieu du mal, d'employer les passions aux deuoirs de la Iustice, & de la vertu comme Dieu a tiré l'ordre de parties du rien & des confusions de la matiere. Lors qu'vne bonne ame demeure tranquille entre les gesnes de la douleur, les infirmitez du corps, les opprobres de la pauureté, qu'elle n'est point émeuë par toutes les persecutions de l'enuie ; qu'elle rit parmy ses orages ; qu'elle rend des bien-faits pour des injures, des benedictions pour des calomnies, elle se monstre plus forte que toutes les choses exterieures, & n'estant point offensée de ses contraires, c'est vne preuue que son essence ne peut souffrir d'alteration.

Elle ne produit pas seulement deux ou trois actes

Aaa iij

de vertu, par rencontre, ou par humeur ; mais elle s'en fait vne science morale, auec des loix sous lesquelles elle peut demeurer calme entre les efforts de la passion, & les orages du monde. Par cette science qui est vniuerselle ; par ce rayon de verité, qui est immobile ; par cette subtilité qui échappe aux liens comme la lumiere, l'on peut iuger que sa nature est autre que celle du corps sujette à corruption. Elle est immobile, puis qu'elle est le principe qui produit, & le terme qui arreste le mouuement. Elle est vne, simple, exempte de composition, & par consequent de prendre fin, puis qu'elle allie les contraires, & qu'elle ne se rend point à leurs attaques.

J'aduoüe que les premiers mouuemens de la passion, peuuent quelquesfois emporter l'homme à quelques excés contraires aux regles de la vertu : Mais comme le meilleur soldat du monde peut estre frappé en traistre sans que cela fasse tort à son adresse, ny à son courage, qui en sçaura bien prendre la raison : ainsi ces surprises de la passion ne diminuent rien de l'excellence de l'ame, qui incontinent apres les retient captiues, & chastie leur insolence auec seuerité.

Et puis ces desordres n'arriuent gueres qu'à ceux qui ont esté lasches en la pratique de la vertu ; & qui ont laissé prendre pied à la passion. Quant aux sages, depuis qu'ils se sont prescrit les loix de mediocrité, on les void rarement tomber dans ces fautes ; les bonnes habitudes qu'ils ont contractées leur sont vn rempart, & vne fidelle garde, ils sont comme les bons Capitaines, qui iamais n'ont sujet de dire apres vne entreprise de l'ennemy, qu'ils n'y pensoient pas. Socrate estant vn iour outragé par la desobeissance de son valet, luy dit, Si ie n'estois en cholere, ie te chastierois comme tu le merites, il se fit à luy-mesme la correction en ce rencontre, & remit celle de son valet à vn autre temps, où sa raison n'estoit point occupée à ses propres interests, & à venger l'iniure que la passion luy vouloit faire plus grande que celle du seruiteur : Il ne fut donc pas surpris, non plus que ce Courtisan Romain, qui le mesme iour que Cesar eut fait mourir l'vn de ses deux fils, se mit en debauche dans vn banquet couronné de fleurs, couuert de parfums, beuuant plus que son âge, & les gouttes dont il estoit trauaillé, ne luy permettoient. Vn Pere loüa l'adresse du Prince, qui de loing auoit percé le corps de son fils d'vne flesche. Vn autre mangea la chair d'vn de ses enfans qui luy fut seruie à la table du Roy de Perse, & interrogé si cette viande luy sembloit bonne, respondit, qu'il n'y en auoit point de mauuaise à la table du Roy : ô monstre de tyrannie, mais ô force admirable de l'esprit de l'homme ! Ie laisse à penser si le cœur de ce pere bondissoit de cholere, d'indignation, de rage contre vne tyrannie la plus inhumaine qu'il y eust iamais. Mais il sçauoit bien qu'à la Cour il faut dissimuler ses mécontentemens, si on ne veut attirer sur soy les derniers coups de la cruauté se c'estoit fait de sa fortune, de sa famille, de sa vie, & de celle de ses autres enfans, s'il n'eust calmé l'orage auec cette huile, & par vne complaisance, où l'amour naturel ne pouuoit estre innocent, sans estre homicide.

Mais supposé que les premiers mouuemens de la passion fussent autant ineuitables que de fermer l'œil quand on luy presente le doigt, ou de bailler quand l'enuie en prend à l'imitation d'vn autre; ie dis que ce n'est pas encore là vne passion; mais vne menasse de celle qui tasche de se sousleuer, & que la raison peut estouffer en naissant. On a quelquesfois veu les genoux trembler, & les ioües pallir aux grands Capitaines, sur l'heure, qu'ils deuoient rendre quelque signalé combat; les cheueux se dressent, & le corps frissonne bien souuent d'horreur aux plus experimentez Orateurs, quand ils se disposent à quelque action celebre. Les vns ne laissoient pas neantmoins d'exposer leur vie, & de faire les deuoirs de la milice auec tout ce qui se peut de courage; les autres de rauir leurs auditeurs par la viuacité de leur action, & les charmes de leur eloquence. Ces premiers mouuemens ne sont donc que des auis à la raison d'estre sur ses ardes. Ce sont de petites vapeurs semblables à celles qui nous font paroistre la lumiere du Soleil tremblotante à son leuer, & qui se dissipent en rosée, lors qu'il a plus d'eleuation sur nostre hemisphere. L'ame se roidit contre

des

des forces qu'elle trouue inégales aux siennes, elle s'itrite à venger la rebellion de ses sujets, ce que l'on considere comme vne surprise, luy est vne instruction de se fortifier, de ne döner point de creance à cette partie sujette aux reuoltes, & d'acquerir des habitudes capables de la reprimer. Comme il sert quelquesfois au Prince d'auoir des ennemis foibles sur qui il fasse paroistre la vigueur de ses armes & de sa iustice; ces troubles de la partie sensitiue sót auantageux à nostre ame, parce qu'elle monstre ses forces en leur deffaite, qu'elle n'est pas de la condition des formes qui suiuent par necessité l'objet des sens, & par consequent d'vne nature spirituelle, & incorruptible.

Les maladies contractées par vne lente corruption d'humeurs, se doiuent guerir à la longue par la douceur des remedes, dit Hippocrate; les playes mesmes qui sont receuës en vn instant ne se doiuent point refermer, qu'apres vne longue suppuration, & la Nature ne sçauroit souffrir le passage d'vne extremité à l'autre sans les moyens & le temps qui en preparent l'entrée. Mais quoy qu'on ait passé sa vie dans les desordres, & contracté de vitieuses habitudes, il ne faut qu'vn seul acte, qu'vne ferme resolution, pour se remettre au chemin de la vertu; Tesmoin ce ieune homme qui ayant consommé la fleur de son aage dans les desbauches, les quitta, & fut homme de bien si tost qu'il eut entendu le discours d'vn Philosophe. Tesmoins ceux qui tous les iours

Tome 2.   Bbb

sortent des affaires du monde, de la vanité des Cours, de l'ardeur des passions pour se ietter dans les cloistres. Cela fait paroistre que nostre ame n'est point sujette ny au temps, ny à la matiere; qu'elle tient de la diuinité, puis qu'elle acheue son œuure en vn instant. Que si elle veut employer son authorité, elle prend vn empire absolu dessus la matiere, & sur les sens, qui en qualité de sujets ne peuuent prescrire contre elle.

Ie veux qu'il reste tousiours quelques petites émotions à combatre, & qu'il ne se faille point tellement fier à ses premieres conquestes qu'on n'ait les armes en main, pour reprimer l'insoléce des passions qui voudroient reprendre leur liberté. Pour cela nostre vie n'en a pas moins de bon-heur, parce que ces trauerses tiennent continuellement les forces de nostre ame en exercice; les victoires qu'elle gagne sur la passion portent son courage à de plus genereuses entreprises, & luy font cognoistre qu'elle est independante de la matiere, & creée pour l'eternité.

L'ame raisonnable n'est pas produite par les parens.

CHAPITRE XXXVII.

LEs plus grandes difficultez en la recherche de la verité se rencontrent lors que la raison semble combatre l'experience des sens, & que le sujet qu'on traite est dans l'exception d'vne loy commune. Nous voyons que toutes les plantes, & tous les animaux font la production de leurs semblables, & que cette puissance generatiue qui multiplie les indiuidus, conserue l'espece. C'est pourquoy on trouue estrange que nous exceptions l'homme de cette reigle, & que l'ame d'vn enfant ne soit pas produite par celle de son pere, comme celle d'vn poulain, est engendrée d'vn cheual. Vn suiet trauersé de tant de doutes, ne pouuoit pas estre esclaircy par vn seul chapitre. C'est pourquoy ie l'ay remis sur la fin de ce traité, comme vne consequence qui se doit tirer de ce que nous auons representé de l'essence & des operations spirituelles de nostre ame.

Il faut donc rappeller ce que i'ay dit, que les ames des brutes sont des formes corporelles extraites du sein de la matiere, heritieres de ses qualitez, inseparables de sa substance, auec laquelle estant iointes elles font le mixte. Aussi ayant leur quantité, estans diuisibles, elles peuuent (selon l'opinion de quelques-vns) ietter des estincelles, & faire couler vne partie d'elles-mesmes auec la semence, qui receuë & nourrie dans le lieu que la Nature luy a destiné, s'esleue, prend sa grandeur, s'inuestit des organes & des qualitez qui luy sont propres.

Mais quand à l'ame raisonnable, elle est immaterielle, comme nous l'auons prouué ; par consequent indiuisible, ainsi elle ne peut enuoyer hors de soy aucune partie, ny aucune vertu qui la represente ; elle n'est point pestrie & meslée auec la matiere, de sorte qu'elle se puisse écouler auec elle ; on la peut comparer à la lumiere, qui estant vne qualité celeste, ne suit pas les corps, & ne se rompt point pour leur continuer son éclat, quand ils sont mis hors de son estenduë : vne rose cueillie dans vn iardin ne monstre plus sa couleur quand elle est mise au fonds d'vne caue, & n'emporte pas auec elle ce lustre qu'elle receuoit du Soleil, estant en plein iour.

Il faut aduoüer que les agens naturels, n'employent pas seulement en la production de leurs semblables, les puissances qu'ils ont communes auec l'espece ; mais encore quelques-vnes de celles qui leur sont particulieres, & qui determinent leur indiuidu. Vn bon cheual en produit vn autre semblable, vn épagneu, ou vn chien couchant, en engendre vn qui chasse de race, & qui arreste la perdrix, pour peu d'industrie qu'on apporte à le dresser. Or la principale puissance de l'homme qui constitué son espece, c'est l'intellect, qui n'a point de commerce auec la matiere, qui en ses exercices s'en écarte autant qu'il peut, par ses abstractions, & ses cognoissances vniuerselles, comme nous auons veu; il ne contribuë donc rien à l'action generatiue du corps, auec lequel il n'a point de sympathie, mais beaucoup de contrarieté. C'est pourquoy vn home n'engedre pas vn fils qui luy soit semblable en force d'esprit & en industrie, pour móstrer que l'esprit de l'vn n'est pas la production de l'autre, comme l'ame d'vn épagneu est engendrée d'vn pere qui auoit la mesme inclination à la chasse.

Il se peut faire que les enfans estans encore ieunes, paroissent de mesme humeur que leur pere, & qu'on remarque beaucoup de ressemblance en leurs petites actions: d'autant que l'ame ne trouuant pas encore le corps disposé aux actes de la raison, se conforme à luy; estant desnuée de toutes especes, elle s'imprime ayfément ce qu'elle void, & imite ceux qui luy donnent l'education: mais depuis que l'âge a perfectionné les organes, & donné au iugement la liberté de ses exercices, l'ame emancipée & iouyssante de ses droits, se porte au pis, ou mieux, selon qu'il luy plaist, sans aucune marque de sympathie; de sorte que d'ordinaire il ne se rencontre point de plus notables inégalitez d'esprits, qu'entre le pere & les enfans.

Aussi Alexandre se voyant importuné de donner vne charge en son armée, à vn, de qui pour recommandation l'on difoit qu'ils eſtoit fils d'vn grand Capitaine. Ie donne, dit-il, les charges aux vaillans hommes, & non pas à leurs enfans, s'il ne leur ſont ſemblables en merite. Sur ceſte meſme conſideration les Empereurs Seuere, & Antonin, defendirent que les dignitez publiques fuſſent hereditaires, & tenuës autrement que par l'election particuliere du Prince.

Ie ne veux pas icy renuerſer les fondemens de la Nobleſſe, qui conſiſte en ce prejugé, que les enfans ſuccedent à la vertu de leur pere, & qu'ils en reçoiuent les bonnes qualitez de l'eſprit auſſi bien que celles du corps : quoy que ceſte opinion ne ſoit pas approuuée des ſages, neantmoins ceux qui y prennent de l'intereſt, la font receuoir du peuple, parce qu'il ſe ſouſmet auec moins de contradiction au gouuernement des perſonnes, où il ſe perſuade que la vertu des anceſtres eſt encore viuante. Les autres changemens ſont menaſſez de quelques émotions, mais celuy-cy ſurprend les eſpris qui penſent voir les peres en leurs enfans, qu'ils croyent continuer vne ſujetion qui commence ; & le Prince ou le Magiſtrat hereditaire ont cét auantage d'entrer en poſſeſſion de leurs droicts comme s'ils s'en eſtoient acquis l'authorité par vn long vſage. Et puis les Gentils-hommes ſont honteux de faire des actions indignes du tiltre qu'ils portent, & des eſperances que l'on a conceuës de leur merite. Ce poinct d'honneur les porte ſouuent à des entrepriſes plus

DE L'IMMORTALITE' DE L'AME. 383
hautes, qu'ils ne souhaiteroient par inclination.

Neantmoins Platon ne iugeant pas que le bien public se deust appuyer sur des coniectures si peu solides, fit passer la verité deuant l'opinion, & voulut que la Noblesse qui fait meriter les charges, consistast seulemét en la vertu. Pour cét effect il ordonna que les enfans seroient enleuez du sein de la mere dés leur naissance, & nourris en cómun sans estre cogneus de leurs parens, afin qu'on fist vn plus sincere iugement de leurs inclinations; qu'ils fussent auancez par leur merite, & qu'on ne prist pas vne lumiere qui va s'esteindre, pour celle d'vn Soleil naissant. Car nous voyons d'ordinaire que les enfans des grands personnages sont stupides, & n'ont rien de leurs parens, que le nom, ou quelques traits de visage, encore qu'on ait employé tous les soings possibles pour les rendre semblables en vertu.

On a veu la famille des Hirpiens, qui marchoit dessus les charbons ardents sans se brusler; Celle des Marsiens qui manioit impunément les viperes; d'autres qui portoient la figure d'vne espée ou d'vne lance grauée naturellement dessus la cuisse. Mais l'on n'a point veu de famille, où les bonnes qualitez de l'esprit fussent hereditaires comme celles du corps; & de fait on ne trouue point dans l'histoire, vn grand Philosophe qui soit fils d'vn autre. Ciceron, Demosthene, Aristote, Epictete, n'eurent point d'enfans heritiers de leur eloquence & de leur sagesse. Au contraire on remarque que Pythagore,

Socrate, Virgile, & quantité d'autres grands personnages estoient nés de pauures artisans, qui n'auoient aucune entrée aux sciences.

Si l'ame du fils estoit produite par celle du pere, elle luy seroit semblable; vn homme docte n'auroit que des enfans portez à l'estude; vn bon soldat ne feroit que des guerriers; le merite qui n'est attaché à la noblesse que par coniecture, y seroit d'effect, & par vne consequence infaillible. Mais puis que l'experience monstre le contraire; il faut conclure, que l'ame du fils n'est pas produite par celle du pere, auec laquelle elle a si peu de rapport, que malgré les forces de l'education qui est vne autre nature, elle choisit des humeurs, des plaisirs, & des emplois du tout opposez. Si les Aigles n'engendrent point de pigeons, ny les tygres de lapins; il n'est pas à croire que les hommes genereux engendrassent des ames poltrones, & fissent des productions si repugnantes à leur nature. Les plantes n'ont pas esté produites en vne terre, où elles ne prennent point d'accroissement; & l'ame du fils ne vient pas du pere, aux volontez, aux inclinations, & aux enseignemens duquel elle fait tant de resistance.

Il ne faut point dire que l'esprit des grands personnages diuerty dans les affaires ou dans les estudes fait ces productions imparfaictes, faute d'y apporter son attention. Sans m'arrester à plusieurs responses, prises de la force d'vne passion, qui fait également quitter les liures & les sceptres, & qui imprime ne-

DE L'IMMORTALITE' DE L'AME. 385
me necessairement l'imaginatiue de son objet. Ie me contente de dire, que les agens naturels n'ont pas besoin de discours ny de raisonnement, pour faire la production de leur semblable; le feu engendre le feu, vn cheual vn autre de mesme bonté. Cette rosée de sang, répanduë sur chaque partie de nostre corps, se conuertit en nostre substance, sans attention: De mesme l'ame du pere pourroit transmettre toute sa vertu en celle du fils, encore que ses pensées fussent diuerties en d'autres sujets.

Ie parle seulement du Pere, parce que tous les Naturalistes demeurent d'accord, qu'entre les animaux la femelle est d'vne complexion humide propre à fournir la matiere necessaire à l'accroissement du corps; mais trop froide pour donner la forme, qui monstre par son actiuité qu'elle est d'vne nature de feu. Or non seulement les loix de Crete, mais aussi celles des Empereurs Romains ont ordonné qu'on estimeroit la naissance noble, serue, ou libre, par la qualité de la mere; comme quand on dit que c'est assez qu'elle soit libre durant quelque temps de sa grossesse, pour donner la liberté à son fruict. C'est donc vne preuue que l'ame raisonnable n'est pas produite par les parens, puis qu'on attribuë la generation de l'homme à la mere, qui ne fait que contribuer à la masse, & aux plus grossieres parties du corps.

Aussi les enfans sont obligez de rendre de grands deuoirs à leur pere & mere, autant à cause de l'edu-

Tome 2. Ccc

cation que de la generation ; & c'est pourquoy selon les loix Romaines, ils ne doiuent rien, ny honneur, ny respect, ny assistance aux parens qui les auroient exposez ; & quoy que la generation de l'homme s'attribuë par auantage à la mere, comme nous venons de dire, neantmoins les enfans ne sont pas en sa puissance, parce qu'on ne la iuge pas capable de former leurs mœurs, elle-mesme estant comme en vne perpetuelle tutelle de ses parens. Lycurgus estoit dans cette opinion, & n'obligea pas les enfans à nourrir leur pere, s'il ne leur auoit monstré quelque art, ou quelque science: Il estimoit moins la formation du corps, que les bonnes qualitez qui donnent quelque enrichissement à l'ame.

Là dessus Seneque fait cette question, sçauoir si les enfans peuuent plus donner à leur pere & mere qu'ils n'en ont receu, & si leurs seruices peuuent passer les termes de recognoissance, iusques à se les rendre redeuables. Il semble que non ; parce que si les enfans ont receu la vie de leurs parens, ils ont receu en gros tous les bons offices qu'ils leur peuuét rendre en détail, & toute la puissance auec laquelle ils agissent, est vn effect de cette production ; Les parens leur ont donné l'estre & la vie ; par consequent tout ce qui en releue leur est affecté. Neantmoins ce grand Philosophe conclud le contraire, par plusieurs raisons que ie ne veux point toucher, celles-cy suffisent. Que les parés n'ont donné que le corps, sujet à mille incommoditez, exposé aux coups

DE L'IMMORTALITÉ DE L'AME. 387

du temps & de la fortune, & qui au plus n'est qu'vne matiere indifferente au bien & au mal ; que la vie du corps fait la moindre partie de nostre bon-heur, encore qu'elle en soit le premier degré, & que si elle n'est enrichie d'autres conditions, elle nous peut tenir lieu d'vn grand supplice. Mais quel enfant peut obliger son pere d'vn propos deliberé, & auec vne volonté determinée, à luy bien faire ; luy donner en luy conseruant vne infinité de fois vne vie, non imparfaicte, & dans l'impuissance, comme est celle qu'on reçoit en venant au monde, mais entiere, & au poinct où la sagesse la peut rendre heureuse.

Si l'enfant auoit receu l'ame de ses peres & meres encore qu'il eust esté exposé, qu'il n'en eust esté instruit dans aucun art, ny aucune science, quand il leur auroit rendu tout ce qui se peut imaginer de deuoirs & de bons offices, il leur resteroit encore redeuable ; d'autant qu'il auroit receu d'eux le principe de ses actions, auec lequel il se seroit auancé à la vertu ; il ne leur auroit donné que des accidens, & en auroit receu la substance ; toutes ses bonnes fortunes, les volontez, & les moyens mesmes de leur bienfaire, auec l'ame qui en seroit la premiere cause. Or cela n'est pas, & selon l'opinió de ce Philosophe, le fils peut plus obliger son pere, qu'il ne luy est redeuable : il s'ensuit donc que l'ame n'est pas engendrée par les parens.

Puis que les estres sont d'autant plus accomplis,

Ccc ij

qu'ils ont plus de liberté, & plus de force à pouffer dehors leurs productions ; si l'homme produisoit l'ame, la generation deuroit estre tenuë la plus excellente de toutes ses actions, d'autant qu'en toutes les autres, il ne fait que couurir la matiere de quelques accidens ; mais, en celle-cy il produiroit vne substance, la plus noble & la plus releuée de toutes. Or nous voyons que tout ce qui appartient à ceste action cause de la honte ; les Barbares ne se seruent de vestement qu'en ceste partie, & si les Cyniques ont esté temeraires iusques à violer ceste loy naturelle de l'honnesteté receuë entre tous les peuples, la voix publique les condamne, leur donnant le nom d'vne brute, parce qu'ils en faisoient l'action.

Au contraire la chasteté qui reprime cette passion animale, a esté en estime par tout le monde, consacrée à Dieu, tenuë pour chose diuine ; & les impuretez qui l'offensent, ont esté des abominations dans les Sacrifices : & Les Sibyles, les Vestales, les Prestres d'Isis, & quantité d'autres personnes qui la gardoient, n'eussent pas esté en estime de saincteté en vn temps, où la loy de Nature estoit en vigueur ; si l'homme eust peu engendrer la forme de l'homme, parce qu'ils eussent manqué au principal deuoir de leur condition par ceste abstinence.

Si la police a quelquesfois fait des loix contraires, & si elle a decreté des peines contre le celibat, des recompenses & des immunitez à ceux qui auoiét grand nombre d'enfans, c'est qu'elle a voulu sacrifier la tranquillité particuliere des citoyens, au bien de l'Estat, peupler les Republiques, & faire prouision d'hommes, qui peussent vacquer au commerce, & à la guerre; tellement qu'on void par la raison par le consentement des Sages & des peuples, que l'ame raisonnable n'est pas produite par les parens.

Aussi pour ne point tomber dans cette incongruité quelques Philosophes ont mieux aymé dire, que Dieu auoit produit les ames humaines toutes ensemble, & qu'vne animoit plusieurs corps successiuement; les autres ont soustenu, qu'il y auoit vne forme vniuerselle, qui remplissoit toute l'estenduë de la matiere, & y faisoit des actes de raison, selon qu'elle l'y trouuoit bien disposée. Aristote dit en termes exprés, que l'Intellect vient de dehors & que cette substance qui raisonne en nous, n'est point originaire de la matiere, mais hors Galien, que nous auons refuté, pas vn des Anciens n'a dit que nostre ame procedast des parens, par voye de generation.

Il ne faut point dire que l'homme seroit en cela de moindre vertu que les plantes & les animaux, qui produisent leurs semblables, d'autant que la generation est bien vne marque de perfection, à l'égard du simple composé elementaire; mais elle suppose vn defaut, si vous la comparez aux natures superieures. Car cette vertu n'est donnée que pour reparer les bresches de la mort, & entretenir l'espece en substituant de nouueaux estres à ceux qui perissent. Et cóme vne santé robuste qui subsiste sans alteratió par ses propres forces, est plus à estimer qu'vne foible complexion, esclaue de la Medecine, qui souffre autant de morts, que de maladies, & qui ne s'entretient que par les remedes: Ainsi l'ame raisonnable estát vne substance immaterielle & incorruptible, ce ne luy est pas defaut de ne pouuoir engendrer son semblable, & de n'estre point suiete à vne defaillance, qu'il faille secourir par cét antidote. Dieu qui est infiny en perfections, ne peut neantmoins produire vn autre substance égale à la sienne: les Anges dont nous parlerons, n'ont pas la vertu generatiue, parce qu'ils ne sont pas sujets à se corrompre. Les Philosophes qui ont creu les Cieux animez, ne les croyent pas plus imparfaits que les sourys, de ce qu'ils n'engendrent pas leurs semblables : Ainsi ce n'est pas vn defaut à l'ame humaine de n'en pas produire vne autre. Mais parce que l'homme n'est sujet à la mort qu'à l'égard du corps ; c'est assez qu'elle cótribuë sa vertu pour la formation d'vn autre corps & qu'elle y mette les dernieres dispositions, propres à receuoir la forme, que Dieu, comme cause vniuerselle, y infond.

Cela estant l'on peut dire qu'vn homme engendre vn autre, parce qu'il produit vne partie du composé; & qu'il concourt à l'vnion qui se fait du corps auec l'ame, comme on dit que celuy la tuë vn homme, qui est cause instrumentale de la separation de ces deux parties. La condition du pere me semble plus noble, de ce qu'il a Dieu pour associé à son action; & celle du fils, en ce que son ame procede immediatement du premier Principe.

L'ame raisonnable n'est pas neantmoins sterile. Car quand elle se refléchit sur elle mesme, elle se reproduit aucunement, parce qu'elle se donne vne nouuelle perfection; qu'elle fait en soy vn estre spirituel à sa ressemblance, qui est vn nouuel objet de son amour. Elle engendre aussi au dehors, quand par ses enseignemens elle informe les autres des idées de la vertu, & de la science. Les Philosophes trouuoient cét exercice si eminent, & leur condition si auantageuse, que pour s'y entretenir, ils mesprisérent les deuoirs du mariage charnel, & ne voulurent point auoir de familles particulieres; afin que par cette fecondité d'esprit, ils peussent plus commodément estre les peres communs de tous les hommes.

L'ame raisonnable fait encore vne espece de generation plus releuée & qui merite vn plus long discours, lors que s'vnissant à Dieu par amour, elle produit elle-mesme vne ressemblance diuine, auec des actions de graces, & des loüanges, par lesquelles elle s'efforce de recognoistre les faueurs qu'elle tient de sa bonté. Immortelle par consequent, & incorruptible, puis qu'elle s'vnit, &

qu'elle fait des productions sur-naturelles rapportantes à l'eternité.

L'ame raisonnable est creée de Dieu.

CHAPITRE XXXVIII.

SVpposé que l'ame raisonnable ne soit point produite par les parens, ny extraite de la matiere, comme nous l'auons prouué par plusieurs raisons, on ne peut luy asigner vne autre origine, qu'en disant, qu'elle est immediatement creée par la main toute-puissante de Dieu, s'il donne son concours à la production des moindres choses de la Nature en qualité de cause vniuerselle. Il ne faut pas s'estonner s'il agit tout de luy mesme, & s'il prend le party d'vne cause particuliere en la production de nostre ame. Le Prince permet le commerce des petites offices entre le peuple, & en accorde les prouisions, sans faire beaucoup de choix des personnes. Mais quant aux grandes charges fort importantes au bien de l'Estat, comme celle de Chancellier, les resignations n'y ont point de lieu, & luy mesme en pouruoit ceux, dont il cognoist le merite, & la fidelité. Ainsi Dieu a voulu que les plantes, & les brutes, comme choses de peu de consequence, eussent la force de se multiplier par la generation, & qu'à la faueur de son concours general, elles peussent

DE L'IMMORTALITE' DE L'AME. 393
sent faire la production de leurs semblables : Mais quant à l'homme qui tient comme sa lieutenance au gouuernement du monde, & qui exerce vn empire sur les choses materielles ; Il a voulu immediatement creér son ame d'vne codition trop haute, & trop eminente, pour venir d'ailleurs que de sa liberalité.

Nous auons consideré l'homme comme le grand Pontife du monde materiel, qui doit offrir toutes les creatures à Dieu, & qui faisant le milieu des deux mondes se réjoint à l'archetype, par des actes d'amour & de contemplation, s'il s'vnit immediatement à Dieu, il en doit aussi estre procedé immediatement, l'auoir en mesme consideration pour son principe, comme pour sa fin, en estre sorty comme il y retourne ; tout ainsi que les deux parties de la circonference d'vn cercle qu'on veut refermer touchant également le poinct où se baissent leurs extremitez, & pour les clore il faut que l'vn ait commencé où l'autre finit.

Cette longue étenduë de nostre ame, qui a couru toutes les creatures par sa cognoissance, & par son amour, qui veut voir & posseder tous les objets, represente l'infinité de Dieu, & son vnité par ce retour d'amour & de contemplation qui luy rejoint : elle s'y porte aussi par la science qui consiste à cognoistre les choses par leurs causes. Nous les recherchons auec des auiditez extremes ; des particulieres nous montons aux vniuerselles, & nostre

Tome 2.   Ddd

esprit n'a point de repos, iusques à ce qu'il soit arriué au premier principe. Or il ne seroit pas possible que nostre ame s'y éleuast par l'amour, par la contemplation, par la science, si elle n'en estoit sortie, comme les fontaines ne jaillissent iamais plus haut que leur source.

Ces subites illustrations, qui nous donnent des sentimens de Dieu, sans aucunes especes des sens ny de la fantaisie; ces douceurs inesperées qui tirent tant de souspirs de nos cœurs, & tant de larmes d'amour de nos yeux, qui nous iettent dans le rauissement, qui nous font sentir ce que nous ne pouuons exprimer, monstrent bien que nostre ame est creée de Dieu, sans l'entremise des creatures, puis qu'elle se peut passer de leur secours, pour s'y reünir.

Cela paroist aussi aux actes de la volonté, qui tout d'vn coup fait vne genereuse saillie hors d'elle-mesme; franchit tous les espaces du lieu, du temps, des circonstances, des puissances mesmes de la Nature, & va s'vnir d'affection à sa fin. Mais reuenant à soy, comme vn Prince qui pensoit agir auec toute son authorité, dans le mal-heur d'vne seruitude où il se verroit reduit, recognoissant les loix de cette vie, qui l'obligent d'auancer à la iouyssance du bien, à la faueur de plusieurs moyens: elle en fait le choix, & ne laisse pas de posseder sa fin, en esperance, & en desir, durant sa poursuite.

Quand il est question d'aymer Dieu, & qu'vn

DE L'IMMORTALITÉ DE L'AME. 395
cœur épuré des sentimens de la terre, se laisse rauir aux inspirations celestes, c'est lors que l'ame s'emporte vers ce souuerain bien, sans regle, sans mediocrité, sans consultation, sans choix, sans raisonnement, vn poinct de lumiere luy fait gouster plus de delices en vn instant, que le monde ne luy en pourroit donner durant vn million de siecles. Si elle auoit esté produitte par l'entremise des creatures, elle seroit obligée de reduire ses affections à vne suitte lente & importune de plusieurs moyens, deuant que de gouster Dieu, & si elle estoit suiete aux loix communes de la matiere, elle ne passeroit pas par dessus des distances extremes, pour se porter en moins d'vn clin d'œil iusques à l'infiny.

Ie dis plus, que si les vassaux rendent leurs hommages, non pas au seigneur dominant, mais à celuy dont ils tiennent immediatement le fief, il y auroit du peril que l'homme, ne cherchast son repos dans la creature, s'il en auoit esté produit; il se persuaderoit aysément qu'il ne seroit pas obligé de s'éleuer iusques à Dieu, ny de luy preseter ses vœux & ses sacrifices; & le culte de la Religion se rendroit par vn instinct naturel aux peres & meres dont on auroit receu l'estre. Neantmoins chacun sent en soy, qu'il doit des respects, incomparablement plus grands, à Dieu qu'à ses parens. Aussi cét abandon general que font les enfans de tous les interests de leur famille, pour se sacrifier à Dieu

Ddd ij

par vne vie religieuse, est loüé des Saincts, comme vne action heroïque, & d'vne eminente pieté.

Il est donc vray, & nos experiences doiuent tirer cette confession de nostre bouche, que l'ame raisonnable est vne production de Dieu, vne plante diuine, qui tire sa nourriture, aussi bien que son origine, du Ciel ; heureuse, si elle ne se courbe point trop vers la terre; si elle peut auoir ce sentiment, qu'elle est l'œuure de la main de Dieu, afin qu'elle en espere toute sa felicité, & qu'elle y attache toutes ses affections. C'est le centre où tous les hommes doiuent trouuer leur paix & leur vnion. Ce retour est la plus serieuse, & la plus sublime de nos actions ; L'estat bien-heureux qui nous est permis en cette vie, de donner toute nostre ame à Dieu, sans la partager entre les creatures, parce qu'elle est produite de sa bonté, sans leurs secours.

Ie ne trouue point de repugnance à conceuoir que Dieu creée l'ame de rien, & que luy ayant donné son existence auec le temps, il luy continuë tousjours. En cela il ne se fait point vne alliance impossible du finy auec l'infiny ; dautant que ce qui la deuance, est vn rien dont il ne se peut faire d'vnion auec l'existence ; (Car pour s'vnir il faut estre. Et si cette obiection auoit lieu, le monde ne pourroit pas estre, parce qu'estant finy, la derniere surface de sa quantité, se termine dans les especes du vuide, qu'elle toucheroit s'ils pouuoient estre touchez.) A ce compte iamais chose aucune ne pourroit estre pro-

DE L'IMMORTALITÉ DE L'AME. 397
duite à cause qu'il y a vne distance infinie entre le
non-estre, & l'estre. Si les agens naturels, auec le
concours des causes vniuerselles, ont la force de
vaincre cette difficulté; si selon les Philosophes, la
priuation est vn des Principes? Pourquoy trouue-
on estrange, que Dieu ait creée l'ame raisonnable
sans matiere, que donnant commencement à son
existence, il la continuë tousiours?

C'est pourquoy cette ancienne maxime des Philosophes est fort trompeuse, que tout ce qui a pris
commencement doit prendre fin. Cela est vray
pour les choses materielles, qui subsistent par vne
composition de parties, d'autant que la matiere
auide de toutes les formes, les veut posseder successiuement, & fait diuorce auec vne, pour espouser
l'autre; & puis tous les mixtes sont sujets à se dissoudre, parce que les elements qui les composent,
souffrans de grandes contraintes & de notables déchets dans le meslange, s'efforcent tousiours de retourner à leur regions pour y reprendre leur liberté. Mais l'ame raisonnable estant spirituelle comme nous l'auons prouué par toutes ses operations,
n'ayant ny matiere qui vueille le change, ny parties
contraires qui se separent, il n'y a point d'apparence de luy appliquer cette maxime, ny de la faire passer sous la rigueur d'vne loy, qui n'est point establie
pour elle.

Si l'on fonde cette regle, sur ce que l'on pretend qu'il n'y a point de rapport, d'vn temps qui

Ddd iij

commence, auec vne durée qui n'a point de fin, & qu'en cela ce seroit ioindre le finy auec l'infiny. Ie dits encore, que s'il se faisoit vne vnion de ces contraires, ce seroit lors que l'ame est creée de rien, & que de la priuation, elle passe à l'estre. Mais l'ayant vne fois receu, ie ne voy point pourquoy elle ne le puisse tousiours continuer. Ie commence vne ligne, & ie pourrois l'estendre à l'infiny, si le monde n'auoit point de bornes : De l'vnité qui donne commencement aux nombres, l'on passe à vne multiplication infinie ; ie commence vn cercle, & l'acheue en sorte que la ligne de sa circonference n'a plus de fin ; ie faits vne action, & dans tous les siecles aduenir il sera necessairement vray qu'elle sera faite ; il n'est donc pas incompatible qu'vne chose qui a commencé dure tousiours. Au contraire depuis qu'elle a receu l'estre, elle entre en quelque façon dans l'eternité ; c'est pourquoy il luy est bien plus conuenable de le continuer, que de finir. Et d'autant que l'existence a plus de rapport auec vne durée infinie, que la priuation auec l'existence, il s'ensuit qui luy est plus naturel d'y estre conseruée, que de l'auoir receuë ; sa continuë luy doit estre moins difficile que sa prise de possession ; comme les Iurisconsultes accordent plustost la detention, que l'action, & il faut beaucoup moins de forces pour soustenir, que pour faire vn siege. Si le passage d'vne extremité à l'autre blesse la Nature ; ayant desia passé de la

DE L'IMMORTALITÉ DE L'AME. 399
priuation à l'eftre, elle tomberoit encore dans fon
contraire, fi elle reuenoit à la priuation ; ce feroit
redoubler la violence, & deftruire ; chofe qui eft
moins conuenable au premier Principe, que de
conferuer.

Il faut donc conclure qu'il eft plus incompatible, qu'vne chofe qui n'eft point, commence d'e-
ftre, qu'eftant vne fois, elle continuë toufiours
fon exiftence. Or nous voyons tous les iours des
chofes qui naiffent & qui meurét. Donc rien n'em-
pefche qu'il ne puiffe y auoir quelque fubftance qui
dure toufiours apres auoir receu l'eftre. Et comme
cette continuation d'exiftence eft cóuenable à l'ordre de la Nature, à la bonté de Dieu, à la qualité de
la fubftance, & particulierement de la fubftance
fpirituelle, il s'enfuit qu'elle n'eft pas feulement pof-
fible, mais qu'elle eft en effect, & que l'ame raifonnable eft immortelle.

Si les chofes eftoient fujettes à prendre fin,
pour cette feule raifon qu'elles ont commencé,
comme elles ont toutes vn égal commencement
de la priuation à l'eftre, toutes auroient leur durée
égale, & l'vne ne feroit pas plus eftenduë que l'autre ; neantmoins nous voyons des fleurs & des vers
qui ne durent pas plus d'vn iour ; de l'or, & des
diamans, qui ne monftrent aucune marque d'alteration depuis plufieurs fiecles. Cela nous force de
confeffer que les chofes ne fe corrompent pas,
parce qu'elles ont commencé, mais parce qu'elles

ont des foiblesses & des indispositions particulieres qui les font mourir. Or l'ame raisonnable en est exempte, comme nous l'auons monstré, parce qu'elle n'est tributaire, ny de la matiere, ny des elemens, & qu'il n'y a point de contraires propres ou estrangers qui la puissent faire mourir. On ne doit donc pas conclure qu'elle doit finir, de ce qu'elle a commencé d'estre, mais au contraire que le premier principe luy continuë tousiours son concours, parce que sa nature n'est pas de la condition de celles qui se corrompent. Dieu ne veut point rompre son image, & son amour ne luy permet pas de faire perir vne creature, qui le cognoist, qui l'ayme, qui veut, & qui a les dispositions de chanter eternellement ses loüanges.

Les ames raisonnables n'ont pas esté creées toutes ensemble au commencement du monde.

CHAP. XXXIX.

L'Excellence de l'ame raisonnable, & les raisons que nous en auons déduites obligerent les Philosophes à recognoistre qu'elle n'estoit pas produite comme les autres formes, par la voye de generation, mais qu'elle estoit l'œuure de la main de Dieu. Neantmoins de peur d'admettre en luy quelque changement contraire à ses infinies perfections

ctions. Ils dirent que dés l'éternité il auoit crée toutes les ames raisonnables auec le monde; qu'elles sont au Ciel placées dans les astres, auec lesquels elles ont de la sympathie; là elles contemplent la verité, l'ordre, & l'entre-suite des causes, & iouyssent de tout le bon-heur qu'apporte la solide contemplation des mysteres de la Nature. Mais enfin qu'elles se relaschent de leur deuoir, que lassées dans la continuë de ces exercices spirituels, il leur prend enuie d'animer le corps.

Quelques-vns ont dit, qu'elles s'y portoient par vne inclination naturelle qui les presse de déployer dessus la matiere les puissances vegetantes & sensitiues, qu'elles ont semblables aux formes inferieures. Origene dit qu'elles y sont precipitées en punition de cette inconstance, qui n'a pas sçeu se tenir à son bon-heur, & pour d'autres pechez moins pardonnables dans vn estat, où l'innocence leur estoit facile. Que selon la qualité de leurs excés, elles sont condamnées à des corps moins accomplis, & que ceux des femmes seruent de prison aux plus criminelles.

Ie ne m'areste pas icy à ruiner ce premier fondement, que les nouuelles creations apportent quelque changement en Dieu. C'est chose que i'ay déja faite en la seconde partie du premier Tome, par plusieurs raisons, que ie vous supplie, mon Lecteur, de reuoir. Ie n'entreprens pas aussi d'éplucher toutes les impertinences de ces fictions, que les ames dont le souuerain bien consiste en la contemplation de la verité, s'en écartent, & se rendent mal heureuses volontairement, qu'elles quittent le Ciel pour la terre; la lumiere pour les tenebres; la liberté pour s'enseuelir dans vn cachot, par vne extrauagance qui ne se peut accorder auec ce que l'on leur donne de sagesse, & qui est ou pardonnable comme vne folie, ou qui doit estre chastiée d'vne plus seuere punition, comme vne volonté qui est au dernier poinct du déreglement. Car on suppose qu'en cét estat elles ont vne nette cognoissance du bon-heur de leur condition, & des calamitez de cette vie. C'est pourquoy elles ne meriteroient pas de iamais retourner au Ciel apres cette cheute, comme selon les loix de Rome, ceux qui s'estoient volontairement faits esclaues, estoient tenus indignes de grace, & d'estre restituez en leur liberté.

Mais ne seroit-ce pas chercher du rafraichissement dans les flammes, & se lauer dans la fange, de bannir l'ame raisonnable du Ciel, pour expier sans anciens pechez dans vn corps, où tous les iours elle est induite par les sens à commettre de nouueaux crimes, qui luy font meriter de nouuelles peines. Elle ne témoigneroit pas tant d'amour pour luy, s'il ne luy tenoit lieu que d'vne prison; s'il portoit le reproche de se démerites; & si elle n'y paroissoit que comme coulpable. Il n'est pas à croire que Dieu ne voulut estre loüé en ce monde que par des criminels, & que luy qui demande les cœurs & les volontez, ne fut adoré que par des puiſſances qui ſont retenuës captiues.

Nous ne verrions pas la ſuite des generations humaines ſi bien reglée ſi elle deſpendoit de la paſſion, & du demerite des ames ſujetes à quiter la beatitude, ou il faudroit qu'elles pechaſſent reglément, autant qu'il ſe preſente de corps pour les receuoir ; & ainſi on leur impoſeroit vne neceſſité d'offencer, qui leur ſeruiroit d'excuſe; car autrement il ne ſeroit pas poſſible que le déreglement de ces ames criminelles produiſiſt vn ordre tel que nous le voyons dans les naiſſances, ou les corps manqueroient d'ames, ou les ames manqueroient de corps.

Il eſt certain que l'homme eſt vn compoſé ; & que ſon eſſence complete conſiſte en l'vnion de l'ame auec le corps; cela ſe cognoiſt en l'eſtroit alliáce que ces deux parties ont l'vne auec l'autre; & en la ſympathie qui rend leurs douleurs & leurs ioyes communes, en la ſubordination de leurs puiſſances, & en ce qu'vn homme qui void, & qui raiſonne, ſe forme vne ſeule idée du rapport des ſens, & du diſcours de ſa raiſon. Si doncques les ames de ceux qui naiſſent auiourd'huy, fuſſent demeurees ſans corps depuis la creation du monde, qu'ils diſent eſtre dés l'eternité, Dieu n'euſt produit lors qu'vn demy homme, & vne partie languiſſante, ſans la compagnie de l'autre. Ce qui eſt fort peu conuenable à ſa bonté & à ſa ſageſſe d'auoir laiſſé sortir de ses mains, le plus excellent de ses ouurages imparfait, & dans vn estat de violence. Les Astrologues remarquent qu'il produisit tous les planetes dans leurs propres domiciles. Le Soleil dans le Lyon, la Lune dans l'Escreuisse; Iupiter, dans le Sagitaire, & ainsi des autres : Il est bien plus à propos de dire qu'il n'a point creé l'ame raisonnable, sans luy donner vn corps proportionné à ses puissances, de peur qu'elles ne demeurassent inutiles dans le terme infiny de priuation, qui auroit precedé la naissance.

Or comme Dieu donne continuellement son concours à la production des choses inferieures; Comme sans cesse il verse ses lumieres, & ses illustrations sur les esprits Angeliques: ainsi il continuë tous les iours à créer les ames humines; à exercer son droict de regale, par vne espece de production reseruée à la souueraineté de sa puissance, & à faire continuellement son image au dehors, en la plus parfaicte des creatures inferieures ; comme il l'exprime sans cesse en luy mesme par la production de son verbe. C'est le propre d'vne puissance foible, & sujete à la lassitude, d'arrester le cours de son action, & de la finir quand la continuë en peut estre bonne, comme si sa liberalité s'estoit espuisée par vne trop grande profusion.

Tant s'en faut que ce soit vn changement en Dieu, de faire tous les iours de nouuelles creations, qu'au contraire il se monstre tousiours égal, & fait ses actes semblables, à cause que sa puissance ne souffre point de dechet. C'est continuellement triompher du temps, de mettre tous les iours en la nature des Estres immortels; & comme la priuation des formes inferieures, est reparée par la suite des generations; ainsi Dieu a voulu tous les iours creer des ames raisonnables & surpasser la fecondité de la Nature donant l'estre à vne creature immortelle, afin que la production en general ne se terminast pas au rien, c'est à dire en des substances sujetes à se corrompre, mais en vne qui doit tousiours viure, & l'adorer eternellement.

Comme l'eternité qui est vne estenduë infinie sans quantité ny diuision, subsiste tousiours égale à elle-mesme, recueillie dans son instant. Ainsi l'euiternel dont la nature consideree en general est de commencer, & ne point finir, doit tant que le monde durera, commencer tousiours sans finir, pour estre complet en ses deux parties, & selon les deux termes qui le constituent, & pour auoir du rapport à l'eternité, où les choses sont, & se font continuellement. Il commence par les ames que Dieu crée tous les iours, & continuë parce qu'elles ne meurent point, & que la separation du corps leur donne l'entrée d'vne plus heureuse vie.

La bonté & la toute-puissance de Dieu ne paroist pas seulement en ce qu'il crée les ames, mais en ce qu'il les reproduit en quelque maniere, lors que ses graces les retirent du peché, qui est vne priuation. La premiere vie de nostre ame, c'est de posseder l'estre ; sa perfection, sa vraye vie, celle qui remplit le vuide de ses puissances, & qui en exclud le défaut, c'est de s'vnir à Dieu. Les criminels ou les debteurs qu'on retire de la prison ; les forçats qu'on destache de la galere, & qu'on met en liberté, ne rendoient pas plus de graces à leurs liberateurs, que feroit vne ame à Dieu, si elle auoit cognoissance des faueurs qu'elle en reçoit, lors qu'il la deliure de quelque peché.

Il n'y a point de cachots ny de seruitudes qui ayent des peines égales aux fureurs de la colere, aux inquietudes, aux langueurs, aux desespoirs d'vn amour brutal, aux intrigues de l'ambition, aux gesnes, & aux tenaillemens de l'enuie. Certes, comme la Nature nous auoit fait libres ; comme les seruitudes ont esté introduites par le droit des gens, & par l'vsurpation des armes qui ont pris la liberté de ceux dont ils auoient peu trancher la vie : Ainsi Dieu a creé nos ames sans ces miseres, & ces sujetions qu'elles souffrent sous la tyrannie du peché. Ie n'entreprends pas encore de découurir l'origine de ces calamitez, c'est assez de conclure icy, qu'elles ne nous sont pas naturelles puis qu'elles font souffrir la conscience, & que pour peu que l'ame se recueille en elle-mesme, elle sent des appetits extremes de s'en deliurer.

Cependant voyez quelle est sa puissance, auec le secours du Ciel pour briser ses chaisnes, pour écha-

DE L'IMMORTALITE' DE L'AME. 407
per de ces cachots, pour sortir des mains de tant de
Tyrans qui la persecutent; il ne faut qu'vne ardente resolution de la volonté; Dieu rend tousiours ses
graces plus presentes à nos besoins, que n'est l'air à
nostre respiration; Nous ne sommes esclaues, que
parce que nous ne voulons pas estres libres, parce
que nous fermons les portes, & que nous sommes
rebelles aux secours qui nous sont enuoyez de sa
bonté.

Il est vray que comme il n'a pas produit toutes
les ames à la fois; il ne donne pas à chacune toutes
les graces dont elle est capable en mesme temps. Il
nous fait gouster ses suauitez à loisir, il laisse nostre
vertu dans le combat, pour luy donner de plus belles Palmes apres la victoire; Il veut que nos necessitez nous tiennent dans le respect de sa puissance,
& que les rosées de ses misericordes tombantes petit à petit sur nos ames, les rendent plus fertiles en
bonnes œuures. Ces nouuelles, lentes & penibles
acquisitions, nous font bien cognoistre que nos
ames sont toutes neuues à la vertu; qu'elles n'ont
pas esté creées de toute eternité, que leur lumiere
& leurs bonnes habitudes, ne leur viennent pas par
reminiscence.

Il n'y a point de transmigration des ames.

CHAPITRE XL.

L'Opinion de l'eternité du monde, donna, comme i'ay dit, sujet aux anciens Philosophes, de souſtenir que les ames auoient eſté creées toutes enſemble, comme les eſtoilles, & qu'apres certaines reuolutions de temps, elles eſtoient remiſes dedans les corps par ordre, ſelon que leur peu de merite abregeoit le terme de leur beatitude, & aduançoit celuy de leur banniſſement. Ils ſe porterent à cette creance, entre autres raiſons, parce qu'ils ne iugeoient pas poſſible, que durant la durée eternelle du monde, il ſe peut produire tous les iours de nouuelles ames, à cauſe que le nombre s'en multiplieroit iuſques à l'infiny, & croiſſant touſ-jours, apporteroit vne notable inégalité en l'ordre des creatures.

De là quelques-vns paſſerent iuſques à cette extrauagance, de dire que les ames humaines informoient le corps des brutes, dont les inſtincts auoient du rapport aux paſſions qui les auoient agitez durant la premiere vie; les inconſtans, en oyſeaux; les pareſſeux, en taupes, en tortuës, en aſnes, en buſles; les timides, en liéures; les voluptueux, en pourceaux; les cruels, en loups, & en autres
especes

DE L'IMMORTALITÉ DE L'AME. 409

especes de bestes rauissantes. Ainsi Appollonius voyant vn lyon, dit qu'il y recognoissoit l'ame d'vn Tyran, qui estoit mort depuis peu de temps, apres auoir répandu le sang, & deuoré la substance de son pauure peuple. De là est venuë la superstition des Pythagoriciens, & depuis des Manicheens, de ne point manger de ce qui auoit eu vie, de peur qu'ils ne fussent parricides, en tuant vn bœuf, ou vn porc.

Quand Platon parle de cette espece de transmigration, on dit qu'il ne faict que rapporter l'opinion de Pythagore, & que quant à luy, il a creu que les ames raisonnables passoient seulement dans le corps des hommes; que pour cela leur science n'estoit qu'vne reminiscence, & vn rafraischissement des especes qu'ils auoient euës dans l'autre vie. Tout cela tient de la fable, & des libertez de la Poësie, l'experience que nous auons de nous-mesmes nous rend si asseurez du contraire, que sans respondre on ne fait que rire de tous ces discours. Neantmoins s'il se faut tenir dans la défiance, & sur la deffensiue, contre toutes les erreurs de l'esprit, aussi bien que contre les plus foibles ennemis, & si cette opinion qui a empesché long temps plusieurs cerueiles, merite d'estre combatuë.

Ie dis en premier lieu, que le fondement qu'ils prennent de l'eternité du monde, n'a rien de solide: Et supposant, comme i'en ay fait la preuue, que le monde a commencé, & qu'il doit finir, on ne peut plus inferer qu'il y ait vn nombre infiny d'ames;

& semblables consequences sont ruinées dans leur Principe.

Mais pour descendre au particulier, ie dis que la Nature complete de l'homme consiste au corps & en l'ame, comme ie l'ay prouué au Chapitre precedant; de sorte que ces deux parties ont vne si necessaire subordination, que l'ame ne se peut ajuster à vn autre corps, ny le corps à vne autre ame, comme vn doigt coupé ne peut reprendre la vie, ny seruir à vne autre main. Il ne nous est pas permis de reconnoistre leurs mutuelles inclinations, ny voir les secretes correspondances des parties, & des qualitez du corps, auec les conditions indiuiduelles de l'ame; Neantmoins nous les deuons supposer par raison, & conclure que la forme a cela de propre, qu'elle ne conuole iamais à vn second mariage; Elle est d'vne humeur tout à fait contraire à la matiere, volage, inconstante, passionnée pour le changement, qui medite la fin d'vne alliance, lors mesme qu'elle la contracte, qui n'entre en société, que pour se satisfaire en la violant. C'est pourquoy les formes qui sont parfaitement opposées à son inconstance, comme elles le sont à son vuide, ne peuuent souffrir vn second lieu, apres la dissolution du premier; Et selon tous les Philosophes, de la priuation on ne reuient point à l'habitude.

Si les accidents qui semblent estre d'vne nature seruile, ne passent point d'vn sujet à l'autre, & s'il ne peuuent suruiure à vn rebut de la matiere

DE L'IMMORTALITÉ DE L'AME. 411
dont ils dépendent; il est moins croyable que les formes substātielles qui l'enrichissent de plus grandes perfections, souffrēt ses ingratitudes: qu'apres auoir esté chassées d'vne partie, elle taschent de se restablir en l'autre.

Puis que l'essence des choses est indiuiduelle, & incommunicable, ie ne sçay comment on se peut imaginer, que la forme en qui elle consiste principalement, se prostituë à tous les obiects qui veulent la receuoir, & tombe dans la mesme indifference, & la mesme imperfection qu'elle corrige en la matiere. Cela se doit particulierement dire de l'ame humaine; qui comme nous l'auons prouué, est la plus libre, la moins attachée de toutes les formes à ce premier sujet de composition, lors mesme qu'elle s'y trouue engagée, elle ne sçauroit produire rien de genereux en l'intellect ou en la volonté, qu'elle ne s'en desface: ses raisonnemens, ses contemplations vniuerselles, ses extases, ses mespris du monde, ses Philosophies, sa liberté, ses amours de Dieu sont toutes actions priuilegiées qui la monstrent libre des sujetions communes aux autres formes. Si donc l'âme fait diuorce auec le corps durant leur societé, & lors mesme qu'elle luy tesmoigne le plus d'affection, comment voudroit elle y rentrer apres en estre sortie, & s'emprisonner volontairement dans vn cachot, où elle souffre selon leur dire, vne si importune & si cruelle

Fff ij

captiuité ; quelle apparence, qu'elle trahisse son bien, son repos, sa liberté, pour se remettre les chaisnes au col? & qu'au temps où ses cognoissances n'ont plus de voile, elle fit vn choix plus des-auantageux que celuy des brutes qui ne sont pas prises deux fois en vn mesme piege, & qui ne retournent plus au lieu, où elles ont receu quelque mauuais traitement.

Ce n'est pas qu'elle ne conserue vne secrete inclination pour le corps : mais elle appete seulement de s'y reünir, quand il sera dechargé de ses deffauts en la resurrection, lors qu'elle pourra contéter son amour sans en receuoir d'incommodité, & qu'elle aura cette partie pour associée de son triomphe, comme elle l'auoit esté de ses fatigues. Mais de quitter la condition des Anges pour celle d'vne vie qu'on adouuë pleine de miseres; souffrir vne vicissitude semblable à celle des choses suiettes aux loix de la mort; rentrer en societé auec vn corps qui alentit son action, & qui trouble ses lumieres : c'est ce qu'elle ne peut desirer raisonnablement.

Certes il semble qu'il luy seroit meilleur de perdre l'estre, que de l'auoir sous des conditions sirudes, qui selon que l'on le suppose, la font le iouët du temps, la roulent & la balottent du Ciel en terre; la iettent d'vne extremité à l'autre, de l'eau dans le feu, & qui ne luy permettent point d'autre felicité que celle des criminels, à qui l'on fait vn festin deuant le supplice.

Le mouuement se doit enfin arrester dans le repos, autrement les desseins de la Nature seroient frustrez, ses veuës serointfausses & son trauail inutil. Cependant que le monde se soulage de ses combats dans ceste paix & que ses pretentions arriuent à leur terme, l'ame raisonnable seroit-elle seul exempte de ce traitté? le repos ne seroit-il iamais permis à ceste forme qui souffre le plus de violence en ses inclinations dans le destroit de la matiere? & faudroit-il que ses bons offices luy fussent continuellement dommageables?

Si vous considerez ce tiltre d'immortalité, que luy donnent mesme ceux qui nous feignent la transmigration; vous verrez qu'ils se combattent de leurs propres armes & qu'aduoüans qu'elle ne peut perdre la vie, ils doiuent aussi recognoistre qu'elle ne peut estre sujete à ces continuels changemens. Car l'immortalité est vn estat de perfection stable & immobile. C'est pourquoy, comme nous voyons que les corps ont leurs mouuemens conformes à leurs figures; les longs fendent ayſement l'air en long, quand ils sont poussez de pointe; ceux qui sont de figure ronde, comme sont les boules, roulent à toutes sortes de situations; ainsi l'essence de nostre ame estant stable par le moyen de son immortalité, il s'ensuit qu'elle ne doit point estre sujete à ces vicissitudes, que l'on luy impose.

Elle compatit au corps pendant ceste vie, & s'abaisse pour luy satisfaire en des emplois indignes de son extraction. Il faut par droict de societé qu'elle ait son regne à son tour, & que comme elle est de beaucoup plus noble que ceste matiere qu'elle anime, qu'aussi ces sujetions du temps soient recompensées par vne tranquillité sans troubles, & sans fin.

Le propre de la bonté de Dieu, c'est d'attirer & de prfectionner; iamais donc il ne repousseroit l'ame loing de luy, & ne la condamneroit à ce bannissement; elle aussi n'a iamais sujet de quitter ceste souueraine bonté, puis qu'elle y trouue en gros, & par éminence l'accomplissement de tous ses desirs, & tout ce qu'elle pourroit recueillir de contentement dans les sujets particuliers.

Quelle recompense seroit-ce à la vertu dont les resolutions au bien estoient eternelles, de ne posder ses couronnes que pour vn temps, & n'estre éleuée que pour tomber de plus haut. Encore que l'inconstance regne dans les Cours; neantmoins il n'y a point de Prince qui trouuast des fauoris à cette condition de les raualler au rang des valets, apres les auoir honorez des plus belles charges: & ie m'asseure qu'il n'y a point de Gentil-homme de bon courage qui n'aymast mieux rouler doucement dans sa condition priuée, que de se sacrifier à la honte, & au deshonneur, espousant vne fortune, dont il deuroit necessairement souffrir la déroute.

DE L'IMMORTALITE' DE L'AME. 415

Si on nous allegue que l'ame est reiettée dans le corps, pour y faire penitence des fautes passées ; ce seroit, comme i'ay dit, donner le poison pour le remede, de la reduire dans vn estat, où elle est puissamment attirée à de nouueaux crimes. Allant tousiours de mal en pis, de fosse en precipice ; elle se trouueroit enfin dans vn abysme de confusion, dont il n'y auroit point d'issuë, le vice croissant ; & il ne se trouueroit plus de corps assez imparfaicts pour sa punition ; la vertu seroit tout à faict bannie de la terre, & le Ciel d'où elle nous doit venir, n'enuoyeroit que des ames destinées au mal.

Quant à ce qui est des reminiscences, i'ay desia prouué que c'est vne extreme absurdité de les soustenir, & que hors les premiers principes de quelques veritez naturelles ; qui sont les sources de nostre raisonnement, il nous faut acquerir tous les autres, par le trauail de l'estude, & de l'experience.

Il ne faut point dire aussi que les sympathies viennent de ce que les ames de ceux que nous aymons, ont autresfois habité les corps de nos parens, ou des personnes qui dans les autres vies estoient iointes d'vne amitié, dont il leur reste quelque souuenir, auec des habitudes qui se réueillent au premier aspect. Car cét amour d'inclination, comme on le suppose, n'est point fondé sur la cognoissance des perfections de l'ame, & des bonnes

qualitez qui la rendent recommendable ; mais c'est vn prompt mouuement de la partie senfitiue, qui surprend nostre choix, & qui a beaucoup de rapport auec les sympathies qui se remarquent dans les animaux, les pierres, & les plantes. Il ne peut donc proceder que du rencontre fauorable des esprits & des vertus occultes qui sortent du corps, par vne continuelle transmission, qui estans semblables, s'vnissent comme des gouttes d'eau ; se sentent aux approches, comme le fer & l'aymant qui s'entre communiquent leur perfection, & veulent rejoindre des vertus qui ne sont qu'vne dans l'idée de la Nature. Ils s'enuoyent mutuellement leurs attraits, & se donnent le mouuement de leurs appetits, par vn rencontre d'égalité, comme vn luth, qu'on touche, fait tressaillir de loing les cordes d'vn autre monté sur vn mesme ton. Ou bien vne humeur infirme deuant estre soulagée par vne autre, comme la melancholique par la ioyeuse, luy rit, s'émeut, s'ouure pour receuoir cette effusion d'esprits, & de qualitez qui sont son remede. Supposant donc la transmigration, il est vray de dire, qu'vne ame qui auroit autresfois esté dans vn corps sympathique auec le nostre, n'en pourroit pas conseruer les ressentimens dans vne autre vie, parce qu'ils sont morts auec leur sujet ; & si elle ne retient point les especes intellectuelles qui luy sont propres ; comme nous le voyons par nostre ignorance ; comment pourroit-elle se conseruer celles
qu'elle

DE L'IMMORTALITÉ DE L'AME. 417
qu'elle empruntoit d'vn corps qui n'est plus, & auec lequel elle n'a plus aucun commerce. Si les qualitez de celuy qu'elle informe sont differentes, elles effacent tous les ressentimens du premier, ou si elles sont semblables & sympathiques, l'amour en naistroit, sans auoir recours à la transmigration.

Ceux qui rapportent ces amours à l'influence des astres, disent qu'ils procedent de ce que la natiuité de deux personnes a mesme ascendant, ou que Venus est en mesme lieu, ou que les deux luminaires sōt vn eschange de domicile, comme suen la natiuité de l'vn, le Soleil est aux Balances, & la Lune dans le Belier, & qu'en celle de l'autre, le Soleil soit au Belier & la Lune aux Balances. Ie ne m'arroste pas à ces particulieritez, mais il est certain que les Astres contribuent beaucoup au temperament; que leurs influences seruent pour attirer & pour faire l'vnion des esprits, & des qualitez occultes, dont on dit que le rencontre cause l'amour. Quand ceste opinion des Astrologues auroit lieu, tout cela se pourroit dire que d'vn corps qui vit, qui est present, & qui fait ceste effusion d'esprits; mais luy mort & corrompu, ces sentimens d'inclination perissent & les Cieux n'ont plus de vertu, pource qui n'a plus d'existence.

C'est donc pecher contre toute sorte de Philosophie, d'alleguer ces amours d'inclination, pour nous faire croire la transmigration des ames. Pour

Tome 2.   Ggg

moy, ie n'ë recognois point d'autre, que celle qui se fait lors, qu'on se rend si parfait imitateur des vertus d'vne personne de grád merite qu'il semble qu'on viue de sa vie. Paracelse nous veut persuader que par la force de certains remedes, on peut succer & attirer dedans soy toutes les bonnes qualitez, les esprits, l'humide & la chaleur vitale d'vn autre corps; que par ce moyen vn vieillard se peut rajeunir aux despens d'vn ieune homme. Le lieu ne me permet pas de dire autre chose contre cét art imaginaire. Sinon qu'il accuse tous les Medecins, ou d'ignorance, ou de peu de fidelité, puis que nous ne voyons point l'effect de ces aduantageuses promesses, qui se pourroient accomplir innocemment, au moins aux despens de ceux qui ont merité la mort. Si la Nature rendoit cette espece de transmigration possible; l'vsage & l'estude en auroient desia fait la découuerte; les Princes seroient immortels; & comme il n'y a point de biens, il n'y auroit point de vie dont ils ne tirassent quelque subside pour entretenir la leur: C'est pourquoy ie tiens que Gorgias, Prothagoras, Isocrate, & autres Philosophes deuoient la longueur de leur vie, plustost à la bonne composition de leurs mœurs; à la iustice de leur temperament, & à leur frugalité, qu'à la hantise qu'ils auoient auec de ieunes gens dans leurs escoles; Ie pense qu'il ne s'y faisoit point d'autre transmission que de la doctrine, dont les auditeurs faisoient leur profit, par vne attraction innocente, puis qu'elle ne diminuoit point les bonnes qualitez de leur cause.

Choisir vne personne de grand merite, s'y attacher par tous les deuoirs de respect, & d'amitié; se faire vne loy de l'imitation de sa vie, se la proposer tousiours presente à nos actions, comme vn modelle, comme vn Iuge, & comme vn Censeur; c'est le moyen de la faire viure en nous, quand mesme la mort l'auroit enleué du monde: Hors cette transmigration Morale, ie mets toutes les autres au rang des fables qui n'ont aucun fondement: & il est certain que les anciens ne les ont forgées que par ce qu'ils ne pouuoient accorder autrement l'Immortalité de l'ame, auec l'eternité du monde. Ainsi de deux propositions, dont l'vne est vraye, & l'autre fausse, ils en ont fait cette extrauagante opinion, comme l'Afrique nous produit ses monstres par le rencontre d'animaux de diuerses especes.

Il importe à la bonté & à la iustice de Dieu que l'ame raisonnable soit Immortelle.

CHAPITRE XLI.

Q Velques anciens Philosophes ont consideré le monde comme vne solemnité publique, où toutes les parties se faisant l'amour, sont enioyent & poffedent ce qu'elles defirent, auec des contentemens qui redoublent par vne mutuelle complaifance. A leur dire le mouuement des Cieux eſt vne dance continuelle ; leurs lumieres, vn ris, leurs influences, des liberalitez touſiours magnifiques. Que ſi les elements rendent quelque combat, ſi les vents pouſſent les flots, & agitent l'air, que ce ſont des courſes, & des tournois de plaiſir, puis que dans ce choc, ils ne ſouffrent point de pertes qu'ils ne reparent : que ſi la terre ne paroiſt pas touſiours en meſme appareil ; c'eſt qu'elle prend ſes libertez, & fait ſes profits dans ce changement ; elle amaſſe de plus grandes richeſſes, lors qu'elle nous ſemble plus pauure durant l'hyuer, touſiours heureuſe, puis qu'elle iouyt continuellement de ſon centre.

Mais pour ne point amplifier ce ſuiet auec des termes qu'on peut dire luy eſtre moins propres. Il eſt vray que toutes les parties du monde ſont au plus haut eſtat que leur nature puiſſe ſouhaitter. Les oyſeaux traittent leurs amours auec des delices, & iouyſſent de leurs mariages auec des fidelitez qui n'ont point d'aigreur ; l'air eſt touſiours ouuert à leurs promenades ; les bois leur donnent vne agreable demeure : où ils nous teſmoignent leurs contentemens par leurs muſiques. Les poiſſons ſe iouënt dans les eaux, auec des gliſſades, des bonds, & des treſſaillemens, qui nous aſſeurent de leur volupté. La terre ne produit les plantes, que ſous les

DE L'IMMORTALITÉ DE L'AME. 421
climats qui leur agréent, & au lieu qui se rend tributaire de leur aliment. Enfin chaque chose possede sa felicité ; les defauts & les souffrances sont rares au monde, & ne s'y trouuent que pour donner plus de lustre aux delices qui sont ordinaires.

Il n'y a que l'homme qui porte le deüil dans cette rejouyssance publique, vous diriez que la Nature en fasse l'obiect de son indignation ; que rendant toutes les choses crées bien-heureuses, elle n'ayt des supplices, & des douleurs que pour luy, puis que toute sa vie est vne suitte de calamitez, & vne guerre qui n'a point de treues. Il vient au monde tout nud, exposé à toutes les iniures du temps, son enfance souffre plus qu'il ne peut dire, & se passe quasi toute en pleurs, sous les liens du maillot ; son adolescence n'a que des trauaux dans les estudes, & les exercices qu'il luy faut apprendre ; l'âge viril se plonge dans les affaires, iusques à ce que la vieillesse luy oste les forces, & luy rende la vie si onereuse, que la mort luy tient lieu de soulagement. Depuis que la perfection des organes a permis à l'ame d'agir selon la raison, elle se monstre extremement passionnée de la verité, dont neantmoins elles ne descouure que l'ombre ; elle cherche le souuerain bien dans les choses particulieres qui ne font qu'accroistre les ardeurs de son amour, & luy donner autant d'inquietudes, qu'elle s'en promettoit de satisfaction.

Puisque chaque chose possede sa fin en ce mon-

Ggg iij

de; puisque les moindres petits animaux ont assez de vie & de force pour se rendre heureux en la ioüissance de ce qui leur est conuenable; l'homme seul ne doit pas estre frustré de ses desirs;& puis qu'ils ne sont pas satisfaits en cette vie, il faut necessairement en admettre vne autre qui luy en donne l'accomplissement.

Dieu assigne à toutes les puissances des objets proportionnez à leur vertu. Il donne des spheres plus hautes, plus grandes; des actiuitez plus vigoureuses aux elemens dont la Nature est plus noble; quoy sa Iustice seroit-elle seulement defectueuse à l'égard de l'homme ? pourroit-elle bien permettre qu'il ne iouyst iamais de sa fin ; que pour estre la plus excellente des creatures, il fust la plus miserable?

Quand les brutes, ou les choses inanimées souffrent quelque defaut, il leur est moins difficile à supporter; d'autant qu'elles sont conduites par vne inclination qui ne leur permet pas la veuë ny le desir de leur fin ; elles s'arrestent au bout de leurs forces, sans regret de ne pouuoir passer plus auant. Mais l'homme a l'idée du vray & du bien, auec vne extreme passion de les posseder. De sorte que s'il n'y auoit point de vie qui luy en donnast la iouyssance, il souffriroit vne double priuation, d'effect, & de desir: & ainsi l'excellence de sa nature au lieu de le faire heureux, ne seruiroit qu'à le rendre plus miserable. A ce compte il seroit meilleur de n'auoir point la vie auec l'vſage de la raiſon, que de la tenir auec cette ſeruitude, qui obligeroit à vn mouuement ſans repos, à des deſirs ſans fin, à des pourſuites ſans iouyſſance. Neantmoins il eſt tres-vray que l'eſtre raiſonnable, qui eſt vn degré de ſublime perfection en la Nature, eſt bon; que ſes actions luy doiuent eſtre vtiles; qu'il doit poſſeder vne fin plus noble que les choſes inferieures. Il n'a pas cela en cette vie, où quelquesfois ſa capacité luy eſt vn ſupplice, & où il ne reüſſit pas à ce qu'il pretend. Donc il en faut admettre vne autre, où ſes puiſſances trouuent leur bon-heur complet.

Nous auons dit que l'homme eſt la fin où toutes les choſes ſenſibles doiuent rapporter leurs operations: Hé! quel ordre y auroit il au monde, quelle œconomie, & quelle police ſi les ſeruiteurs auoient plus de pouuoir & de felicité que leur maiſtre? que le centre euſt moins de repos que ce qui s'y porte? que cette creature qui eſt la fin de toutes les autres ne poſſedaſt pas elle-meſme ſa fin?

Oſtez la beatitude que nous eſperons en l'autre vie, l'homme en beaucoup de choſes eſt plus miſerable que les animaux, parce que ſes appetits ſont moins ſatisfaits, & ſes ſouffrances plus côtinuelles. Mais admettez des recompenſes eternelles apres le trauail; des victoires & des triomphes apres les combats, toutes les difficultez qui cauſent nos plaintes, me ſemblent des occaſions d'honneur, où les bons courages se doiuent porter auec alaigresse.

Cela supposé. Ie ne m'estonne plus, si toutes les parties de nostre corps sont capables de la douleur & bien peu de la volupté ; si les plaisirs se cherchent auec beaucoup de soin & ne durent presques qu'vn moment ; si les maladies viennent d'elles-mesmes & durent long temps; nos ioyes ne sont la pluspart qu'vne cessation de douleur. Tout cela, & vne infinité d'autres remarques qu'on peut faire des incommoditez de nostre vie, ne m'estonnent non plus que de voir quelques souffrances au temps du combat ; & de la defformité dans les preparatifs d'vn grand ouurage.

La santé des animaux est plus robuste, leurs plaisirs plus aisez & plus continus, que les nostres, parce que toute leur félicité se termine en la iouissance de cette vie, & que par vne loy tres-equitable de la Nature, toutes choses possedent auec auantage, ce qui leur eschet en propre, comme la terre abonde en secheresse, le feu en chaleur, ainsi les brutes nous doiuent passer en ce qui regarde la satisfaction des sens. On ne m'es-estime pas les Cieux de ce qu'ils participent fort peu aux conditions de la terre, de ce qu'ils n'ont qu'vne solidité diaphane, qu'vn peu d'obscur au fonds des planetes, pour recueillir la lumiere, comme des miroirs, & en faire vne plus vigoureuse effusion; leur beauté ne consiste pas à estre semblables au dernier des elemens, parce qu'ils ont
de

de plus precieuses qualitez. Qui condamneroit vn homme d'Estat de le voir enfermé dans vn cabinet, l'esprit, les mains, les yeux attachez aux affaires; & de ne pas iouyr de la liberté que ses laquais prennent à passer toute la iournée au jeu, où à d'autres plaisirs fauorables aux sens; sa dignité est trop grande, son esprit & son courage trop genereux, ses emplois trop sublimes, pour s'abaisser aux fripponneries des personnes dont l'apparente liberté n'est qu'vne foiblesse d'esprit, & vne misere de condition. Le trauail que l'on luy reproche, fait partie de sa dignité, parce qu'il luy donne l'accez, & luy fait meriter l'affection de son Prince. Ainsi on ne doit pas moins priser l'homme de ce qu'il ne semble pas tant auantagé que les brutes, en ce qui regarde l'interest du corps. Ces incommoditez qu'il souffre, luy sont des preuues que Dieu le destine à vne meilleure vie, à la possession de sa gloire, où sont tous les biens, dans vne eternité qui vaut tous les temps.

Sa Majesté ne nous a pas seulement priuez de quelques biens temporels, pour nous faire entendre que nostre bon-heur ne côsistoit pas en leur iouïssance: Il a encore imprimé dedans nos cœurs vn secret amour de la vertu, qui nous porte à les dégager des choses sensibles, afin de nous rendre plus semblables à son essence, tres-simple, tres-parfaicte, infiniment éloignée des conditions de la matiere. Ce desir d'agreer à Dieu, en se rendant comme son Image par l'imitation des vertus qui nous sont permises, porta les anciens Philosophes au mespris des richesses, des honneurs, des commoditez du corps. Ils vouloient que l'homme se rendant tout entier au principe Intellectuel, y reduisist en quelque façon tout le monde, dont il est comme l'abregé, & que par auance il touchast quelque chose des felicitez de l'autre vie. Ils y aspiroient comme nous auons veu ; les ceremonies de leurs funerailles, leurs apotheoses, & leurs deïfications en estoient les preuuues. Aussi les Poëtes qui furent les premiers Theologiens d'entr'eux mirent au Ciel les trauaux d'Hercule & les Monstres qu'il auoit vaincus comme le Taureau, le Lyon, l'Ours, l'Hydre, le Centaure, pour nous faire entendre par ces figures, que le Ciel reserue des recompenses magnifiques aux trauaux de cette vie, que nos tenebres se changeront là en lumieres, & nos infirmités en vn estat de gloire libre de toute alteration.

Tous les peuples, ie dis mesme les plus barbares ont porté du respect à la vertu, ils ont donné les Sceptres, les charges, les plus insignes honneurs aux plus gens de bien ; par vn sentiment, qui estant vniuersel n'est point fautif. Or voyons en quoy consiste cette vertu qu'ils veneroient comme vne imitation de Dieu ; C'est à mespriser les biens sensibles, à sacrifier ses interests particuliers au public, à calmer les bouïllons de la cholere, à pardonner les iniures, à souffrir pluftoft toutes les aduerfitez du monde, que de rien commettre contre la raifon. Vn homme iufte qui modere fes defirs ambitieux, qui ne veut point vendre fa liberté par des complaifances indignes de luy, eft exclud des charges, il fuccombe dans les affaires, il eft ordinairement le plus chargé de fubfides, parce qu'il ne veut pas repouffer la mauuaife foy par vne autre : fes biens deperiffent, la honte & la pauureté font les appennages de fon innocence. Tout cela eft directement contraire aux biens du corps ; c'eft mettre les fens à gehenne, & faire mourir les mouuemens de la partie animale, de viure fous la rigueur de cette Philofophie. Cependant elle n'afpire qu'à l'imitation de Dieu, & à fe conformer à la bonté de fa nature. Il feroit donc l'autheur de noftre mifere, luy qui le doit eftre de noftre felicité ; les inftincts qu'il nous infpire, feroient trompeurs ; il n'affigneroit que les fupplices en partage de la plus noble de fes creatures ; s'il n'y auoit vne vie dont fes abftinences, & fes moderations nous donnaffent l'entrée.

Tous les agens naturels, & la plus grande part des animaux fe font vne iuftice de la violence, & vfurpent tout ce que leurs forces leur permettent de s'approprier, l'homme feul eft capable de la iuftice, & fans confideration de fes interefts ; & de ce qu'il peut souffrir d'incommodité, il rend à vn chacun ce qui luy eft deub. Il a les tyrannies, les violences, la mauuaise foy, les meurtres, les vsures en execration, & tous les iours les loix s'arment de vengeance, pour en faire des punitions exemplaires. Faudroit-il que l'homme fust priué des fruicts de la Iustice, luy qui est seul capable de ses sentimens? qu'il ne receust point la recompense de ses trauaux? que Dieu trompast nostre attente, & que ce que nous entreprenons pour son seruice, nous fust non seulement inutile, mais tres-dommageable aux interests de la Nature.

Les exercices de Religion appauurissent encore l'homme par les frais des Sacrifices, par les diuertissemens de l'esprit, par les mortifications du corps, les veilles, les solitudes, les abstinences, la chasteté, & tout cela sous esperance des biens qu'on croit receuoir en vne autre vie. S'il n'y en auoit point, Dieu n'auroit pas si peu de misericorde qu'il ne nous détrompast. Il n'auroit pas abusé les hommes durant tant de siecles. Il ne leur auroit pas fait perdre le temps, & ce qu'ils auoient acquis, pour ce qu'ils ne peuuent iamais obtenir. Il ne seroit pas plus rude que les moins charitables, qui renuoyent les pauures à qui ils ne veulent point faire de bien. Enfin il diroit aux hommes, ô pauures aueugles, pourquoy vous priuez-vous des biens qui vous sont permis; sous esperance de iouyr de ceux qui ne vous sont pas possibles? Pourquoy vous imposez-vous des peines, & tenez-vous vos sens en captiuité, au lieu de les satisfaire dans les delices de la Nature ? Possedez tant que vous pourrez le present, l'aduenir ne reserue rien pour vous, & vous ne deuez point vous imaginer d'autre felicité que celle de cette vie. Mais il nous inspire des sentimens bien contraires. Car iamais on ne s'acquitte des deuoirs de la pieté ; iamais on ne presente vn sacrifice de ses biens, & on ne surmonte ses passions, que l'ame ne ressente des douceurs inaccoustumées, & n'entende les applaudissemens d'vne voix interieure, qui l'asseure que son trauail n'est pas inutile. Que si elle manque à ces bons offices, de quelques couleurs qu'on déguise sa negligence & son mespris, quelque diuertissement qu'on cherche, la conscience effrayée, se void desia prononcer la condemnation d'vne peine qu'on doit souffrir, si on ne s'amende.

Le cœur souspire pour l'eternité ; & pour l'obtenir il se vuide de toutes les affections du monde. Certes, Dieu qui est vne bonté infinie le doit remplir, & comme il est vn acte tres-vif, & tres-pur, il doit informer pleinement cette puissance. Les maistres donnoient la liberté aux esclaues qui leur auoient esté fideles : les vieils soldats receuoient des recompenses & des immunitez apres auoir bien long temps seruy l'Estat au prix de leur sang, ceux qui auoient vaincu vn certain nombre de fois aux jeux Olympiques, demeuroient exempts du combat ; la guerre ne tend qu'à la paix, & le mouuement au repos. Donc les fatigues que l'homme souffre pour la vertu, & pour le culte de Dieu, doiuent estre recompensées d'vne beatitude qui n'ait point de fin.

Quand la Nature nous rend le repos si doux apres le trauail, les nuicts si bonnes qui suiuent les crises & les purgations, elle nous signifie que les exercices par lesquels l'ame se nettoye de ses mauuaises habitudes, seront soulagez par vne tranquillité eternelle. Hé! comment se pourroit-on figurer que Dieu n'exerçast pas enuers nous vne iustice que nous practiquons tous les iours, dans les familles, & dans les estats, & pour qui mesme les choses inanimées se monstrent sensibles. Il faut croire que s'il expose les biens de fortune, comme en proye à la tyrannie des vices, qu'il en reserue d'eternels pour la vertu, & qu'il ne permettra pas que ceux-la approchent plus prez de sa puissance, qui sont les plus éloignez de ses perfections?

Outre les incommoditez que l'homme souffre, selon les loix de la Nature ; outre celles qu'il s'impose à luy-mesme, pour s'auancer à la vertu, & s'acquiter des deuoirs de la pieté. Il endure encore beaucoup d'autres miseres, par la prouidence particuliere de Dieu, qui les verse ordinairement sur les plus gens de bien, dont la vie est plus innocente, & la Religion plus sincere. Vous verrez vne personne qui sert Dieu auec vn calme d'esprit, qui s'employe continuellement aux œuures de charité, & qui aimeroit mieux perdre la vie, que se relascher

DE L'IMMORTALITÉ DE L'AME. 431

contre la raison ; neantmoins persecutée de la mesdisance, souffrir des pertes inesperées, des vols, des incendies, des naufrages; où vous la verrez rongée d'vne maladie incurable, qui l'attache au lict, qui luy fait endurer vn bannissement dans le lieu de sa naissance, & gouster toutes les amertumes de la vie, sans sçauoir rien de ses douceurs, que par le recit des autres. Vous diriez que toutes les infortunes, toutes les disgraces, tous les obiects de crainte & de douleur, ne soient que pour la vertu ; qu'en ce monde elle soit au milieu de ses ennemis, où de tous costez elle est contrainte de rendre combat. Cependant tous les hommes, sçauent, & vne lumiere interieure nous le faict cognoistre, que Dieu ayme les gens de bien, comme ceux qui gardent ses loix, & qui se rendent plus conformes aux perfections de son essence. Si donc il leur fait passer la vie dans des langueurs & des miseres qui tiendroient lieu de supplice aux criminels; il faut necessairement conclure qu'il reste vne éternité, où il doit recompenser le courage & la constance de ces bonnes ames; qu'il n'engageroit pas ceux qu'il ayme, dans l'affliction, si ce n'estoit pour leur faire meriter de plus belles palmes; il ne les feroit pas mourir à eux-mesmes, si ce n'estoit pour leur donner vne vie celeste.

Autrement il rendroit la vertu, & la pieté si odieuse à l'esprit des hommes, qu'il ne se trouueroit plus personne assez resoluë pour s'y engager. Car outre ce qu'elle blesse & violente les inclinations du corps; on auroit encore sujet de l'abandonner, parce qu'elle attire sur soy vn deluge de calamitez qu'on pourroit prendre pour des effects de l'indignation du Ciel. Ainsi on dresseroit des autels à l'iniustice; l'impieté, les tyrannies, les impuretez seroient en regne, & Dieu seroit cause que la societé des hommes periroit par tous ces desordres. Mais nous sommes fort éloignez de ces mal-heurs. Car quoy que la vertu soit dans la misere, les hommes ne laissent pas de la regarder comme vne qualité diuine, & de luy rendre beaucoup de veneration. Ce qui ne seroit pas, si Dieu n'auoit mis dans nos ames vne lumiere qui nous fait cognoistre qu'il reste vne autre vie apres celle-cy, où les bonnes œuures doiuent receuoir leur recompense.

Il faut bien que cette esperance soit ferme, puis qu'elle donne le courage de vaincre toutes les difficultez qui se rencontrent à la suite de la vertu ; puis qu'on trouue de la consolation parmy ses fatigues, & du plaisir dans vn chemin qui n'a que des ronces.

La seule pensée qu'il y a vn Dieu, nous asseure des recompenses de l'autre vie, parce qu'autrement il seroit iniuste; & luy donner vne imperfection, c'est nier son existence, qui doit estre souuerainement parfaicte. Si sa bonté nous a donné l'estre, lors que nous n'estions pas pour le meriter, il ne déniera pas le bien estre à ceux qui ont fait tous
leurs

leurs efforts pour s'en rendre dignes, il ne permettra pas que l'homme reçoiue du desauantage de ses bons offices; que la vertu, la pieté, la Religion luy soient vn trauail sans recompense. Ie poursuiuray ces considerations au traicté de la Iustice diuine, & ie me contente pour cette heure de respondre à cette difficulté.

La vertu n'est pas vne assez grande recompense à elle-mesme.

Chapitre XLII.

LEs Stoïciens nous ont voulu representer la vertu auec cette beauté admirable, dont Platon disoit que la veuë deuoit gagner toutes les affections. Car ils en parlent comme d'vne qualité diuine qui passe les termes de la Nature, & qui met l'homme dans vne felicité comparable à celle de Iupiter: A leur dire depuis que le sage s'est acquis la cognoissance de la verité, auec vn empire absolu sur ses appetits, le iugement estant libre des abus du monde, & la volonté des passions, il se trouue dans vn estat de bon-heur, si parfaict, & si solide, que la fortune n'y sçauroit apporter d'accroissement par ses faueurs, ny luy faire souffrir la moindre secousse par ses choleres. Dans cette puissance il s'ayme & se possede luy-mesme; il reçoit d'extremes satisfactions de ne se voir iamais troublé dans ses desseins, parce qu'il ne veut & n'espere rien des choses estrãgeres, pour ne point commettre sa felicité au hazard, ny perdre le tiltre de souuerain, en se mettant dans la dependance.

Les libertins qui n'ayment rien moins que la vertu, luy dressent aujourd'huy ces Panegyriques, & feignent d'entrer dans le sentiment des Philosophes, pour conclure qu'elle est satisfaite en elle-mesme, & par consequent qu'il ne se faut point imaginer d'autre vie, où elle reçoiue ses recompenses. Voila comment l'impieté nous fait vn poison des plus belles roses, en ce qu'elle employe les Eloges de la vertu, pour nous nier l'immortalité de l'ame, & ainsi ruiner la vertu par elle-mesme, d'autant que, comme nous auons dit, elle ne peut subsister sans la creance d'vne autre vie.

Pour venir à l'opinion des Stoïques, i'aduoüe que demeurant dans les termes de la Nature, vn bon courage n'a rien à souhaiter de plus sublime, ny de plus puissant que la vertu ; les thresors, les Sceptres, tout ce que la fortune & l'opinion promettent de grandeur, ne sont qu'vne ombre des felicitez qu'elle donne à l'ame. Neantmoins il est vray qu'elle ne se peut pas seruir de recompense à elle-mesme, ny nous tenir lieu de souuerain bien. Que le sage cognoisse tant qu'il luy plaira la condition des choses du monde, pour ne se point estonner des euenemens ; qu'il sçache qu'elles font fragiles, le ioüet du temps & de l'inconſtance, qu'elles nous ſont arrachées des mains contre noſtre gré, & que le peu de droict que nous auons à les retenir, monſtre que nous n'en ſommes pas les maiſtres. Tous ce beaux diſcours, & toutes ces précautions n'empeſchent pas que le ſage ne perde ſa ſanté par les maladies, les biens par les procez, les vols, la mauuaiſe foy, qu'il ne fremiſſe, & ne crie ſous la torture des gouttes, & qu'il n'endure beaucoup dans les autres accidens qui luy ſuruiennent, où la Philoſophie ne ſert qu'à le mettre en l'eſtat d'vn homme qui void venir vn coup qu'il ne peut parer. D'où quelques-vns le iugent plus miſerable, de ce qu'il va bien loing au deuant du mal; qu'il donne plus d'eſtenduë aux ſentimens de la douleur par ceux de la crainte; que la mort qui n'a qu'vn inſtant pour le reſte des animaux, luy fait endurer toute ſa vie, le ſupplice interieur d'vn criminel aduerty de ſa condemnation.

Quelques lenitifs que l'on apporte, il faut aduoüer qu'vne pauureté forcée traine apres ſoy des miſeres, qui obligent à de honteuſes ſubiections, qui diuertiſſent, & qui bien ſouuent abbattent les forces de l'ame, & apportent de notables empeſchemens à la vertu. Si l'on met le ſouuerain bien de l'homme en la contemplation de la verité, celuy-la n'en peut iouyr, qui preſſé par les neceſſitez de ſa famille, donne ſon attention à la pourſuitte de ſes affaires, à ſe defendre contre l'injuſtice & la calom-

Iii ij

nie, à repeter ce que la violence luy rauit, & ce que la mauuaise foy luy retient. Le moyen que l'esprit s'adonne à la contemplation, cependant que le corps souffre les inquietudes d'vne ardante fiéure, qu'vne pourriture d'humeurs corrompt les esprits; que la teste grosse de vapeurs, & rompuë de battemens, ne se defend qu'à peine de la resuerie.

Ie veux que ces peines ne portent pas le Philosophe iusques dans le desespoir, que se considerant comme vn citoyen du monde, il iuge tres-raisonnable de subir les loix qu'il y a treuuées establies, de suiure son tout, de ne point demander le priuilege d'vne ordonnance qui est generale; peut-estre qu'il ne iettera point de cris, & qu'il ne fera point paroistre de mauuaise humeur. Mais où sont ces belles lumieres, ces cognoissances vniuerselles, ces subtilitez, ces raisonnemens dont son esprit iouyssoit en vne meilleure saison quand le corps n'estoit point malade? Ie m'asseure qu'vn pauure paysan, qui est en santé, a l'ame plus en repos, & plus capable de discourir, qu'vn Philosophe accablé de mal, où il n'est plus que sur la deffensiue, & dans les ardeurs d'vne fieure, où ses anciennes subtilitez ne seruent qu'à former de plus prodigieuses extrauagances.

Comment donc la vertu luy pourroit-elle seruir de recompense, puis qu'à peine elle peut subsister; puis que dans ses exercices, & dans les occasions où elle desploye toute sa vigueur, elle le priue de ce souuerain bien, qu'on dit consister en la contemplation de la verité.

On nous defcrit la vertu dans vn grand repos, & neantmoins la voila dans l'agitation, & dans le combat ; l'efprit ne s'efleue pas lors aux chofes fublimes, mais entre ces balancemens tout ce qu'il peut faire, c'eft de ne point tomber dans vne alienation de foy-mefme, qui oferoit dire que le courage fert de recompenfe à vn foldat, qui eftant bien bleffé à la brefche, demeure fermé, & ne tourne point le dos à fon ennemy. Cette force & cette generofité n'eft pas recompenfe, mais vne action qui la merite, ou vous prendriez la nauigation pour le port ; la nuict pour le iour, l'hyuer où la terre pauurement couuerte fait fes prouifions pour l'efté où elle fe charge de fruicts.

Que fi nous confiderons l'homme hors de ces preffantes incommoditez qui tiennent la vertu en interdit. Si nous le regardons en luy mefme ; ie trouue que comme le corps fouffre beaucoup plus par la guerre inteftine de fes parties, que par les caufes externes qui l'enuironnent, qu'auffi l'ame raifonnable dechet des bonnes difpofitions de la vertu, pluftoft par fes propres infirmitez, que par les rigueurs & la violence de la fortune. Vous verrez des ames qui fe font à charge à elles-mefmes, qui fe fuyent par mille diuertiffemens, & qu'vne humeur inquiete pouffe à vne infinie multiplicité d'emplois, où elles cherchent le bien qu'elles ne trouuent pas en leur interieur. Mefme les plus fages, & ceux

Iii iij

dont l'ame a vne plus ferme affiete, s'ennuyent dans la folitude; les efprits s'y efteignent faute de conuerfation, comme vn feu dont le changement d'air ne purge point les fumées, ou comme vn eau qui croupit faute d'auoir fon mouuement. Si le fouuerain bien confiftoit en la paifible poffeffion de foy-mefme, on ne s'en pourroit iamais laffer, & les ames y trouueroient le mefme repos, & la mefme perfection que les chofes naturelles rencontrent en leur centre. Mais ces diuertiffemens neceffaires aux plus forts efprits font des témoignages de leur infirmité; Ce font des inquietudes de malades qui tafchent à fe foulager par le changement.

Il n'eft pas toufious fi heureux, que quelquesfois au lieu de diuertir, il ne prouoque le mal, & ne redouble la violence de fes accés. Ne voyons nous pas qu'apres auoir appaifé le tumulte de nos appetits; apres auoir fait de grands deffeins pour la vertu, & luy auoir engagé noftre foy; la veuë ou l'entretien des perfonnes qui paffent vne vie contraire, donnent des fecouffes aux plus fermes refolutions, iettent le doute & la desfiance dans noftre cœur, de forte qu'vn ancien eut fuiet de craindre l'abord du peuple; comme au lieu plain de peril, d'où il ne reuenoit iamais auec ce qu'il y auoit porté de vertu. Nous viuons entre des ennemis, qui ne donnent treues, que pour ramaffer leurs forces; leurs attaques font par furprifes, qui ne nous permettent, ny d'eftre fans crainte, comme en temps de paix;

DE L'IMMORTALITÉ DE L'AME. 459

ny sur pied prests à combattre, comme en temps de guerre. Ie ne sçay quelles boutades emportét quelquesfois les plus vertueux à des extremitez qui semblent vn prodige au monde, mais que l'on n'admireroit pas, si on pouuoit lire dans l'interieur, si on iugeoit aussi bien de leur foiblesse, que de la perfection dont ils auoient fait si long temps parade. Mettez à cette heure le souuerain bien de l'homme en vne vertu si inconstante, si imparfaicte, qui ne s'acquiert que par violéce, & qui se perd auec si grande facilité? le moyen de se figurer vn estat immobile, qui ne peut receuoir d'accroissement ny de déchet dans la fragilité de ces habitudes qui s'exhalent dans la conuersation & qui sont sujetes à se corrompre dans la solitude? Hé! comment ces exercices qui violentent les sens, qui nous tiennent tousiours en alarme; qui rendroient nostre condition pire que celle des brutes, s'il n'y auoit point d'autre vie; comment ces peines & ces fatigues continuelles nous peuuent-elles tenir lieu de recompense?

Tous les mouuemens sont à la poursuite de quelque fin, & de quelque auantage separé du sujet qu'ils transportent; les Cieux ne roulent pas seulement, à cause de la beauté du mouuement circulaire, mais pour le bien vniuersel du monde; pour le seruice de l'homme, & pour imiter le cercle d'amour & de cognoissance que les Intelligences motrices font sur elles-mesmes, & vers le premier principe pour le posseder, & pour s'y conformer. Si l'air s'agite, si les fleuues coulent, si les oyseaux volent, si tous les animaux cognoissent & appetent, c'est pour la possession d'vn bien qui n'est pas en eux, & dont ils peuuent receuoir quelque commodité. Enfin tous les corps ont leurs centres hors d'eux-mesmes, & quand la force les en a tirez, la vitesse de leur transport fait paroistre l'extreme passion qu'ils ont de s'y reünir. Iugeons le mesme de nos volontez, que puis qu'elles ne sont autre chose qu'vn mouuement, qu'elles aspirent à vn bien qui n'est pas en elles ; autrement elles demeureroient en repos, & comme elles ne se separent iamais d'elles-mesmes, iamais leur liberté ne les porteroit à l'action, & iamais elles ne conceuroient aucun desir.

Encore les choses naturelles auroient plus sujet de demeurer en elles-mesmes, & d'auoir vn parfaict rassasiemét, parce qu'elles ne conçoiuét point d'appetits que proportionnez à leur estre, & dont elles se peuuent donner la iouyssance, auec vn leger trauail meslé de plaisir. Mais l'homme, comme nous auons veu, porte ses volontez & ses cognoissances à l'infiny ; il veut estre, & sçauoir tout ; comment donc pourroit-il renfermer dás son cœur des appetits qui vont au delà du móde, pour qui la Nature est trop pauure, & qui ne peuuent estre satisfaits qu'en la iouyssance d'vne bonté souuerainement parfaicte. C'est pourquoy Platon eut sujet de dire

DE L'IMMORTALITÉ DE L'AME. 441
dire que noſtre amour auoit pris ſa naiſſance du chaos, parce que l'homme ne rencontrant qu'vn deſordre, des deformitez, & de la diſproportion, autant dedans ſoy, que parmy les creatures, il s'éleue plus haut, & cherche la beauté originaire, dont il ne trouue icy qu'vne idée confuſe. De là vient que les plus doctes ſont les plus ardans à la recherche de la verité ; les plus humbles en la cognoiſſance de leurs defauts ; les plus gens de bien conçoiuent de plus fortes affections pour la vertu. Ce mouuement qui croiſt dans la continuë, monſtre aſſez qu'il y a vn centre dont il s'approche ; & où il doit trouuer le repos d'vne actiuité qui ne peut pas croiſtre à l'infiny.

Les hommes peuuent bien rendre quelques honneurs à la vertu, luy dreſſer des Panegyriques, & la gratifier de ce qu'ils ont le plus en eſtime. Mais le ſage ne receura pas cela comme recompenſe, parce que ce ſont biens externes, raualiez au deſſous de noſtre nature, enuers leſquels il fait profeſſion d'eſtre indifferent. Tout cela depend de l'opinion ; s'y attacher, c'eſt vouloir ſuiure la roüe qui les emporte, & abandonner la conſtance qu'on s'eſt propoſée. Il n'y a rien de moins aſſeuré que l'honneur ; les coups de la calomnie qui le frappent reſſemblent aux foudres qui laiſſent touſiours la mauuaiſe odeur aux choſes qu'ils ont touchées, & la voix publique qui luy donne ſes acclamations, ſe change comme les vents, qui en moins d'vne heure nous voilent

Tome 2. Kkk

la face du Ciel, & conuertiſſent les ſerenitez en orage. En cela le iugement des hommes eſt extremement fautif, parce qu'il ne void que l'écorce des actions, & il en meſure l'eſtime aux euenemens ſujets aux cauſes eſtrangeres : quand meſme ils ſeroient heureux, ils ne ſont cogneus que d'vn petit peuple changeant, comme nous venons de dire, & qui ne donne de la reputation qu'aux choſes preſentes.

Vne vertu maſle, telle que la conceuoit ce Prince Romain, qui luy fit le premier vn Temple ſous ce nom; vne vertu genereuſe ne ſe repaiſt pas de ces petites delicateſſes ; elle a des reſolutions au bien qui ſont infinies ; elle ſouſpire pour vn objet qui n'a point de limites en ſes excellences, & en ſa durée. Il faut donc vne eternité, vn Dieu, vne premiere cauſe, pour ſes recompenſes ; vne realité, non pas vne ombre d'honneur.

Quand elle agit pour la iouyſſance du ſouuerain bien, ce n'eſt pas eſtre honteuſement mercenaire, parce que ſon merite accroiſt, au lieu de diminuer par ſes intentions. Si vn homme pratique quelque art, quelque ſcience, s'il rend quelque bon office, s'il prend le party d'vn autre ſous eſperance d'en eſtre recompenſé, cela tourne à blaſme ; dautant que la fin qu'il ſe propoſe eſt moindre que l'action qu'il fait ; & il rauaille trop les inuentions de l'eſprit, ou les affections du cœur, de les vendre, & les mettre à certain prix, comme on fait les choſes

DE L'IMMORTALITÉ DE L'AME. 443
materielles. Mais pretendre au souuerain bien, &
à la cognoissance de la premiere verité, c'est agir
proprement pour la fin qui nous est prescrite ; c'est
seconder les intentions de Dieu qui nous a crées,
afin que nous retournions à luy ; & la pretention
que le Ciel nous inspire d'vne fin si eminente, donne vn surcroist de merite à nos actions, tel, que
d'humaines & particulieres, elle les rend en quelque façon diuines & vniuerselles.

Aussi les vertus qui s'exercent en veuë de Dieu,
sont toutes autres que celles des Philosophes, qui
n'en auoient que le masque & les apparences. Ils se
contentoient de paroistre tels qu'ils vouloient
qu'on les estimast; leur perfection n'estoit pour la
plussart qu'vne Comedie : Ce leur estoit assez de
couurir le ressentiment de leurs passions ; parce
qu'ils n'agissoient que pour leur propre satisfaction, ou pour gagner l'estime du peuple. En eux-
mesmes ils iustifioient ces mouuemens, & pour
contenter le monde, c'estoit assez d'estudier les mines, & les postures que doiuent auoir ceux qui sont
moderez.

Mais vne personne qui se porte à la vertu pour
satisfaire à la volonté de Dieu, & pour iouyr de
l'eternité qu'elle espere de ses misericordes, trauaille
beaucoup moins à la composition de son corps, &
des actions qui sont veuës des hommes, qu'à la reforme de son interieur; elle le purifie, le conserue, le
pare tous les iours de quelque nouuelle perfection;

KKK ij

afin qu'il puisse seruir de Temple où elle offre à Dieu ses vœux & ses adorations en sacrifice. Il est esprit, & elle sçait que la pauureté de l'esprit luy aggrée. Comme elle pretend à la possession du Ciel, où rien d'immonde ne peut estre admis. Ce n'est pas merueille, si elle tasche de se rendre tousiours plus accomplie, si ces longs trauaux luy semblent des commencemens & de foibles dispositions pour vne gloire qui est infinie. La vertu qui espere ses recompenses au Ciel, est donc plus sublime, plus constante, & plus veritable, que celle qui se satisfait en elle-mesme; & qui ne cherchant que la creature, arreste son mouuement au milieu, sans le continuer iusques à son centre, qui est le premier principe.

Pourquoy l'ame raisonnable immortelle est iointe à vn corps mortel.

CHAPITRE XLIII.

SI nous voyons vne personne de grand merite, dans vne basse condition, nous entrons insensiblement dans ses interests, nous iettons des plaintes de sa disgrace, & vne iustice naturelle nous fait condamner le desordre de cét estat, où la vertu est si mal recompensée. Ainsi apres auoir consideré en détail les perfections de l'ame raisonnable, apres auoir veu son origine celeste, son essence toute dégagée de la matiere, la capacité de ses cognoissances, l'estenduë infinie de ses volontez, sa vie qui iamais ne doit prendre fin; on s'estonne de ce qu'elle est iointe à vn corps, pesant, infirme, massif, & mortel. Si elle est comparée au feu, tellement pur qu'il ne peut souffrir de mélange, ny en soy, ny aux corps dont il s'empare; si ses raisonnemés sont fondez sur la diuision, d'où vient qu'elle cherche l'alliance d'vn corps, non seulement different, mais du tout contraire à sa nature; qu'estant simple & immortelle, elle informe vn composé sujet aux loix de la mort? L'on a pardonné à l'amour qu'ont eu quelques Princes pour des filles pauures de naissance; parce que cette passion ne recognoist point d'autres richesses que la beauté; & comme elle est de droit naturel, elle ne se veut point assujetir aux loix humaines, qui font passer les biens de fortune, pour des qualitez auantageuses. Mais le corps n'ayant point, ce semble, de sympathie auec le spirituel, ny chose aucune qui puisse contenter ses inclinations; les amours que l'ame a pour luy, nous paroissent tousiours illegitimes.

Neantmoins nostre estonnement cessera si l'on prend la peine d'examiner les clauses de cette societé, & les conuentions de ce mariage. L'ame ne s'vnit pas au corps, en sorte qu'elles s'y confonde comme des liqueurs que l'on mesle ensemble, & qu'elle perde ce qu'elle a de propre, pour se reuestir de qualitez estrangeres: mais elle s'y vnit pour luy inspirer la vie & le mouuement; elle le souſtient quoy qu'il la reçoiue, & neantmoins elle en tire cette commodité, que par cette vnion elle met ſes puiſſances en exercice.

L'éclairciſſement de cela dépend de ce que nous auons dit, que l'ame raiſonnable eſt le milieu du monde materiel & intelligible, & que comme l'Intellect & la volonté ont des operations conformes en quelque choſe à celles des intelligences; qu'auſſi elle a les vertus vegetantes & ſenſitiues, par leſquelles elle peut dóner au corps la même vigueur qu'il reçoit des formes inferieures. C'eſt pourquoy il eſtoit neceſſaire qu'elle luy vinſt donner la vie & le mouuement, de peur que ſes puiſſances ne demeuraſſent inutiles, ſi elles n'eſtoient point reduites en acte.

Les formes des plantes & des brutes donnent bien quelque perfection à la matiere; mais elles luy ſont redeuables de leur exiſtence, parce qu'elles ont eſté tirées de ſon ſein; elles en ſont ſouſtenuës, penetrées, & ne ſubſiſtent que par ſa faueur. Mais l'ame humaine ſuruient à la matiere bien diſpoſée, & garnie d'organes propres à ſes operations, ſans en auoir receu l'eſtre; comme nous en auons fait la preuue. Neantmoins y eſtant vnie, il s'en fait vn compoſé, non pas accidentel, mais eſſentiel, parce que les vertus vegetante & ſenſitiue, qui ont leur racine dans ſon eſſence, & qui y ſont comprises comme en leur source, luy donnent la qualité de forme, & par consequent vn rapport naturel au corps qu'elle doit remplir. Elle a donc sa subsistence particuliere, en ce qu'elle est independante du corps; mais elle peut estre dite partiale, si vous considerez le composé, pour qui sa nature luy donne de l'inclination.

Ainsi quand Aristote l'appelle l'acte & la perfection du corps organique, c'est qu'il la considere comme Physicien, entant qu'elle exerce les vertus vegetantes & sensitiues; car quant à l'Intellect, il adouë qu'il vient de dehors, & que sa consideration est vn sujet de Metaphysique; elle peut estre l'acte du corps, sans estre materielle, comme la lumiere n'est pas vn corps coloré, quoy qu'il soit l'acte, & comme l'ame de la couleur. Nostre ame est donc l'acte du corps, parce qu'elle luy donne la force de se nourrir, de se mouuoir, & de faire les autres operations sensitiues: neantmoins on peut dire, qu'y estant ainsi vnie, elle en est en quelque façon separée, dautant qu'elle peut faire plusieurs actes de l'Intellect & de la volonté, sans l'entremise des sens, & parce que sa subsistence n'en releue point, & qu'elle peut viure, quand il sera mort.

Il ne faut point s'estonner si cela ne luy est pas commun auec les autres formes, dautant que, comme les extremitez de l'estre, Dieu & la matiere premiere sont sans exemple; cóme le milieu n'est qu'vn poinct indiuisible aussi bien que celuy qui la commence, & qui la finit: Ainsi l'ame raisonnable qui est metoyene, comme nous auons dit, n'entre point en comparaison auec les autres formes: mais elle a cette particularité, qu'elle peut subsister hors de son corps, & ne faire neantmoins qu'vn composé essentiel, quand elle luy est vnie. Ne voyons-nous pas que les elemens peuuent retourner dans leurs regions au sortir du mixte, & que sa mort leur donne la liberté: neantmoins nous ne tenons pas que ce qui reüssit de leur rencontre soit vn composé accidentel, à cause qu'ils sont establis de la Nature, pour entrer dans ce commerce, & faire ces alliances.

Nous auons aussi representé que l'ame raisonnable n'estoit pas creée auec les esperances de toutes choses; mais qu'elle estoit vne table d'attente sans figure, & qui n'a que les dispositions à les receuoir; ainsi il estoit fort conuenable qu'elle fust dans vn corps, afin de s'instruire par la relation des sens, & qu'estant bien informée des loix naturelles, elle en peust former des maximes pour sa conduite. Dieu possede toutes les veritez dans vne seule & tres-simple idée; les Anges ont des lumieres vniuerselles qui leur font voir les conclusions dans les principes; & l'homme raualé au dernier estage du monde intellectuel, deuoit auoir des cognoissances particulieres. Comme deux lignes s'entrouurent à mesure qu'elles s'écartent dauantage de leur centre; comme les nombres se multiplient d'autant plus que

vous

vous les esloignez de l'vnité; ainsi ce rayon de la verité diuine qui est plus vny dans les Anges se multiplie & se diuise en l'homme, auec vne estenduë qui égale la sphere des choses sensibles ; en sorte qu'il en deuoit auoir la cognoissance par vne multiplicité de pensée, qui naist du rapport successif des sens. Mais comme le rayon se reflechit dessus son Soleil, ainsi l'ame raisonnable ramasse ses cognoissances particulieres, & s'en forme vne idée vniuerselle, qui semble releuer les estres du defaut de leurs singularitez, & qui luy facilite son retour au premier Principe.

Ce monde materiel est vn Temple, qui deuoit auoir ses Prestres habituez, ie dis les ames raisonnables, obligées à la residence des corps ; & ne faisant qu'vn auec eux, afin qu'on pût dire en quelque façon que la matiere loüe Dieu, qu'estant son œuure, elle a ce rapport auec luy d'agir pour la gloire de sa Majesté diuine. L'homme reçoit donc en son corps les incommoditez des choses materielles, les fruicts de la terre, les lumieres & les influences des Cieux, le seruice des animaux, afin que l'esprit en demeure recognoissant, & en offre des sacrifices de loüanges au Dieu de la Nature.

C'est pourquoy nostre corps est d'vn temperament égal afin que ses organes soient plus propres aux actions de l'Intelligence ; sa taille droite, la capacité du cerueau, l'auidité des yeux, & des oreilles à chercher les suiets de contemplation, sont autant de seruiteurs qui attendent nos commandemens, & des voix qui annoncent, comme dans les anciens sacrifices, que nous soyons tous entiers à l'action diuiuine qui est de nostre charge.

Il ne faut point dire que le corps nous est plustost vn suiet de douleur que de volupté ; qu'il empesche plus qu'il ne sert, que ses des-obeissances employent toute l'attention de nostre esprit. Premierement, on peut respondre que le plaisir y est sans relasche, à cause que l'appetit est continuellement satisfait de la nourriture, & que les parties y possedent la liberté de leurs actions. Que si ce plaisir ne nous donne point des tressaillemens de ioye, c'est parce que la coustume en amortit le ressentiment ; ou que comme il est extremement amy de nostre nature, il continuë auec vne douceur semblable à celle des fleuues, qui cachent leurs cours sous vne surface polie, & ne sousleue leur flots, que quand ils trouuent de la resistence.

C'est pourquoy Platon dit que la volupté est vne cessation de douleur, comme on peut descrire le temps de paix, par celuy où il n'y a point de guerre, & la lumiere, par vn air qui n'est point enueloppé de tenebres. Car au sortir de la douleur, nous entrons dans la volupté ; que si elle nous charme, quand elle est à peine hors les oppressions de son contraire, il faut iuger qu'elle est beaucoup plus entiere, quoy que moins sensible au temps où elle en est le plus esloignée : Comme la Prouidence diuine

DE L'IMMORTALITÉ DE L'AME. 451
n'a pas voulu que les sens cognuſſent la priuation de leurs objets, pour ne point affliger nos corps de trop de douleur; auſſi elle n'a pas permis que le plaiſir duraſt autant que la iouyſſance, de peur de diuertir nos cœurs des attentions qu'ils doiuent au Ciel; & que les charmes de la volupté ne fuſſent pas moins nuiſibles, que les inquietudes de la douleur.

Quand meſme l'ame compatiroit beaucoup aux peines des ſens; elles luy profitent, parce qu'elle en tire de grandes inſtructions. Elle cognoiſt que ſa felicité ne conſiſte pas en ces biens dont le moindre accident la peut depoüiller; & ſon amour irrité par leur inconſtance, ſe tourne auec courage aux choſes celeſtes. Auſſi le Prouerbe dit, que l'affliction donne de l'entendement; qu'elle detrempe la ſimplicité de nos premieres peſées qui ſuiuent les ſens, qu'elle donne l'exercice à la vertu, & empeſche qu'elle ne s'exhale dans vne trop grande proſperité.

L'ame raiſonnable eſt donc iointe à vn corps fragile & mortel pour pluſieurs raiſons, mais particulierement afin qu'elle cogneuſt mieux ſes forces par l'oppoſition de la foibleſſe, & qu'eſtant aſſiſtée du ſecours diuin, elle meritaſt ſa gloire par ſes combats. Les intelligences qui meuuent les orbes celeſtes ne trauaillent point en cét office, par ce que ces corps eſtans indeterminez à toute ſorte de mouuement, reçoiuent ſans reſiſtence celuy qu'elles

Lll ij

leur impriment: & beaucoup de Philosophes tiennent qu'ils n'ont point de qualitez ennemies, qui leur causent de l'alteration : mais l'ame raisonnable à la conduite d'vn corps composé de parties contraires, sujet aux impressions estrangeres, & aux guerres intestines, où les sens s'emportent contre la raison. Ainsi la mort du corps est vne espece de grace qui est faite à l'ame, par ce qu'elle la deliure d'vne violence qui ne deuoit pas estre continuë.

Il est raisonnable que les soldats qui combatent pour la verité, & pour la vertu, se voyent à la fin de leurs trauaux, & reçoiuent les palmes deuës à leurs merites. La condition des Anges est heureuse de pouuoir chanter les loüanges de Dieu, sans peine, & auec des delices inconceuables; les hommes qui sont les Prestres de ce monde metoyen, sont icy priuez de cette faueur, & ne se peuuent acquiter de ces deuoirs, qu'auec d'extremes fatigues : C'est pourquoy ils en doiuent estre releuez ; passer dans l'eternité, & trouuer leur beatitude dans les mesmes exercices, qui auoient esté l'occasion de leur douleur.

Que le repos semblera doux apres le trauail ? auec quelle ioye touchera-on ce port apres tant d'orages ? L'ame ne regretera plus d'auoir esté dans vn corps sujet à des infirmitez, qui auront esté les occasions de sa gloire, d'auoir passé des perils, & soustenu des combats qui luy auront merité ses couronnes. Comme nous voyons en ce monde les contraires qui sont en quelques façon vnis ; l'indiuisible dans la diuision, comme le poinct en toutes les parties de la quantité, & le repos dans le mouuement : ainsi l'ame est icy iointe à vn corps mortel, où son vnité est comme absorbée dans la multitude, & son repos dans l'agitation ; mais en l'autre vie le mouuement sera couuert par le repos, à cause que tous les desirs s'arresteront, & seront pleinement satisfaits en la possession du souuerain bien ; la multitude sera recueillie dans l'vnité, à cause que tous les biens se rencontrent en Dieu, tous les temps, & plus qu'il ne se peut imaginer de durée, dans l'eternité: si cela est, d'où vient que nous auons vne crainte naturelle de la mort?

De la crainte & du mespris de la mort.

CHAPITRE XLIV.

VN grand Philosophe dit, que c'est vn erreur d'imagination de se figurer la mort comme vn accident éloigné de nous, de la fuir par les remedes de la Medecine, & par vne diuersion de pensées, ou de l'attendre auec de grands preparatifs de courage. Desia elle a pris sur nous la meilleure partie de nostre temps, elle s'est emparée de tout le passé ; la ieunesse est la mort de l'enfance, l'âge viril de la ieuneſſe, & ce que nous adiouſtons au nombre de nos années, ſignifie autant de diminution du terme de noſtre vie. Neantmoins elle ſe ſert ſi à propos des douceurs du premier âge, & de la réiouyſſance publique du corps, pour déguiſer ſes vſurpations, qu'elle nous en fait perdre le reſſentiment, & prendre nos pertes pour de nouuelles acquiſitions. Mais quand elle nous a reduit à l'eſtroit d'vn âge caduque, où elle traite le corps en eſclaue, & ne luy laiſſe du ſentiment que pour la douleur; c'eſt lors que nous commençons à cognoiſtre ſes violences par noſtre miſere. On recule plus on ſe void proche du precipice, & vne fatale neceſſité, qui ne monſtre plus aucune eſperance, augmente la crainte de ce dernier coup, qui nous doit enleuer d'entre les viuans.

Cette penſée de la mort glace le cœur, & iette la confuſion dans l'eſprit de l'homme. Premierement, par vne crainte qui eſt naturelle à toutes les choſes creées de perdre leur eſtre, & de tomber dans la priuation; toutes les forces, les inſtincts, les antipathies la combatent; les choſes liquides s'entretiennent pour ſe mieux conſeruer en gros; les bois & les pierres ont vne dureté qui reſiſte aux coups, & qui gemit ſous ceux qui l'oppriment, ou qui la diuiſent. Les animaux ſont armez d'ongles, de cornes, de dents, de venins, couuerts de poils, d'écailles, de coquilles, tous pleins de courage, pour ſe deffendre des traicts de la mort: & ceux qui ſont

DE L'IMMORTALITÉ DE L'AME. 455
trop foibles pour rendre combat, ont le plus d'industrie & d'agilité, pour euiter le peril.

Ces choses mortelles tesmoignent de l'amour pour la vie, parce qu'elles procedent d'vn principe qui ne la peut perdre, & elles retiennent au moins en leurs appetits, quelque ombre d'vne plus expresse ressemblance qui ne leur est pas permise. Mais l'homme augmente de beaucoup cette crainte de la mort par la viuacité de son imagination; il la conçoit comme le dernier de tous les maux, comme vne misere la plus formidable; parce qu'elle enferme vne generale priuation de tout ce que les sens peuuent desirer. C'est pourquoy il employe tout ce qu'il a de force, de moyens, d'industrie, pour s'en defendre, & la Iustice se sert fort vtilement de cette crainte, pour arrester le desbordement des mœurs, & obliger les plus determinez à l'obseruation des loix.

Au reste ces executions ne font qu'auancer vn peu le terme d'vn payement, dont il nous faut acquiter tost ou tard, & si nous ne sommes condamnez par la Iustice ciuile, nous le sommes par l'Arrest de la Nature, qui traitte en cela les innocens comme les coulpables, & les Princes comme les valets. Il semble qu'elle nous ait voulu donner vne espece de consolation, de rendre commune vne calamité qui est sans pareille, & d'en faire vne loy publique qui ne reçoiue point de priuilege. Neantmoins cela n'empesche pas que les hommes n'en ayent vne si forte apprehension, que quelques-vns ayment mieux tousiours languir, que mourir, & s'attachent à vne vie pleine de miseres: comme pour ne se point noyer, on se prend aux ronces, & aux espines.

D'où vient cette crainte, si l'ame est immortelle ? si le corps luy est vne prison, pourquoy ne demande-elle pas sa liberté ? si l'autre vie luy est vn port, pourquoy veut-elle demeurer dauantage dans la tourmente ? pourquoy n'a elle pas quelque secrette inclination, & quelque preiugé qui luy fasse preferer les felicitez qui l'attendent dans vne autre vie.

On peut respondre en premier lieu, que l'homme estant vn composé de corps & d'ame, il fuit sa dissolution par vne crainte naturelle, & commune à toutes les choses crées; quoy que la partie superieure de l'ame doiue tirer quelque auantage de ce diuorce, neantmoins les puissances inferieures demeurent priuées de leur obiect, & dans leur desplaisir, elles esmeuuent facilement les passions qui sont sous leur charge, & qui se iettent tousiours de leur party.

Il y a mesme quelque espece de Iustice en leur desordre, & cette crainte, quoy que violente, a quelque equité, parce que l'vnion de l'ame auec le corps, regarde le bien general du composé, preferable, ce semble, aux interests particuliers de l'ame, qui n'en est qu'vne partie. Ainsi l'amour fait

que

que des conioints par mariage en apprehendent la dissolution, & celuy des deux qui suruit, se monstre inconsolable en la perte qu'il fait d'vne personne qui luy estoit chere, encore que les conuentions stipulées en ce cas, luy soient tres-auantageuses.

L'homme est le Monarque du monde, comme i'ay dit, en ce qu'il reçoit le seruice de toutes les creatures; son temperament plus delicat que le leur, le rend plus sensible aux voluptez; sa cognoissance plus nette, fait qu'il les sauoure mieux? Hé! quelle merueille, s'il abandonne auec regret cét empire & vne iouyssance qui luy est certaine, pour vne dont sa raison luy monstre des preuues que tous ne reçoiuent pas pour infaillibles. Comme quand on propose de nouuelles loix necessaires pour déraciner de vieilles coustumes & donner vne meilleure forme au gouuernement, il est rare qu'elles soient receuës sans quelques émotions & sans les plaintes publiques de ceux qui se loüent de l'antiquité, & qui craignent de perdre en ce change. Les simples, les pierres, les mineraux resistent tant qu'ils peuuent à leur dissolution; quelques-vns de ces composez ne se peuuent dompter, que par vne longue actiuité du feu, ou par l'acrimonie d'vn dissoluant; encore que le pur estant separé de l'impur; l'essence estant libre des prisons, & des ordures de la matiere, elle aye beaucoup plus de vertu dans vne petite quantité, qu'elle n'auoit dans l'estenduë d'vne

Tome 2. Mmm

masse pesante, & inutile. Ainsi l'ame raisonnable au sortir du corps se trouue affranchie de beaucoup de sujetions ; neantmoins elle apprehende de s'en separer ; & n'entre guere dans cét estat que par contrainte, parce qu'en effect c'est la dissolution d'vn composé qu'elle aymoit.

Si cette crainte est plus viue en nous qu'au reste des animaux, cela vient de ce que le corps se veut approprier par vn droict de societé, ce qui appartient à l'ame ; & par ce qu'il se forme des sentimens dans la partie inferieure qui ont beaucoup de rapport à la superieure, & qui nous en represente les perfections, comme les eaux nous figurent la face du Ciel. L'ame qui est immortelle redouble dans l'imaginatiue l'auersion qu'elle a du non-estre, & est cause que l'on ne se sçauroit qu'à peine figurer la mort possible, quand on ne se trouue point dans le peril qui nous en menace. De fait encore que nous voyons tous les iours des fosses dans les cimetieres, des Epitaphes dans les Eglises, que nous fassions rencontre des conuois funebres, & des deüils, quoy que les cloches qui emplissent l'air de gemissemens, soient des voix lugubres, qui nous fót rentrer en nous mesmes auec cette profonde pensée, qu'il faut mourir ; neantmoins à peine se le peut-on persuader. L'auare ne relasche rien pour cela de ses rapines, l'ambitieux de ses pretentions ; ils font des desseins pour vn temps où ils ne seront plus, & il leur semble que la mort n'est que pour les autres,

De là vient qu'on court au supplice des criminels, & au lict des personnes qui vont rendre l'ame, comme à vn spectacle de nouueauté qui tient nos yeux & toutes nos attentions, à cause que l'ame regarde la mort comme vne chose estrangere de sa nature, & admire de la voir dás vn sujet où se rencontre l'Immortalité; de sorte que la crainte méme & l'auersion qu'a l'homme de la mort, est vne preuue que l'ame n'est pas de la condition du corps, & comme luy sujete à prendre fin.

S'il faut chercher la veritable cause de cette crainte : Il est vray qu'elle ne procede pas tant de ce que l'on quitte la iouyssance du monde, la veüe du soleil, les plaisirs du corps, la conuersation de ses amis, que de ce que la conscience qui n'est pas pure, redoute les supplices de l'autre vie; quel desordre, & quels desespoirs dans l'esprit d'vn homme, qui ayant passé son âge dans les dissolutions, les perfidies, les cruautez, les rapines, se void à l'heure de la mort pressé de partir, sans que ses dignitez, ny ses richesses luy puissent obtenir vn seul moment de répit ; lors toutes ces vaines subtilitez du libertinage, dont il auoit autres-fois coloré ses crimes, disparoissent comme les ombres deuant le Soleil; le monde ne luy est plus rien ; tous les objets qui auoient contenté ses sens, luy semblent des choses estrangeres de luy ; il ne pense plus qu'à vne autre vie ; il est d'esprit dans l'eternité ; mais helas ! il apprehende que ce ne soit vne eternité de peine.

& non pas de gloire.

Cette crainte fait donc paroiftre l'Immortalité de l'ame. Et certes elle ne pourroit pas conceuoir vne priuation infinie, cefte vafte eftenduë de temps fans limites, ces tenebres, & ces horreurs eternelles fi elle n'eftoit capable d'vne felicité oppofée. Car les puiffances feules s'affligent de la priuation des obiects, dont elles peuuent auoir la iouyffance, il n'y a que l'œil qui fouffre dans les tenebres, parce qu'il eft feul d'entre les fens qui void la lumiere; que l'oreille qui s'offenfe d'vne mauuaife Mufique parce qu'elle peut eftre contentée d'vne bonne : que la raifon qui s'irrite d'vn mauuais raifonnement parce que d'vn bon principe, elle en peut tirer les confequences de la verité. Il s'enfuit donc que l'ame humaine eft capable d'vne felicité eternelle, puis qu'elle apprehende vne priuation eternelle, & le feul doute qu'elle fait fi elle doit eftre encore au fortir du corps, luy eft vne preuue certaine qu'elle fera. Elle fe furuift déja en penfée, quand elle fe figure vne exiftence apres cette vie. Cette penfée qui eft vne action, ne fçauroit auoir plus d'eftenduë que fon principe, & elle ne s'auanceroit pas dans l'eternité, fi l'ame n'en eftoit capable. Comme c'eft vne mefme lumiere qui anime les couleurs, & qui fait les ombres fur les corps qui peuuent eftre efclairez, c'eft le mefme rayon de la lumiere naturelle, qui produit ces craintes de l'eternité dans les mauuaifes ames, & ces esperances dedans le bonnes.

Les sages ont consideré que nos ames estoient attachées au corps par vn double lien; l'vn naturel, l'autre volontaire, si nous rompons le second, il ne nous fera pas difficile de nous défaire du premier, & ne nous faudra point chercher de consolation à vne fin qui est le commencement de nostre bonheur ; ils regardent la vie qui suit celle-cy, comme vn port apres la tourmente, vn giste à souhait apres les fatigues d'vn long voyage ; vne parfaicte santé apres les rigueurs d'vne maladie, vne lumiere apres les tenebres, vn Printemps plein de delices apres les austeritez de l'Hyuer. C'est où les esclaues trouuent la liberté, où les pauures sont releuez de leurs miseres, les debteurs quittes de leurs obligations, où nos inquietudes se doiuent appaiser dans la iouïssance d'vn bien infiny.

C'est pourquoy ceux, qui ne sentent point leurs consciences criminelles, n'ont point ordinairement de fortes apprehensions de la mort ; témoins les Martyrs du Christianisme, dont nous parlerons au Traicté de la Religion, qui chantoient des Cantiques d'allegresse au milieu des flammes, sur les croix, & entre les griffes des bestes sauuages, parce qu'ils possedoient déja en esprit les couronnes, que le Ciel promettoit interieurement à la fidelité de leurs seruices; On void tous les iours dans les armées, que les plus gens de bien, & ceux dont l'ame est plus nette, vont aux occasions auec vn courage, & vne gaye resolution, qu'on ne remarque pas dans les libertins. Ie traitteray ailleurs ce qui regarde le Christianisme ; c'est assez de representer icy les raisons prises de la Nature, & dont ceux qui n'auoient point d'autre lumiere, eurent la cognoissance.

La vertu morale qui destache nos affections de la terre, la contemplation qui éleue nos pensées au dessus du lieu, du temps, & de la matiere, sont les essais de la vie où nous deuons entrer apres celle-cy; Et c'est pourquoy Platon dit que la Philosophie est vne meditation de la mort : Si les operations de nostre volonté & de nostre iugement se perfectionnent par cette abstraction de la matiere; il faut croire qu'vne entiere separation leur donnera vne plus parfaicte liberté, & que nous verrons lors le chef-d'œuure dont les plus accomplies de nos actions ne sont qu'vn apprentissage.

Cette creance estoit si viue dans l'esprit des anciens Philosophes, que s'ils se voyoient reduits à des conditions qui rendoient la vie onereuse, & que leur vertu y fust traittée trop indignement, ils en sortoient sans aucune émotion, & comme d'vn lieu où l'on seroit mal assis, pour se placer mieux; I'improuueray ailleurs ces extremes resolutions qui rendoient l'homme prodigue d'vne vie qui luy deuoit estre plus chere, & qui offensoient la puissance qui la luy auoit donée. I'en infere seulemét icy qu'ils ne se fussent pas fait mourir pour de si legers sujets, s'ils n'eussent eu de fermes esperances de se donner par ce moyen l'entrée d'vne vie plus heureuse & plus tranquille.

Les bestes qui sont incapables de cette felicité, & qui n'en ont pas le sentiment, ne se tuent iamais pour se deliurer de seruitude; & si quelquesfois elles meurent quand elles sont prises, c'est qu'elles alterent leur constitution par les efforts extraordinaires qu'elles font pour reprendre leur liberté, ou qu'elles manquent des nourritures, & des diuertissemens qui leur sont propres. Quant aux hommes, l'on en a veu plusieurs qui ayans tout à souhait, se sont neantmoins lassez d'vne vie que nous auons commune auec les brutes, pour entrer dans vne qu'ils croyoient meilleure, où l'ame trouue le libre exercice de ses puissances, & la satisfaction de ses volontez. Ainsi les Gymnosophistes des Indes ne mouroient que d'vne mort volontaire. Cleombrotus, le Cyrenien & quelques autres Philosophes, furent tellement touchez ayant leu Platon sur le sujet de l'Immortalité de l'Ame, qu'ils se firent doucement mourir, & ne creurent pas estre obligez de voir vn grand bien, & ne se point seruir de leur pouuoir, pour en auancer la iouyssance. Caton voyant la liberté publique perduë sous les armes, & l'ambition d'vn Citoyen qui auoit vsurpé l'empire, se resolut de mourir, pour ne point suruiure à sa patrie; pour n'estre point spectateur de ses miseres, & ne point rendre en sa personne, la vertu éclaue de la Tyrannie. Apres qu'il eut employé la nuict, en la lecture du mesme traicté de Platon de l'Immortalité de l'Ame, tout plein de mépris pour le monde, & d'esperances pour le Ciel; Il se met le poignard dans le sein, & veut que ses armes luy donnent la liberté qu'elles n'auoient peu donner à la Republique. De là ie puis tirer cette consequence, que les plus grandes ames, & celles dont le iugement est plus net, craignent moins la mort, parce qu'elles ont de plus vifs sentimens des felicitez de l'autre vie.

La pensée de l'eternité sert de regle, & de consolation à cette vie.

CHAPITRE XLV.

Depuis que les choses mortelles sont entrées en la nature, elles auancent tousiours à leur fin; & apres auoir soustenu quelque temps le choc des contraires qui les composent; leurs puissances lassées arriuent au terme, où leurs agitations cessent auec leur estre. A cela, & pour trouuer le bout de leur vie, il ne leur est point necessaire d'en auoir la veuë, parce que n'estant pas capables de raison, elles ne le sont pas d'agir pour vne fin; il suffit que la premiere cause leur donne l'impulsion, & que sa conduite marque l'ordre, & le bon succez de leurs

mou-

DE L'IMMORTALITÉ DE L'AME. 465
mouuemens. Et puis la mort leur apportant vne totale priuation d'eftre ne leur peut pas tenir lieu de fin qui doiue eftre pretenduë. Car rien ne peut vouloir la priuation, d'autant qu'elle contredit aux qualitez de la fin qui fuppofe l'eftre, & la iouyffance d'vn bien conuenable, où l'appetit trouue vne pleine fatisfaction ; mais l'homme qui a l'auantage fur le refte de animaux d'agir pour vne fin, de choifir des moyens propres pour y reüffir, luy à qui la fortie du monde eft vn paffage à l'éternité, doit continuellement enuifager cette autre vie, où eft fon bon-heur, & en faire le but de tous fes deffeins.

Cette fubtile & longue tiffure de raifonnemens, dont les anciens Philofophes ont remply leurs liures pour la confolation de la mort, me femble vn grand appareil de Chirurgie qui donne la crainte de quelque cruelle & fanglante operation. Car les petits efprits fe peuuent figurer de là que ce coup doit trancher nos plus legitimes amours, & nous priuer de tout ce qui eft propre à noftre nature, puis qu'on employe tant d'artifices pour nous y refoudre, & qu'on prepare tant de remedes pour nous foulager. C'eft pourquoy ie penfe qu'il faut garder vne methode plus courte & moins perilleufe, afin de remettre ces petits courages en vne meilleure difpofition ; & quoy que cette maladie qui caufe vn nombre infiny de fymptomes femble compliquée, neantmoins elle fe peut guerir par vn feul remede, à fçauoir par la penfée de l'eternité. Elle fert à regler cette infinie multiplicité d'actions de nostre vie, comme le pole à conduire toutes les routes de la nauigation; le poinct de veuë à mener tout le dessein d'vne perspectiue; le centre à donner la proportion à toutes les lignes qui en sont tirées.

Si vous dépoüillez l'homme de cette esperance, il ne luy reste point de veritable felicité. Car quoy qu'il se flate en ses entreprises, ou qu'il destourne les yeux des disgraces qui le trauersent, il est contraint de voir tous les iours perir les choses qui s'est proposé pour le legitime objet de ses affections: ou elles luy sõt arrachées des mains par quelque accidẽt, ou il est contraint de les abandonner durant les accez d'vne maladie, enfin par la mort, qui se plaist à moissonner les plus belles fleurs, & à nous rauir les fruicts de nos esperáces; De sorte qu'on ne sçauroit trouuer vn contentement solide parmy des biens si fragiles, & si coulans, où les apprehensions de la perte troublent les delices de la iouyssance.

Toutes ces choses mortelles qui gagnent les cœurs, sont dans vn continuel mouuement ; ainsi elles ont beaucoup plus de mort que de vie (comme nous l'auons monstré au premier tome) leur durée ne subsiste que par les forces de nostre esprit, qui dompte le temps, qui retient le passé, & qui compte comme vne existence continuë, vn moment meslé & enceint de priuation. Ces biens qui n'arriuent que successiuement, font languir nostre cœur qui souspire pour l'entiere possession d'vn bien infiny ; ils y laiſſent vne vaſte eſtenduë de vuide pour vn poinct de ſolidité, & s'ils donent quelque choſe à ſes deſirs, ce n'eſt (ce ſemble) que pour entretenir ſes inquietudes.

Pourquoy faictes-vous eſtat de ces richeſſes, de cette grandeur, de cette authorité qui ſe rend arbitre du bon-heur des peuples ? Il ne faut pas plus d'vn moment pour changer ce calme en tourment ; pour ietter dans le precipice, ce qui tenoit le plus haut poinct de l'honneur, pour faire vn ſpectacle de pitié, de ce qui l'eſtoit de voſtre admiration. Vous voyez bien la pompe & la magnificence de cette condition, à qui le monde preſente ſes vœux : mais vous ne voyez pas les ſupplices interieurs d'vne ame tenaillée de mille ſoucis, & d'autãt de crainte qu'elle en donne aux autres ; vous penſez que cét éclat ſoit touſiours vne faueur de la fortune ; le plus ſouuent c'en eſt vne embuſche, ils ſont eſclaues de ce qu'ils penſent poſſeder, & n'ont que cét auantage ſur les plus miſerables, de boire les amertumes dans vn vaſe d'or.

Ie ne demande pas aux perſonnes qui ſuiuent la vanité, que deuiendront leurs richeſſes, & leurs puiſſances apres cette vie ; mais où elles ſont à preſent, puis que leur condition traine apres ſoy tant d'inquietudes, que les ſupplices en ſont veritables, & la felicité apparente. Le monde reſſemble à ces campagnes d'Ethiopie, qui brillent la nuict comme vn Ciel parſemé d'eſtoilles, neantmoins ce ne font que des feux de foulphre, qui empeſtent l'air de leur fumée, & qui menacent le pays voyſin d'incendie.

Il faut donc porter nos penſées plus loing que ce monde, chercher nos conſolations dans vne autre vie, dont les biens ſoient plus ſolides, & plus veritables. Il faut pretendre à l'eternité, en quelque eſtat que nous ſoyons dans le bon-heur, ou dans la diſgrace; cette penſée, & ce deſſein eſt vn immobile, ſur qui noſtre ame eſtant appuyée, ſe trouue dans vn repos que tous les accidens de fortune ne peuuent troubler. De cét eſtat tranquille, & releué au deſſus du monde, elle void de loing les changemens des biens, des richeſſes, des dignitez, des Empires : elle apprend dans l'eſcole de la Nature, à ne rien admirer, & à ne rien craindre, & de là elle tire vne ſecrette confiance de ſon immortalité; parce que, comme il n'y a qu'vne regle droite, qui puiſſe faire paroiſtre l'inégalité d'vne autre, il n'y a qu'vne ſubſtance immuable, qui puiſſe porter iugement des viciſſitudes.

Cependant que cette perſonne a le cœur & l'eſprit à l'eternité, qu'elle ne perd iamais ny la veuë, ny l'affection de cette fin, elle ſçait y rapporter les faueurs meſmes de la fortune, & tirer auantage de ce qui ſert aux autres d'empeſchement. Elle reçoit ſes biens auec vne groſſe cognoiſſance de leur condition fragile, qui preuient les regrets de la perte, & qui modere les contentemens de leur poſſeſſion?

elle s'en sert autant qu'ils durent sans s'y attacher, & ne les prend que comme vn habit, dont elle se peut despoüiller sans douleur. Parce qu'elle est immortelle, le Ciel donne des graces, à la faueur desquelles elle change en quelque façon la nature des choses mortelles, en ce qu'elle determine leur indifference à luy seruir de moyen pour l'eternité, & en ayant extraict des merites par vn legitime vsage, elle s'en fait des thresors incorruptibles pour vne autre vie.

Helas! combien y en a-il qui ont sacrifié leurs libertez & leurs peines aux poursuites de l'ambition pour obtenir quelque charge? combien qui ont prodigué leur vie dans les guerres, & dans les duels pour acquerir quelque reputation de vaillance? Cependant l'on n'en parle plus, leur memoire est enseuelie auec leurs desseins entre vne infinité de morts, qui les ont deuancez, & suiuis. Si les mondains se trauaillent tant pour des biens dont la ioüyssance ne leur est pas asseurée iusques au lendemain, qui dés à present priuent l'ame des delices qui luy sont propres, qui ne luy promettent rien que de facheux pour l'aduenir; n'auons nous pas bien plus de suiet de faire des œuures dont le merite doit suruiure au monde, d'agir pour l'eternité. Celuy qui se la propose pour fin, n'abuse iamais des biens externes, s'il tiét le gouuernemét, il se propose la bonté de Dieu pour son prototype, il regne sans violence entre les applaudissemens d'vn peuple qui l'ayme comme son pere, & s'acquiert vne vie qui n'a point de fin dans le Ciel, & dans la reputation des hommes.

Que si les affaires reüsissent mal à celuy qui pretend à l'éternité, il ne pert rien de son repos, non plus que le Soleil de sa lumiere, quand elle disparoist à nostre veuë. Ordinairement les disgraces font vne repercussion des pensées, de sorte que l'ame se retire de la multiplicité des choses externes en elle-mesme, & se remet dans vn estat plus conforme à sa nature, auec le mesme plaisir que reçoit le corps, quand de la maladie, il passe à vne meilleure disposition. Et certes ie pense que c'est vne des raisons pour laquelle la prouidence diuine permet que les gens de bien soyent ordinairement les plus affligez, afin que l'ame cherche en son interieur, le repos, qu'elle ne rencontre pas dans les choses externes, & qu'estant mal traittée du monde comme estrãgere, elle se rapporte auec plus de courage à l'eternité qui est sa patrie; si vous ostez la dignité, ou le gouuernemét du peuple à ce Sage, vous le rendrez plus libre à luy-mesme. Vous ne sçauriez empescher qu'il ne soit tousiours le Iuge du monde, qu'il ne se mocque de la vanité des hommes, qui combattent pour auoir ce qui les rend moins heureux. Si vous les despoüillez de ses biés, ce luy est vne occasion de se faire des thresors au Ciel, par la patience auec laquelle il souffre ces accidens. Vous le pouuez ietter en prison, le charger de chaisnes, &

condamner ses yeux aux tenebres, son esprit sera toussiours libre à receuoir les lumieres de la verité, parmy l'infection des cachots, & l'inhumanité des Geoliers, son ame qui reçoit les faueurs diuines, s'applaudit dans son innocence; & se resioüit dans vn combat, dont elle sçait que les couronnes luy sont preparées au Ciel.

Il se peut faire que l'ame compatisse quelquesfois aux peines du corps, & iette quelques plaintes dans ces disgraces. Car nous ne décriuons pas le sage insensible, mais courageux, aussi souuent dans le combat, que dans le triomphe; Au moins s'il pretend à l'eternité, s'il en a la veuë & le dessein, il en tire cette consolation, que ce qu'il souffre passera bien-tost. Il dit en luy-mesme, ces violences ne dureront pas toussiours; c'est la loy publique du monde qui demande de nous cette seruitude, tous les hommes estant embarquez sur cette mer, courent mesme risque & selon que les desseins sont contraires, le vent qui est fauorable aux vns, repousse les autres; mais il est en ma puissance dans ces bourrasques de ne me point écarter du port; le cours de bien peu d'années me doit rendre à l'eternité; là ie feray gloire de mes souffrances passées, & ce que i'endure est la semence d'vn bon-heur dont ie dois faire la recolte. Ceux que la fortune ou que la naissance ont mis à couuert de la pauureté, n'euiteront pas le coup de la mort: Ils perdront plus que moy, parce qu'ils possedent plus, & peut-estre qu'ils se perdront auec les biens où ils ont attaché leur cœur. La mort les reduira au mesme estat de leur naissance tous nuds ; six pieds de terre enfermeront ceux, dont l'ambition n'estoit pas contente de tout le monde. Combien sont ils ridicules d'auoir engagé leurs affections à la poursuite de ce qu'ils ne peuuent tenir, & d'auoir negligé la fin pour laquelle ils estoient creés.

Vne ame qui se sent immortelle, quitte sans regret vn corps qui luy est à charge, & dont elle esprouue tous les iours en ses operations, que le diuorce luy doit estre auantageux. Elle ne demande qu'à passer dans vn estat, où elle iouysse nettement des lumieres de la verité, qui ne luy ont paru durant cette vie, que sous l'espaisseur d'vn nuage, & où la volonté lasse d'estre si souuent trompée en ses poursuites, possede le souuerain bien dont elle n'auoit icy que les ombres.

Ces sentimens ne sont pas seulement dans l'esprit des pauures & des vieillards, comme disent les libertins : mais il regnent dans ceux mesmes qui regnent au monde, & dans toutes les bonnes ames, où l'on void vn mespris genereux des biens temporels quand elles pensent aux felicitez de l'autre vie. Nous auons l'exemple d'vne infinité de personnes, qui dans vne eminente fortune, dans les richesses, les honneurs & les dignitez, pratiquent les plus sublimes vertus, s'adonnent aux œuures de charité, & font mesmes les plus genereuses

de

DE L'IMMORTALITÉ DE L'AME. 473
de leurs actions en secret, pour preuue qu'ils aspirent à vne gloire qui ne dépend pas des hommes. Ne void-on pas tous les iours vne infinité de personnes, qui dans la fleur de leur âge, quittent les biens, les honneurs, les voluptez, pour se consacrer à Dieu dans vn cloistre, & y commencer la vie qu'ils esperent au Ciel.

Si les Princes n'estoient dans ce sentiment, leurs dominations deuiendroient des tyrannies, & ils agiroient tousiours comme les choses naturelles, selon toute l'estenduë de leur puissance. Mais ils sont arrestez par respect d'vn Dieu, de qui ils tiennent le Sceptre, & deuant qui ils doiuent rendre compte de leur commission. Le repos des peuples, la paix des Prouinces, la liberté, & les richesses laissées aux familles, la pompe des edifices sacrez, la magnificence des ceremonies, les immenses reuenus Ecclesiastiques sont toutes preuues publiques de la veritable pieté des Roys, & qu'ils croyent vne autre vie, pour l'esperance de laquelle ils se priuent de plusieurs auantages, qu'ils pourroient prendre comme souuerains. S'il s'en trouue qui ayent vsurpé plus que ne permettent les loix d'vn iuste gouuernement, ce sont fautes personnelles, dont on ne doit point tirer de consequences generales, & il faut donner cela à l'ambition, qui croist comme le feu plus l'on luy fournit de matiere. En quoy ces Princes manquoient doublement, & par les vexations qu'ils exerçoient, & parce qu'ils effaçoient le

Tome 2. O o o

sentiment de la Iustice diuine, & de l'Immortalité de l'Ame, de l'esprit du peuple. Comme rien ne le persuade tant que la vie du Prince, aussi vn iniuste gouuernement ruïne les creances de pieté, plus que ne peuuent faire les libertins, auec toutes leurs subtilitez & leurs blasphemes.

Il faut aduoüer que les bonnes ames quittent librement les commoditez de cette vie ; sous les esperances qu'elles conçoiuent de l'autre, qu'elles trouuent dans la pensée de l'eternité des douceurs qui sont ineffables, à cause qu'elles tiennent de la beatitude du premier principe. Ces attraits sont si puissans, que si à l'heure de la mort, on leur vouloit redonner la vie, ils la refuseroient, pour iouyr de ce qu'ils esperent de felicité en l'autre. I'assistay vn iour à la mort d'vn homme hydropique parfaictement sain d'esprit, comme le permet cette maladie, & qui auoit l'vsage de la raison aussi entier que peuuent auoir les plus sages. Apres qu'il eut donné ordre à ses affaires, apres auoir consolé toute sa famille, auec des termes qui changeoient les larmes de douleur en celles d'vne joye qui n'est pas humaine, il voulut donner ce qui luy restoit de vie à vne profonde recollection, & au salut de son ame. C'estoit peu en cét homme de bien d'aller à la mort, sans le moindre sentiment de crainte ; de se resigner à la prouidence diuine, qui auoit marqué là le dernier terme de sa course ; de subir auec douceur vne loy & vne necessité qui ne reçoit

DE L'IMMORTALITE' DE L'AME. 475
point d'excuse. Il fit plus, l'on vid vne ioye seuere, peinte sur son visage déja tout décharné ; ses leures auparauant liuides deuinrent agreables ; ses yeux éclattans plus que l'ordinaire, les mains iointes & leuées au Ciel, il entra dans des iubilations, dans des transports, qui arrestans son haleine, ne luy redónoient la voix que par interualles, pour dire des loüanges à Dieu, & pour s'y consacrer, auec des termes, des gestes, & des mouuemens de deuotion qui ne se peuuent exprimer. Ie taschois de le seconder par quelques paroles durant son silence. Mais helas ! tout ce que ie pouuois dire estoit froid en comparaison de ce qui sortoit de ce cœur ardant au milieu des eaux. Ie pensois estre à la façon d'vn Seraphin, & mes discours n'estoient que les demandes d'vn esprit qui se veut instruire. Il continua deux heures dans cet exercice de bien-heureux, de geste, quand la parole luy manqua, iusques à ce que les mains & les yeux leuez au Ciel, il rendit son ame auec vn souspir d'amour. Toute l'assemblée l'accompagna du sien ; de tous les cœurs, & de toutes les bouches, il ne se forma que cette voix de soulagement, qu'on pousse apres vn trauail, & l'issuë d'vn cóbat dont l'extreme attention auoient long temps arresté nos yeux, nostre haleine, & nostre esprit. Pour moy i'aduouë que ie ne veids iamais témoignage plus sensible des felicitez que les bonnes ames doiuent esperer en l'autre vie, & iamais l'heureuse mort de cét homme

Ooo ij

ne me reuient dans l'esprit, que ie n'en conçoiue des sentimens extraordinaires.

Si l'homme viuoit selon les regles de la raison, & s'il seruoit bien Dieu, il ne luy faudroit point employer tant de raisonnemens pour prouuer l'Immortalité de l'Ame ; Il ne faudroit point chercher par les speculations Physiques s'il y a des formes ; si l'ame raisonnable est immaterielle ; si auec cette qualité elle a celle d'incorruptible, si par des cognoissances au dessus des sens, par les appetits du souuerain bien, par les sentimens de Dieu, & de Religion, & selon l'ordre de la Iustice, & de la Prouidence diuine, elle doit estre immortelle : Il ne faudroit point faire ces longues perquisitions dont nous auons tasché de nous acquiter. Que chacun rentre dans soy-mesme, qu'il consulte le secret de ses sentimens, il cognoistra par vne certitude plus vraye que toutes les demonstrations de Mathematique, que son ame est creée pour vne vie, pour vne gloire, pour des cognoissances, & pour la possession des felicitez qui n'ont point de fin.

[†]

De l'ame separée.

Chapitre XLVI.

LA mort separe les deux parties qui composent l'homme auec des conditions extrememét inégales, & les met dans des estats si contraires que la raison ne se le pourroit persuader sans l'experience. Car le corps à qui l'on auoit rendu le plus de seruice, celuy pour lequel l'on entreprend la plus grande part des affaires, publiques & particulieres, pour les plaisirs & les necessitez duquel tous les arts trauaillent, & toutes les inuentions se déployent, l'objet de nos soins, les delices de nos amours, le nœud de nos alliances, est mis sur la paille à l'instant de cette separation ; sa veuë espouuante, & anciennement vne ville se tenoit polluë de le receuoir, & la sainéteté de le toucher. Ce n'est pas sans quelque sujet, puis qu'vn iour apres c'est vne infection insupportable à nostre odorat, qu'on couure de terre, pour deliurer le monde de ce spectacle d'horreur, qui blesse nos yeux, & qui empeste l'air de sa pourriture. Où est maintenant cette beauté, cette bonne mine, qu'on entretenoit auec tant d'artifices, & dont on tiroit tant de vanité ? Helas ! que la condition de l'homme seroit déplorable, s'il ne se connoissoit que par le miroir ; si tout son estre cósistoit en cette partie, si pesante, si fragile, si suiette à corruption. Mais nous auons vne ame d'vne nature incorruptible, qui à l'heure de la mort eschape de ce monde, comme d'vne geole, & reprend sa liberté auec des auantages qu'on se doit figurer excellens par l'opposition du miserable estat où le corps se trouue reduit.

Ie voy quelque figure de cette separation en vn marc de vendange, où d'vne operatió de Chymie, qu'on iette dessus le fumier ; Cependant qu'on garde les vins, & les essences, deschargées d'vne matiere, où leur vertu demeuroit enseuelie, & aux corruptions de laquelle ils compatissoient, lors qu'ils y estoient meslez. Ces liqueurs se peuuent alterer auec le téps ; mais l'ame qui ne tient rien des conditions de la matiere, ny des composez suiets à se rompre, passe du temps à l'eternité, & si ses merites le luy permettent, dans vne beatitude qui iamais ne prendra de fin.

Ie me figure qu'apres s'estre trauaillée durant cette vie à la recherche du bien, dont elle n'auoit rencontré que l'ombre, au sortir du corps elle entre dans les lumieres eternelles, & en la possession de Dieu, auec des transports de ioye, & des allegresses plus grandes que n'auroit celuy qu'on tireroit des galeres, pour le mettre dessus vn thrône, & au lieu de rame luy donner le sceptre à la main. Car elle possede lors plus de cognoissances, & plus de felicité, que iamais elle n'auoit eu de desirs, son intellect & sa volonté estant absorbez dans les perfections diuines, comme vne petite boule de chrystail, toute penetrée de lumiere, & qui en void encore infiniement plus hors de soy, qu'elle n'en sçauroit contenir.

Puis que l'ame raisonnable suruit au corps, estant, & ayant la vie, il faut qu'elle agisse, & comme la cognoissance est la principale de ses actions, il s'ensuit qu'elle cognoist, & qu'elle possede son souuerain bien par la tranquillité de cét exercice.

Il ne faut point dire, que si estant dans le corps, elle n'agissoit que par les organes, qu'estant separée, elle ne doit plus auoir d'action ny de cognoissance. Comme si le vin & l'huile ne pouuoient pas estre sans leur marc ; & les essences auoir de la force, estant épurées de leurs feces. Nous auons dit, que d'agir auec les organes, c'estoit vne condition à laquelle l'ame raisonnable pouuoit estre obligée, tant qu'elle demeuroit dans le corps, & qu'elle y tenoit lieu de forme ; mais en estant separée, qui doute qu'elle n'ait ses actions qui appartiennent à la partie superieure, plus libres & plus accomplies ? La societé estant rompuë par la mort de l'vn des associez, dont la mauuaise fortune estoit à charge, l'autre qui suruit en demeure libre, & a droict de faire tout seul ce qu'auparauant il ne pouuoit qu'auec le consentement de son associé. Tant que i'ay deuant les yeux vn verre qui sera trouble, ie ne puis voir qu'à trauers, & la subtilité de ma veuë demeure captiue sous cette sombre épaisseur, qui me fait voir les choses autres qu'elles ne sont, mais si vous ostez cét obstacle, ie voy aussitost, & ie discerne beaucoup mieux les objets, que par l'entremise d'vn corps, qui pour estre milieu, ne seruoit que d'empeschement. Ainsi l'ame estant dans le corps agit par les organes, & se sert d'especes sensibles pour former ses intelligences; mais quand elle en est separée, elle agit par ses puissances qui luy sont propres, sans auoir besoin des sens internes ou externes, obscurs, & qui la rendent plus aueugle que cognoissante.

Aussi nous auons prouué, qu'estant mesme engagée dans le corps, elle faisoit des operations releuées au dessus des sens, comme sont les abstractiós, les idées de l'vniuersel, des essences, & des choses spirituelles. Elle se sert au commencement des sens, & des fantosmes, mais enfin elle s'en dégage, apres auoir entendu leurs rapports, elle en porte le iugement, & se forme des especes plus sublimes, qui ne tiennent rien des conditions de la matiere. Vn Courtisan ayant fait l'experience qu'vn Prince s'offense de ceux qui se sentent offensez de luy, se forme vne maxime de couurir ses mécontentemens, & d'éuiter de nouueaux mal-heurs, par la dissimulation des premiers; quand les accidens sur lesquels il s'est prescrit cette loy, seroient hors de sa memoire, il ne laisse pas de se regler tousiours sur
cette

DE L'IMMORTALITÉ DE L'AME. 481
cette maxime, que la raison luy perſuade eſtre vraye,
& ſon eſprit retiét l'idée de cette verité vniuerſelle.

L'on void donc que l'ame ſeparée du corps retiét les eſpeces intelligibles ſans le ſecours des fantoſmes; puis que meſme y eſtant ionte elle les conçoit par vne puiſſance qui ne reſide point aux organes: ainſi elle enttre dans l'autre vie, riche des ſciences qu'elle aura acquiſes en celle-cy; & de plus Dieu
luy communique les eſpeces de toutes les choſes qui
concernent ſon eſtat, & qui importent à la perfection de ſa beatitude. Car comme elle a des diſpoſitions à les receuoir, la bonté diuine manque moins
à l'en gratifier, que le Soleil à reſpandre ſes lumieres ſur les obiets qui luy ſont preſens, & qui en peuuent eſtre éclairez.

Elle entre auſſi dans la republique des Anges, &
des bien-heureux, dont les ſecrets & ineffables entretiens, par vn langage qui n'eſt que d'eſprit, l'informe d'vne grande partie des veritez qu'elle doit
ſçauoir. La cognoiſſance qu'elle a des premiers
principes, luy dóne la veuë d'vne infinité de conſe-
quéces particulieres, ſans que ſa raiſon ſe trauaille à
leur recherche, comme elle auoit fait au monde.
Toutes ces lumieres qu'elle a d'elle-meſme, & qu'elle reçoit d'ailleurs, cauſent en elle des illuſtrations,
des ioyes, des rauiſſemens, qui paſſent tout ce que
l'on en peut eſcrire, ou penſer.

Il ne faut point douter que le rencontre & la re-
Tome 2.   Ppp

flexion de tant de lumieres, ne causent de grandes ardeurs en la volonté : elle ayme Dieu, & s'abysmant toute dans cét Ocean d'infinie bonté, elle s'y transforme, & l'aymant elle en reçoit de plus grandes forces pour le bien aymer. Helas! nos amours ne sont que des glaces, si vous les comparez à ceux des ames qui sont au Ciel. Mais quoy, ces refroidissemens, où nos courages semblent abbatus, sont quelques-fois des occasions où il nous faut rendre de grands combats, & donner les preuues de nostre fidelité; Ce sont les begayemens, les foibles efforts, les pas égarez d'vn amour enfant, qu'il a le bandeau dessus les yeux, & qui ne laisse pas de plaire à la Majesté diuine dans ses petites caresses. Mais de conceuoir vn amour aussi constant, & aussi fort que celuy des ames qui sont au Ciel ; d'auoir autant de correspondance entre nous qu'elles ont entre elles. C'est ce que les conditions de cette vie ne nous rendent pas possible, parce que nous n'auons pas encore la veuë claire & nette du bien infiny, & nos volontez qui n'ont pas encore trouué leur repos dans ce centre, ne se peuuent confondre entr'elles par vne vnion parfaicte.

Ces ames estroitement iointes par charité, mais separées de lieu & d'essence, à cause qu'elles ne sont pas infinies, & que leur actiuité a ses bornes, ont besoin d'vn mouuement pour s'approcher. Ie m'estonne qu'on nous fasse difficulté là dessus, &

DE L'IMMORTALITÉ DE L'AME. 483

qu'on dise qu'il n'appartiét qu'au corps de se mouuoir. Ie responds qu'il n'y a que le corps qui se puisse mouuoir d'vn mouuement propre au corps, qui se fait en sorte qu'vne partie est plus proche que n'est l'autre, du terme où elles veulent aller & que leur estenduë soit proportionnée à celle du lieu qu'elles occupent. Mais vn esprit pour aller d'vn lieu à l'autre auec vne succession de temps, sans que ses parties se rapportent à celles du lieu, parce qu'il n'en a point, & que son essence est indiuisible, ainsi l'on aduoüe qu'vn poinct qui est sás parties, se peut mouuoir, & c'est son flux selon les Mathematiciens, qui se soustenant sans se respandre, de toutes les dimensions ne donne à la ligne, que celle de la longueur.

Par ce mouuement, l'ame separée peut venir à nous, auec la permission de Dieu, pour nous informer de ce qui importe à sa gloire. Les liures sont pleins d'histoires de ces apparitions. Nostre siecle mesme nous en fournit vne infinité d'exemples, par la relation de personnes qui ne peuuent estre soupçonnées de faux. De renuoyer tout cela aux abus de la fantaisie, & de la superstition, ce sont paroles extrauagantes de libertins, qui ne peuuent pas renuerser le consentement public de tous les aages, de tous les peuples, & de tous les sages qui recognoissent cette verité, comme i'en feray la deduction en la seconde partie de ce Tome.

Ppp ij

Mais d'où vient, dit-on, qu'vne ame qui comme forme, auoit vn rapport essentiel au corps, demeure si peu auec luy pour en estre separée durant vne eternité? Ie responds que le trauail d'vn corps mortel, qui l'opprime, & où elle souffre d'extremes violences, ne sçauroit estre si court, qu'il ne soit trop long au desir naturel qu'elle a de posseder le souuerain bien. Quelle sottise de se plaindre de la souueraine bonté de Dieu, qui abrege les peines de nostre combat, les fatigues de nostre voyage, les nuicts de nostre ignorance, pour nous mettre dans vn triomphe de paix, & en la possession de tout ce que nous souhaittons de lumiere & de bon-heur? Au reste la priuation du corps ne sera pas eternelle, parce que ceux qui croyent l'Immortalité de l'ame, confessent la resurrection des corps, & cette reünion glorieuse dont nous parlerons. Ie ne doute point que les ames qui estant separées, ont la qualité, & non pas l'exercice de forme, ne coseruent des inclinations pour le corps, mais si tranquille, & si souples aux volontez de Dieu, qu'elles n'interrompent nullement leur beatitude.

Ie ne sçay pourquoy la curiosité des esprits se trauaille tant en la recherche de ces particularitez, & sousleue tous ces nuages, qui empeschét les lumieres de sa speculation. Qu'importe comment l'ame separée exerce ses cognoissances? comment elle entend, elle parle, elle agit, elle conuerse, elle se meut? le poinct principal d'où despend toute

DE L'IMMORTALITÉ DE L'AME. 485
nostre consolation, c'est de sçauoir qu'elle ne meurt pas auec le corps, & que le merite des bonnes actions qu'elle a faites durant cette vie auec les graces du Ciel, sont recompensées d'vne eternité de gloire; de quelque façon qu'elle cognoisse, & qu'elle agisse, c'est assez que ses lumieres doiuent estre tres-pures, & ses contentemens tres-parfaits, puis que rien ne peut manquer au bon-heur dont elle iouyt, possedant le souuerain bien.

Nous auons veu que cette verité de l'Immortalité de l'ame nous est prouuée par le consentement vniuersel de tous les peuples, par l'authorité des Philosophes, par nos propres experiences, dans les operations de l'intellect, de la volonté, & mesme par les mouuemens de la partie sensitiue. Si les raisons particulieres que nous en auons desduites, ne sont pas receuës de tous les esprits pour des demonstrations; si dans chaque Chapitre elles ne desarment pas entierement la subtilité, & si elles luy laissent encore quelques legeres repliques estant considerées separément, au moins estant iointes, & faisant vn gros, il faut aduoüer qu'elle conuainquent les plus rebelles en cette dispute.

Il est rare qu'vn seul Conseiller d'Estat donne toutes les ouuertures, & tous les expediens d'vne affaire; qu'vn seul Medecin descouure toutes les particularitez & tous les remedes d'vne maladie, mais du concert de leurs iugemens, il en reüssit vne fauorable resolution, d'où naist le bon-heur des

Ppp iij

entreprises & des ordonnances; Ie tiens aussi qu'vne seule demonstration est moins forte pour prouuer l'Immortalité de l'ame à des esprits resolus à la negatiue, qu'vn gros de raisonnemens qui les accable, qui les force, qui les enferme, & leur coupe tous les chemins de la fuite. Puis que nous ne voyons pas toutes les conclusions dans vn principe, le discours de nostre raison le doit receuillir de plusieurs sujets, & de la multitude nous esleuer à l'vnité, s'il ne nous est pas permis, comme aux Anges, de l'vnité nous reprendre dans la multitude. Nous deuons sçauoir que cette vie nous est vne nuict, pour ce qui regarde la cognoissance de la verité, & que comme à l'abscence du Soleil plusieurs Astres contribuent tout ce qu'ils ont de lumiere, pour obliger la terre d'vn petit iour. Ainsi tant que nous sommes priuez de la visió de Dieu, où toutes les veritez paroissent en leur source, nous auons besoin que plusieurs raisons nous donnét l'éclaircissement d'vn sujet. Et en cela les moindres considerations estant iointes deuiennent puissantes dessus nostre esprit, & luy apportent bien plus de lumiere, que le rencontre des petites estoilles n'en donne à cette partie du firmament, qui est remarquable par sa blancheur.

Ie me persuade que la prouidence diuine ne nous permet pas de plus nettes cognoissances de l'Immortalité de l'ame, parce que les lumieres de la Nature, & l'instinct de nos consciences, qui nous persuadent interieurement cette verité, doiuent suppléer au defaut du raisonnement, comme les Iurisconsultes veulent que l'equité soit au lieu des rigueurs de droict, & qu'elle couure l'imperfection des solemnitez, dans les contracts qu'ils appellent de bonne foy. Et puis ce legitime amour que nous auons pour nous mesmes; nous doit rendre iuges assez fauorables, pour receuoir ces preuues comme peremptoires en vn sujet si important à nostre bon-heur, & d'où dépend toute la conduite de nostre vie.

En effect nostre ame a cela de propre qu'elle se transforme au sujet qu'elle ayme, ses forces redoublent, & son courage s'augmente à proportion de la fin qu'elle se propose, desorte que si elle se croid immortelle, & si elle aspire à l'eternité, elle donne les plus serieux de ses emplois aux exercices de la vertu auec vne costance qui tient beaucoup de cette immobilité de bon-heur qu'elle espere.

Celuy qui est dans cette persuasion, souffre courageusement les commoditez de cette vie, comme celles d'vn petit voyage, qui le conduit à vn grand repos, il vit en ce monde comme vn estranger qui ne s'arreste pas aux coustumes ny aux loix des lieux qu'il trauerse & s'il y rencontre quelques obiets fauorables aux sens, l'extreme attentió qu'il a pour le Ciel ne luy en permet quasi pas la veuë. Il sçait bien ce qu'il doit deferer en cela aux necessitez du corps, à la conuersation ciuile, aux negoces, & aux alliances qu'il faut necessairement traitter dans le monde ; mais il n'y done gueres plus que l'exterieur, & reserue les plus sinceres de ses affections, pour des biens dont la iouyssance ne se peut perdre quand elle est acquise.

Comme sa memoire luy fait reuoir le passé, sa raison porte bien plus loing que le present, & de ces deux termes il tire des instructions qui luy descouurent la vanité des choses mortelles. Il voit toutes ces puissances tyranniques de l'antiquité, comme de petites bouteilles d'eau remplies de vent, qui se sont creuées en moins d'vn clin d'œil; & il se mocque de ceux qui n'ayans pas trauaillé pour l'eternité de l'ame, n'ont pas reüssi aux desseins qu'ils auoient de l'eternité de leur renommée. Traian se plaignoit de cette Iustice, qui a rendu la memoire de tous les Tyrans en execration parmy les hommes, quelque industrie qu'ils ayent apporté, afin qu'elle fust celebre: Et Neron enragé de voir cette vengeance du Ciel, ineuitable à ceux de son humeur, souhaittoit que l'vniuers perist auec luy, & que le feu quittant ses limites consommast ce monde, où iamais il ne pouuoit auoir de reputation. Ces Barbares auoient basty des Palais ; mais le siecle suiuant à veu leurs ruines. Ils auoient remply leurs thresors, mais il ne les ont pas emportez, & ces richesses tirées de l'oppression d'vn pauure peuple, estoient de puissantes voix

qui

qui crioient vengeance deuant le Throfne de Dieu. Quel defepoir de n'agir point pour l'eternité, de fonder fes efperances fur des biens qui n'ont rien de ferme, & dont l'excez attire l'indignation du Ciel & des hommes?

Encore que l'on euft acquis tout le bon-heur qui fe peut fouhaiter felon les fens; quand toutes les entreprifes auroient vne iffuë auffi fauorable, que l'ambition fe l'eft propofée; ce n'eft autre chofe qu'auancer à vn principe couronné de fleurs, entre des concerts & des acclamations de ioye, s'il ne refte rien apres cette vie, qu'vne totale priuation d'eftre; L'efprit en a de l'horreur, plus que les yeux d'vne abyfme qui ne leur môftre point de fonds. Mais ce qui trouble plus les mauuaifes ames, c'eft que la raifon, & qu'vne lumiere naturelle qui ne peut s'efteindre, leur fait cognoiftre que de cette vie l'on paffe à vne autre, où comme les vertus reçoiuent leurs recompenfes, auffi les crimes font chaftiez auec ce qu'ils meritent de peine. Dans ces craintes, ces remords, ces furieufes conuulfions d'efprit; vn mefchant homme ne fçauroit goufter de plaifirs au monde qui foient folides, & fes interieurs doiuent eftre bien plus cuifans, que des criminels à qui l'on a prononcé l'Arreft de condemnation. Car cette heure de la mort qui eft incertaine, les tient continuellement en alarme; les craintes qu'on a naturellement de la mort redoublent en eux, parce que les accidens qui menaffent la vie du corps, leur peu-

Tome 2. Qqq

uent faire perdre la vie de l'ame, dans vne eternelle damnation ? ô que c'est vne condition bien plus souhaitable, de viure selon les loix de Dieu & de la Nature, & de s'entretenir dans les douces esperances de l'Immortalité. Outre les grandes satisfactions que reçoit nostre ame d'agir selon la raison; outre la tranquillité de la conscience; la paix de l'esprit; outre ces innocentes delices dont les Philosophes faisoient leur souuerain bien, l'ame se trouue encore remplie d'inexplicables consolations, quand elle pense à l'eternité de gloire qui suit cette vie, il n'y a point de trauaux qui ne luy soient doux, de trauerses, & de fatigues qui ne luy semblent des graces, puis qu'elles luy sont des occasions pour meriter des recompenses si magnifiques. En vn mot, il est impossible que la creance de l'Immortalité de l'Ame, n'apporte d'extremes consolations; puis qu'elle nous oste la crainte de la mort, qui est le plus formidable de tous les maux de la Nature; & qu'elle fait esperer aux bonnes ames tout ce qui se peut imaginer de bon-heur en la possession du souuerain bien, & dans vn estat qui a beaucoup de rapport à celuy des Anges.

[†]

LA THEOLOGIE NATVRELLE.

DE L'EXISTENCE, ET DE LA nature des Anges.

AVANT-PROPOS.

IL se trouue deux sortes d'esprits qui tiennent vn procedé fort different à combatre les veritez de la Religion Chrestienne, mais qui par des moyés contraires, ne laissent pas d'establir les mesmes maximes d'impieté. Les vns demandent raison de tout ce que l'on leur propose, ne cedent que quand ils ne peuuent plus tenir dans la dispute, & pour la ranger de nostre party, il faut les auoir vaincus. Les autres se tiennent retranchez dans cette maxime, que ce qui est au dessus de nous, ne nous touche point, que la recherche des choses qui ne tombent point sous les sens, & qui passent les conditions extraordinaires de cette vie, est aussi vaine qu'elle est impossible. Ainsi sans en venir au raisonnement, ils vous payent d'vne negatiue opiniaſtre, quand vous leur parlez de l'Immortalité de l'Ame, de Dieu & des Anges; comme ils ne veulent rien conceuoir au deſſus des ſens, ils font leur beatitude des plaiſirs du corps, & leur Theologie de la conſideration phyſique de l'homme.

Ie faits la meſme difference entre ces deux ſortes d'eſprits, qu'entre deux perſonnes abbatuës d'vne maladie également dangereuſe, dont l'vn reçoit, & l'autre refuſe le ſecours de la Medecine. Encore reſte-il quelque eſperance de gagner ceux qui ſe plaiſent dans la diſpute, qui ſe monſtrent auides de la raiſon, & qui ſe mettent en eſtat de la receuoir. Car puis que les Peres de l'Egliſe donnerent aux Payens les premieres ouuertures de noſtre Foy par des raiſons tirées des ſciences humaines, nous pouuons encore voir le meſme effect d'vn meſme remede ſous vn Ciel qui ne nous doit pas eſtre moins fauorable. Ie veux que les libertins faſſent profeſſion de viure dans l'indifference, de tenir leur iugement en ſuſpens, entre les diuers ſentimens des peuples, ſans s'attacher à aucun party : Neantmoins la verité a tant d'attraits, & de ſi puiſſantes ſympathies auec nos ames, qu'il ſuffit d'en auoir la veuë pour en conceuoir de l'amour ; Ils ne s'en peuuent defendre, quand l'on la leur prouue par viues raiſons, il leur arriue en cela comme à ceux qui ſe trouuent pris aux beautez qu'ils penſoient ſeruir par galaterie, & qui demeurent eſclaues d'vne paſſion qu'ils vouloient brauer, en faisant vn jeu.

Mais que doit-on esperer de ces personnes qui donnent moins d'estenduë à leur esprit qu'à leurs yeux, qui ne se fient qu'au rapport des sens, qui ne recognoissent point d'estres superieurs à leur nature, qui ne consultent iamais la raison, qui ferment l'oreille aux discours qui les peuuent tirer de leur ignorance. Pour moy ie les regarde comme ces humeurs melancholiques qui se plongent dans le desespoir entre des occasions qui peuuent remettre leur bonne fortune; comme des villes assiegées qui ferment les portes au secours de leurs amis, & qui ayment mieux languir dans l'indigence, que se soulager par le commerce: enfin ce sont des aueugles volontaires, qui s'exposent aux cheutes, & aux precipices plustost que d'ouurir les yeux pour receuoir la lumiere qui les doit remettre dans leur chemin.

S'imaginer que tout ce qui est au dessus de nous, n'est pas le legitime objet de nos cognoissances, & de nos pretentions, c'est vne lascheté de courage, qui peche contre la loy commune de la Nature, & contre les instincts qu'elle imprime mesme aux choses sensibles. La terre, toute immobile qu'elle est, sousleue la poincte de ses montagnes, & se monstre ambitieuse d'occuper le lieu de l'air & de l'eau. Le Mercure qui n'est qu'vne disposition de métal, pesant & grossier, se subtilise neantmoins en vapeurs, par vne metamorphose admirable, s'eleue, & s'enuole imperceptiblement pour s'vnir à l'or. La pierre d'aymant est si passionnée de nostre pole, qui est l'vne des deux plus nobles parties du Ciel, que ne le pouuát ioindre il s'efforce tousiours de le regarder, & nous donne vne égale preuue de sa sympathie, par ses inquietudes, & par son repos. Les moindres petites fleurs se monstrent superbes en l'amour qu'elles ont pour le Soleil ; elles ne s'ouurent point s'il ne les regarde, comme si elles dédaignoient nostre veuë, & qu'elles ne vouluffent plaire qu'au plus bel objet de la Nature. L'appetit sensitif recherche tousiours vn bien qu'il n'a pas; nos yeux regardent auec plaisir l'ordre, les espaces, les couleurs, la lumiere, les beautez qu'ils n'enferment pas dans leur petite circonference ; l'oreille se laisse charmer aux concerts ; la langue aux saueurs, l'odorat aux parfums qui surpassent l'estat de leur naturelle constitution ; ainsi toutes les actiuitez des sens, sont les efforts genereux de la Nature, qui s'éleue de sa basseffe, & qui va chercher hors d'elle-mesme les qualitez dont elle se peut perfectionner. He ! pourquoy veut-on rendre nostre ame si lasche, si stupide de ne luy permettre point la veuë, ny la recherche des natures superieures à la sienne ? Quelle apparence qu'elle ait moins de sentiment que les pierres, que les plantes, que les metaux, & que la partie raisonnable soit moins genereuse que la sensitiue ?

DE L'EXIST. DE LA NAT. DES ANGES. 495

Ie ne m'arreste pas icy à iuger de la portée des puissances par la disposition des organes, ny à remarquer que l'homme a la taille droicte, qu'en son corps le cœur tire plus vers la partie superieure, que la reste, qui est le siege de la cognoissance porte vers le Ciel, pour conclure que ses pensées & ses affections se doiuent esleuer aux objets qui passent les termes de sa nature. Il suffit de considerer les mœurs de tous les hommes, l'on n'y verra point de desirs plus ordinaires ny plus violens que ceux de s'agrandir; personne n'est content de sa condition si eclatante qu'elle puisse estre, l'ambition & l'auarice ne se rassasient iamais, parce que nostre ame tend à l'infiny, & elle ne laisse pas, comme nous auons dit, de faire paroistre la generosité de ses inclinations, mesme dans le desordre de ses mouuemens. C'est pourquoy quasi tous les vices qui vont dans l'excez sont plus pardonnables que ceux qui languissent, & qui tiennent les puissances prisonnieres dans le defaut. La prodigalité est moins criminelle que l'auarice, la temerité, que la couardise, parce que ces excez sont plus approchans de la vertu, & plus conformes à nostre nature, qui doit tousiours tendre à quelque chose releuée par dessus la condition mortelle.

Il est vray que dans les actions morales, les desseins doiuent estre proportionnez aux forces, & parce que les vertus ne se contentent pas de leurs habitudes, si elles n'en viennent aux pratiques, les entreprises s'adiustent aux moyens, auec lesquels l'on y peut parfaictement reüssir ; mais les actions de l'intellect sont plus libres, & plus estenduës, l'excez y est moins à craindre, & quelques saillies que fasse l'esprit, il est tousiours loüable d'auoir des coniectures & des lumieres, quoy que confuses, des grands objets qu'il ne sçauroit bien comprendre. Cette puissance esleue sous les iours l'homme au dessus de luy, par les abstractions qu'il fait du lieu, du temps & de la matiere ; & en ce qu'estant vn estre singulier, il forme des pensées vniuerselles.

Supposé ce que nous auons dit, qu'il est le milieu des deux mondes, & qu'il en fait l'alliance par les operations de l'ame. Il s'ensuit qu'il doit auoir la cognoissance des natures superieures, les toucher auec la pensée, & auec le cœur ; autrement il n'y auroit point de liaison entre ces mondes, il ne reporteroit pas les choses à leur principe, & ce cercle admirable de lumiere dont nous auons si souuent parlé, seroit rompu.

Mais il ne faut point d'autres preuues que nos experiences pour conuaincre ces esprits rebelles, & tirer d'eux cette confession, que l'homme doit esleuer ses pensées à des objets plus nobles que sa nature. Ce sentiment de Dieu & de Religion vniuersel entre tous les peuples, ces pensées de l'eternité, les idées d'vne perfection qui ne se trouue pas au monde, nous font bien cognoistre que nos ames sont capables de conceuoir les choses esleuées par dessus

les

les sens. Encore ces premieres esmotions diuines ne seruent qu'à resueiller ses puissances, ce sont des lumieres qui luy font iour pour s'employer dans vne plus exacte recherche des suiets qui importent à son bon-heur.

La Nature nous fait ressentir de la douleur en toutes les actions qui ne luy estant pas conformes, la violentent, & ces peines sont les supplices qu'elle impose, quand l'on est est des-obeissant à ses loix. Or les speculations de la diuinité & des substances intellectuelles sont accompagnées de douceurs inexplicables: l'esprit qui s'y porte, y trouue des contentemens qui luy font regarder auec mespris ceux de toutes les choses sensibles. Ces sublimes speculations sont donc conuenables à nostre nature, puis qu'elle en reçoit du plaisir; Ces innocentes voluptez, & ces auant-gousts de nostre beatitude, nous font bien cognoistre que les causes superieures sont les sources fecondes, d'où nostre ame doit tirer dequoy se remplir en ses indigences, & les modelles qu'elle doit suiure en tous ses desseins.

Vn homme possedé de l'ambition se peut bien picquer d'enuie sur le discours que l'on luy fera des dignitez d'vne personne à qui il ne veut rien ceder non plus en merites, qu'en extraction; mais quand la vertu est dans vn degré fort éminent, les passions ialouses du bon-heur d'autruy se changent en respects, & l'on suit la voix publique en ses applaudissemens, de peur d'en attirer dessus la hayne,

Tome 2. Rrr

& les imprecations. C'est prendre part à vne gloire qui est sans contredit, de luy donner son suffrage; cette estime retourne sur celuy qui l'a fait, en ce qu'elle est la preuue d'vn bon iugement. Rome ne fut point honteuse de donner la palme de la Prudence Polytique à la Grece, & d'en emprunter les principales loix dont elle se seruit fort heureusement pour la conseruation de son Empire. Les plus sages de cét Estat faisoient gloire de venerer la vie de Caton, & de se la proposer pour vn exemplaire de toute vertu. Ie dits de mesme que nous pouuons bien contempler les perfections des Anges sans enuie, parce qu'ils passent de beaucoup la portée de nostre nature, & comme ils sont entierement dégagez de la matiere en leurs operations, ils nous doiuent seruir d'idée en la conduite des nostres. C'est posseder en quelque façon leurs excellences, & les attirer en soy, d'en conceuoir les pensées, & c'est nourrir dans nos cœurs les douces esperances de la beatitude, où nous leurs deuons estre semblables.

Il est vray que nostre ame cognoist ses deformitez, si dés cette vie elle se compare à des substances si pures, & qui sont en possession de la gloire; à leur égard elle se trouue tardiue en ses cognoissances, froide en ses amours, inconstante en ses affections, d'vne memoire fragile, & d'vn iugement fautif. Neantmoins comme nostre felicité ne consiste pas en vne fausse persuasion de nos merites, ces veuës de nos défauts, ne diminuent rien de noſtre bonheur, & ſeruent beaucoup pour noſtre inſtructió. Car de là le Sage conçoit vn meſpris genereux des choſes materielles; d'où naiſſent tous les nuages de la raiſon, & les deſordres de la volonté. Il fait ce qu'il peut pour ſe deliurer des ſeruitudes du corps, de ſe décharger d'vn poids qui l'accable, de ſe défaire d'vn negoce qui eſt vn diuertiſſement, & dont les profits ne conſiſtét qu'en inquietudes. Il taſche de ſe rendre ſemblable aux Anges, touſiours attentifs & obeiſſás aux volontez de Dieu; de n'agir que pour ſa gloire, d'auoir vne conſtance inébranlable en ſes bons deſſeins, conuerſer auec les hommes ſans ſe ſalir de leurs vices, s'éleuer au deſſus du monde, & n'auoir de l'amour que pour le Ciel.

Il nous a fallu tenir cét ordre de monter à la cognoiſſance de Dieu. Premierement, par la conſideration des choſes ſenſibles, des Cieux, des elemens, & de toutes les parties du monde materiel : de là nous auons parlé de noſtre ame, qui eſt vne ſubſtance raiſonnable, immaterielle & incorruptible. Continuant ce progrez nous allons contempler les les Anges, qui ſont des ſubſtances tout à fait éloignées de la matiere, & qui ſont de plus viues & de plus expreſſes Images de Dieu. Ie n'entreprends pas de traitter cette matiere auec toute l'eſtenduë que luy donne la Theologie, par ce que l'on ne me permet pas encore d'employer les authoritez, ſur leſquelles roulent tous ces diſcours; mais ſeulement ie

Rrr ij

deduits, & ce que la raiſon a peu perſuader aux Phi-loſophes du Paganiſme, & ce qui peut ſeruir d'é-clairciſſement aux principaux poincts que nous auons appris de la Foy.

*Il y a d'autres choſes que celles qui ſont cogneües
par les ſens.*

CHAPITRE I.

L'Ame raſonnable eſtant mettoyenne entre le ſpirituel & le materiel, à cauſe de la diuerſi-té de ſes puiſſances, a cela de propre qu'elle prend les habitudes de celle des deux parties, où elle s'atta-che le plus par affection; de ſorte que comme elle peut entrer dans les conſeils de la Nature, ſçauoir les cauſes occultes de tous ſes effects, ſe nourrir de la verité, & s'eſleuer iuſques à Dieu, lors qu'el-le ſe ſçait dégager des choſes ſenſibles; ainſi quand elle eſt touchée de leur amour, elle en eſpouſe in-ſenſiblement, les imperfections, le corps change ſes familiaritez en empire; & luy impoſe des loix qui luy interdiſent de ſe porter plus loin que l'ob-iet des ſens. Quoy que ſa ſubſtance ne releue point de la matiere, neantmoins ces pernicieuſes ha-bitudes y aſſubietiſſent ſes facultez ; comme on a veu certaines perſonnes qui ayans vne parfaicte cóformation d'organes ſont deuenuës louches &

boiteuſes, à force de les contrefaire. Ce qui eſt plus digne de larmes en ceſte digrace, c'eſt que ces ames captiues ayment leur chaiſnes; qu'elle deſaduoüent tout ce qui ne tient pas de leur imperfection qu'eſtans noyées dans le corps, & n'agiſſant que pour luy, elles ne veulent plus rien recognoiſtre qui ne ſoit ſenſible. Voila d'où eſt procedé la brutale opinion de ce ceux qui nous nient les ſubſtances intellectuelles; parce qu'il ne les voyent, & ne les touchent pas, comme s'il n'y auoit choſe aucune qui ne peuſt eſtre apperceuë des ſens.

Mais la nature combat cét erreur dans vne infinité de ſujets; car il eſt certain que plus de la moitié des choſes materielles ont leurs exiſtences, & neantmoins elles ſe tiennent couuertes, & nous n'auons point de ſens aſſez ſubtils pour le recognoiſtre. Des quatre elemens, l'air & le feu, qui ſont les plus nobles, ceux qui ont leurs ſpheres plus eſtenduës, leurs actiuitez plus vigoureuſes, & qui contribuent dauantage à la conſeruation de noſtre vie; n'ont point de couleurs qui les faſſe voir. Le premier mobile qui contourne les autres Cieux, & qui contient toutes leurs vertus par eminence, ne ſe fait cognoiſtre qu'à la raiſon. Les influences celeſtes qui penetrent bien plus que la lumiere, qui agitent les mers qui donnent les fertilitez à la terre, le temperament aux corps, & dont les choſes materielles empruntent les plus riches de leurs qualitez, ſe gliſſent imperceptiblement, & obligent le monde ſans en estre veuës: & comme dans vn Estat les meilleures affaires se traittent à couuert par l'entremise de certains moyens qui surprennent les plus aduisez; ainsi le Ciel gouuerne le monde inferieur par des qualitez occultes, qui ne font cognoistre que par leurs effects.

Qui a iamais veu dans l'agaric la vertu qu'il y a de purger la pituite, dans la rubarbe, celle qui deliure le corps de la bile, dans le tamaris, le polipode, les capres, ce qui purge la melancholie? vsez de toutes les inuentions de l'optique pour fortifier vos yeux, il ne sçauroient voir, presentez la main, le nez, où l'oreille, vous ne pourrez sentir la vertu qui sort de l'aymant, si forte qu'elle sousleue le fer, si delicate qu'elle penetre les corps solides, comme si elle estoit d'vne nature spirituelle. L'on peut dire le mesme des fascinations de la veuë, des maladies contagieuses, des cures par l'application des remedes topiques, & des amours de sympathie. En tous ces rencontres il se fait vn escoulement de corps subtils, qui sans estre apperceus des sens, ont des effects qui gaignent nos admirations, & qui sont des miracles en la Nature: Aussi Paracelse ordonne tout le procedé de sa Medecine, non pas à violenter, & à retenir l'excez des humeurs, que l'œil peut voir, & que la main peut toucher; mais à fortifier le corps, qu'il appelle spirituel, insensible, & semblable à celuy que Platon disoit estre d'vne nature etherée approchante de celle de l'ame. La forme substantielle qui fait le deuoir du vegetable dans les plantes, & du sensitif dans les animaux, nous est inuisible. Quand le Peintre Parrasius ouurit le corps tout viuant d'vn esclaue; quand il luy deschira le foye, pour representer sur le naturel le supplice d'vn Promethee, & pour faire vn bon tableau aux despens de la vie d'vn homme, il pût voir entre les boüillons de sang, la palpitation du cœur, les sousleuemens du poulmon, les conuulsions des nerfs, les tournoyemens des intestins de ce miserable; mais il ne vid pas l'ame, qui donnoit la vie, & qui estoit le principe de ses mouuemens.

Nos sens peuuent donc bien cognoistre les couleurs les figures, le chaud, le froid, le sec, l'humide, & les autres qualitez dépendantes de ces premieres: remarquer aussi les postures & l'agitatiō des corps. Neantmoins leurs actiuitez s'arrestent à la surface, & ne penetrent pas iusques à la forme, d'où dépendent toutes ces choses exterieures qui les affectent. De sorte que cen'est pas vn bon argument, de dire qu'vne chose ne soit pas en la Nature, parce qu'elle ne tombe pas sous nos sens.

Chacun d'eux s'attache à son obiet particulier; l'œil ne iuge que de la lumiere & des couleurs; l'oreille des sons; la langue des gousts; le nez des odeurs. Or comme il se trouue des choses reelles & veritables qui sont apperceuës par vn sens; & niées par l'autre; il est à croire qu'il y en a qui ne sont l'obiet d'aucun de tous les sens, & qui ne peuuent estre cogneuës que par la raison ; d'autant que c'est vne puissance née pour cognoistre, qui par consequent doit auoir son propre obiet incognu à tous les autres ; & comme l'œil void ce que l'oreille ne peut entendre, la raison nous doit instruire de ce qui passe la portée de tous les sens.   C'est la prerogatiue de nostre nature qui nous distingue du reste des animaux : Si donc chaque chose doit principalement agir par la puissance qui luy est propre, l'homme est obligé de croire plustost qu'il y a des substances separées, si la raison le luy persuade, encore que les sens le nient. Aussi tous les iours elle les corrige, & rectifie leurs operations qui s'abusent au moindre defaut qui se rencontre en l'obiet, en la distance, où au milieu par lequel se fait le transport des especes. Les yeux ne voyent le Soleil grand que d'vn pied de diametre, neantmoins les obseruations de Mathematique nous le font aduoüer cent cinquante fois plus grand que la terre ; Il semble que les Cieux ne se meuuent point, neantmoins ils vont d'vne vistesse, qui n'est pas croyable si la raison ne nous la faisoit cognoistre ; comme la rectitude d'vn baston qui nous semble courbé dedans l'eau, & l'esloignement des choses qui nous paroissent iointes par la perspectiue : Il s'ensuit de là qu'il ne faut pas tousiours croire aux sens, en ce qui est de l'existence & de la condition des choses par ce qu'il y en a beaucoup qui n'en peuuent estre apperceuës.   Il reste maintenant

tenant de voir, si comme la raison nous a faict cognoistre qu'il y a des choses materielles imperceptibles aux sens, elle nous peut aussi persuader qu'il y ait des substances intellectuelles toutes separées de la matiere en leur essence, & en leurs operations.

Comment la raison nous faict cognoistre qu'il y a des Anges.

CHAPITRE II.

QVoy que cette speculation nous monstre d'abord de grandes difficultez, parce qu'elle se propose vn objet que l'on ne void pas; neantmoins le progrez en sera doux, dautant que nous nous esleuons à la nature spirituelle, par la consideration des choses sensibles; & les sens ne nous doiuent pas contester vne verité où mesme nous les receuons comme tesmoins. Pour donc voir s'il y a des substances separées des corps, il nous faut premierement considerer l'ordre des choses creées, & iuger du degré superieur par l'opposition de l'inferieur.

Dans vn estat où l'on void la miserable condition des esclaues qui ne sont pas mis au nombre des Citoyens, & qui sont reputez n'auoir point de vie, parce qu'ils n'ont point d'action ciuile, l'on suppoce qu'il y a des hommes libres qui iouyssent des droicts de Bourgeoisie auec vne plaine disposition de leurs biens & de leurs personnes. Les vns sont pauures, les autres riches, quelques-vns éleuez aux charges, mais sujets aux loix, iusques à ce que l'on vienne à vn souuerain qui en est exempt, qui estant membre de l'Estat, ne laisse pas de luy estre superieur, & affranchy des subietions communes aux autres parties. Ainsi nous auons representé que la matiere premiere tient le dernier rang en l'ordre des choses creées, qu'elle est comme les esclaues, sans droict, & sans action, si approchante du rien, que les plus signalez Philosophes la comparent au vuide. Au dessus l'on trouue des formes que nous appellons materielles, parce qu'elles sont extraictes de la matiere, & qu'elles ne subsistent que par son concours: Plus nobles neantmoins, parce qu'elles determinent son indifference, qu'elles constituent l'estre, & luy donnent le principe du mouuement. Or ie dis qu'au dessus de cette matiere & des formes qui en sont tirées, il doit y auoir quelque substance entierement libre de leurs defauts, qui ait autant d'acte qu'elles ont de puissance, afin qu'elle leur responde par opposition, & qu'elle soit à leur esgard ce qu'est le Prince en comparaison des esclaues.

Nous auons representé que l'ame raisonnable a quelque rapport à ces formes materielles, en ce qu'encores qu'elle ne soit pas extraicte de la matiere, elle a neantmoins de fortes inclinations pour le corps, où elle de ployer la puissance qu'elle a de l'animer, recevoir par l'entremise des sens, des cognoissances particulieres dont elle forme ses idées vniuerselles ; enfin ses amours & ses sympathies ne peuuent estre que bien fortes pour vn party auec lequel elle fait vn composé substantiel. Il est vray qu'elle a quelques sentimens de Dieu quelques lumieres en ses cognoissances, & quelques ardeurs en sa volonté, qui passent les sens; mais ces actions luy sont rares, & quelque diligence qu'elle y apporte, elle ressent tousiours de plus fortes inclinations pour le corps, que pour les choses diuines. On ne peut nier qu'elle n'agisse pour le progrez ordinaire de la Nature, par ce mouuement qui la rauale, & qui attache ses affections au corps à qui elle fait plus de faueurs qu'elle n'en reçoit; qu'estát pauure, elle ait plus de soing d'exercer ses liberalitez, que de secourir son indigence, par la recherche d'vn objet qui contienne, & qui luy puisse donner plus de perfection qu'elle n'en possedoit en propre. Car l'appetit naturel est si genereux, qu'il porte tousiours les estres au bien qui les peut annoblir, comme la matiere premiere appete les formes capables de luy donner les actiuitez pour lesquelles elle n'auoit que les dispositions. C'est pourquoy les Natures superieures sont comme les fins & les centres où les inferieures se doiuent porter par vne double obligation, & d'interest pour en estre perfectionnées,

& de deuoir pour leur rendre hommage. Ainſi Dieu eſt la fin & le centre où les creatures intellectuelles doiuent continuellement aſpirer d'eſprit & d'affection. Si donc l'ame raiſonnable ne s'acquite pas bien de ce deuoir, ſi ſes inclinations ſont plus fortes pour le corps que pour les choſes diuines; Il s'enſuit qu'il y a d'autres creatures intellectuelles, plus vigoureuſes en leurs cognoiſſances, & en leurs amours, qui ſe portent ſans intermiſſion vers le premier Principe; autrement les plus nobles des creatures manqueroient à la recherche & à la ioüiſſance de leur fin, & tomberoient dans vne ſtupidité qui ne ſe remarque pas aux moindres petites choſes raualées au dernier eſtage de l'eſtre. La lumiere ſenſible ſeroit continuellement recherchée de tous les corps; le Ciel verroit toutes les choſes inferieures amoureuſes de ſes influences, & Dieu qui eſt vne lumiere & vne bonté infinie, auroit moins d'attraits pour ſe faire rechercher par les creatures capables de ſes faueurs. Ces cauſes naturelles qui agiſſent par neceſſité, & ſans pretention, auroient des eſtres ſubalternes, diſpoſez à recueillir leurs vertus, & à venerer leurs puiſſances; & la premiere cauſe qui a voulu rapporter à ſoy toutes les creatures, par le moyen des ſubſtances intellectuelles, ne reüſſiroit pas en ce qu'elle a pretédu; ſes deſſeins ſeroient fruſtrez; la ſouueraine lumiere ne ſeroit pas veuë; le ſouuerain bien ne ſeroit pas aymé; la plus noble de toutes les actions ſeroit la plus laſche, & la plus defectueuse; l'ordre du monde seroit rompu, faute de ce retour continuel au premier Principe. Pour euiter toutes ces absurditez, il faut necessairement admettre outre l'ame raisonnable quelques substances intellectuelles qui n'ayent point de commerce auec le corps, qui donnent toutes leurs attentions à Dieu, & qui estans les plus excellentes des creatures, possedent plus parfaictement la derniere & la plus noble de toutes les fins, qui est Dieu.

La raison nous persuade, & l'ordre des creatures, nous oblige de le croire ainsi. Car, comme nous auons dit, que l'homme fait le milieu des deux mondes, en ce qu'il contient en soy vne substance spirituelle iointe à vne corporelle; Ces deux extremitez de l'estre se doiuent trouuer libres de cette vnion, & comme il y a des corps sans esprit, il faut admettre des esprits sans corps, afin que le milieu ait ses extremitez qui partagent ce qu'il assemble. Ainsi toutes les choses qui se trouuent iointes par composition, ont des lieux & des estages où elles sont separées; Les elements qui s'engagent en la formation des mixtes, se voyent en leurs regions, où ils iouïssent d'vne plus grande pureté dans vne plus grande estenduë, Les couleurs meslées dans l'Iris & sur le Iaspe, éclatent separément sur des sujets à qui la Nature les a fait propres: Si quelquesfois l'on rencontre des pierres precieuses de diuerses especes dans vne mesme roche, c'est vn prodige de fecondité, parce que d'ordinaire chacune à sa matrice separée où elle se forme ; Les vertus celestes qui sont ramassées dans le Zodiaque du premier mobile, & dans les constellations du firmament, se voyent & separées & bien plus puissantes dans les Cieux des sept planetes. Selon cette loy generale de la Nature, il doit y auoir des substances intellectuelles separées des corps, puis qu'il y a des corps où elles sont iointes, & auec lesquels elles forment vn composé.

Que si de deux parties qui se ioignent, la moindre peut demeurer seule, à plus forte raison la plus noble doit auoir son existence separée, comme vn estat qui suppose plus de perfection & moins de defaut. Les Marchands qui sont fort riches fournissent seuls au trafic que les autres ne peuuent entreprendre sans entrer en societé ; Les bestes qui sont plus fortes & plus genereuses comme les lyons & les aigles, ne vont point en troupe : Lycurgus qui faisoit vn iugement tres-auantageux de sa Republique, & qui la croyoit establie sur de plus fermes fondemens que toutes les autres, deffendit à ses Citoyens d'entrer en commerce auec les autres peuples : Vn corps de figure ronde qui est la plus parfaicte, ne touche le plan que par vn poinct, encore se doit estre auec vn mouuement continu, qui le fuit, & qui tasche de s'en separer. Il n'appartient qu'aux grandes ames d'estre contentes dans leurs retraites, d'estre à elles-mesmes le theatre de leurs belles actions, de se donner des conseils, & de se rendre des témoignages d'honneur qui vallent ceux de tout le monde. Aussi l'vnité où consiste la perfection, comme nous en auons fait la preuue au premier Tome, signifie vn estre sans distinction de parties, indiuis en soy, & separé de toutes les autres choses. Tout cela monstre que les substances intellectuelles estans de beaucoup plus nobles que les corps, ont plus de droict d'auoir leur existence separée, & que, comme on void des corps qui sont sans intelligence, il doit y auoir des Intelligences qui n'ayent point de corps.

Il est vray, comme i'ay dit, que l'ame raisonnable suruit à la separation de son corps, & que la mort ne luy est qu'vn passage du temps à l'eternité; mais parce que cét estat n'est pas selon la Nature, & que mesme parmy les inexplicables contentemens de la gloire, elle retient encore de secretes affectiós de se reünir à cette partie qu'elle auoit quittée, on ne peut pas dire que cét éloignement de la matiere pris en soy, soit vne perfection; & l'ame raisonnable ainsi separée ne peut pas establir vne espece, dautant qu'elle fait partie d'vn composé, & que lors elle ne doit estre considerée que cóme vn estre incomplet: Il faut donc admettre des substances intellectuelles qui tiennent le plus haut degré des choses creées, & qui ayent leur excellence de ce qu'elles sont du tout éloignées des corps, autant d'effect que d'inclination.

Nous auons veu que les operations de l'intellect

font d'autant plus pures, plus sublimes, & plus genereuses, qu'elles sont plus abstraites de la matiere, comme sont les pensées vniuerselles, les idées de Mathematique, les concepts des sciences, les amours de la verité & du souuerain bien. Ce ne sont neantmoins qu'abstractions accidentelles, parce qu'elles ne sont que des circonstances & des moyens qui accompagnent l'action d'vne ame encore iointe au corps. Or comme il y a vn feu qui possede en propre & par droict d'essence, la chaleur qui naist icy bas du mouuement; comme il y a des corps que la Nature a placez dans le lieu superieur, où nos forces peuuent ietter ceux qui tendent en bas, & comme en vn mot les accidens ne sont que les ombres des substances, & comme ils les supposent tousiours, il s'ensuit qu'il y a des substances, puis qu'il y a des actions intellectuelles abstraites, & entierement dégagées de la matiere. Car puisque cette abstraction est fort conuenable à l'estre intellectuel, elle se doit rencontrer plus dans l'estre substantiel, que dans l'accidentel, parce que ce premier estre ayant de grands auantages sur le second, doit posseder par préciput, les perfections propres à sa nature.

Apres que nostre esprit a faict ces genereuses saillies au dessus du lieu, du temps, & de la matiere, il faut tousiours qu'il retombe dans l'exercice ordinaire des sens & des fantosmes; Des principes vniuersels il en faut venir aux experiences, qui iustifient

fient nos speculations, & qui donnent l'ouuerture d'autres veritez. Certes c'est descendre d'auoir encore ce recours à la matiere; & neantmoins c'est y profiter, puis que cette vie ne nous permet des cognoissances que sous ces conditions. Comme on peut dire qu'vn planette estant attaché à son epicicle, auance quand il recule par la retrogradation, parce qu'il obeyt au loix de son mouuement, & qu'il ne le peut continuer sans souffrir cette seruitude. Mais comme au dessus du planette il y a vn premier mobile, dont le mouuement est regulier, égal, vniforme; ainsi au dessus des ames raisonnables, inégales, & imparfaictes en leurs actions, il doit auoir des substances plus accomplies, qui possedent en propre & de la liberralité de Dieu, les cognoissances qu'il nous faut acquerir auec beaucoup de trauail.

Tout ce que nostre ame fait en ses operations, n'est qu'vn mouuement continuel, elle compatit au corps suiet à vne infinité d'alterations; elle est le principe du flux & reflux qui se fait de quantité d'accidés; ses cognoissances se forment par vn discours qui est lent en ses recherches, qui s'instruit, & qui reçoit ses lumieres auec le temps. Or comme le genre se diuise tousiours en deux differences qui sont opposées; comme il y a vn animal irraisonnable, l'autre raisonnable, on peut dire que la substance intellectuelle se diuise en vne qui cognoist par raisonnement, & l'autre par des especes qu'elle

Tome 2. Ttt

a toutes acquises, qu'au dessus d'vne substance immaterielle, qui neantmoins compatit aux infirmitez de la matiere; il y en doit auoir vne plus sublime, dont les operations soient stables, la vie & les puissances toutes recueillies en elles-mesmes, sans ces diuersitez qui les affoiblissent.

Par le moyen de ces substances purement intellectuelles, il se forme vn ordre si conuenable dans l'vniuers, que les creatures tiennent à leur Principe, s'en écoulent, & s'y reioignent par vne suitte de perfection extremement douce, & vne continuité de parties qui ne laissent point de vuide. Car Dieu est vne vnité immobile, en ce que son essence souuerainement accomplie, comprend toutes les bontez imaginables, sans qu'il y puisse arriuer de déchet ny d'accroissement. L'ame raisonnable, selon que nous l'auons representée est vne multitude mobile, parce qu'elle trempe dans le defaut; qu'elle n'entreuoid la verité que par des rayons rompus; que ses volontez, aussi bien que ses lumieres sont sujetes à l'inconstance; qu'elle les forme, les change, & les perd auec le temps. Voila donc vne opposition & vne distance comme infinie entre Dieu & l'homme. Tellement que pour establir vn ordre dans le monde intellectuel, comme dans le materiel, il est necessaire d'admettre des Anges, qui estant vne multitude immobile font le milieu entre Dieu, qui est vne vnité immobile, & l'homme, qui est vne multitude mobile. Ils sont immobiles, à cause que comme nous verons, ils déployent toutes leurs puissances d'vn coup, sans cette suitte, & ces longueurs importunes, ausquelles nous sommes subjets. Et tout de mesme que nous voyons au monde des corps opaques, qui n'ayans que la superficie colorée, portent tout leur interieur enfoncé dans les tenebres de leur matiere; La Lune qui a quelque petite lumiere en propre qui est tantost pleine tantost demy éclairée, & puis obscure; Le Soleil qui a sa lumiere, sans la receuoir d'emprunt, tousiours égale & plus éclatante que toutes les autres: Ainsi les formes des brutes n'ont pour cognoissance qu'vn instinct qui conduit leur exterieur. Nos ames sont comme la Lune, auec quelques principes de lumiere naturelle, mais elle en reçoiuent beaucoup plus par leur acquest, & par l'impression des causes superieures. Les Anges se peuuent icy comparer au Soleil, à cause de la pureté, de la solidité, de la constance, & de la perfection de leurs lumieres. Celle du Soleil dépend, comme nous l'auons dict, de l'intelligible, dont elle est l'image. Ainsi celle des Anges releue de Dieu, leurs perfections sont des voix qui en publient; & des portraits qui en representent la gloire; doù ie tire de nouuelles preuues de leur existence.

Ttt ij

Les Anges sont des Cieux intellectuels, & des images de Dieu.

CHAPITRE III.

NOus ne deurions iamais regarder le Ciel sans beaucoup d'admiration, soit que le Soleil y tienne l'empire, & qu'il donne la ioye auec la lumiere à toutes les choses inferieures le long du iour, ou que son absence permette aux estoilles d'esclater durant vne belle nuict. C'est peu de chose que nous en tirions les commoditez de la vie; qu'il nous distingue les saisons, qu'il nous assigne le temps du repos & du trauail ; que sans luy la terre que nous appellons nostre mere, nous seroit vne cruelle marastre, ingrate & sterile pour tous nos besoins: L'estime que nous faisons de ces corps superieurs est fondée sur de plus puissans motifs que ceux qui regardent nos interests, & en cela nos pensées portét bien plus loin que ne font nos sens. Car quoy que les astres paroissent petits à nostre veuë ; neantmoins la raison nous fait cognoistre par leur distance, que les moindres sont des mondes de lumieres plus grands que toute la terre; quoy que leurs mouuemens ne fassent point d'harmonie qui agite l'air, & qui charme nos oreilles? nostre esprit ne laisse pas d'y remarquer des concerts beaucoup plus doux en leurs difpofitions, en leurs rencontres, en leurs afpects, en leurs periodes.

Ce qui nous rauit auec plus d'admiration, c'eſt qu'en ces eminentes proprietez ils portent l'image de Dieu, qu'ils nous repreſentent ſa bonté par leurs influences, ſon eternité par leur ſubſtance peu ſuiette aux alterations, ſa ſageſſe par leurs lumieres, ſon immenſité par leur grandeur, & en ce que chacune de leurs parties tâſche d'occuper, au moins ſucceſſiuement, tout le lieu du globe, par vn mouuement circulaire qui tient de l'infiny, & qui expime la felicité du premier principe en ce retour continuel d'amour & de cognoiſſance qu'il fait ſur luy-meſme.

Mais enfin ce ſont des corps formez d'vne compoſition de parties differentes, contraires, diuiſibles, limitées, ſuietes à ſe corrompre comme nous l'auons dit. Leur mouuement eſt vne preuue de leur indigence; Cette beauté n'a guere de grace qui ſe trouue ſur des matieres fragiles & qui peut eſtre veuë des yeux corporels: Auſſi quand tous les Cieux ſeroient auſſi eſclatans que le Soleil, quand leur grādeur ſeroit multipliée, & quand ils auroient des vertus encores plus viues & plus fauorables, eſtant des corps, ils ne peuuent eſtre que les ombres des imperfections diuines: Ils n'ont de la dignité & leur merite n'eſt remarquable qu'entre les corps. C'eſt pourquoy comme la nature corporelle a par leur moyen l'honneur de porter quelque reſ-

Ttt iij

semblance de Dieu, les creatures intellectuelles doiuent aussi auoir par proportion quelques substances fort releuées en vertus qui soient les viues images du premier des Estres, & qui soient aux ames raisonnables, ce que les Cieux sont aux elemens.

Depuis que Dieu a gratifié ces Cieux intellectuels de ses liberalitez, & qu'outre les perfections de leur nature, il leur a donné celles de ses graces & de la gloire, il ont beaucoup plus d'auantage sur ceux qui nous sont sensibles, que la forme dessus la matiere, & que nostre ame n'en a dessus nostre corps ; Ils leur tiennent lieu de prototype, ils ont leurs vertus, leurs lumieres, leurs mouuemens, leurs actiuitez auec eminéce. Leurs concerts & leurs harmonies consistent en ce qu'ils sont disposez auec vn ordre, où les differences sympathiques seruent à mieux representer l'immense vnité de Dieu. Toutes leurs pensées, & tous leurs desirs s'accordent auec ses volontez, & ils font entr'eux de mutuelles reflexions d'amour & de cognoissance, qui sont autant de concerts pour magnifier sa gloire.

L'esprit Angelique ne s'abaisse pas aux choses inferieures, mais son mouuement circulaire se fait dans l'espace infiny des perfections de Dieu : s'il retourne sur luy mesme, s'il s'ayme, & s'il se cognoist, c'est qu'il rencontre la bonté de sa nature comprise dans cette souueraine bonté ; ses actions sont simples comme son essence : Et comme vn cercle qui n'est formé que d'vne ligne, roule egalemét autour de son centre, ainsi ces natures spirituelles qui ne sont point dans le meslange, ny la composition, sont perpetuellement attentiues à cognoistre & à aymer Dieu. Ainsi elles luy sont plus semblables, d'autant qu'il ne perd iamais la veuë de ses infinies perfections.

Comme donc il est à luy-mesme l'obiet continuel de ses amours & de ses cognoissances infinies, il a voulu produire & gratifier de creatures qui le representassent, tant en la simplicité de l'essence toute desgagée de la matiere, qu'en la pureté & en la constance infatigable de leurs actions. Nos ames (comme i'ay dit) ont de fortes inclinations pour le corps, & par l'vnion qu'elles ont auec luy, elles sont le nœud des deux mondes. Ainsi elles ne sont pas des images assez expresses des perfections diuines en leur essence, non plus qu'en leurs operations, puis que leurs cognoissances sont si obscures, qu'elles ne voyent que l'ombre des choses, & leurs volontez si desreglées, que l'amour de Dieu y est d'ordinaire le plus rare, & le moins puissant. C'est pourquoy nous deuons iuger que cette souueraine bonté a produit des substances intellectuelles plus accomplies, afin qu'elle fussent vne plus naïue representation de ses excellences, & par les perfections de leur nature, & par la iouyssance qu'il leur a donné de la gloire.

Si cela n'estoit, l'estre spirituel pris en soy, & consideré en gros, auroit moins de felicité que le corporel, estant le plus releué en merites; il seroit le plus miserable, estant le moins de tous en possession de sa fin. Car nous voyons la plus grande part des choses corporelles qui sont en leurs centres. Il y a bien plus de feu, d'air, & d'eau, dans leurs regions que dans les mixtes; Les animaux terrestres habitent la terre les oyseaux tiennent l'air les poissons peuplét les eaux, la violence est rare dans la Nature, & toutes choses iouyssent paisiblement de ce qui leur est conuenable. Cependant il y a fort peu d'hommes qui iouyssent de Dieu en cette vie, encore qu'il soit le centre & le souuerain bien de la creature intellectuelle; ses sentimens, ne sont en la pluspart que comme des éclairs qui passent; les lumieres que nous en receuons de la Nature sót foibles, celles de la Foy son obscures. Il faut donc admettre d'autres substances intellectuelles, qui apres auoir demeuré peu d'instans dans les termes de leur nature, ayent esté auancées de Dieu à la gloire, afin que le plus noble des estres creez ne soit pas le moins heureux; que la plus eminente bonté n'ayt pas cét affront d'estre la moins recherchée, & la moins possedée.

Nostre vie est vn combat perpetuel, soit qu'il nous faille rompre les chaisnes de l'amour propre, perser les tenebres de l'ignorance, nous éleuer au dessus des choses sentibles, calmer les reuoltes de nos passions, pour acquerir les vertus, viure auec fidelité dans les termes de nostre deuoir: Or comme

DE L'EXIST. ET DE LA NAT. DES ANGES. 521
me vn Royaume bien gouuerné a toufiours plus
de fes habitans dans les exercices de la paix que de
la guerre ; Ce feroit vn reproche à la fageffe diuine,
fi elle promettoit qu'entre les creatures intellectuelles il n'y en euft pas dauantage qui fuffent dans le
repos de la gloire; que dans les fatigues des sciences & de la vertu. Dieu eft vn repos eternel, affranchy de tout mouuement; Ayant donc à former les
creatures intellectuelles, comme vne image de fes
perfections, l'on doit iuger qu'il en a plus mis dans
le repos, que dans le trauail, plus dans la iouyffance
de leur fin, que d'autres qui fe peinent en fa recherche.

Nos ames gemiffent continuellement fous l'infupportable tyrannie du corps, & leurs ioyes ne
font, à vray dire, que de petits interualles d'vne
longue douleur, à laquelle elles femblent eftre condamnées. Il eft vray que ces difgraces, comme ie le
diray ailleurs, nous font arriuées par noftre faute,
que ce font des reftes, & des iuftes punitions de nos
de merites. Mais encore il eft à croire que Dieu, qui
auoit preueu cette cheute generale du genre humain dés lors qu'il crea le monde, ne manqua pas
de predeftiner d'autres creatures qui fuffent affranchies de ces miferes, & qui le loüaffent auec fidelité, cependant que les hommes fe retireroient de
fon feruice: autrement le defaut euft efté plus puiffant que la perfection fur fes œuures, & il n'euft
pas reüffi au deffein qu'il fe propofa de créer les

Tome 2. Vuu

creatures raisonnables, afin qu'elles le possedassent par la cognoissance & par l'amour. Tout cela conclud qu'il doit y auoir des Anges qui iouyssent de la beatitude, & qui s'vnissent à Dieu, cependant que les hommes quittent ou rendent de grands combats en ce monde pour vaincre les difficultez qui les écartent de ce bon-heur, afin (comme nous auons dict) que cette puissance qu'a la creature intellectuelle de s'vnir à Dieu, par la faueur de ses graces, ne luy demeure pas inutile; que la plus noble & la derniere de toutes les fins, soit recherchée auec plus d'ardeur selon son merite, & possedée auec plus de repos, selon sa bonté.

Les Princes ont des fauoris qui sont continuellement prez de leurs personnes & qui n'ont pour tout employ qu'à receuoir des gratifications parmy les douceurs de la Cour, & dans vn commerce de complaisance. Mais ils en ont d'autres qu'ils employent aux gouuernemét des Prouinces, aux ambassades, aux negotiations, en la conduite des armées & en d'autres rencontres penibles, mais glorieuses; s'ils s'en acquitent auec ce qu'ils doiuent de courage, de prudence & de fidelité. Laissons aux Anges le bon-heur de voir & de loüer continuellement Dieu; Tirons de la satisfaction de leur beatitude, puis qu'elle tourne à la gloire de la Maiesté diuine. Cependant acquittons nous des charges qui nous sont commises, de manier de sorte les choses inferieures, que nous donnions les plus impor-

DE L'EXIST. ET DE LA NAT. DES ANGES. 523
tans de nos soings, aux choses diuines, & d'assuiettir le corps à l'esprit, par le discours de la raison, & les exercices de la pieté, afin que la gloire de Dieu soit éclatante dans vn Estat de paix & de guerre, & que ses graces triomphent en nous des rebellions de toutes les choses sensibles.

Des Intelligences qui meuuent les Cieux.

CHAPITRE IV.

Nous ne viuons plus sous la superstition des anciens qui adoroient les Cieux comme des diuinitez, ny sous l'Empire des Atheniens, qui condamnerent le Philosophe Anaxarque, sur ce qu'il auoit dit du Soleil, qu'il n'estoit autre chose qu'vne pierre enflammée. Enfin, la raison l'a emporté sur l'erreur; les lumieres qui resiouyssent nos yeux, ne causent plus de tenebres dans nos esprits; cette verité qui estoit dans la creance des sages a maintenant gagné le consentement public, que les Cieux sont des corps creez de la main de Dieu; qu'ils ne sont pas animez, & qu'ils sont seulement meus par quelques Intelligences.

Nous auons desia touché cette question au premier Tome, & fait la preuue que le Ciel n'est pas vn animal, d'autant qu'il n'a point de parties organiques; qu'il ne fait aucunes actions vegetantes

V uu ij

ou sensitiués; qu'il ne prend point d'alimens: qu'il ne se purge d'aucunes superfluitez, que son mouuement tousiours semblable n'a point de rapport à celuy des animaux, libre, changeant, indeterminé. Les formes corporelles employent certaines qualitez qui leur sont propres en la production de leurs effects, & pour le restablir en leurs centres, la terre cherche le milieu du monde par sa pesanteur, le feu s'esleue par sa legereté. Or il n'y a point de qualitez qui puissent produire le mouuement circulaire, parce que chacune estant attachée à la matiere, n'ayans des forces que sous certaines conditions, elle n'aspire qu'à vn seul terme, & ne produit au plus que deux differens effects, dont le moindre releue du principal. Ainsi la chaleur eschauffe, & separe les choses de differente nature; le froid refroidit, congele & ramasse les choses diuerses. Mais vn sujet n'a point de qualitez qui y puissent produire des effects contraires, comme sont aux Cieux le mouuement qui les porte d'Orient en Occident, & d'Occident en Orient, aussi admirable que si la terre montoit & descendoit.

Et puis le mouuement circulaire, quoy qu'il seble simple, ne laisse pas d'enfermer tout ce qui se peut de contrarieté; par ce que si vous vous imaginez vn poinct hors la superficie du dernier des Cieux, il est vray que chacune de ses parties s'y ioint, s'é éloigne, & s'é rapproche; qu'elle quitte ce qu'elle recherchoit, & repréd ce qu'elle a quitté auec vne incóstáce qui ne se peut accorder auec des qualitez corporelles, toutes determinées à certains effects, à certaines fins & à certaines situations. Ce leur est donc vne espece de violence de n'auoir rien d'arresté & comme ils y continuent sans lassitude, c'est vne preuue qu'ils n'ont point en eux vn principe qui leur puisse donner ce mouuement.

Il est admirable en ce qu'il fait vne restitution de parties par la derniere de ses agitations aux lieux d'où les premieres les auoient fait déloger; qu'il les releue de leur cheute, & fait en ce corps superieur qui est la regle de tous les autres, les mesmes reuolutions, dont on accuse l'inconstance de la fortune. Or les qualitez corporelles qui ont leur estenduë dans la matiere, poussent leur action par vn mouuement droict & naturel, qui ne reuient point sur luy-mesme, ne s'il n'est repoussé par vne violence estrangere. Les fleuues ne remontent point à leurs sources, estant tirez par la pesanteur qui contraint leurs cours de suiure la pente, & qui s'en fait aux lieux où elle n'en rencontre point. Si la mer aduance ses flots dessus nos terres, & si elle les retire dedans ses abysmes, c'est qu'elle est poussée par des vents contraires. Si elle fait son flux & son reflux c'est qu'elle est tirée par la Lune, ou par vne intelligence qui luy est commise. Comme donc ce balancement qui se fait entre deux termes opposez, & qui semble vn demy cercle, en ce qu'il a le commencement & la fin, dont le mouuement circulaire contient le progrez, comme il se fait par l'attraction d'vne cause estrágere; à plus forte raison cela doit estre en celuy des Cieux, qui est parfaitement circulaire, & qui dans sa continuë aduance tout à la fois à deux termes qui sont opposez.

Cette cause motrice doit estre intelligente, par ce qu'elle pretend à vne fin; que ses reuolutions se font auec mesure, que d'eux dépend l'ordre, la police, & le gouuernement general & particulier de l'vniuers. Neantmoins ce n'est pas Dieu immediatement qui leur donne cette impulsion, comme nous l'auons déja dit, parce que sa prouidence qui a mis vn ordre entre les choses crées, veut qu'elles s'assistent mutuellement de leurs secours. Outre son concours general, s'il meut l'vniuers, c'est comme sa derniere fin, par vn mouuement qu'on appelle impropre & metaphorique, parce que sans donner d'impulsion, il attend que l'actiuité de toutes les causes particulieres se rapporte à luy. Il faut donc iuger que ce sont des Anges, qui tournent les globes celestes, puis que ce mouuement ne procede pas ny des Cieux, ny de Dieu immediatement.

Neantmoins ils ne sont que formes assistantes, c'est à dire, qu'ils ne font pas vn composé substantiel auec les spheres, comme nostre ame auec nostre corps. Car si leurs corps estoient ainsi vnis, ce seroit ou pour s'en seruir en leurs cognoissances, ou pour leur donner ce qu'elles nous monstrent de mouuement. Or pas vne de ces deux raisons ne nous oblige d'aduoüer que les Cieux soient animez. Car premierement, l'vnion d'vne intelligence auec la matiere ne luy pourroit apporter que des tenebres (comme nous l'auons prouué) & puis les Cieux n'ont point d'organes qui puissent receuoir d'especes ; le monde n'a point d'obiets qui en puissent enuoyer pour l'instruction de ces sublimes intelligences ; mais elles leur sont imprimées dés l'instant qu'elles ont esté creées. Quant au mouuement, il se peut faire par impulsion, sans qu'il soit necessaire qu'elles l'animét. C'est pourquoy la Nature qui se defend du superflu comme du vuide, ne permet pas que les Intelligences animent les Cieux, puis qu'elles leur peuuent donner le mouuement par d'autres moyens plus aysez & plus conformes à leur Nature. Comme selon le consentement des Philosophes ces corps celestes sont simples, pour estre les plus accomplis de tous : ainsi les Intelligences ne doiuent point faire de composé auec le corps, afin qu'elles soient plus parfaictes que ne sont nos ames & qu'elles tiennent le plus haut degré de l'estre intellectuel.

Il ne faut point dire, que si les corps celestes n'estoient point animez, qu'ils seroient moindres que les animaux qui rampent sur terre : car les considerant comme causes vniuerselles des generations ; l'on comprend tout ce qui est de leur dependance & tout ce qui, selon l'ordre de la Nature, leur donne l'actiuité ; ainsi l'on y comprend les intelligences motrices, auec lesquelles l'on les peut dire plus accomplis que tout ce qui est icy bas, parce qu'outre les qualitez eminentes de leurs corps & de leurs formes, ils sont sous la conduite de ces bien-heureux esprits, que Dieu a destinez pour leur imprimer ce mouuement. Ainsi l'on estime dauantage vn pupil, quoy qu'il ne puisse disposer d'aucunes choses sans l'authorité de son tuteur, qu'vn esclaue qui a quelque droit naturel, son pecule, & qui peut agir mesme contre son maistre en ce qui regarde sa liberté. L'on n'estima pas moins la Republique de Rome, quand elle commença par Trajan à receuoir les estrangers au gouuerment de son Empire; quand elle emprunta ses loix de la Grece, & qu'elle fit profession publique, de n'executer ses entreprises que selon le vouloir des Dieux, qu'elle consultoit par les Oracles & les Sacrifices. Nous prisons dauantage les pierres & les simples, par les qualitez occultes, qu'ils tiennent des Cieux, comme vn surcroist de perfection estrangere mis à leur nature, que par les qualitez elementaires, qui forment leur constitution; cela conclud que les Cieux sont plus nobles que les animaux irraisonnables, quoy que le secours qu'ils reçoiuent des Anges soit estranger de leur nature; mais neantmoins continu, & qui ne leur manque non plus en leur effect, que s'ils en estoient les formes substantielles, & qu'ils fissent vn composé par leur vnion.

C'estoit

DE L'EXIST. ET DE LA NAT. DES ANGES. 529

C'estoit anciennement le priuilege des terres & des possessions publiques, d'auoir des Laboureurs qui leur estoient affectez, & dont l'experience à les cultiuer contribuoit beaucoup à leur fecondité: Il ne faut pas neantmoins considerer les Intelligences qui meuuent les Cieux, comme de esclaues attachez à des rouës, mais comme les Ministres de Dieu & ses Lieutenans qui s'employent par son ordonnance à la conduite du monde, & qui l'imitent par vn gouuernement qui approche de l'vniuersel. Ils sont crées auec l'inclination de mouuoir les Cieux en tant que Dieu les y destine, comme nostre ame auec celle d'animer nostre corps, & comme elle ne se lasse point en cét exercice qu'elle a naturel, comme elle ne laisse pas de s'employer à la speculation, & de donner cours à ses volontez, cependant qu'elle s'aquite des operations vitales, ainsi les Anges ne iouyssent pas moins de la beatitude; cependant qu'ils roulent les Cieux, ils s'acquitét de ce deuoir auec alegresse parce qu'ils y ont de l'inclination; ils suiuent le vouloir diuin, en l'accomplissement duquel ils trouuent leur félicité; ils ont le contentement de l'imiter en ce qu'ils se rendent comme causes vniuerselles, ils se proposent pour dernier effect en tournant leur globes de concourir à la generation des hommes qui sont capables des graces & de la iouyssance de Dieu.

Ces fins me semblent assez sublimes pour estre pretenduës par des creatures qui sont bien-heureufes, & ces retours qu'ils font faire aux Cieux pour y reüssir, ne font que des gestes qui expriment fensiblement l'exercice de leur interieur. Car comme leurs cognoissances & leurs amours se refléchissent continuellement de Dieu où elles se portent, fur eux-mesmes ; ils impriment aussi aux globes vn mouuement circulaire qui tient du repos, qui figure vne action de gloire & les entretiens de Dieu en ses perfections infinies. Ce nous est vne instruction publique de commencer & finir nos œuures par vne ferieuse entrée dans nous mesmes ; d'en aller prendre les resolutions dans le Ciel, de les continuer par le fecours de ses graces, & de les y rapporter comme à nôtre derniere fin. Ainsi nous formons ce cercle admirable que décrit Platon, qui commence, qui continuë, & qui fe cloftpar le bien.

Pourquoy trouue-on mauuais que ces Intelligences ne fassent toufiours qu'vne mesme chose, comme si elles estoient capables de s'ennuyer dans cét employ, & qu'elles souhaitassent vne diuersité d'action qui ne leur fust pas permise ; Ce reproche ne peut estre fait que par ces esprits pleins d'inquietude, qui prennent continuellemét le change, dont les volontez ne consistét qu'en des irresolutions: & qui estant malades de ce tournoyement, se le figurent en des sujets qui n'en sont nullement atteints. Il ne sçauent pas que Dieu ne fait en toute l'eternité qu'vne mesme chose, en la generation cótinuë de son Verbe, & en la reflexion infinie de son amour infiny: les corps naturels demeurent en leurs centres sans y ressentir de lassitude; & si la volonté diuine est le centre des bien-heureux, comment peut-on conceuoir qu'ils s'ennuyent dans les emplois où ils l'accomplissent; L'on trouue tousiours dans les volontez de Dieu, cóme dedans son essence, vn infiny qui arreste toutes nos attentions, qui augmente au lieu de rebuter nôtre amour; desorte que plus les Intelligences continuent de mouuoir les Cieux, plus elles les veulent mouuoir par ce seul motif qu'elles satisfont au vouloir diuin.

Au reste elles ne font pas seulement vne mesme chose, mais vne innombrable diuersité de causes & d'effects. Car la constitution du Ciel n'estant iamais tout à fait semblable, le monde se peuple d'vne inexplicable difference d'estres, sous l'empire des nouuelles influences. Neantmoins on peut encore dire en cela qu'ils ne fõt qu'vne mesme chose; par ce que de tous les euenemens, de tous les effets qui se trouuent dans l'estenduë de tous les siecles, ils ne forment qu'vne harmonie à l'honneur de Dieu; ils n'ont qu'vn principe de mouuement qui est son amour, ils n'ont qu'vne fin qui est sa gloire; qu'vne pretention qui est d'y rapporter tous les effets de la grace & de la nature: mais c'est tout cognoistre; c'est tout aymer, c'est tout faire, que de cognoistre, d'aymer, de suiure par obeïssáce vn estre infiny; & comme toutes les differences du monde & du temps sont comprises dás les perfections & dans l'eternité de sa nature, tout ce qui se peut imaginer de bonheur est recueilly dans cét vn necessaire, qui consiste à faire ses volontez.

Les Anges n'ont point de corps.

CHAPITRE V.

QVelques Anciens ont mis cette question entre les problemes, où l'esprit qui se donne de l'exercice par vn côbat de raisons probables, peut suiure vn party sans y engager sa liberté, & s'en retirer sans estre infidelle. Mais ces siecles qui n'estoient pas encores fort auancez en leurs cognoissances, ne voyoient pas que, comme le bien consiste en vn parfaict accomplissement de ses parties, qu'aussi la verité resulte d'vne nette resolution de toutes les difficultez d'vn sujet? qu'elles sont si dependantes les vnes des autres; qu'en cela le moindre defaut deuient le principe d'vne infinité d'erreurs.

Nostre âge qui s'est instruit par les fautes des precedens, qui s'est rendu & plus aduisé & plus courageux par les attaques continuelles de ses ennemis, a recogneu l'importance de cette proposition, qu'il falloit absolument croire les Anges incorporels, & s'abstenir de l'opinion contraire, comme d'vne viande dont l'vsage a causé plusieurs maladies; car si vous dites qu'ils sont des corps etherez & si subtils qu'ils vous plaira, les libertins inferent aussi-tost qu'ils sont composez de plusieurs parties; qu'ils sont suiets à l'inconstance de la matiere; qu'ils ont leurs contraires, & par consequent qu'ils en peuuent estre offencez; qu'ils peuuent s'alterer, se resoudre, & se corrompre. De là ils concluent que nos ames qui ne sont pas de meilleure condition, doiuent courir la mesme fortune, & subir comme eux les loix de la mort : ainsi de cette question qui sembloit n'estre proposée que pour satisfaire la curiosité, ils viennent à nier tout ce que nous croyons de la Iustice de Dieu, pour la recompense des vertus, & la punition des crimes en l'autre vie.

Voila de combien importe cette verité, dont neantmoins ie ne puis pas estendre toutes les preuues en ce lieu; par ce que celles que nous auons déja deduites pour monstrer qu'il y a des Anges, iustifient qu'ils sont immateriels, de sorte que ce Chapitre n'est qu'vne conclusion des precedens. Premierement, il nous faut mettre quelque creature au plus haut degré de l'estre, auec des auantages qui respondent par opposition aux foiblesses de la matiere, & qui en soit du tout éloignée, il faut necessairement qu'elle soit spirituelle, pour tenir l'extremité de l'estre, & porter vne viue image des perfections diuines.

Nous auons prouué qu'y ayant des corps sans esprit, il doit y auoir des esprits sans corps, d'autant

Xxx iij

qu'il appartient par preciput à la plus noble partie d'vn composé, de demeurer seule & libre d'vne societé qui ne se contracte que par indigence : Et si nous experimentons que les abstractions de la matiere seruent à la pureté de nos cognoissances ; l'on doit admettre des creatures qui en soient du tout éloignées, qui ayent en substance ce que nous n'auons que par accidét, afin qu'estans plus disposées à receuoir les faueurs de Dieu, elles l'ayment & le cognoissent autant qu'il est permis à la creature, & iouyssent parfaictement de la fin prescripte à la Nature intellectuelle.

Il ne faut point dire que leurs corps sont extremement desliez, & d'vne nature semblable à celle des Cieux. Car s'ils sont les Herauts & les Ministres de la prouidence de Dieu estans corporels, & ayans leur quantité, ils ne pourroient pas penetrer les autres corps ; leurs mouuemens seroient tardifs, leur subtilité qui n'auroit rien de solide, ne pourroit ny triompher, ny se deffendre des autres matieres, & sans se pouuoir entretenir, ils s'exhaleroient comme les essences. Il seroit impossible que dans vne si petite quantité, si souple & si desliée, il y eust des organes propres aux sublimes cognoissances qu'on leur attribuë ? que ce poinct, cét atome, ce souffle eust les forces d'ébranler les fondemens de la terre, d'agiter & de retenir les mers, de faire rouler les vastes machines des Cieux, auec vn ordre qui ne souffre point d'alteration.

Pourquoy les corps celestes, qui ont de si éminentes qualitez, & vne si grande estenduë, seroient-ils sujets à vn estre de mesme categorie, en qui (quant au corporel) on ne pourroit remarquer, que les defauts de ce qu'ils ont de perfection; d'autant qu'on nous le figure si petit, qu'il échape à nostre veuë, si délié qu'il ne se peut sétir; mais au reste sás lumiere, sans beauté, n'ayant qu'vne confuse distinction de parties, qui n'enuoye point d'éclat au dehors, & trop foible pour les grands effects qu'on luy attribuë? S'imaginer qu'estans de si petits corps, ils puissent agir sur les Cieux & les elemens, auec vn pouuoir qui ne souffre point de resistance, c'est dire qu'vn grain de sable peut mouuoir la terre, & qu'vn souffle moindre que le nôtre, peut agiter l'Ocean.

Il faut donc auoüer que les Anges sont d'vn ordre superieur à celuy des corps pour auoir des cognoissances, des forces, des vertus, telles que l'on leur donne. Il est vray que leur nature est limitée, & non pas infinie, comme celle de Dieu, & neantmoins de là il ne s'ensuit pas qu'ils soient des corps, parce que la limitation des choses ne consiste pas seulement en la figure qui borne la quantité, mais en l'vnité singuliere, qui constituë l'estre indiuiduel, & qui le distingue des autres choses par vn nombre infiny de conditions incommunicables, qui ne peuuent estre conceuës par nostre pensée, ny expliquées par nostre discours. Leur essence n'estant donc pas infinie, elle n'est pas immense, ny repanduë dás tous les espaces reels ou imaginaires; mais elle se place dans vn certain lieu qu'il faut conceuoir indiuisible, à cause qu'elle n'a point de parties estenduës par la quantité qui puissent auoir des correspondáces & de la proportion auec vn lieu tel que celuy qu'occupent les corps. Elle est donc en vn lieu, de sorte qu'elle n'est pas en vn autre, sinon par l'influence de sa vertu qui se respand iusques à vn certain espace, & qui ne va pas plus loing que les bornes prescriptes à son actiuité ; comme si vous supposez vn poinct de lumiere qui ait autant d'esclat qu'vn flambeau, il sera dans le lieu par vne façon indiuisible & neantmoins l'esclat qu'il enuoye se respandra iusques à vn certain espace.

Cét estre indiuisible des Anges n'empesche pas qu'ils ne se puissent mouuoir & transporter d'vn lieu en l'autre, comme nous auons dit de l'ame separée, en sorte qu'en ce progrés & en cette agitation, l'vne de ses parties ne sera iamais plus proche que l'autre du terme où il veut aller, par ce qu'il n'a point de parties, mais son tout s'en approchera successiuement, & la diuision qui n'est pas dans l'estre, se peut trouuer dans le mouuement, comme on se peut figurer au flux d'vn poinct qui estend la ligne.

Si les Anges ne sont pas materiels, l'erreur est insupportable de ceux qui disent qu'autres-fois ils ont esté touchez de l'amour de femmes. Cette extrauagante opinion est procedée du crime de ceux
qui

qui eſtant en eſtime de ſainſteté, ſe laiſſerent aller aux ſentimens que nous auons communs auec les brutes; & parce que leur eſtat où l'on ſuppoſoit de la perfection, le faiſoit appeller des Anges, quand ils pecherent, on dit que les Anges auoient fait cette déplorable cheute. Mais d'impoſer ces ſalles affections à des eſprits qui ſont bien-heureux, & qui ſelon leur nature n'ont point de commerce auec le corps c'eſt vn blaſpheme puniſſable, comme celuy de ces Idolatres qui ſanctifierent les crimes, & qui en chargeoint leurs Dieux, afin d'en auoir l'excuſe par leur exemple. Si les plus ſages du Paganiſme tenoient que Minerue eſtoit née du ceruçau de Iupiter, & qu'elle ne pouuoit eſtre touchée des traicts de Cupidon, pour ſignifier que les perſonnes qui vacquent à l'eſtude, meſpriſent les charmes d'vn amour laſcif. Cela ſe doit bien pluſtoſt dire des Anges qui n'ont nulle aptitude à vne action purement ſenſible où les hommes meſmes ne ſe laiſſent aller que par vne impetuoſité de la Nature qui fait violence à la raiſon, & qui la trompe par les charmes de la volupté. La beatitude où ils ont la veuë des beautez diuines, ne leur permet pas d'auoir de l'amour pour celles des corps; eſtat immortels, ils ne ſçauroient auoir l'inclination de produire ce qui eſt ſuiet aux loix de la mort & qui n'eſt point dans le reſſort de leur eſpece. L'obiet donc de leurs amours eſt ſpirituel & diuin; leurs generations conſiſtent à perfectionner les eſprits qui leur

Tome. Yyy

sont inferieurs par leurs lumieres, & à former nos ames à leur ressemblance.

Ie trouue aussi l'opinion fort ridicule de ceux qui soustiennent que les oracles ont cessé par ce que les Demons qui les rendoient, & qui parloient dedans les Idoles, sont venus à mourir comme estants des corps sujets à la condition commune des choses; car au moins les vns estans morts, il s'en fut trouué d'autres, qui estant inuoquez eussent encore rendu des oracles dans les mesmes ou d'autres semblables idoles. Si la nature ne laisse pas perir vne espece, & si elle pouruoit de successeurs aux moindres choses qui quittent le monde, elle n'eut pas fait manquer tout d'vn coup le Démons qui eussent esté les plus parfaits des animaux, leur deffaite n'eust pas esté generale, elle n'eust pas enseuely l'espece auec les indiuidus. La vraye cause du silence, & du bannissement des Démons qui tyrannisoient le monde, fut la venuë de Iesus-Christ, comme ie le feray voir au liure de la Religion. Ainsi ny cette instance, ny toutes les autres ne peuuent empescher la verité de cette proposition. Que les Anges n'ont point de corps.

Il y a d'autres Intelligences que celles qui meuuent les Cieux.

CHAPITRE VI.

C'Est vn sublime employ aux Intelligences de mouuoir les Cieux, & de se rendre par ce moyen comme causes vniuerselles des choses inferieures : mais sur tout par ce qu'en cela ils se proposent l'accomplissement de la volonté de Dieu pour derniere fin, & qu'ils y rapportent tous les efforts de leur vertu. Neantmoins si nous considerons de prez leur nature, selon les dignitez & les exercices qui luy sont propres; si nous les regardons comme des substances spirituelles du tout éloignées de la matiere, tres-pures, tousiours en acte, & tousiours attentiues à Dieu, ce roulement qu'elles donnent aux Cieux ne nous semblera pas vne action fort releuée. Mais comme nos ames sont les dernieres des creatures intellectuelles, à cause qu'elles ont de l'inclination pour le corps, nous pouuons iuger que les Anges obligez à mouuoir les globes, & à rendre ce bon office à la matiere, sont au dernier rang de leurs hierarchies.

I'aduouë que ce mouuement est l'effect le plus apparent des Intelligences, & celuy qui les fit principalement cognoistre à l'ancienne Philosophie ;

neantmoins il ne faut pas inferer de là qu'il n'y en aye point d'autres, si nous ne voulons donner trop de creance aux yeux, en la speculation d'vn obiet qui n'est pas de leur ressort. Lors qu'on entre dans vne ville, ceux des citoyens qui se presentent plustost à nostre veuë, sont les artisans, qui se font entendre en l'exercice de leurs mestiers auec beaucoup de bruit, & qui en déployent les ouurages auec vn grand appareil; mais celuy-la ne seroit pas bien instruit de la police des hommes, qui iugeroit de leur merite par ces agitations exterieures, & s'il ne sçauoit que les plus apparens sont en repos dedans leurs maisons, employez aux charges publiques, ou aux exercices de l'esprit, sans se raualer à ceux de la main. Ie crains d'offenser les Anges qui meuuent les Cieux, de les comparer à des artisans, donnons leur la qualité de Ministres de Dieu, au gouuernemét du monde: tousiours ces charges qui regardent les choses materielles, supposent des ordres destinez à des emplois plus sublimes, dont les effects ne tombent point sous nos sens.

C'est vn des plus remarquables abus de l'opinion des hommes, de faire seulement estat de ceux qui reüslissent aux choses exterieures & d'en mesurer le merite à l'éclat de leurs actions. Aussi pour releuer les esprits de cét erreur; ie ne voudrois pas passer dans cette austere Philosophie, qui se mocque des personnes engagées dás vn grand employ, comme si elles achetoient bien cherement leurs

DE L'EXIST. ET DE LA NAT. DES ANGES. 541
inquietudes, & qui regardent la magnificence de leur train, comme la pompe funebre de leurs ames mortes pour elles-mesmes, qui d'ordinaire n'ont plus de progrez qu'en la corruption. I'aduoüe franchement que le deffein eft genereux, & de grand merite, d'employer fes confeils, fes foins, & fes forces, pour le foulagement du peuple; mais parce que l'ambition nous donne fouuent les apparences pour la verité, & qu'elle couure le defordre de fes appetits du pretexte d'vn bien public : I'eftime beaucoup le fage qui fe retire, pour eftre plus libre en la contemplation & en la recherche du fouuerain bien, pour qui principalement nous fommes nays, au lieu de former des deffeins de guerre, de ietter de la diuifion dans les efprits, d'affoiblir vn party pour fortifier le fien, pour regner fur des malades, des impuiffans & des morts; fon courage plus genereux concerte auec les idées diuines, qui mettent la paix entre les contraires, & dans le repos de fa contemplation, il a l'honneur d'entrer au confeil, où s'eftabliffent les loix de fa Nature.

Tout ce que nous pouuons dire du bon-heur des contemplatifs, n'eft qu'vne ombre de celuy des Anges fuperieurs, dont la gloire n'eft que plus releuée, de ce qu'ils ne s'employent pas à tourner les globes celeftes pour le bien du monde. Comme il y a des poiffons qui tiennent toufiours le fonds des abyfmes, des oyfeaux fans pieds toufious en l'air, & qui volent continuellement fans fatigue, & fans

Yyy iij

s'abaisser en terre pour y prendre le repos ou la nourriture comme il y a des hommes qui trouuent leur felicité dans vne contemplation dégagée de toutes les affaires exterieures, Il y a des Anges qui n'ont pour tout employ qu'à contempler Dieu. He! qui doute que cet obiet qui est infiny, ne demande les puissances toutes entieres de quelques-vnes de ses creatures. Puis que les Cieux & dix mille mondes, s'il y en auoit autant, ne seroient qu'vn rien à l'égard de Dieu; aussi il doit y auoir beaucoup plus de substances intellectuelles, employées seulement à cognoistre, loüer & magnifier ses infinies perfections, qu'à la conduitte des corps.

Ce dégagement entier des choses materielles est plus conforme à leur nature spirituelle, & qui d'elle-mesme n'a point d'inclination pour le corps, comme nous auons dict, & la contemplation de la souueraine verité leur est bien plus propre, que la vertu, par laquelle ils meuuent les Cieux. Or il faut faire le denombrement de ces bien-heureux esprits, plus par l'action qui leur est propre, que par celle qui leur est vn abaissement accidentel. Donc le nombre de ceux qui vacquent seulement à la contemplation doit estre plus grand, que de ceux qui meuuent les orbes celestes.

Aussi nous voyons que les choses intellectuelles ont plus d'estenduë, & vne plus grande multiplication que celles qui consistent en vne existence exterieure; nostre intellect conçoit des formes vniuerfelles, quoy qu'elles ne foient en eſtre que particulieres; l'idée de l'intellect ſpeculatif eſt plus vniuerſelle que du practic, comme auſſi le concept de l'art dominant a plus d'eſtenduë, que celuy des autres qui luy ſont ſujets, & qui agiſſent ſous ſa direction; Enfin la maxime eſt tres aſſeurée, que les choſes ſe multiplient bien plus ſelon l'eſtre intellectuel, que ſelon le materiel: Car l'intellect conçoit plus de formes, que la matiere n'en peut receuoir; la ſubtilité des corps, la viteſſe du mouuement, la diuerſité des figures, l'eſtenduë de la quantité, la multiplication des nombres vont & s'augmentent à l'infiny dans noſtre penſée, & neantmoins ce ſont toutes choſes finies deſſus la matiere. D'où ie conclus qu'il y a beaucoup plus d'Anges qui vacquent ſeulement aux choſes intellectuelles que d'autres; Cét employ auſſi leur eſt plus naturel; or le naturel ſurpaſſe touſiours l'eſtranger, comme nous en auons deſia fait la preuue.

Ces Intelligences qui meuuent les Cieux repreſentent Dieu comme Createur & Conſeruateur de l'Vniuers & par le mouuement circulaire, elles expriment cette bonté ſouuerainement feconde, qui fait au dehors vne innombrable profuſion d'eſtres, & puis les rappelle, & les fait reuenir à ſoy par les attraits de ſa beauté. Mais les Intelligences ſuperieures qui vacquent ſeulement à la contemplation des grandeurs diuines, repreſentent Dieu comme il eſt luy-meſme, deuant le monde, independant de toutes les creatures, souueraine-ment heureux de toute eternité dans la possession de son essence ; Celles qui meuuent les Cieux sont en quelque maniere dans la diuision, & la multipli-cité en ce que leur employ est different de ce qui fait leur beatitude ; mais les superieures sont plus re-cueillies, dautant qu'elles donnent toutes leurs at-tentions au souuerain bien; & sont en cela plus sem-blables à la tres-simple vnité diuine. Cela monstre qu'il y a des Intelligences plus hautes que celles qui meuuent les Cieux.

Il y en doit aussi auoir d'autres inferieures em-ployées à la conduite des Royaumes, des Princes & des personnes particulieres, comme nous dirons ; Car quoy qu'vne mesme Intelligence gouuernast tous les specifiques qui partagét la vertu d'vn mes-me planete, comme celle du Soleil, les diamants, les saphirs, l'or, le musc, le baume, le miel, le safran, les lyons, le coq, & tous les parfums : Celle de Iu-piter les cornalines, les hyacinthes, le pan, l'aigle, & ainsi des autres; quand nous serions d'accord de cét article auec la Caballe, & ceux qui trouuent en cela le nœud de toutes les sympathies ; Il ne s'ensui-uroit pas que l'Ange commis, par exemple, au Ciel de Mars qui dommine au fer, au souffre, à l'ellebo-re, aux pierres rouges, peust gouuerner toutes les personnes choleriques, tous les combats & toutes les guerres que l'on fait au monde. Car les tempera-ments des choses materielles attendent en repos
l'influence

l'influence de leur planete, & vn seul peut enuoyer ses rayons sur plusieurs de ces sujets qui le reçoiuent sans resistance. Mais quant aux volontez & aux actions des hommes, elles ne sont point sujettes aux astres, comme nous en auons faict la preuue ; il faut vne autre espece de gouuernement pour des personnes libres, que pour des esclaues, & traitter auec des loix bien differentes, ce qui se conduit par conseil, & ce qui suit par necessité. Si les Philosophes assignent vne Intelligence particuliere à chaque globe celeste, si l'Ange de Saturne n'estend pas sa force iusques à Mars, ny celuy du Soleil iusques à Mercure. Il n'est pas à croire qu'vne seule Intelligence peut presider à toutes les Republiques, à tous les Princes, & à tous les hommes de mesme temperament, parce que leurs affaires, leurs habitudes, leurs entreprises, leurs forces sont dans vne inconceuable diuersité, & dans vne difference infinie, dont vne puissance qui est limitée ne peut pas auoir le gouuernement. Enfin le nombre des Anges, qui doit exceder celuy des choses materielles nous fait iuger qu'il y en a d'autres que ceux qui roulent les globes celestes.

Du nombre des Anges.

Chapitre VII.

EN cette generale emulation de toutes les creatures, qui par les merites de leurs essences, & les efforts de leurs actiuitez taschent de se rendre plus semblables au premier Principe, il n'y en a point qui en approchent plus pres que les Anges. Car si Dieu est releué au dessus du temps, du mouuement, de la matiere, & dans vne parfaicte beatitude, qui ne souffre point d'alteration, les Anges sont aussi des substances dégagées des corps qui ont toutes leurs lumieres en vn instant, tousjours en acte, & tousiours en la iouyssance du souuerain bien.

Mais il se rencontre en Dieu vne perfection inimitable, à sçauoir son infinité, parce qu'vn infiny occupe toute l'estenduë de l'estre possible, & ne laisse point de place pour vn second. C'est ainsi que l'vnité diuine est si parfaicte, qu'estant tres-simple, recueillie en soy, & esloignée de tout sujet, elle comprend neantmoins les perfections de toutes les choses existentes & possibles. Mais l'vnité singuliere des creatures est limitée, de sorte qu'elle est tousiours suiuie de quelque defaut, & quand elle constituë vne chose , elle exclud les autres Ainsi les Anges qui ne peuuent pas representer l'infinité de Dieu par leur estre indiuiduel, ont deu faire vn corps, & suppléer par la multitude, à ce qui ne leur estoit pas possible en particulier. C'est pourquoy il est conuenable qu'ils soient en grand nombre, d'autant que la multiplication donne vne estenduë, qui s'écartant du defaut de l'vnité singuliere des choses creées , approche plus pres de l'infiny.

En ce grand nombre ils ne laissent pas d'imiter aussi bien l'vnité que l'infinité diuine, puis qu'ils s'entretiennent par les liens d'vne estroicte charité, qui de tous ne fait qu'vn corps, & qu'ils s'entre-communiquent leurs lumieres par de mutuelles reflexions, qui ne font qu'vn iour.

Cette multitude qui passe de beaucoup celle de toutes les choses creées, est fort conuenables à leur nature qui est plus parfaicte. Aussi nous voyós en l'ordre du monde, que les choses superieures ont leur quantité plus estenduë, à proportion de ce que leurs qualitez sont plus eminentes; l'air occupe trois fois plus d'espace que la terre, & le feu, que l'air : Les Cieux qui sont plus nobles, ont aussi des spheres si grandes qu'elles enferment tous les autres corps, & en leur comparaison, la terre n'est qu'vn petit poinct. Les estoilles fixes, qui ont plus de lumiere, & plus de vertu, ont aussi plus de diametre, & l'ó distingue les diuers degrez de leurs forces, par ceux de leur grandeur. La chaleur, qui est la premiere & la plus actiue des qualitez estend les sujets où elle domine, comme, au contraire le froid langoureux l'ennemy de nostre vie, & l'image de la priuation, les restraint, les presse, les entasse iusques à ruiner, l'ordre, confondant les choses qui ne sont pas de mesme nature.

Que si l'on void éclatter des precieuses qualitez sur des petites matieres, comme sur les perles & les diamans ; Ie dis que ces choses sont rares comme les exeptions d'vne loy qui est generale ; la beauté se trouue ainsi peu commune sur ces petites matieres, parce qu'elle est estrangere en terre, & qu'elle doit estre à l'estroit au lieu qui ne luy est pas naturel. C'est au Ciel où elle tient son empire & son estenduë, c'est où il nous la faut chercher, pour la voir auec tout son éclat, ce qui nous en paroist icy, n'est qu'vne estincelle de ce feu qui doit embrasser nos cœurs ; vn petit rayon & l'ombre d'vne plus puissante lumiere. Et puis à vray dire, ces choses ont moins de beauté de leur nature, que par l'opinion des hommes qui les à fait precieuses, à cause qu'elles ne sont pas communes, & les Indiens ont suiet de se mocquer de nous, quand pour les pierres, qu'ils tiennét, comme des bagatelles d'enfant, on leur donne en échange des choses qui seruent à l'entretien de la vie. S'il faut iuger des beautez, i'en trouue bien plus dans vne prairie émaillée de fleurs, où le verd éclatte & se brunit, selon les distances &

les refractions de la lumiere, auec des diuerſitez qui rauiſſent l'œil, que dans la plus rare de toutes les émeraudes; Ie ne voids point de criſtal dont la neteté plaiſe autant que le coulant des belles fontaines, & le cours des grandes riuieres; ny de diamant qui éclatte comme le Soleil, comme Venus, Iupiter, & les eſtoiles, de la premiere grandeur. C'eſt pourquoy, ie reuiens à ma propoſition, que ſelon l'ordre de la nature les choſes qui ont plus de vertu, ont auſſi plus de quantité. Or le nombre eſt à l'égard des choſes ſpirituelles, ce que la quantité eſt au corps. D'où il faut conclure que les Anges eſtant les plus parfaites des creatures, doiuent exceder toutes les autres en nombre.

Si l'on void vne multitude inombrable de corps ſans eſprits, par oppoſition il doit y auoir vne auſſi grande multitude d'eſprits ſans corps, autrement le defaut auroit l'auantage ſur la perfection en l'œuure de Dieu, & il y auroit moins de ce qu'il ayme, & ce qu'il deſire le plus, à ſçauoir de creatures qui portent ſa reſſemblance.

Ceux qui veulent particulariſer ce ſujet, diſent que les Anges par la perfection de leur nature ont le meſme aduantage en nombre ſur les choſes materielles, que le dix ſur l'vn, le cent ſur le dix, le mil ſur cent, le million ſur le mil, ainſi de ſuitte par vn progrez de nombres, qui ſe redoublent, & s'eſtendent plus que noſtre eſprit ne peut conceuoir.

Aussi la nature intellectuelle est d'elle-mesme bien plus propre à se multiplier que le corps, comme ie l'ay déja dit; Car elle n'est point renfermée dans les limites de la matiere; elle ne releue point de certaines dispositions ny des accidents dont le peu de fidelité puisse arrester le progrez de son estenduë, mais estant fort eslognée de cette matiere, de la priuation & du rien, bien proche de Dieu qui est infiny, elle est libre de toutes les difficultez capables d'empescher son agrandissement, & dans tous les moyens qui le fauorisent. Nostre entendement multiplie en idée, les dimensions, les nombres, les figures, infiniment plus qu'il ne s'en trouue dessus la matiere; quelque quantité que l'on me prescriue, i'en puis apres conceuoir vne plus grande; plus ma pensée s'auance plus elle deuient feconde en sos productions spirituelles, & il s'y fait des multiplications si prodigieuses, que l'esprit apres quelques essais, s'estonne, s'arreste, & se contente de voir qu'elles peuuent aller iusques à l'infiny. Ces idées des nombres où nostre art ne rencontre iamais de fin, sont les augures, les ombres, les images du nombre reel des Anges ou la multiplication que nous n'auons qu'en pensée se trouue en effect.

Ces esprits bien-heureux font la sphere superieures des creatures, qui doit immediatement ioindre Dieu. Or comme l'espace de Dieu à la creature est infiny, il doit estre remply par des estres grands en nombre & en excellence, autrement il y auroit.

plus de vuide, & de difproportion, que fi le Ciel de la Lune le plus bas & le plus petit de tous eſtoit ioint au premier mobile.

Ce qui eſt plus admirable, c'eſt qu'on dit, qu'en ce grand nombre les Anges font tous differens d'eſpece ; d'autant que les differences d'indiuidus ne ſe rencontrent qu'és choſes qui font corruptibles, afin que l'eſpece ſubſiſte par ſucceſſion, & que les eſtres particuliers laiſſent en mourant des heritiers qui les repreſentent. Or les Anges eſtant ſpirituels & incorruptibles n'ont point beſoin de cette multiplication, qui d'ailleurs eſt dans vne difference moins noble que celle qui conſtituë l'eſpece, & par conſequent moins conuenable à la nature la plus accomplie de toutes les choſes creées. Si les Cieux eſtant les plus parfaits d'entre les corps n'ont point d'eſpeces qui contiennent pluſieurs indiuidus; s'il n'y a point pluſieurs Soleils, & pluſieurs Lunes, cela ſe doit auſſi rencontrer entre les Anges qui tiennent vn degré de plus haute perfection en l'eſtre ſpirituel.

En ce grand nombre & en cette difference ſi prodigieuſement diuerſe, où la puiſſance diuine a déployé les plus rares threſors de ſes inuentions, il eſt à croire qu'ils ne rempliſſent pas ſeulement les Cieux, mais qui ſe réſpandent en en tous les eſpaces du lieu, afin que comme Dieu y eſt preſent en eſſence à cauſe de ſon immenſité, il y ait auſſi par tout de ſes ſaincts Miniſtres qui luy offrent des sacrifices de loüange. Deux puiſſans motifs qui doiuent par tout retenir l'homme dans vn grand reſpect de la Majeſté diuine, & par deuoir, & par imitation.

De l'Ordre des Anges.

CHAPITRE VI.

TOutes les creatures inferieures ayant pris leur origine d'vne ſouueraine vnité, ne ſubſiſtent qu'entant qu'elle en retiennent l'image par leur forme ſubſtantielle, qui eſt vne entre la diuerſité des accidens, & le tumulte des qualitez ennemies qui les compoſent. Auſſi la multitude décheant de l'vn & de l'eſtre, n'a ſa conſiſtence que par l'vnion qui eſt l'image de l'vnité, mais par vne vnion proportionnée qui met les parties au rang qu'elles doiuent tenir dans le tout : qui les joint auec vne iuſteſſe, où il ne ſe trouue point de vuide; qui couure les differences par vne entreſuite pleine de douceur, d'où procede l'egalité du corps & de l'action. Les elemens auec toutes les ſympathies de leurs qualitez ne pourroient pas entretenir l'vnité du monde, s'ils n'occupoient des lieux conuenables à leurs vertus, d'où ils puiſſent les déployer ſans excez. Ils ne font pas auſſi de moindres efforts pour ſortir d'vn lieu où la violence les a bannis,
& ſe

DE L'EXIST. ET DE LA NAT. DES ANGES. 553
& se remettre en celuy que la Nature ne leur a destiné, que pour se deffendre contre l'assaut des qualitez qu'ils ont ennemies. L'air extremement souple ébranle la terre pour se mettre hors de ses prisons ; & quoy qu'il soit né dans la seruitude, il fait ces genereuses saillies pour reprendre auec sa liberté la seance qui luy est deuë en l'ordre du monde; la terre éleuée en haut, tasche tousiours par sa pesanteur, de forcer ou de corrompre les gardes qui la retiennent, & si tost qu'elle en est libre, elle fond en bas par vn mouuement de precipation, qui fracasse tout ce qui luy fait resistance.

Cette police des corps nous est vne preuue, que s'il y a vne multitude d'Anges, comme nous l'auons prouué, qu'aussi il doit y auoir vn ordre, qui consiste en ce que les vns soient inferieurs aux autres, auec la mesme subordination qu'on void entre les parties du monde, entre celles de nostre corps, & les charges d'vne Republique. L'ordre est l'effect d'vne cause intelligente, qui cognoist la capacité des choses, & qui leur donne le rang selon les effects qu'elle en espere. Il doit donc se rencontrer principalement entre les Intelligences ausquelles il est propre, comme les Iuges doiuent passer par les loix qu'il imposent aux autres; comme le feu contient la chaleur, & le Soleil la lumiere, qu'ils nous communiquent. Il est fort conuenable qu'ils ayent la iouyssance d'vn bien dont ils ont la source, & qu'ils possedent parauantage sur

Tome 2. AAaa

toutes les choses ce qui leur est propre. Car comment la Republique de ces bien-heureux esprits pourroit-elle se conseruer sans cette aymable disposition, & si le monde intellectuel est le plus semblable à l'archetype en perfection d'essence, il doit aussi y auoir du rapport en l'vnion de ses parties bien-ordonnées, qui (comme nous auons dit) est l'image de l'vnité.

Nous nous pourrions contenter de cette generale consideration, & de sçauoir que les Anges sont disposez en vn fort bel ordre pour l'exercice de leur ministere, sans nous informer particulieremét quel il est, parce que n'ayant pas veu leur gouuernement pour en descrire les loix, il semble que la curiosité qui les recherche tende à l'impossible. Neantmoins d'autant que les choses inferieures sont auec plus de perfection, & auec des droicts d'eminence dans les superieures ; Nous pouuons auoir des conjectures de l'ordre des Anges, par celuy du monde, & puis par la consideration des grandeurs de Dieu, qu'ils approchent, & qu'ils imitent de plus prés, comme les plus parfaictes des creatures.

Or nous voyons trois estages des elemens, le feu, l'air, l'eau, & la terre, qui tous deux ensemble ne forment qu'vn globe ; les corps solides ont trois dimensions, la hauteur, la largeur la profondeur. Il y a trois ordres dans les Cieux, des planetes, des estoilles fixes, & des autres globes, qui sans lumie-

DE L'EXIST. ET DE LA NAT. DES ANGES. 555
re ne se font cognoistre que par le mouuement. On
peut de mesme considerer Dieu en trois façons ;
Premierement, selon la bonté qui luy est essentielle; En second lieu, comme Createur & conseruateur
de l'vniuers, & puis selon la prouidence & les graces auec lesquelles il assiste les personnes particulieres. De là les sages ont peu s'éclaircir de cette verité
qu'ils auoient apprise par reuelation, qu'il y a trois
Hierarchies des Anges, pour respondre aux trois
estages du monde materiel, & aux trois considerations de l'archetype.

Puis qu'ils doiuent estre en nombre pour representer l'infinité de Dieu ; ils n'en pouuoient auoir
vn plus mysterieux, & qui eust plus de rapport à
l'vnité diuine que le trois, où le commencement,
le milieu & la fin sont vne vnité. C'est le premier des
nombres qui forme vn ordre accōply, qui signifie
la production des choses & le retour qu'elles font
à leur Principe, par la suite & l'vnion de deux auec
l'vnité, & par le rapport de celle qui le termine auec
celle qui le commence.

Chacun de trois elemens a trois regions, où il
possede differemment ses qualitez : La terre en son
centre, qui est sa partie superieure, iouyt de tous
les appennages de sa nature, en la moyenne region,
elle produit les metaux & les fossilles ; par le rencontre qui s'y fait des influences des Cieux, & par
la repercussion du centre qui s'en defend, qui les redouble, & qui les fortifie par la resistance; sa surface

AAaa ij

se laisse coupper par nostre labeur, elle se charge de toutes sortes de fruicts, & se prodigue parfaictement pour soulager nos necessitez. Entre les planettes il y a trois Ordres, les inferieurs, la Lune, Mercure, & Venus; le Soleil fait le milieu, & les autres, Mars, Iupiter, & Saturne sont appellez Superieurs. Excepté le Soleil qui est comme le centre, tous les autres ont trois differentes stations: car ils sont directs, stationnaires, ou retrogrades. Dans le Zodiaque les signes sont diuisez en trigones, & chacun deux en trois parties, qu'on appelle decanats ou dizaines. Ainsi l'on a peu coniecturer que chaque Hierarchie du monde Angelique estoit diuisée en trois ordres pour rendre plus parfaictement à Dieu ce qu'elle luy deuoit d'adorations, & aux estres inferieurs tout ce que leur ministere promet d'assistance.

Comme on void que les estoilles sont rondes aussi bien que toute la masse des Cieux; comme chaque petite goute d'eau se forme en cette figure qui est celle de l'vniuers, & que les parties portent l'image de leur tout. Ainsi le monde Angelique estant diuisé en trois Principautez, il semble aussi fort conuenable que chacune soit subdiuisée en trois ordres, comme nous l'auons veu aux Cieux & aux elemens, mais sur tout parce que nous considerons Dieu en trois manieres, à sçauoir selon sa bonté essentielle, selon qu'il est Createur & conseruateur de l'Vniuers, & puis en ce qu'il communique ses graces aux personnes particulieres : Et en chacune de ces trois considerations l'on y remarque trois excellences diuines qui meritent bien des ordres Angeliques, destinez particulierement à les adorer, & à les imiter à leur possible ; comme dans vn Estat l'on void diuers officiers qui representent & qui exercent sur le peuple les principales fonctions de l'authorité Royale.

En la deduction de cét ordre, ie commence par celuy des elemens ; mais parce que les choses superieures son triples à l'esgard des inferieures, y ayant plus de Cieux que d'elemens, comme il y a plus d'air que d'eau, & plus de feu que d'air, ie trouue en chacun trois considerations qui ont du rapport aux trois ordres de chaque Hierarchie, ie descés, & puis ie monte pour redescendre par vn mouuement demy circulaire qui rapporte le commencement à la fin, tres-propre en cette matiere, où nous taschons de nous esleuer à Dieu par les creatures qui en sont produites.

Le feu est le plus haut, le plus pur, & le plus fort des elemens, qu'on dit estre l'origine des formes materielles, d'où procede la viuacité de l'action, enfin celuy en qui les Philosophes ont creu que toutes choses se doiuent resoudre ; neantmoins il se tient couuert à nos yeux dans sa sphere, & a moins d'éclat où il exerce le plus de puissance.

Ie trouue au Ciel le premier mobile qui estát d'vne nature de feu, ne nous móstre aucune lumiere, &

neantmoins il a tant de force qu'il traifne apres foy tous les autres Cieux, fa fphere eftant la plus grande de toutes, il fait en vn iour ce que le firmament qui le fuit, & qui eft moindre en efpace, n'acheue par fon mouuement naturel qu'en trente-fix mille ans. Nous ne cognoiffons rien en Dieu, qui rapporte plus au feu & au premier mobile que l'amour. Les Platoniciens eurent fûjet de le dire l'autheur de toutes chofes, parce qu'en effect c'eft luy qui a porté Dieu à la production des creatures. Il eftoit tranquille & fouuerainement fatisfait en la iouyffance de luy-mefme dans l'eternité, & voila fon amour qui fe fait vn obiet hors de luy-mefme auec le temps, & ne cherche pas comme le noftre, vne bonté dont il raffafie fon indigence, mais il la produit pour fignaler fa fecondité. Il eft vifte en fon affection, puis qu'vn feul moment luy a fuffy pour creer le mõde, auffi eft-il infiny enuers luy-mefme; & l'eternité où il s'entretient eft toufiours efgale en fon exiftence, comme eft le premier mobile en fon mouuement. Cette fouueraine bonté, cét amour à qui nous toute la nature font redeuables de noftre eftre, ne fe laiffe point voir à decouuert aux yeux des mortels, & c'eft peut-eftre celle des perfections diuines, à laquelle nous auons plus d'obligation, & nous rendons moins de recognoiffance; C'eft pourquoy il falloit qu'il y euft des *Seraphins*, qui l'adoraffent, & qui font le premier ordre de la premiere hierarchie, parce que l'amour eft le principe de toutes les choses creées & le moyen par lequel elles s'y reünissent. Ces esprits tousiours consommez de ces sainctes flammes en eschauffent les ordres suiuans? Ils ne les excitent pas seulement, mais ils les portent comme le premier mobile ne tourne pas les autres Cieux par vne simple impulsion, mais par vn mouuement qu'il fait le premier comme vne leçon publique à ceux qui gouuernent, de porter leurs suiets à la vertu, plus par exemple, que par paroles, & par la seuerité des loix.

En l'ordre des élemens ; du feu nous venons à l'air diaphane, disposé à receuoir la lumiere, plain d'vne inconceuable propagation d'especes qui l'emplissent sans l'occuper, qui se meslent & qui se penetrent sans se confondre. Dans le Ciel nous auons le firmament, qui éclatte d'vn nombre infiny d'estoilles fixes, qui contiennent la vertu de tous les planetes, & qui par ce moyen en sont tout ensemble vn abbregé & vne multiplication. Ce sont les images des idées de Dieu qui contiennent l'infiny quand elles representent ses perfections, & qui sont les originaux de toutes les choses possibles ou existentes. Les miroirs qui reçoiuent ces belles lumieres, & qui sont dans le monde Angelique, ce qu'est le firmament dans le celeste, & l'air entre les elemens, sont les *Cherubins*, Esprits tout dégagez de la matiere qui voyent la verité en sa source, & sans ces voiles qui nous la déguisent. Si la lumiere des corps est si communicatiue, qu'il ne luy faut qu'vn inſtant pour ſe répandre ; ie laiſſe à penſer qu'elle doit eſtre celle de ces bié-heureux eſprits, & s'ils ne rempliſſent pas les Ordres inferieurs de leurs illuſtrations, ſelon toute leur capacité.

Nous voicy deſcendus en terre, qui eſt vn globe immobile, & quoy que les mers ſemblent faire de grandes ſaillies ; neantmoins elles tiennent touſiours à leur lict, & les fondemens de la maſſe qu'elles compoſent n'en ſont nullement ébranlez. Saturne nous repreſente cette immobilité dans le Ciel, parce que ſon mouuement eſt le plus lent de tous les planetes, il fait, au dire des Aſtrologues, de profondes impreſſions ſur les ſujets qu'ils domine ; il les tient attentifs à leurs deſſeins ; reſolus & inuariables en la pourſuitte de leurs entrepriſes. Ce ne ſont là que les ombres de l'eternité & de l'immutabilité de Dieu, qui n'a receu aucun changement par la nouuelle creation du monde, & moins que le centre de la terre, par l'écoulement des fleuues, & les émotions de la mer; encore Saturne a ſon mouuement, & ſes influences ne ſont pas toutes inuariables, la terre a ſouuent ſouffert des ſecouſſes qui ont renuerſé les villes, & qui quelquesfois les ont enſeuely dedans les abyſmes. C'eſt pourquoy il faut que le monde Angelique porte vne plus viue image de l'immutabilité de Dieu, que les autres mondes, par les *Throſnes*, inuariables en leurs adorations, en leurs lumieres, & en leurs amours ; & auec cette fermeté ils fōt le dernier Ordre de la premiere

miere Hierarchie, qui represente les perfections de Dieu en luy mesme, qui se cognoist, qui s'ayme, & qui est inuariable de ce bon-heur.

Nous somme icy contraints de doubler les elemens, parce qu'ils sont moindres en nombre, que les choses superieures, comme nous l'auons dit; de sorte qu'il nous faut employer diuerses considerations d'vn mesme, afin d'en faire le rapport auec les mondes, Celestes, Angelique, & Archetype de la terre où nous estions. Il nous faut donc remonter en l'air mobile de sa nature, qui se respand, qui penetre les extremitez du monde, pour en forclore le vuide, & qui est si amy de nostre nature, qu'il vient toucher nostre cœur, & luy donner la vie auec le rafraischissement. Dans le Ciel Iupiter a des influences si fauorables pour nous, que les Astrologues l'appellent la grande fortune; à leur dire il donne vn temperament propre à la domination, & pour bien gouuerner les peuples comme des enfans, par douceur, & non pas comme des esclaues, par les supplices, & la pauureté. Cela signifie la prouidence qu'exerce Dieu sur toutes les creatures, si vniuerselle, si charitable, que les moindres choses sont pourueuës de ce qui est necessaire à leur conseruation. Les choses materielles sont insensibles à ce bien-faict, la pluspart des hommes s'en rendent ingrats, & il n'est parfaictement recogneu, adoré, & imité, que par les *Dominations*, destinez de Dieu à cét office, & à contribuer leur ministere au gou-

Tom. 2. BBbb

uernement de l'Vniuers.

Le feu, dont nous auons defia parlé, entre autres vertus, a celle de purger les corps des qualitez eftrangeres, & des les remettre dans la pureté de leur condition. Mars a le mefme effect dans le Ciel, & fur les temperamens qu'il domine; s'il caufe les pluyes, & s'il fait quelques orages, ce font des crifes neceffaires pour bien purger l'air de quantité de vapeurs qui l'alteroient. Sans la puiffante main de Dieu, qui retient les mers dans leur lict; qui emprifonne le feu dans fa region, & qui modere les actiuitez de la Nature, le monde pafferoit dans vne confufion femblable à celle qu'on nous reprefente par le chaos. Les *Vertus* adorent cette diuine perfection, & la reprefentent par effect beaucoup mieux que Mars, ny le feu, puis qu'ils font les premiers Miniftres de cette Prouidence qui arrefte les excez, & qui chaffe les fuperfluitez du monde.

Ie gliffe legerement fur cette matiere parce qu'autrement elle me porteroit à l'infiny, & comme l'on y peut reduire tout ce que l'on traicte de Dieu, des Anges, des Cieux, & des elemens, il faudroit plufieurs volumes, & prendre le deffein de tous les liures, pour traicter comme il faut vn fuiet qui contient en foy tous les mondes. Suiuons donc noftre abregé, & confiderons encore au feu, cette force qui donne la vie & l'action à toutes chofes, comme le Soleil à la terre par fa lumiere & fes influences. Ce planette n'a point d'epicicle, comme les autres ; mais il fuit toufiours vne mefme route dans le zodiaque, il auance d'vn pas mefuré vers le Midy & le Septentrion pour nous faire les diuerfes faifons le l'année, & ne nous profite pas moins par les rigueurs de l'Hyuer, que par les chaleurs de l'Efté, & les fertilitez de l'Automne. Sil nous eftoit permis d'entrer dans les confeils de la Prouidence diuine au gouuernement du monde, & cognoiftre les auantages qu'elle nous faict, mefme par les euenemens que nous comptons entre les malheurs, nos plaintes fe changeroient en actions de graces, & nous ne benirions iamais de meilleur courage cette fouueraine bonté, que quand elle nous tire des profperitez apparantes, qui eftoient les veritables occafions de noftre perte, il n'y a point de mal en toute l'eftenduë de la Nature ; les moindres chofes, & celles qui nous font nuifibles, font quelquesfois des miracles où Dieu a déployé les particulieres influences de fa vertu. Mais nos interefts nous rendent aueugles pour ces confiderations. Il n'appartient qu'aux *Principautez*, de rendre de profondes adorations à Dieu : d'agir par fon commandemet en la conduite vniuerfelle du monde, de moderer à propos les puiffances precipitées par quelques foibleffes, d'enrichir ce tableau par des ombres, & de perfectionner ce concert par des paufes. C'eft là le dernier ordre de la feconde hierarchie qui regarde le gouuernement vniuerfel des creatures.

L'air que ie reprens encore est l'argent de la terre auprés du Ciel, celuy qui nous apporte ses lumieres & ses influences, qui fait dans le monde ce que les esprits operent dedans nostre corps, respandant la vie & le mouuement dans chacune de ses parties. Il est si souple qu'il prend toutes sortes de qualitez, & de figures; il modere neantmoins les ardeurs de la region du feu; de sorte qu'elle anime & n'incommode point la terre, & auec la mesme douceur il vient apporter le rafraichissement à nos poulmons.

Dans le Ciel Venus a le mesme effect au dire des Astrologues: Si elle n'est point infortunée de mauuais aspects, ses influences donnent des inclinations douces, acortes, & heureuses, quand la volonté n'y allume point les flammes de concupiscence. En Dieu nous adorons vne souueraine bonté qui approprie son secours aux besoins des choses particulieres; qui accorde les inimitiez & antipathies de la Nature; mais qui fait des faueurs bien plus signalées à nos ames par le secours continuel de ses graces, sans lesquelles elles seroient impuissantes au bien, & dans le desordre de leurs passions. Les *Puissances*, qui font le premier ordre de la troisiesme Hierarchie, adorent cette souueraine bonté, & sont ses Ministres employez à conseruer l'amour entre les choses inferieures, d'où dépend leur conseruation.

La terre est le centre où se rencontrent les influences de tous les Cieux, & des elemens, aussi elle porte des productions qui ont de la sympathie auec tous les planetes ; de sorte qu'estant la fin, & la plus petite portion du monde, elle a ce priuilege d'en estre comme vn abregé. Mercure a les mesmes proprietez dans le Ciel, il se conforme à la vertu des autres planetes, & se reuest de leurs influences pour en obliger la terre. Ainsi au monde Angelique, les *Archanges* reçoiuent des ordres superieurs, les illustrations qu'ils versent principalement sur ceux qui tiennent les sceptres, & dont les cognoissances doiuent passer celles du commun. De sorte que si les cœurs des Roys sont en la main de Dieu, s'il les incline où il luy plaist, s'il leur suggere les grands desseins qui regardent le bon-heur des peuples, c'est ordinairement par le ministere de ces bien-heureux esprits.

Enfin cette terre qui se trouue fertile pour toutes nos necessitez, & qui se transforme en tous les sujets qui peuuent les soulager, est bien representée au Ciel par la Lune, qu'on dit estre d'vne nature demy celeste, à cause des changemens de sa lumiere, des taches qui l'obscurcissent, des inegalitez qu'on obserue en sa face & en son mouuement. Elle nous tempere les vertus des autres planetes par vne humidité accordante à nostre nature, & ainsi elle domine au cerueau, qui est le siege de la cognoissance. Les *Anges*, destinez particulierement à la conduite de nos personnes nous rendent les mesmes offices ; c'est par leur ministere que nous receuons de Dieu les bonnes inspirations qui nous destournent du mal, & qui nous conduisent à la vertu. Ils amortissent les flammes de la concupiscence, & allument celles de l'amour diuin dedans nos cœurs ; enfin nous verrons plus bas, qu'ils sont les tresoriers des graces diuines; que c'est par leur entremise que cette bonté souueraine nous soulage dans nos infirmitez. Voila en peu de mots l'ordre & les offices de ces bien-heureux esprits, que ie ramasse encore en cette Table, afin d'en donner vne cognoissance plus nette, & d'euiter la confusion en parlant de l'ordre.

Table où l'on void l'Ordre des Anges par celuy des elemens, des Cieux, & des perfections divines.

Le feu elementaire.	Le premier mobile.	Les Seraphins.	La premiere Hierarchie contemple Dieu en son essence, adore, & sert	L'amour divin.
L'air.	Le firmament.	Les Cherubins.		La sagesse divine.
Le globe immobile de la terre & de l'eau.	Saturne.	Les Throsnes.		L'eternité & l'immutabilité de Dieu.

L'air.	Iupiter.	Les Dominations.	La seconde Hierarchie contemple Dieu, comme Createur & conseruateur de l'Vniuers, & sert	La bonté de Dieu au gouuernement des creatures.
Le feu.	Mars.	Les Vertus.		Sa puissance à repousser ce qui leur est nuisible
Le feu.	Le Soleil.	Les Principautez.		Sa Sagesse en la conduite du monde.

L'air.	Venus.	Les Puissances.	La troisiesme Hierarchie contemple Dieu, côme Createur & côseruateur des choses particulieres, adore, & sert	La charité de Dieu en l'assistâce qu'elle donne aux necessitez particulieres de toutes choses.
L'eau.	Mercure.	Les Archanges.		Sa prouidence au gouuernement des Royaumes.
La Terre.	La Lune.	Les Anges.		Sa prouidence en la conduite des personnes particulieres.

De la cognoissance des Anges.

Chapitre IX.

SI l'on considère ces bien-heureux esprits comme les adorateurs de la Majesté diuine, on peut iuger qu'ils reçoiuent des lumieres admirables estans proches & en veuë de ce grand Soleil, qui est la premiere source de la verité : ou si l'on les regarde comme les Ministres de ses volontez en la conduite des creatures ; on ne peut douter qu'ils ne portét aussi l'image de sa sagesse, & qu'ils ne soient auantagez de toutes les cognoissances que nous souhaittons à ceux qui gouuernent. Lors que Vulcan graua tout le monde, les Cieux, la terre, les mers, les plantes, les animaux, sur le bouclier d'Achille, il voulut signifier, que la science vniuerselle estoit vne des bonnes qualitez necessaire au Prince, & celle qui seruiroit le plus à sa conseruation, si elle luy estoit possible. Mais il representoit en cela l'idée d'vn bien que l'on pouuoit souhaitter, & non pas auoir durant cette vie, parce que les forces de nostre esprit dépendantes du corps, sont limitées de sorte qu'elles deuiennent moindres en chaque sujet, quád elles se partagét en plusieurs, & ressêblent aux fleuues dont le canal diminuë quand il se répand en diuerses branches. C'est pourquoy

les

DE L'EXIST. ET DE LA NAT. DES ANGES. 569
les Lacedemoniens, qui voulurent auoir vn Prince parfaictemét instruit en la police, le diuertirent des autres sciences, & sacrifierent la curiosité de l'esprit aux interests de l'Estat.

Entre ces foiblesses & ces ignorances où nous n'auons la veuë de la verité que sous des voiles qui nous couurent vne partie pour nous monstrer l'autre, nous ne laissons pas de conceuoir que ceux qui gouuernent, doiuent auoir vne science vniuerselle pour bien iuger, & pour regler leur police sur celle de la Nature. Or, comme nous auons dit, que les estres superieurs possedent en perfection ce que les choses d'icy bas n'ont qu'auec beaucoup de defaut, l'on peut iuger que les Anges employez de Dieu en la conduite du monde, sont auantagez de cette science vniuerselle, propre à gouuerner, dont nous n'auons icy que des desirs impuissans, & des idées fort confuses.

Leur nature purement spirituelle autant éloignée de la matiere, d'essence que d'inclination, les rend capables de ces veritez vniuerselles, dont mesmes nous pouuons voir les ombres sans les abstractions que font les sciences du sensible & du singulier. Vn bon Mathematicien void dans vne proposition d'Euclide, vne infinité de suiets, de machines, de fortifications où elle luy doit seruir de regle ; vn medecin qui cognoist parfaictement les vertus d'vn simple, déchiffre aussitost vn grand nombre d'infinitez ausquelles il peut estre donné

Tome 2. CCcc

pour remede; vn homme d'Eſtat tire mille reſolutions particulieres d'vne maxime dont la raiſon & l'experience luy ont fait cognoiſtre la verité. Il y a des principes tres-certains, quoy qu'ils ne ſoient pas à l'vſage des Philoſophes vulgaires, où l'on peut reduire toutes les ſciences. Mais ces notions ſi generales & ſi eſtenduës qu'elles puiſſent eſtre, ſont touſiours extremement foibles en comparaiſon de celles des Anges, qui eſtant plus éleuez que nous en degré, portent auſſi leur veuë bien plus loing, eſtant plus déchargez de la matiere, ils penetrent tout, & ſe font vn iour égal dans tous les ſujets. Car leurs cognoiſſances ſont ſi pures, & ſi vniuerſelles qu'ils voyent les concluſiós dans les principes beaucoup plus parfaictement que nous, ſans ces traiſnées de raiſonnemens, ſans ces geſnes & ces contraintes que nous donne la Dialectique. Et parce que nos ames ſont ſeulement des tables d'attente qui s'impriment de la verité qu'elles n'ont pas en propre & de leur nature, l'on doit dire que les Anges qui ſont plus releuez en ordre, ont l'acte, dont nous n'auons que les diſpoſitions; que Dieu les creant leur a imprimé les eſpeces de toutes choſes, afin qu'ils fuſſent de plus viues images du Verbe où ſont toutes les veritez. De ſorte qu'ils ne cognoiſſent pas ſeulement les genres, les eſpeces, les Cieux, les elements, & les parties plus remarquables du monde; mais auſſi les moindres petites choſes particulieres, ſoit par les eſpeces qui leur en ſont imprimées dés leur creation, soit parce qu'ils les voyent dans le verbe, qui est la cause, le prototype vniuersel de la Nature, & vn miroir volontaire qui la represente, ou enfin parce qu'ils se donnent vne cognoissance particuliere & experimentale de ces objets.

La plus grande difficulté consiste à sçauoir comment ils peuuent cognoistre les choses materielles, n'ayans pas ny les sens ny les organes propres pour en receuoir les especes, ils n'ont point d'yeux pour voir les couleurs qui parent, & les figures qui terminent la quantité; d'oreilles pour estre frappées des sons qu'vn air agité leur porte; leur substance spirituelle qui penetre les choses solides ne peut estre touchée, comme sont nos corps, par le rencontre des premieres qualitez, ny souffrir leurs impressions. l'auouë que leur façon de cognoistre est d'autant admirable qu'elle leur est particuliere, & fort éloignée de la nostre; neantmoins ce seroit auoir trop de presomption de la nier, parce que nous ne la cognoissons pas. Nostre iugement n'est pas la regle des choses, il ne les mesure pas, mais au contraire elles le mesurent, & ces veritez ne sont autre chose que des conformitez aux sujets dont il s'informe: De sorte que comme la regle ne laisse pas de s'estendre auec sa rectitude, encore qu'il y ait vne infinité de lignes courbes, & de matieres qui ne s'y aiustent pas; ainsi les choses ne possedent pas moins les conditions de leur nature; quoy que nos esprits trop grossiers ne les puissent voir; L'aymant attire le fer ; l'Euripe fait ses reflus ; le Nil ses inondations ; les miracles des sympathies continuent, les pierres, les perles, les fossiles s'engendrent ; les animaux se forment & de corruption , & par la voye ordinaire auec cette merueilleuse symmetrie d'organes, quoy que nostre esprit n'ait pas encore recognu les veritables causes, & les artifices de la nature en tous ces effects.

Si l'on les croit, à cause qu'ils se fót voir, ie dits que nous ne deuons pas donner moins de creance à ce qui nous paroist par la raison, que par les sens, & que l'œil de l'ame est moins fautif en ses iugemens que celuy du corps. Or nous auons fait la preuue qu'il y a des Anges employez au gouuernement du monde, & qui sont les Tuteurs de tout ce qui est icy bas, ils en doiuent donc auoir la cognoissance : car comment pourroient-ils pouruoir aux desordres & aux necessitez qui suruiennent? comment pourroient-ils ioindre les sujets, les placer en l'ordre qu'ils doiuent tenir , moderer leurs forces , approcher l'actif du passif, pour en faire reüssir les effects que nous admirós, s'il n'en auoient vne veuë plus viue, plus penetrante, & plus asseurée que la nostre.

Quoy que nostre ame durant la societé du corps se serue ordinairement de ses organes ; neantmoins elle les congedie, quand il est question de cognoistre les veritez moins communes ; & en ce qu'elle produit de plus genereux, la raison supplée au defaut des sens. Vn Maistre de Camp ordonne ses bataillons, & void toute la disposition de son armée dans vn cabinet. Vn Musicien qui compose, fait concerter les parties, encore qu'il soit tout seul, & sans que ses oreilles entendent des voix. Vn ignorant ne croid pas qu'il soit possible de mesurer vne tour sans la toise ou le cordeau: Mais vn bon Geometre sans en approcher n'a qu'à faire deux operations sur son eschelle altimetre, & il vous dira precisément ce qu'il y a de toises, de pieds, de poulces, & de lignes: Auec vn carton gradué, en faisant deux stations il prendra la distance iuste des villes, des bourgs, des chasteaux, des riuieres semez dans tout le pays que ses yeux peuuent découurir: Sans voir le Ciel on dira precisément, quand les planettes se leuent dessus l'horison ayant vn planisphere, où ils sont posez, suiuant la supputation des Ephemerides; l'Arithmetique assemble, diuise, soustrai,t & partage en trois coups de plume, plus qu'on ne sçauroit faire en dix ans, s'il falloit compter les choses les vnes apres les autres; elle deuine par la regle de ses proportions ce qu'on ne void pas, elle diuise ce qui est éloigné de nous, & sur quoy on ne peut porter les yeux ny les mains. Si les hommes ont l'artifice de faire par la raison des choses qui sont les propres objets de nos sens; s'ils sçauent en suppléer le defaut, & cognoistre les choses materielles, par des façons spirituelles ; qui doute que Dieu n'ait donné à la Nature Angelique des facultez, pour voir les corps fans auoir des yeux; pour les toucher fans mains, les gouster fans bouche, & entendre leurs fons fans oreilles: Leur nature plus releuée que la nostre en doit contenir toutes les vertus par eminence ; & comme les Cieux ont la solidité de la terre, la perspicuité de l'air, l'éclat du feu, la froideur de l'eau pour empescher que le mouuement n'y cause de l'inflammation. Neantmoins leurs formes de beaucoup plus nobles que celles des elemens, ne retiennent que comme la quintessence de leurs qualitez, & en possedent toutes les vertus, auec vne pleine franchise de leurs defauts. Ne deuons-nous pas iuger le mesme des Anges, qu'ils ont des puissances spirituelles, qui contiennent par eminence, & qui surpassent en actiuité celles de nos sens ?

Nos yeux sont materiels; mais ce qui leur donne la force de voir, ouure les nerfs, les tuniques, les humeurs, consiste en vne vapeur de sang si subtile, qu'on la compare à la lumiere, & nous l'appellons esprit, à cause qu'elle approche de la nature spirituelle. Si elle est recueillie dans vn petit œil enfoncé, sa force s'estend dauantage, & reçoit les especes de plus loin. Ainsi les choses materielles estans cogneuës par vne maniere qui tient du spirituel, elles font paroistre, que l'estre purement spirituel a la cognoissance des choses sensibles, d'autant plus parfaicte, qu'il est entierement dégagé de la matiere contraire à la cognoissance, & qu'il possede par auantage les perfections qui la facilitent.

L'ame separée a, comme i'ay dit, les mesmes puissances, quoy qu'elle n'en iouysse pas estant iointe au corps, comme l'on ne peut contracter seul des choses communes durant la societé; comme ayant vn verre deuant les yeux, ayant la main dans vn gand; ie ne voids & ne touche que par l'entremise de ces matieres, qui esmoussent la pointe d'vn sentiment plus vigoureux, si tost que l'on l'en décharge. Neantmoins il est à croire que les Anges ont la cognoissance des choses singulieres plus parfaite que les ames separées, parce qu'ils ont desia les especes de toutes les conditions de leur nature, & puis l'authorité qu'ils ont de les gouuerner, suppose plus de droict & plus de pouuoir pour les cognoistre.

Cette cognoissance experimentale des choses singulieres n'augmente pas leur felicité, parce qu'ils ont desia l'idée de ces choses, & qu'ils voyent dans le Verbe infiniment plus parfaites, qu'elles ne se trouuent par existence dans la Nature, comme vn Arboriste ne se perfectionne pas en la cognoissance des simples, quand il les void sur vne terre où elles languissent auec de grands déchets de leurs proportions & de leur vertu; vne qualité moindre en degré n'adiouste rien à celle qui est plus forte, & si vous supposez vne science vniuerſelle dans ces bien-heureux eſprits, elle ne receura point d'accroiſſement par la veuë des choſes particulieres ; comme il n'y a point de ſatisfaction à voir des coppies defectueuſes apres vn parfaict original.

Les Anges cognoiſſent doc les choſes particulieres par les eſpeces que Dieu leur en a imprimées dés la creation, ou par celles que leurs puiſſances ont recueillies des obiets ; ils les voyent meſme dans leurs cauſes vniuerſelles & particulieres, parce qu'ils comprennent en perfection tout ce qui eſt de l'influence des Cieux, & du concours proportionné des cauſes ſecondes, pour la production de leurs effects. Ils iouyſſent auſſi de la veuë de Dieu, le Verbe diuin leur eſt vn miroir, bien que volontaire, où ils voyent toutes choſes ; & comme l'obiect, & la iouyſſance de leur beatitude ſe trouue par tout, ils ont auſſi par tout cette cognoiſſance à la faueur de laquelle ils ſont informez, meſme de ce qui paſſe l'eſtenduë de leur actiuité.

Si les choſes materielles ont des ſympathies par leſquelles elles ſe ſentent aux approches, ſe cherchent, & s'vniſſent ; ſi les brutes de meſme eſpece ont des voix, auec leſquelles elles ſe font entendre en leurs paſſions. Si les hommes ont l'vſage de la parole pour entretenir leur ſocieté, & rendre leur vie plus douce & plus commode par le commerce de leurs aptitudes; qui doute que les Anges n'ayent vne façon de parler entr'eux par vne communication

DE L'EXIST. DE LA NAT. DES ANGES. 577
tion de penſée beaucoup plus ſignificatiue que nos diſcours; Ils font vne republique; ils ſont ſubordonnez les vns aux autres, ſoit pour l'adoration de Dieu, ou pour le gouuernement du monde. C'eſt pourquoy ils doiuent auoir entr'eux cette mutuelle intelligence de leurs volontez, & comme leur charité eſt plus viue qu'entre nous, comme ils pretendent à vne meſme fin, & qu'ils ſe doiuent accorder en meſme pourſuite, ils doiuent auſſi viure dans les communications plus grandes, & plus ſainctes, que ne ſont les noſtres.

Ie ne m'eſtonne pas ſi nous ne ſçaurions cóprendre ce langage muet qui a cours au Ciel, puiſque nous n'entendons pas meſme les façons de parler receuës entre les hommes, & qu'elles nous ſemblent des voix irraiſonnables ſi nous n'y ſommes inſtruits. Ie ne parle point de ce que ie ne cognois pas, il ſuffit de dire ce que la raiſon nous perſuade, que ces Courtiſans celeſtes, faiſans vn corps, eſtant tres-eſtroittement vnis par charité, ſubordonnez en offices, qu'ils doiuent neceſſairement auoir quelque façon de s'exprimer, proportionnée à l'importance de leurs charges, & à la felicité de leur eſtat. Ils peuuent auoir en cela la meſme liberté que nous auons en nos entretiens, & le conſentement qu'ils donnent afin que leurs penſées ſoient connuës des autres, leur peut tenir lieu de prononciation.

Entre tant de lumieres de leur intellect, il ne

faut point douter que leurs volontés ne soient puissamment embrasées de l'amour diuin, puis qu'il est est le principe de leur existence, de leur conseruation, de leur ordre, de leurs dignitez, de leurs ministeres: Car Dieu ne les a creés que par le seul motif de son amour; Aussi les Seraphins qui sont plus que tous les autres dans ces sainctes flammes le ioignent immediatemét pour clorre le cercle au poinct où il a commencé, & pour nous monstrer que l'amour est le principe & la fin du monde. Les deux autres hierarchies commencent aussi comme nous auons veu par des ordres destinez, aux exercices de l'amour: de sorte qu'ils ont de la proportion auec la premiere, & l'on peut dire en ce sujet auec Platon, que l'amour est vn cercle qui procede, qui tient son progrez du bien, qui y rapporte ses mouuements, par des reflexions continuelles.

Entre toutes les graces dont la bonté diuine a voulu gratifier nostre nature, ie n'en trouue point de plus obligeante que celle qui nous rend le plus sublime exercice des bié-heureux, le plus facile & qui nous donne moyen de nous esleuer à la condition des Seraphins. Il faut apporter de longues & penibles speculations pour se donner quelque ouuerture dans les sciences; les lumieres que l'on y découure sont foibles, & souuent trompeuses, encore tous les esprits ne sont pas capables de les supporter. Mais tous les cœurs & toutes les volontez des hommes peuuent conceuoir l'amour de Dieu:

DE L'EXIST. ET DE LA NAT. DES ANGES. 579
Ce mouuement se fait contre la nature des autres sans succession de parties, & sans passer par les moyens il nous reünit à nostre fin, en aussi peu de temps qu'il en faut pour faire vn souspir.

Voulez vous auoir cét esprit vniuersel tant vanté, & si peu cogneu des hommes; aymez Dieu; l'amour qui vous transforme en ce bien-heureux obiet, vous rend en quelque façon participant de son Immensité qui remplit tout, de sa Sagesse qui cognoist tout, parce que ses flammes ne manquent point de lumiere, de son vnité qui ne souffre aucunes contrarietez, parce qu'vn estat si sublime void tomber tous les traits de la fortune au dessous de soy, tous les accidents de la vie luy sont esgalement agreables, en ce qu'ils luy sont donnez d'vne mesme main, & il ne sçauroit rien trouuer mauuais de ce qui part d'vne puissance qu'il ayme.

Ie laisse cette longue dispute des Philosophes sur le suiet du souuerain bien de l'homme, & ie m'estonne qu'ils ayent esté si aueugles de ne le pas mettre en l'amour de Dieu. Car si l'amour transforme l'amant en l'obiet aymé, c'est se rendre comme le Dieu de la Nature, & le Monarque du monde, c'est passer du temps à l'eternité, des miseres de cette vie dans la condition des bien-heureux, de se donner tout à fait à Dieu par amour. Les Empires me semblent des Tragedies, les sciences, & les intrigues du monde des capacitez d'enfant; la plufpart de ces negoces, qui gaignent l'estime des peuples

DDdd ij

sont dans le regne de l'opinion & de l'inconstance, i'y voids des seruitudes éclattantes, des folies déguisées en vertu, des gesnes qu'on croit honorables, parce que leur douleur n'est pas publique & que les machines en sont faictes d'or. Ce que i'admire & ce que ie souhaite, porte bien plus haut, que les Seraphins, qui sont le premier ordre entre les Anges; Ie reuere comme les premiers des hommes ceux qui ont de sublimes sentimens, & de plus sinceres amours de Dieu.

Du pouuoir des Anges.

CHAPITRE X.

LEs Anges ont vn grand pouuoir sur les choses materielles, par vn double tiltre; Le premier vient de l'excellence de leur nature, à cause que tous les estres estans subordonnez, ceux qui tiennent le premier rang de merite, ont aussi vne espece de domination sur les autres, comme les Cieux sur les elemés; Le second consiste en ce qu'estans commis de Dieu à la conduite de l'vniuers, ils doiuent auoir vne puissance capable d'arrester les rebellions de ses parties, le reduire à vn train conforme à la loy diuine, & le conseruer dans vn estat aussi parfait qu'ils en ont l'idée; ainsi les Princes ont le droict des armes, & les contraintes de la Iustice, pour obliger le peuple à l'obseruation des loix, & les moindres Iuges ont vne athorité proportionnée à leurs Iurifdictions, qui fait executer leurs fentences.

La nature fpirituelle qui approche plus pres des perfections de Dieu, tient auſſi d'auantage de fa puiſſance, l'empire que cette qualité nous donne fur les animaux, nous fait bien cognoiſtre que la domination luy appartient, & que les Anges qui font tout efprit, doiuent eſtre tout puiſſans, par la commiſſion de Dieu fur le materiel.

Il ne faut point demander comment leur fubſtance ſi deliée peut donner l'impulſion aux corps, & agiter des maſſes, en comparaiſon defquelles elle eſt moins qu'vn fouffle. Car il eſt certain que le principe de l'actiuité vient de la nature fpirituelle, comme nous le recognoiſſons en Dieu; de forte que plus les choſes s'écartent de la matiere, plus elles monſtrent de viuacité dans leur action. Les formes fubſtantielles ſi delicates qu'elles ne peuuent eſtre apperceuës de nos ſens, font neantmoins le principe du mouuement dans les compofez, & les principaux Miniſtres de leur vertu, font des efprits d'vne complexion auſſi fubtile que la lumiere. Le Philofophe tient comme vne maxime indubitable, que les Intelligences peuuent agir fur les choſes inferieures, puis qu'il leur donne la force de mouuoir les Cieux, dont la grandeur ne nous fait paroiſtre le globle terreſtre que comme vn atome.

En effect le corps a de soy vne estenduë de quantité où la vertu n'estant pas bien recueillie, ne peut estre que languissante ; sa pesanteur l'attache à vn lieu, son espaisseur qui ne luy permet pas la penetration, l'arreste au moindre rencontre; enfin il est proche de la matiere, ainsi plus chargé de ses impuissances, & plus inhabile au mouuement. Les Anges sont des substances spirituelles toutes libres de ces seruitudes. C'est pourquoy par opposition ils doiuent auoir autant de force & de promptitude pour agir, que la matiere & la quantité apportent d'empeschemens aux corps qui en sont chargez.

Les creatures qui se monstrent tousiours disposées à l'accomplissement du vouloir diuin, n'ont garde de refuser leurs submissions à ces bien-heureux esprits qui tiennent sa lieutenance en la conduite du monde, puis que ces deuoirs sont des hommages qu'ils rendent à leur Createur : ainsi les Anges ayans vn grád pouuoir de leur nature, & par commissiion, les choses materielles se trouuans aussi toutes disposées à suiure leurs commandemens, ie ne vois rien de si merueilleux dans l'ordre de la Nature qu'ils ne puissent faire.

Leurs sublimes cognoissances dont nous auons parlé, fauorisent ce grand pouuoir : car voyans les substances, les qualitez, & les sympathies de toutes choses, ils n'ont qu'à ioindre l'actif au passif, pour surmonter la Nature par elle-mesme, &

produire ces effects inaccoustumez qui sont ses petits miracles. Dans l'vnion tres-estroite qui se trouue entre les parties du monde, & qui ne forme qu'vn corps de cette inconceuable diuersité d'estres, il estoit necessaire qu'il y eust des contrarietez qui se fissent de la resistance, afin d'empescher que les choses ne fussent despoüillées de ce qu'elles possedent, ou par vn amour trop liberal, ou par vsurpation des plus puissantes, qui estant obligées par la Nature à déployer toutes leurs forces en leur action, commettroient vn iniustice en gardant les loix. C'est pourquoy chaque puissance a sa riuale qui s'oppose à son agrandissement, qui tient fort contre son action, & par cette égale resistance les corps elementaires s'entretiennent ou dans vne paix forcée, ou dans vn combat qui est sans victoire. Ainsi dans le Ciel Saturne a ses maisons & influences opposées à celles du Soleil; Iupiter l'entreprend contre Mercure, les signes du Zodiaque ont comme nous auons dict, les mesmes contrarietez que les elemens, mais elles sont moins sensibles, & leurs effects paroissent bien dauantage sur les choses qui sont sujetes à corruption. Aussi la Medecine a cét Aphorisme general, de repousser les mauuaises qualitez & nuisibles aux corps, par l'application de leurs contraires; neantmoins ses remedes n'ont pas tousiours l'effet que l'on s'est promis, & quelquesfois ses experiences nous coustent la vie, par ce que les hômes ne discernent pas dans les mixtes les plus puissantes vertus, qu'on appelle occultes, à cause qu'elles n'ont point de rapport aux premieres qualitez elementaites.

Il n'appartient qu'aux Anges de les bien cognoistre, de porter la main dans les thresors de la Nature, de voir les formes, les essences, les degrez du temperament ; d'apporter de l'extremité des Indes, ou de recognoistre dans les choses qui nous sont communes, des vertus que le Ciel y auoit cachées pour nostre remede. Ils sont aussi les plus doctes & les plus experimentez Medecins de nos maladies, & les secours qu'ils ont bien souuent apportez aux hommes, donnerent sujet à l'antiquité de croire que la Medecine estoit de l'inuention des Dieux.

Pour moy ie rapporte à leurs inspirations ces appetits extraordinaires qu'ont les malades de certaines viandes qui les remettent en santé contre l'opinion de tous; Ces guerisons inesperées sans remedes, ces digestions d'humeurs, ces crises & tous ces effects pleins de merueille qu'Hypocrate donne à la Nature, me semblent vn secours des Anges. Car autrement il est difficile de conceuoir qu'vn corps qui ayant encore ses forces toutes entieres, n'a peu resister aux premieres & plus foibles atteintes des maladies, qu'il les puisse vaincre apres qu'elles ont mis le desordre dans les humeurs, & qu'elles se sont emparé des plus importantes places de la vie. Et puis

puis c'est aller contre la maxime du Philosophe, de dire, que le corps puisse reparer ses infirmitez, & passer de la priuation à l'estre sans vn secours estranger.

On a remarqué que les malades gueriffent plustost, s'ils sont traictez par des Medecins ausquels ils ont beaucoup de creance. Ce n'est pas l'imagination qui d'elle-mesme puisse seule donner le remede au corps: Car si cela estoit, & si l'homme auoit en luy cette puissance, la Nature luy auroit donné l'instinct de s'en seruir, & comme elle abhorre le superflu, elle ne nous permettroit pas d'auoir recours, ny aux consolations de la Medecine, ny aux drogues de la Pharmacie. S'il en faut donc chercher quelques autres raisons, ie me persuade que cela peut venir d'vne secrete inspiration des Anges, qui cognoissant parfaictement l'estat du malade, & ce qui le peut secourir, luy font agréer le Medecin, dont les practiques luy doiuent estre plus auantageuses.

Ces effects se font admirer des hommes principalement, parce qu'ils seruent à la conseruation de la vie, qui est la chose du monde que nous tenons la plus chere, & qui satisfait dauantage nostre amour propre; neantmoins ce sont là les moindres preuues de l'empire que tiennent les Anges sur les choses materielles. Leur pouuoir paroist bien plus quand ils esbranlent les fondemens de la terre; quand ils agitent & calment les mers; quand pour executer les Arrefts de la Iuftice diuine, ils caufent les inondations & les incendies; quand ils efcriuent au Ciel les prefages de nos infortunes, ou qu'ils difpenfent des loix de la Nature pour fauuer les hommes.

Ie ne fuis pas dans le fentiment du peuple qui n'admire que ce qui n'eft pas commun, qui veut des prodiges, & qui eftime les actions plus par leur nouueauté que par l'importance de leur fujet. Pour moy ie ne veux point d'autres preuues du pouuoir des Anges, que le mouuement des Cieux, dont nous auons parlé; Car c'eft aduoüer qu'ils gouuernent toute la Nature, de dire qu'ils tournent ces globes, d'où dépendent les generations & les actiuitez de toutes les chofes inferieures.

Ie puis encore rapporter le mouuement de la mer aux Intelligences: Car s'il n'y en auoit quelqu'vne commife à faire le reflux de ce vafte corps, l'influence de la Lune ne feroit pas affez forte pour le tirer hors de fon lict, & pour l'obliger à faire des efcapades trois & quatre lieuës par delà fes bornes. Ie veux que cét aftre domine aux humiditez, & qu'il ait de puiffantes fympathies auec la mer; fi cela eft, il la deuroit encore tirer fur nos terres lors qu'il paffe la ligne du Midy, puis qu'il n'eft point dans vne diftance difproportionnée à cét effect; fes rayons frappent encore l'Occean, quant il quitte noftre hemifphere; fi en fon couchát il agit encore fur les autres corps; pourquoy auroit-il moins d'effect fur celuy auec lequel il a plus de sympathie ? Pourquoy au lieu d'attirer repousseroit-il l'eau, qui d'elle-mesme a de l'inclination à s'écouler depuis qu'elle a pris son cours, & que l'on luy a ouuert le passage ? Ie ne vois pas aussi pourquoy la Lune tireroit l'Occean, & ne se feroit pas suiure par les fleuues & par les estangs; Ils ont moins de corps; c'est pourquoy ils sont plus disposez à s'émouuoir, & ils ne deuroient pas seulement courir sur la terre, mais voler en l'air comme les vapeurs, pour suiure cét astre, s'il causoit tout seul le flux de l'Occean par la sympathie qu'il a auec les eaux.

C'est aussi par le ministere des Intelligences que les elemens ne se ruinent point dans la guerre continuelle qu'ils se font ; que les especes se conseruent sans se confondre, & que toutes les parties du monde demeurent en l'ordre que nous auons representé au premier Tome. Mais ils faut que leurs bons offices s'exercent plus particulierement en faueur de l'homme, qui est la fin du monde materiel, l'Image de Dieu, celuy qui du temps passe dans l'eternité, & qui leur doit estre compagnon de gloire. C'est pourquoy il merite bien qu'ils s'employent à sa conduite; puis qu'entre les choses inferieures, c'est le plus digne objet de leurs soins, & puis il semble que la sympathie de nature qu'ils ont auec luy les obligent à de plus grands deuoirs de charité.

EEee ij

Des Anges qui president aux Estats.

CHAPITRE IX.

IL me semble qu'on peut reduire la conseruation des Estats entre ces effects qui sont ordinaires à nos yeux, mais dont les causes demeurent incogneuës à nos esprits. L'histoire nous monstre la liste des Princes qui se sont succedez au gouuernement durant tant d'années, qu'il faut remonter bien loin dans les siecles, & aller quasi iusques au renouuellement du monde apres le deluge, pour en trouuer la premiere tige. Cette experience nous instruit du faict, mais elle ne satisfaict pas nostre curiosité, elle nous monstre bien que les Estats peuuent subsister long-temps; mais elle ne nous en découure pas la cause, & nous deuons admirer dauantage cette consistance dans vn sujet qui de soy-mesme n'en est pas capable.

Prenez telle espece de gouuernement qu'il vous plaira, ce n'est autre chose qu'vn assemblage accidentel de plusieurs personnes qui se sont reduites sous l'obseruation de mesmes loix, & sous la conduite d'vn mesme Prince; ainsi le voila au nombre des composez, dont les parties se doiuent enfin desunir, (comme nous en auons fait la preuue au premier Tome,) & si cette dissolution se doit faire par les mesmes parties qui sont entrées en communauté, les Estats dureront moins que la vie d'vn homme.

Dans vn Royaume les biens estans limitez, le Prince ne les peut auoir sans en depoüiller ses sujets: de sorte que les subuentions qui entretiennent les armées, & qui conseruent la paix, sont le sang du peuple. Or comme l'interest particulier nous touche plus viuement que le public, quoy que la raison & les loix reclament, d'où vient que les hommes ne rompent pas leur societé, toutes les fois qu'ils y trouuent du desauantage, & quand ils se voyent engagez à sacrifier leurs biens & leurs vies à l'ambition des plus puissans? L'on les y contraint, me dira-on, par les rigueurs de la Iustice. Mais ie responds que la violence qui n'a point de durée entre les choses materielles, en doit moins auoir entre les hommes extremement ialoux de leur liberté, & qui ne peuuent perdre vn droict que la Nature leur a fait propre.

Si vous considerez en particulier les especes de gouuernement; Combien de brigues, d'inimitiez, de factions dans les Royaumes electifs; à quelles extremitez ne se portent point ceux qui pretendent, & qui ne peuuent obtenir, ou qui croyent auoir obligé le Prince de leurs suffrages, & n'estre pas accueillis de sa faueur selon leurs merites? quelles iniustices, qu'elles collusions de la part de ceux qui veulent baloter les charges, ou mettre leurs familles à couuert des difgraces dôt elles font menacées, fi le fceptre tombe en d'autres mains? Enfin le fiege venant à vacquer, les contentions font fouuent fi fortes entre les naturels du païs, qu'il faut terminer leurs differens par vne égale priuation, & appeller les eftrangers à la Couronne, auec les enuies, les deffiances, les reuoltes infeparables de cette efpece de gouuernement, & le peril que le Prince ne s'approprie ce qu'il ne tient que par vne efpece de commiffion.

Les Royaumes hereditaires peuuent efcheoir à des enfans, durant la minorité defquels les mauuais efprits ont moyen de broüiller les cartes, de fe donner de l'employ aux defpens du repos public, & à la fin fe faire recompenfer de leurs infidelitez. L'on doit craindre que l'authorité qui eft la plus abfoluë ne deuienne la plus infolente, qu'elle n'effarouche les efprits du peuple, que l'extreme defefpoir, ne donne d'extremes refolutions, & ne caufe vn retour de la Monarchie en l'Eftat Ariftocratic ou populaire.

Ces deux fortes de gouuernement où l'authorité eft moins vnie, & par confequent moins forte, font auffi fujets à de plus grandes calamitez ; les feditions y font plus communes ; d'vne inimitié particuliere, il s'en fait des guerres ciuiles, & qu'on iuge ce que l'on doit attendre quand celuy qui doit eftre gouuerné, gouuerne? quel bien l'on peut efperer d'vn peuple incapable de grands deffeins, qui donne plus à l'opinion qu'à la verité, plus changeant en ses conseils, que l'Occean en ses vagues. C'est pourquoy quelque police qu'on ait peu donner à cét Estat, les anciens le regardoient tousiours comme vn corps malade par des causes d'indisposition internes & externes; C'est l'excuse de ceux qui veulent qu'on le traicte auec vne continuelle rigueur, comme si les remedes luy estoient plus propres que les alimens, & de ceux qui luy font souuent changer de face; ce qui ne luy seroit pas bon, s'il estoit sain, & si son mal n'estoit au rang de ceux dont les remedes ne sont pas cogneus. Cependant ces Estats subsistent, comme nous voyons, & ce qui en apparence ne deuroit pas durer plus d'vn an, s'entretient durant plusieurs siecles. On les void reprendre leurs forces sur le poinct que leurs longues infirmitez nous auoient donné tous les presages de leur ruine; changer les plaintes de leur seruitude, en chants de triomphe; arrester court tous les sujets de diuision qui les mettoient en prise de leurs ennemis; faire seruir à leur agrandissement les occasions que la perfidie auoit fait naistre pour leur derniere desconfiture.

Si les parties du monde estant contraires ne s'entretiennent en l'accord où nous les voyons que par vn pouuoir diuin, l'on doit dire le mesme des Republiques, que les esprits des hommes plus remuants, que les corps elementaires ne sont actifs, ne peuuent se conseruer dans l'vnion sans le secours de quelque puissance sur-humaine. Vn vaisseau peut bien flotter de luy-mesme au gré des vents & des ondes, mais il ne sçauroit esquiuer les embusçades des écueils, ny arriuer à vn certain port, s'il n'est gouuerné par vn homme instruit en l'art de la nauigation. Les Estats peuuent bien balancer quelque temps entre la paix & la guerre, & se disposer par ces escroulemens à la cheute qu'ils doiuent prendre ; mais de subsister tousiours entre ces orages, se sauuer de tant de perils & reüssir à vne fin qui tourne au bon-heur des peuples, c'est l'œuure d'vn esprit plus puissant & plus vniuersel que celuy que nous admirons aux Princes.

Aussi tous les Sages de l'antiquité ont creu qu'il falloit plus qu'vn homme pour gouuerner vne si grande multitude d'hommes ; que comme il y a des Intelligences qui roulent les Cieux, pour le bien des choses materielles, que Dieu en auoit de mesme commis pour la conduite des Estats, & pour l'vtilité publique des hommes ; que ce sont elles qui esuentent les coniurations, qui rompent les mauuais desseins, qui inspirent les bons conseils, qui eschauffent les courages dans les entreprises, & qui quelquesfois ont armé les elements pour vn party qui estoit le plus iuste, & qui n'estoit pas le plus fort. Rome adoroit son genie Tutelaire, & celebroit tous les ans à son honneur vne feste qui fut abrogée par Constantin, parce qu'elle estoit plaine de trop de superstitions. Lors mesme que les Empereurs

DE L'EXIST. ET DE LA NAT. DES ANGES. 593
pereurs Romains assiegeoiét les villes, ils gardoient cette ceremonie d'en euocquer les Dieux Tutelaires auec certains vers, & certains Sacrifices instituez pour cét effect, ils croyoient que leurs ames eussent esté sacrilegues, si elles n'eussent rédu ce respect aux diuinitez de ne point attaquer les places deuant qu'elles en eussent quitté la protection. Quand les Atheniens deffirent les Perses en la iournée de Marathon, ils virent à la teste de leur armée deux ieunes hommes comme Castor & Pollux, qui chargeoiét leurs ennemis, & qui les mettoient en fuite. Les Megariens furent assistez du mesme secours en la defaicte des Perses, & toute l'armée veid ses dieux tutelaires sous vn habit de soldat, qui receuoient à la main tous les traits des ennemis & les reiettoient contre eux. Quand les Lacedemoniens assiegerent les villes d'Elide, & d'Olympe, ils en furent repoulsez par vn semblable prodige, & la terre qui témoignoit par des tremblemens extraordinaires de ne les vouloir point supporter, les obligea de prendre la fuite. Ie passe les histoires sainctes, où l'on void plusieurs de ces miracles, comme dás les Machabées deux ieunes hommes incogneus, d'vne taille qui n'estoit pas humaine, parurent aux premiers rangs de l'armée, & firent de si grands efforts sur les infidelles qu'ils les mirent en fuite.

Chaque party peut bien auoir vn Ange tutelaire neantmoins ils ne se font pas la guerre. Mais celuy-la seul donne du secours qui a le droict de son

Tome 2. FFff

costé; & l'autre abandonne en ce rencontre le peuple qui luy est commis, parce que ses armes ne sont pas iustes.

Sur ces histoires on peut dire que ces deux qui ont ainsi paru miraculeusement dans les armées, estoient les deux genies, l'vn de l'Estat, & l'autre du Prince qui ioignoient leurs forces en ces executions, parce qu'ils estoient communs en interests. Platon le dit en vne infinité de passages, que le Prince est assisté d'vne Intelligence qui preside à ses conseils, qui luy inspire les responses, & les resolutions qu'il donne en vn instant, aussi fauorables que si elles auoient esté concertées par les meilleures testes de leur Royaume. Ce sont eux qui arrestent les trop insolentes saillies de l'ambition, qui moderent les exercices de la puissance, qui donnent la loy à ceux qui la donnent aux autres, qui les rendent comme les Peres du peuple, & empeschent qu'ils ne tombent dans cette furieuse infirmité alterée de sang, que les Anciens appellent lycantropie ; Enfin ce sont eux qui donnent aux Princes cette Maiesté qui rend leur enfance mesme redoutable ; qui tiennent tant d'hommes souples aux volontez d'vn seul, & fidelles, iusques à donner leurs biens, & verser leur sang pour ses interests. Ces bons genies sçauent bien l'art de gagner les cœurs, & de faire approuuer les loix sans y contraindre. C'est pourquoy quand vn Estat suit leurs inspirations, les voyes de douceur y sont plus

DE L'EXIST. ET DE LA NAT. DES ANGES. 595
ordinaires que les violences, & l'on y entend touſiours les applaudiſſemens, les actions de graces, les
benedictions dont le peuple honore la bonté de ſon
Prince, qu'il ayme comme ſon pere.

Des Anges Gardiens.

CHAPITRE X.

C'Eſt trop peu pour la dignité de l'homme de
le conſiderer ſeulement comme vne partie
de l'vniuers, & comme membre d'vne Republique, parce qu'il eſt vn eſtre complet, & que ſans le
mettre dans la dependance d'vn tout, on peut dire
qu'il eſt en ſoy, & vn monde, & vn Royaume. Il
eſt vn monde non ſeulement en ce qu'il contient
par extraict les Cieux & les elemens, comme nous
l'auons veu : mais encore parce qu'il a des cognoiſſances vniuerſelles, & l'idee de ces loix inuiolables,
ſous leſquelles la Nature conduit ſes deſſeins ; de
ſorte qu'il a moins de rapport auec le monde materiel, qu'auec l'archetype. Il eſt vn Royaume, en
ce que toutes les puiſſances de l'ame ſont ordonnées comme les offices dans vn Eſtat, ſujetes
au conſeil de la raiſon, & à l'Empire de la volonté, ſi abſolu qu'il releue immediatement de
Dieu.

Or ce petit monde ne manque pas d'auoir

FFff ij

ses contraires, qui estans à l'estroit, & tousiours en presence, se donnent plus de violentes attaques que s'ils estoient répandus dans vn grand espace. Cette Monarchie n'est pas sans ses troubles, ses guerres, ses seditions, & sans les incommoditez des petits Estats qui ne peuuent ny se contenter de leur propre, n'y s'accroistre du bié d'autruy. Ces fausses opinions qui ont cours au monde, corrompent le conseil de la raison ; les passions font des ligues contre l'empire de la volonté, elles luy arrachent souuent le Sceptre des mains, & de souueraine, la rendent esclaue. C'est pourquoy si la prouidence diuine a commis les Anges pour rouler les Cieux, & empescher que les elemés ne fassent du desordre au monde par l'antipatie de leurs qualitez : Si elle en ordonne qui president aux Royaumes & qui seruent de conseil aux Princes, l'on peut aussi iuger qu'elle a pourueu d'vn Ange Gardien à l'homme qui porte ces titres auantageux, de monde, de Prince, de Republique, qu'elle a exercé ses misericordes sur vn sujet dont la nature a de grands merites; mais qui est reduit à d'extremes necessitez.

Dans les affaires publiques où il s'agit de faire vne loy, de repousser l'ennemy, de porter la guerre chez les estrangers, l'on consulte les meilleurs esprits, l'on forme ses desseins sur leurs sentimens ; mais quand il faut surmonter vne passion, la honte empesche d'en conferer auec les plus sages dont l'on se veut conseruer l'estime; de sorte que cette affaire ne se consulte qu'en nostre interieur, où nos sens qui sont nos parties, se rendent nos iuges, & nous auons tousiours nostre ennemy dans nostre conseil. C'est pourquoy l'homme seroit miserable, & Dieu l'auroit priué d'vn secours extrememement propre pour sa conduite, s'il ne luy auoit donné vn Ange, qui luy inspirast de fortes resolutions, & qui dans ce contraste des sens & de la raison, fit pancher la balance du costé de la vertu.

Si chaque Ciel de planete à son intelligence motrice, pourquoy n'y en auroit-il pas vne assignée pour la conduite de chaque homme, qui estant d'vne nature spirituelle est plus noble que l'Vniuers. Si les Royaumes ont leurs Roys, les Prouinces leurs Gouuerneurs, les villes leurs Magistrats, les bourgs & les villages leurs Lieutenans; si chaque composé a sa forme substantielle, si les pupils ont leurs Tuteurs qui leur sont donnez par le Testament du pere, ou par l'authorité du Iuge; Se pourroit-on bien figurer que Dieu qui est nostre Pere celeste, & le Iuge de nos actions, ne nous eust pas pourueu de ces sages gouuerneurs pour nous releuer de nos infirmitez, & nous seruir de conseil dans nos ignorances.

Nostre ame est immortelle, & sa conduite importe non seulement à l'eternité de son bon-heur, mais aussi à l'honneur de Dieu qui la creée, & qui se propose à elle pour derniere fin. Cette Tutelle est donc vn employ digne de la charité, & de l'excel-

FFff iij

lente condition des Anges, qui doiuent rechercher en tout la gloire de leur Createur, l'accomplissement de ses volontez, & la felicité d'vne creature qui leur est semblable en beaucoup de choses. Ils n'ont pas moins de bien-veillance pour les hommes, que cét Empereur qui pensoit auoir perdu la iournée où il n'auoit obligé personne, ny que les Courtisans qui estudient les moyens, & employent toutes les industries possibles pour tirer le peuple dans le party du Prince qu'ils seruent.

C'est le sentiment de tous les Anciens Philosophes, de Trismegiste, Platon, Iamblique, Porphire, que Dieu a pourueu chaque personne d'vne intelligence, qui luy inspire les bons conseils, qui l'anime au bien, & la diuertit du mal. Platon parle en plusieurs endroits du bon genie de Socrate, qui le diuertissoit de toutes les occasions où il y auoit du peril : comme vne fois il luy deffendit de demeurer dans vne maison, qui tomba en ruyne si tost qu'il en fut forty ; Il luy dissuada de s'embarquer dans vn vaisseau qui fit naufrage, & de se mettre en chemin auec certaines personnes qui furent assassinées par des voleurs. Et afin qu'ó ne s'imagine pas que ce fut ou le iugement de Socrate, ou quelque harzardeuse diuination qui luy seruoit de genie pour le retirer de ces perils ; Platon adiouste, que ce Démon luy donnoit vn signe sensible toutes les fois qu'il luy deffendoit quelque chose, & que bien souuent il luy parloit d'vne voix articulée comme la noſtre.

Les Pythagoriciens, les Brachmanes, & les autres Philoſophes des Indes ſe vantoient d'auoir ces meſmes faueurs ordinaires, auſſi leur couſtume eſtoit d'aller au lict auec toutes les precautions, les abſtinences, & les reſpects qu'on apporte pour approcher des autels; & en cela ils faiſoient paroiſtre que le ſommeil peut eſtre la meilleure portion de la vie non ſeulement aux miſerables, mais à ceux qui ont de l'amour pour la Sageſſe. Il ſe peut faire que les mauuais Anges leur rendiſſent quelques bons offices, & leur donnaſſent quelques reuelations pour les entretenir dans l'Idolatrie par les charmes de la curioſité : auſſi ie ne faits point fort ſur ce qu'en rapporte Philoſtrate, ſinon pour conclurre qu'il y a des bons & des mauuais Anges qui inſtruiſent l'homme de ce que la ſcience naturelle ne luy peut donner.

En effet, ie ne ſçay à quoy l'on pourroit rapporter les ſonges prophetiques dont toutes les hiſtoires ſont plaines, ſinon à l'inſpiration des Anges, qui voyans les choſes à venir, ou dans les prochaines diſpoſitions de leurs cauſes, ou dans le Verbe diuin, les déſcouurent aux hommes, & s'acquitent en leur faueur des bons offices que les Anciens penſoient receuoir de Mercure le Heraut des Dieux.

Ie ſçay que la Medecine tire beaucoup de predictions par les ſonges de ſes malades, & que la Nature nous découure mieux ſes infirmitez en ce temps où elle est plus attentiue à les combatre. Si elle est trauaillée d'vn accez de bile, elle se figure en songe des choses jaunes, des querelles, des guerres, des meurtres, des feux, des incendies. Si elle est chargée de fluxions, ou que le temps se mette à la pluye, elle nous represente des fleuues, des torrens, qu'on nage, où qu'on est mouillé, elle donne mesme vne ioüyssance imaginaire des obiets qu'on ayme, au lieu de la veritable, qui ne luy est pas permise ? Ainsi les hydropiques qui bruslent au milieu des eaux, & ceux qui sont dans les ardeurs de la fiéure se trouuent en dormant aupres des belles fontaines où ils assouuissent leur soif, auec des plaisirs extremes qui leur font tenir leur réueil pour vn grand supplice. Le songe appellé moral, nous represente les actions que nous auons faictes les iours precedens, ou d'autres qui ne laissent pas d'y auoir quelque rapport parmy les bizarreries, & les crotesques qui les entrecouppent. Ces songes sont naturels, quoy qu'ils donnent quelque instruction de l'aduenir, parce qu'ils procedent d'vne imaginatiue imprimée par des obiets sensibles. Mais il faut necessairement que ceux qui nous instruisent des choses futures sans estre causez ny par le temperament, ny par les actions precedentes, nous soient enuoyez par les Intelligences : Ils sont ordinairement enigmatiques, & ne signifient les choses que par quelques symboles, parce que ces bien-heureux esprits, qui par leur

science

DE L'EXIST. ET DE LA NAT. DES ANGES. 601
ſcience vniuerſelle voyent nettement les rapports de toutes les parties du monde, vſurpent vne choſe pour l'autre, & parlent comme les anciens Philoſophes, par des hieroglyphiques.

Quelques-vns rapportent les amours de ſympathie, & les fortes inclinations d'vn Prince pour vn fauory, aux ſecretes impulſions des Anges, qui eſtans eux-meſmes dans la ſympathie, y inclinent les volontez des perſonnes qu'ils gouuernent, & font ſuiure ce mouuement à leurs cœurs, ſans qu'ils en ſçachent la cauſe, ny qu'ils y ſouffrent de violence.

Marc Antoine, qui eſtoit familier d'Auguſte, ioüant auec luy, perdoit continuellement, & auoit touſiours du pis en tous les tournois, en toutes les gajeures, en tous les exercices où il entroit auec luy en conteſtation: Vn Philoſophe interrogé ſur ces euenemens, qui eſtans touſiours de meſme ne pouuoiët proceder du hazard, dit qu'Auguſte l'emportoit touſiours ſur Marc Antoine, parce que ſon genie eſtoit plus puiſſant que le ſien, & auoit vne eſpece de dominatiō ſur ſon competiteur: auſſi, certes, ce Monarque qui gouuerna ſi heureuſement le monde, qui compoſa tous les differens de tous les peuples, & qui les fiſt tomber dans le deſſein d'vne longue paix, deuoit eſtre conduit par vne Intelligence d'vn ordre ſuperieure celle d'vn Prince, qui prefera l'amour d'vne femme à la gloire de ſon Empire.

Tome 2. GGgg

Mais quoy que les grands perſonnages nayś pour le bien vniuerſel du monde, ſoient gouuernez par les Anges des Ordres ſuperieurs ; neantmoins les moindres qui preſident aux perſonnes particulieres, ne laiſſent pas de les porter aux grandes actions, ſi elles ſe laiſſent aller à leurs conſeils. Ils ſont en la iouyſſance de la viſion beatifique, leur charité eſt parfaicte, leur ſcience n'a point de nuages ; vn amour de reſſemblance, & l'intereſt de l'honneur de Dieu les engagent à noſtre ſeruice. Que pouuons nous donc craindre, & que ne deuons-nous eſperer ſous des Tuteurs ſi ſages & ſi affectionnez, ſi nous ſommes ſouples à leur conduite, & auſſi diſpoſez à ſuiure leurs bons aduis, qu'ils ſont preſts à nous les donner ?

Ce ne ſont point icy de ces ſpeculations creuſes, tirées des principes qui ne nous ſont pas cogneus, & qui n'ont que de legeres coniectures pour leur fondement : Ce ſont faits dont chacun ſe peut inſtruire en luy-meſme, & s'y rendre docte par l'experience. Car ſi l'on obſerue les mouuemens de l'eſprit dans les rencontres où il faut prendre party du coſté du vice, ou de la vertu ; l'on entend en ſon interieur vne voix qui nous perſuade puiſſamment ce qui eſt de noſtre deuoir, & qui nous anime à vaincre les rebellions de la partie ſenſitiue. Ces lumieres qui nous viennent en vn inſtant dans les affaires, où de longues conſultations ne nous auoient point donné d'ouuertures ; ces promptes reſolutions dans nos incertitudes ; ces acquiescemens d'esprit dans les occasions qui sembloient douteuses ; ces consolations inesperées qui deuancent quelque bon succez, ces presages de nos disgraces, ces défiances, ces secretes auersions des personnes qui nous doiuent manquer de foy ; Mais sur tout ces illustrations qui découurent à nostre esprit la verité des choses mortelles, l'horreur du peché, les perfections d'vne saincte vie, & les volontez de Dieu aussi nettement que si nous les voyons auec les yeux du corps ; ce sont toutes preuues du secours & de la fidelité des Anges à nostre seruice.

Les Philosophes qui ont eu les meilleures idées des conditions necessaires à l'establissement d'vne Republique, veulent qu'elle ait des forces capables de vaincre celles qui paroissent chez leurs ennemis, & qu'elle contracte des alliances d'où elle puisse tirer du secours aux occasions extraordinaires. Ils auoient veu cette loy & cette police au gouuernement du monde, où la Nature ne permet iamais de puissantes actiuitez, qu'elle ne leur oppose quelque resistance, & n'en arreste les vsurpations trop ambitieuses par quelques contraires ; de sorte qu'à la faueur de ces secours estrangers, les choses particulieres sont conseruées dans les droits, & dans la Iustice de leurs temperamens. Quand le Soleil menasse la terre de ses trop grandes ardeurs, estant au Lyon où elles redoublent, parce que ce signe est son domicile , & de la nature de feu, au mesme temps que les zephirs & les vents de Nort se leuent,& remplissent l'air d'vn agreable rafraischissement qui luy laisse ce qu'il luy faut de chaleur pour la maturité des fruicts, sans les consommer. Quoy que la terre soit penetrée de plusieurs veines d'eau, quoy que les fleuues, les lacs, & les mers inondent vne grande partie de sa surface, & que ce qui luy reste à découuert, soit souuent destrempé de pluyes; neantmoins elle se conserue sa seicheresse, non pas tant par ses propres forces, que par le secours estranger du feu imperceptible que le Ciel a mis dans son sein, des vents qui l'essuyent, des lumieres , des influences, & des chaleurs par lesquelles les corps celestes font exhaler ses humiditez.

Ainsi plusieurs causes infortunées s'allient & joignent leurs forces pour combattre nostre bonheur, qui consiste durant cette vie, en la fidelité que nous deuons rendre à Dieu; à sçauoir les inclinations de nostre nature desbauchée qui fauorise les sens en la reuolte qu'ils font contre la raison, les passions, les tenebres de nostre esprit, l'inconstance de nos volontez, le peu de resolution à vaincre les peines qui se rencontrent en la poursuite de la vertu, les mauuais exemples qui gagnent par contagion nos consentemens, & qui nous impriment insensiblement la malignité de leurs habitudes. Mais les ennemis qui iettent plus de desordre dans noſtre conduite, qui font de plus grands efforts ſur noſtre conſtance, qui rompent ſouuent nos forces, & qui changent les plus genereuſes de nos reſolutions en honteuſes fuites: ce ſont les Demons qui nous tentent, & qui ſans ceſſe font tous leurs efforts pour nous engager au mal.

Puis donc que la Prouidence diuine tient dans la nature des forces touſiours preſtes à donner ſecours aux choſes qui autrement ſeroient opprimées par la tyrannie de leurs contraires; Puis que les lumieres & les influences des Cieux protegent la terre contre les humiditez qui s'efforcent de ruiner ſa ſeichereſſe; Puis que les habits qui nous couurent, & le feu que nous nourriſſons, nous deffendent du froid exterieur, qui apres auoir engourdy les membres, pourroit eſteindre toute la chaleur qui donne la vie; Il eſt à croire que cette ſouueraine bonté pouruoit auſſi l'eſtre ſpirituel des ſecours conuenables à ſes ſeuretez; en ſorte que ſi elle permet que les Démons nous tentent à faire le mal, ſans doute elle diſpoſe d'autres creatures intellectuelles qui leur reſiſtent par vne volonté oppoſée à leur malice, & qui inſpirent puiſſamment nos ames à faire le bien.

Si nous ſommes comme de pauures mineurs de nous meſmes ſujets aux ruſes & aux oppreſſions de l'iniuſtice? qui doute que Dieu ne commette quelqu'vn de ces bien-heureux eſprits pour adminiſtrer noſtre tutelle, & nous conſeruer les biens de sa grace, dont autrement nous serions prodigues; Si nostre ame, comme nous auons dit, est vn Estat dont il doit estre le Monarque & le Legislateur, ie croy qu'il nous a donné ces alliances auec le Ciel, d'où nous puissions tirer du secours dans nos plus pressantes necessitez: S'il est la fin & le dernier terme où les mouuemens de toutes les actions de nostre vie doiuent arriuer, il ne manque pas de nous pouruoir de ces fauorables guides; si nos combats se font pour les interests de sa gloire, l'on doit s'asseurer qu'il nous enuoye ces puissans secours auec ceux de ses graces pour triompher de nos ennemis. Mais parce que ces mauuais Démons viennent à nous auec des artifices, des armes, & des equipages qui nous les déguisent, taschons de détromper la simplicité de ceux qui les mescognoissent.

De quelques experiences, par lesquelles on iuge qu'il y a de mauuais Démons.

CHAPITRE XIII.

Nostre nature est plus sensible aux poinctes de la douleur, qu'aux charmes de la volupté, & il n'y a point de faueurs qui gagnent l'attention de nos puissances, comme le mal qui les desoblige: Aussi quoy que les secours des bons Anges nous soient ordinaires, ils ne nous sont pas tellement cogneus, qu'il ne nous en faille encore chercher les preuues hors de nos experiences, & consulter la raison, pour sçauoir si nous tenons d'eux vn bien-fait, lors mesme qu'ils nous en assistent. Mais les hommes se tiennent tellement offensez, par vn nombre infiny de prodiges & de mal-heurs qui ne se peuuent rapporter à la Nature, qu'ils ne doutent point qu'il n'y ait de mauuais demons qui en soient les causes.

Tous les peuples, tous les âges, les Philosophes, & le vulgaire s'accordent en ce poinct, de les recognoistre pour les Tyrans de nos vies, les ennemis de nostre bon-heur, les boute-feux de nos dissensions, les conseillers de nos crimes, les ennemis déguisez qui nous suscitent aux reuoltes contre Dieu & nostre salut. Autres-fois ils se firent craindre des hommes, par les violences qu'ils exercerent sur leurs biens & sur leurs personnes ; ainsi ils exigerent d'eux des honneurs diuins, & se faisant presenter des sacrifices, ils donnerent l'exemple aux Tyrans de regner par force : Et comme leur nature est aussi bien ennemie de la verité que du bien, leur malice s'est tenuë couuerte, & quelquesfois ils ont discontinué de faire les maladies & les dégasts, afin de persuader aux peuples qu'ils estoient les causes de leur santé, & de tous leurs bons succez.

Les liures sont pleins d'exemples, où l'on void que la Magie a vne infinité de fois renuersé les

moissons par des orages, trouble l'air, agité les mers, ietté des maladies incurables sur les hommes, & les animaux, dépeuplé les Villes & les Prouinces par la peste, & causé plus de desolations auec trois paroles, & quelques funestes ceremonies, que n'en peuuent executer les Barbares auec le fer & le feu sur ceux qu'ils ont surmontez. Sosipater Philosophe fut puny de mort pour auoir lié les vents, & empesché qu'on ne portast les prouisions ordinaires à Constantinople ; ainsi des Autheurs dignes de foy rapportent que quelques peuples du Septentrion vendent le vent aux Marchands, & leur donnent fauorable, à proportion du prix qu'ils y veulent mettre; Ils font trois nœuds à vne corde, le premier estant dénoüé donne vn vent doux, le second estant défait, le rend plus fort; le troisiesme lasché cause les tempestes & les orages. Philostrate rapporte quasi mesme chose des Philosophes des Indes, qui demeuroient en la ville appellée Paraca, bastie sur vne colline, où il y auoit deux tonneaux, l'vn pour donner des pluyes si l'on l'ouuroit, & pour les faire cesser en le fermant ; l'autre pour lascher ou pour arrester les vents de la mesme sorte ; Il parle encore d'vne autre ville, dont les habitás estoient des Philosophes qui viuoient sans femmes, sans commerce, sans autre exercice que celuy de la contemplation, qui consistoit en vne sublime Magie, auec laquelle ils armoient le Ciel de foudres, & repoussoient ainsi les estrangers
qui

qui penſoient s'en approcher, auec deſſein d'y faire traffic; il dit encore qu'en ce païs là il y auoit des cheſnes qui parloient, & qui reſpondoient aux demandes que l'on leur faiſoit: qu'on y voyoit des perſonnes qui auoient des croiſſans de lumiere au front; que quand ils danſoient à l'air des hymnes qu'ils chantoient, la terre ſe leuoit en flots ſous leurs pieds, & bondiſſoit auec eux comme ſi elle euſt pris part à leur allegreſſe. Ce fut là l'école ou Appollonius apprit les traicts de Magie, par laquelle il diſparut comme il eſtoit deuant Domitian, & fut tranſporté ſubitement de Rome à Pouſſole; ce fut par l'ayde de meſmes demons qu'il annonça la mort de l'Empereur à l'heure meſme qu'on l'aſſaſſinoit, quoy qu'il en fuſt éloigné de plus de cent lieuës, & qu'il fit vne infinité d'autres prodiges: qui luy ont donné la reputation par tout le monde du plus inſigne Magicien qui fuſt iamais.

Les Empereurs ne faiſoient pas ordinairement des loix contre les crimes abominables, de peur que les faiſans cognoiſtre poſſibles, le peuple n'en vinſt à l'execution, & que la deffenſe n'en fiſt naiſtre la volonté; Neantmoins l'exercice de la Magie, par l'inuocation des demós, eſtoit ſi public & ſi cogneu entre tous les peuples, que l'Empereur Iuſtinian a eſté contraint de mettre au Code le tiltre *De Maleficis & Mathematicis*, où il condamne à perdre la vie par de grands ſupplices, ceux qui eſtans ennemis du genre humain, ſe ſeruent de l'art magique, troublent les elemens, euoquent les ames des deffuncts, offensent la societé des hommes par les maladies qu'ils y causent, iettent les flammes de concupiscence dans les cœurs, & attentent sur la chasteté par le secret de leurs charmes. S'il n'y auoit point de demons qui operassent ces prodiges estant inuoquez par la Magie, les Empereurs n'eussent pas pas publié les deffences de cet art maudit, & ne se fussent pas rendus ridicules iusques à faire des loix contre vne chose qui n'est pas possible.

Mais l'experience iustifie ces loix. Car Bodin & autres autheurs, rapportent vne infinité d'Arrests donnez contre des Magiciens conuaincus, & par tesmoins, & par des caracteres qu'on voyoit imprimez sur leur chair, & par leurs propres confessions, d'auoir faict pacte auec le Diable, & commis ces mesmes sortileges que les loix deffendent. Ces preuues sont hors de tout soupçon; Car ce seroit accuser tous les Parlemens d'iniustice, ou d'ignorance, d'auoir condamné des personnes comme coulpables d'vn crime qui n'est pas, & qui ne se peut commettre. Quelle apparence & que les accusez ayent esté si fols & si miserables des'exposer aux supplices, pour persuader au peuple qu'il y a des Diables, & qu'ils ayent voulu perdre les biens, l'honneur & la vie pour luy donner vne creance contraire à la verité.

Pour toute raison on dict, qu'il s'est trouué des personnes qui ont consulté tous les Magiciens, passé les Mers & couru le monde pour voir vn Diable, sans que iamais ils en ayent pû voir. Ie responds que les mauuais Anges qui ne demandent autre chose que la ruine des ames, n'ont garde de se faire voir aux Libertins, parce qu'ils les gueriroient de leur impieté, & de l'erreur où ils sont, que s'il n'y a point de mauuais esprits, il n'y en a point de bons, point d'ames immortelles, point d'Anges, n'y point de Dieu. On peut iuger que ces apparitions ne leur manquent, que parce que leur défaut les entretient dans l'impieté, puis qu'elles se sont faictes à vne infinité d'autres personnes dignes de foy; & n'y a gueres de villes où l'on n'ait veu des spectres; des maisons infectées & renduës inhabitables par des Lutins, qui font du bruit, qui renuersent tout, qui frapent & qui espouuantent les plus resolus. Les Anciens auoient cette creance dans le Paganisme, quand ils descriuent des Megeres, des Thisiphones, des Harpies, des Cerberes, des Faunes, des Driades, Amadriades, ainsi sous diuers noms, selon les figures auec lesquelles ces Demons apparoissoient; & selon les elemens où ils tesmoignoient auoir leur demeure. Au reste pour ne les point voir, ce n'est pas à dire, que leur existence ne soit veritable, d'autant que d'elle mesme estant spirituelle, elle n'est pas visible aux yeux du corps, & vouloir qu'elle leur apparoisse, quand on le souhaite, c'est demander que les prodiges soient ordinaires en la Nature.

De quelques effects qui ne se peuuent rapporter
qu'aux Démons.

CHAPITRE XIV.

IL est vray que les parties du monde s'entretiennent auec autát de sympathie que celles de nostre corps, & qu'elles s'entrecommuniquent mutuellement leurs vertus auec vne tres-fidelle correspondance? Il est vray que ceux qui sont entrez dans ces secrets, qui sçauent ioindre à propos les influences du Ciel & la vertu des causes secondes, aux dispotions de la matiere, peuuent faire de grands prodiges; & se faciliter des effects pour qui il séble que la Nature n'ait pas assez de pouuoir. Mais la curiosité de l'esprit, la plus ardente de toutes les passiós, & celle qui peut estre la moins satisfaite, n'en est pas demeurée dans les termes d'vne cognoissance qui luy fust permise, ses auiditez se font accreuës par ce qui les deuoit rassasier, & la Magie naturelle seruit de degré à celle que les loix deffendent, & que les Démons enseignent.

Cette curiosité fut l'occasion dont les mauuais Anges se sont seruis pour tromper les hommes, & pour les porter à l'idolatrie, apres s'estre fait estimer veritable par plusieurs especes de diuinations. Les Augures promettoient de dire l'issuë des affaires

DE L'EXIST. ET DE LA NAT. DES ANGES. 613
plus importantes à la Republique, par l'obseruation du vol, du boire, & du manger des oyseaux. Les autres Prestres faisoient profession de deuiner par les entrailles des victimes, par le feu qui les consommoit ; ainsi par l'eau, par l'air, par la terre, par des rouës qui prenoient d'elles-mesmes le mouuement, par l'ongle qui representoit ce que l'on vouloit cognoistre, & par vne infinité d'autres especes de diuinations, qui ont toutes leurs noms particuliers, tirez du Grec. Pyromanthie, Hydromantie, Geomantie, Capnomantie, Æromantie, Coscinomantie, & ainsi des autres.

Si elles eussent esté ordinairement fausses, les plus apparens de la Republique, tenoient que les charges du Sacerdoce ne s'y fussent pas employez auec beaucoup d'estude ; le peuple y ayant esté trompé plusieurs fois, n'y eust plus donné de creance ; il eust mesme abandonné le culte des Dieux qui se fussent monstrez ou trompeurs en leur promesses, ou impuissans en l'execution. Il est donc certain qu'ils auoient quelque cognoissance des choses futures par ces sortes de diuinations. Or cela ne se pouuoit pas faire naturellement : car quelle sympathie à le feu auec vne armée pour signifier sa déroute, quand ses flammes se répandent & se diuisent en ondes, ou sa victoire quand toutes vnies elles ne formoient qu'vne Pyramide qui poinctoit au Ciel ? quel rapport du vol seneftre des oyseaux, & des figures irregulieres que les nuës forment de-

HHhh iij

dans l'air, auec le conseil des hommes ; vn ongle poly auec de l'huile, peut-il naturellement reprensenter vn corps qui ne luy est pas present, & qui ne luy peut enuoyer d'especes. Tout cela donc suppose quelque puissance autre que celle de la Nature ; à sçauoir celle des demons, qui cognoissans en perfection les vertus des Cieux, & ce qu'elles peuuent produire sur les choses materielles ; ayans vne longue experience du procedé de la Nature & des dispositions de tous les suiets, pouuoient predire par coniecture la pluspart des choses, dont la curiosité vouloit s'informer, & en mettre les marques sur les matieres où ils estoient consultez. Et dautant que ces effects portoient les hommes à l'idolatrie, & les destournoient du culte qui est deub au vray Dieu ; ils ne pouuoient proceder que des mauuais Anges, ialoux de sa gloire, & de nostre felicité.

Ie ne dis pas qu'il ne pût y auoir quelques-fois de la collusion des Princes auec les Augures, & que dans quelques occasions, ils n'ayent contrefait des Oracles, pour animer les soldats aux entreprises où ils se promettoient de l'auantage. Mais cette fraude estoit rare, & ils ne la faisoient couler que sous la longue experience qu'on auoit de la verité des Oracles. Et pour monstrer qu'ils n'estoient pas tousiours rendus par fraude, & par la secrete intelligence des Capitaines, c'est qu'ils estoient bien souuent contraires à leurs desseins, & qu'ils arrestoient les combats, lors qu'il auoient les plus belles esperances de la victoire. Il est vray que Flaminius n'y voulut pas obeyr, & qu'il donna le combat contre la deffense des Augures ; aussi ce fut auec vn si mauuais succez, qu'il y perdit toute son armée.

M. Marcellus, Claudius, Pyrrhus Roy des Epirotes, Iules Cesar presenterent des sacrifices aux Dieux, comme pour actions de graces des victoires qu'ils disoient auoir gagnées par leur assistance: mais il ne se trouua point de foye dans les victimes offertes, quoy qu'elles eussent esté iugées tres-saines, & choisies auec beaucoup de soin, par ceux qui s'y cognoissoient ; peu apres ces Princes moururent par des morts violentes & inopinées. Le demon qui inspiroit les mauuais desseins à ceux qui deuoient attenter sur leurs personnes, qui en voyoit les resolutions, & les preparatifs de toutes les circonstances, en donna ces préiugez, pour se faire estimer veritable & plein de misericorde, lors mesmes qu'il trompoit les pretentions de ces paunres Princes, & qu'il mettoit le fer à la main de leurs parricides. Au moins l'on void en cela que ces Augures ne se faisoient pas par la fraude & l'intelligence secrette des Empereurs, ny aussi par celle des Prestres, puis que s'ils eussent eu la cognoissance des coniurations, ils les eussent découuertes secrettement, & non pas par ces moyens qui en hastoient l'execution, qui donnoient l'alarme à l'Estat qui le mettoient en trouble, & leur propre vie en danger.

Ce que i'admire plus dans le Paganisme, c'estoit de voir les statuës de bronze, de bois, & de pierres rendre des Oracles comme si c'eust esté des personnes viuantes. Cela estoit si commun en Delphes, en Ephese, & en tous les Temples où les idoles estoient consacrés, que ce seroit accuser de faux tous les témoignages de l'antiquité, de ne croire pas cette relation attestée vniuersellement par toutes les histoires.

Quelques-vns recourent icy aux Intelligences, qui meuuent les Cieux, & disent que c'estoient elles, sans autres, qui parloient en ces statues. C'est déja beaucoup, que l'on nous accorde qu'il y ait des substances intellectuelles separées de la matiere, & qui ne luy seruent que de formes assistantes. Quand à ce qu'ils soustiennent, qu'il n'y en a point d'autres que celles qui meuuent les Cieux, c'est vne opinion que nous auons combattuë aux premiers Chapitres de ce traicté. Mais quelle raison y a il de croire que ces Intelligences soient descendues du Ciel dedans ces Idoles : elles sont ordonnées de Dieu comme nous auons dit, pour seruir de causes vniuerselles, & non pas pour s'acquiter de ces deuoirs particuliers. Leurs forces sont limitées à la conduite de leurs Cieux, elles sont trop sublimes pour s'enfermer dedans ces Idoles ; trop pures pour se mesler dans le sang & les intestins des animaux ; trop innocentes

nocentes pour se plaire en des inuocations qui estoient la pluspart des crimes & des turpitudes. En fin elles sont trop affectionnées au bié des hommes, pour authoriser les tyrannies, les meurtres & les violences par leurs responses. Si l'on trouue estrange que ces bien-heureux esprits soient obligez à tourner les globes celestes, & qu'ils s'acquitent continuellement de ce deuoir par la commission de Dieu, il est beaucoup moins conuenable qu'elles soient attachées à des statuës par l'artifice des hommes, & qu'ils ayent assez de force sur elles, pour les rendre comme les ministres de leurs passions, & les garands de leurs crimes.

Quand ie lis les entousiasmes d'vne Sybille possedée de son Demon ; entre le sang & les vapeurs des sacrifices idolatres ; quand le Poëte nous la represente dās vne manies toute furieuse, les cheueux espars, les yeux égarez & étincelans, qui se debat, & qui fait retentir son antre d'vne voix qui n'est pas humaine. Ie iuge que ces forceneries, ces extrauagances de gestes & de visage ne procedent pas d'aucune de ces Intelligences qui donnent des mouuemens si reguliers aux Cieux & à la Nature; & qu'elle ne pouuoit estre agitée que d'vn Demon ennemy de l'ordre & de la beauté. C'est vne resuerie de dire que les vapeurs de la terre luy donnoient cette fureur, & la capacité de prononcer des oracles. Car ces euaporations ne fussent pas tousiours venuës à propos des demandes que l'on luy faisoit, où si elles eussent esté continuelles, aussi ces fureurs n'eussent point eu d'intermission. Les vapeurs de la terres, comme celles de la grotte du chien prez de Pousolle, peuuent bien endormir les sens, & troubler l'esprit; mais ces fumées ne peuuent pas donner des lumieres plus viues & plus penetrantes que la plus sublime sagesse des hommes qui n'a pas la veuë de l'auenir.

Ce que les Demons faisoient lors dans les statuës, & dans les Sybilles, ils le font encore maintenant dans plusieurs personnes qu'ils possedent, dont les exemples sont si publics, qu'il faut manquer d'yeux & de iugement pour n'y pas adiouster de foy. Vne fille possedée de ce mauuais esprit parlera Grec, Latin, Hebreu, Arabe, & d'autres sortes de langues, où iamais elle n'aura esté instruite; estant foible de complexion dans ces accez, elle fera des efforts si grands que six hommes ne la pourront tenir. Elle s'esleuera en l'air, elle présentira la venuë des personnes dont elle n'est pas aduertie, elle criera contre les choses sainctes qu'elle ne void pas; elle vous dira publiquement des secrets qui n'ont point d'autres tesmoins que la conscience. Pour moy, ie tien malades d'esprit ceux qui imputent ces effects extraordinaires aux maladies du corps; aux vapeurs noires des hypocondres; aux impuretez dont la nature ne se peut purger, ou à d'autres accidents qui sont du ressort de la Medecine. La melancholie ne peut estre si opiniastrement attachée au cerueau ; les esprits si enflammez qu'ils soient au fort de la frenesie, ne sont pas capables de donner la prononciation reglée, ny l'intelligence d'vn idiôme qui auparauant n'estoit pas cognu : parce que les langues ne sont pas vn effect de la Nature, mais de l'inuention des hommes : de sorte qu'elle ne sçauroit passer iusques à vn tel excez, qui la fasse reüssir en ce qui n'est nullement de son ressort.

Il ne parle point du sabat des sorciers, des abominables ceremonies auec lesquelles il se consacrent au Demon & luy font hommage, l'on en peut voir les histoires tres-veritables dans Delrio, Bodin, & autres que ie passe, parce que ce sont preuues de fait, & i'ay seulement dessein de déduire icy ce qui est de la raison.

Des guerisons qui se font par les paroles & par le caractere.

CHAPITRE XVI.

LA plus noire & la plus abominable meschanceté se rencontre en ceux, dit Platon, qui l'exercent sous les apparences de la vertu, parce que cét abus d'vne qualité diuine est vn sacrilege. C'est vn crime de leze-Majesté contre Dieu de falsifier son sceau ; c'est vne perfidie qui trompe l'attente.

IIii ij

des hommes, & qui les mettant en eftat de ne s'en pouuoir deffendre, merite toutes les punitions que les loix ordonnent contre les traiftres & les aflaſ-fins.

Il ne fe faut dont pas eftonner fi le Demon qui eft l'Autheur du mal, le plus grand ennemy de l'honneur de Dieu, & du bien des hommes, ne paroift gueres que déguifé, s'il ne nous porte fes plus rudes coups, que quand nous croyons en receuoir les plus grands bien-faicts. La Nature nous tient paffionnement attachez aux interefts de noftre corps, & il fe trouue peu de perfonnes, qui ne mef-prifent tous les autres biens pour la conferuation de la vie; C'eft auffi par cét attrait que le demon a fouuent reduit la fimplicité des hommes, & gagné leurs cœurs, les faifant iouyr en apparence du bien pour lequel ils ont le plus d'amour, & les deliurant du mal qui leur donne plus d'apprehenfion. La Medecine nous promet quelque fecours dans les maladies, mais c'eft par d'autres infimitez; elle verfe le fang pour efteindre l'ardeur de la fiéure, elle dilate les playes pour les refermer; enfin ces remedes font des rigueurs qui bien fouuent s'oppofent aux graces de la Nature, qui nous prefentoit vne guerifon plus douce, ou vne mort moins douloureufe. Mais le demon eft vn operateur plus expert qui a l'induftrie de guerir promptement, & fans douleur, & fait plus pour noftre fanté auec des paroles, que la Medecine auec tous les extraicts, & toutes les com-

DE L'EXIST. ET DE LA NAT. DES ANGES. 621
positions de la Pharmacie.

Les experiences en sont si communes qu'ils n'en faut point apporter de preuues. Tous les iours on void des personnes qui par vn certain murmure de paroles, guerissent les fieures, le mal de poictrine, arrestét les auiues des cheuaux, empeschent qu'ils ne se foulent estans deferrez & font vne infinité de cures prodigieuses, & contre le cours de la Nature. Les Sauuages des Indes Septentrionales & Meridionales, qui n'estans pas éclairez du Christianisme, sont encore sous la domination du Diable, n'ont point de remedes plus prompts & plus ordinaires, que de souffler sur le malade, comme s'ils attiroient son mal dedans eux, puis ils font semblant de vomir, & apres des paroles, des gestes, & des postures extrauagantes enfin ils le remettent en santé.

Quoy que l'on die, les paroles ne sont autre chose que le son d'vn air agité selon les reflexions que luy donnét la langue & les léures, de sorte que tout ce que naturellement elles peuuent faire, c'est de frapper l'organe de l'ouye. L'image qu'elles portent de nos pensées, n'est pas vne chose physique, capable aussi de produire vn effect materiel; mais c'est vne chose purement spirituelle, qui dépend de nostre raison, & de l'intelligence des hommes qui ont assigné ces mots pour signifier certaines choses; aussi vne mesme parole a quelques-fois vn sens tout contraire en diuerses langues, où il faut estre instruit pour en auoir l'interpretation, par ce que la parole de la nature n'est, comme nous auons dit, qu'vn son qui ne signifie rien & l'artifice des hommes, qui la destine pour exprimer des pensées, n'est qu'vne domination extrinseque: qui ne luy donne rien de réel & de positif, pour produire vn effet materiel, & vn cheual en peinture en engendreroit plustost vn viuant; que la voix ne pourroit produire ce qu'elle signifie. Cependant on void ces effets prodigieux en suite de quelques paroles; il les faut donc rapporter à des causes qui soient hors le commun de la Nature.

Il y a quelque raison de croire que la Musique apporte du soulagement au corps, qu'elle calma les frenesies de Saül, & qu'il ne profite pas peu à la santé de s'endormir & de se réueiller auec la douceur de ses concerts, d'autant que les esprits de nostre corps qui sont les premiers ministres de l'ame aux fonctions de la vie, se forment d'vne subtile vapeur éleuée du sang, & des plus pures parties de l'air porté par l'artere veneux dans le cœur, où il est affiné; ainsi l'on void par ceste double origine, qu'ils tiennent de la Nature de l'air, ils sont mobiles comme luy, faciles à se troubler à s'enflammer à s'esteindre en peu de temps comme nous l'experimentons dans les fiéures ephemeres. L'air donc qui a de la sympathie auec les esprits, & qui en est la matiere, les peut secourir; il peut arrester le desordre de leurs mouuemens quand il est agité par mesure, selon les regles de la Musique; & puis l'ame raison-

DE L'EXIST. ET DE LA NAT. DES ANGES. 623
mable rencontrant dans ces proportions harmoniques vne image de la sensible raison, en reçoit vne complaisance qui rejallit sur le corps, à cause de la sympathie qu'elle a auec luy. Lors mesme estant de meilleure humeur, elle se sert de l'empire qu'elle a sur la matiere, comme nous auons dit, & reforme le déreglement des esprits & des humeurs, à l'imitation des voix bien concertées qui la réjouyssent. Mais il n'y a rien de semblable dans les paroles auec lesquelles la Magie fait ses guerisons. Car ce sont mots ordinairement barbares, incognus, extrauagans, sans suite, sans signification, qui ne se peuuent prononcer sans contrainte; & sans nous blesser l'oreille. Supposé donc qu'ils peussent d'eux-mesmes produire quelque effect, il deuroit estre aussi contraire à celuy de la Musique, que leur rudesse est opposée à ses douceurs. Ainsi ils augmenteroient plustost le mal d'vn nouuel accez, que de luy donner du soulagement.

Si ceux qui sont picquez de la Tarentolle se guerissent par vne haute Musique, c'est pour les raisons que nous venons de deduire. Mais principalement parce que les sens estant assoupis, entre les glaces de ce venin, se resuscillent quand on sonne vn air qui prouoque le malade à dancer. S'il en vient à l'action, la chaleur naturelle s'estant fortifiée par l'agitation du corps, se rend plus puissante pour vaincre, & pour repousser les qualitez ennemies qui la tenoient assiegée.

Il ne faut donc point alleguer ce fait pour preuue du pouuoir qu'ont les paroles deſſus le corps, ny auſſi excuſer cette Magie par la force de l'imagination, comme ſi on ſe pouuoit donner la ſanté par l'extreme affection qu'on a de l'obtenir: Si cela eſtoit, les remedes ne ſeroient iamais inutils, parce qu'on les prend touſiours auec vne eſperance, & vn deſir de leur bon effet; l'eloquence qui perſuade, feroit la principale partie de la Medecine & les bonnes nourritures qui contentent l'appetit, gueriroient toutes ſortes de maladies, pourueu qu'on le peut faire croire aux malades? Mais que peut-on reſpondre quand on void que ces paroles magiques ont leur effet ſur les enfans & ſur les cheuaux qui ſont ſans intelligence, & qui ne conceuans pas que c'eſt vn remede qu'on leur applique, ne peuuent pas auſſi auoir l'imagination, qu'il leur profitera.

De dire qu'il y a certaines perſonnes dont les corps exhalent des vertus occultes qui operent ces guerisons extraordinaires, & que les paroles ne leur ſeruent que de couuertures, c'eſt vne choſe qui n'a apparence aucune de raiſon. Car ces ſortileges ſe pratiquent indifferemment par toutes ſortes de perſonnes qui ont l'ame aſſez noire pour s'y abandonner, & ordinairement ce ſont des vieilles dont les corruprions ſont ſi infectes, les eſprits ſi impurs & ſi veneneux qu'elles empoiſonneroient b n pluſtoſt les corps comme les baſilics, que de leur

donner

DE L'EXIST. ET DE LA NAT. DES ANGES. 625
donner du remede par leurs approches. S'il se trouuoit des personnes qui eussent ces bonnes qualitez naturelles; d'où l'on dit que procedent ces guerisons, elles en auroient fait l'espreuue deuant qu'employer les paroles; Ce leur seroit bien plus d'honneur; elles seroient bien plus admirables de guerir par le seul attouchement, que par des moyens condamnez des loix; & dont les bonnes ames ont vne extreme auersion. Il est donc à croire que s'ils auoient ces vertus occultes, qu'ils s'en seruiroient sans paroles; qu'ils aymeroient beaucoup mieux estre estimez Saincts, que Sorciers, estre en honneur, qu'en detestation des peuples, & suiets aux chastimens de la Iustice. On ne sçauroit donc assigner d'autres causes de ces cures qui se font par les paroles, que les Demons qui diuertissent ainsi les ames du culte de Dieu, & se les rendent esclaues par vn pacte tacite.

Ie dits le mesme de ces guerisons qu'on fait pensant le pourpoint d'vne personne blessée, ou l'arme qui luy aura donné le coup. Car cela est directement contre les loix de la Nature qui ne permet point d'action, si l'agent ne touche immediatement, ou sa vertu, le sujet sur ce qui il agit. Or le remede qu'on applique au pourpoint, ne touche n'y n'estend pas sa vertu sur le corps qui en est quelquefois esloigné de dix lieuës. C'est resuer de dire que l'esprit vniuersel du monde respandu par tout, porte la vertu du remede sur le corps blessé, & luy

Tome 2.   KKkk

fait reſſentir par ſympathie ce que l'on fait au pourpoint ; outre que cela n'a aucun fondement & qu'ils ſeroient fort empeſchez de nous expliquer ce qu'ils veulent dire par cét eſprit vniuerſel, & par cette ſympathie : Encore ſuppoſant tout ce que l'on ne doit point icy accorder, ie dis que ſi cela eſtoit, il ne ſe faudroit point mettre en peine de s'appliquer des remedes, il ſuffiroit qu'ils fuſſent à la campagne dans des ſimples, ou dans les boutiques d'Apotiquaires pour nous guerir, ſi l'eſprit vniuerſel porte leur vertu ſi loing. Quant à la ſympathie, il n'y en peut auoir entre le pourpoint & le corps, dont il ne fait pas partie, & qui luy ſuruient par accident ; ou ſi le corps compatiſſoit au pourpoint, il vieilliroit autant que les habits s'vſent, leur fin, & leur pourriture ſeroit ſa mort. Cela donc ſe fait par magie, & par le ſecours des Démons, & par conſequent il y en a.

Chacun eſt libre en ſes ſentimens. Pour moy, ie ſuis dans cette creance que les Taliſmans, les figures, & les bagues conſtellées ne peuuent auoir ce que l'on leur attribuë de vertu ſans le ſecours des Demons. Car ie veux que les aſtres influent puiſſamment ſur les choſes inferieures, que les planettes ayont de la ſympathie auec les pierres & les metaux, ce me fait, & cette pierre auront touſiours la meſme vertu, tant que leur nature ne ſera point alterée, & ſans qu'ils ſoient imprimez d'aucune figure. Mais de dire que grauant certaines images ſur ces matieres, elles puiſſent retenir la vertu d'vn planette qui eſt paſſée, c'eſt vne double abſurdité. Premierement, par ce que ces figures n'ont point de rapport auec les planettes qui ſont tous également de figure ronde, Mercure n'a point au Ciel d'aiſles ny de caducée, Iupiter, n'eſt pas, comme on nous le peint vn homme dont la main eſt armée de foudres; Saturne n'eſt pas vn veillard qui tient vne faulx, & qui mange ſes propres enfans : ce ſont toutes fictions de Poëtes, qui n'ont aucune realité en la Nature, & puis les influences celeſtes s'effacent les vnes les autres ; & ſi elles laiſſent quelques qualitez occultes, c'eſt dans les compoſez naturels, & non pas dans les artificiels, qui ne changent pas l'eſtre, & qui donnent ſeulement vne nouuelle proportion à ſa quantité.

On dit pour toute inſtance que cette figure eſt vne qualité, & que la qualité eſt actiue. Ie reſpons premierement qu'elle n'eſt pas actiue d'elle-meſme, mais par la vertu de la forme ſubſtantielle à qui elle ſuruient. Or l'on aduouë que les formes du metal, où des pierres ne ſont pas capables de retenir ces influences, moins encore les figures dont elles ſont grauées ; parce que ce ſont formes artificielles d'vn autre ordre & d'vne autre categorie, & ainſi qui ne peuuent pas produire vn effet phyſique, comme nous auons dit ; & puis que la figure n'eſt pas vne qualité intriſeque comme les autres qui ſuiuét la forme, & qui luy donnent de la

KKkk ij

perfection, mais elle est seulement vn accident de la quantité qui la termine, & comme vn valet de valet, sans aucun pouuoir. Il est vray qu'vne aiguille qui est bien pointuë percera plustost qu'vne qui est émoussée; mais ce n'est pas d'elle-mesme, il faut qu'on la pousse: car c'est vne matiere morte, à qui la forme artificielle n'est pas capable de donner le mouuement ; Ainsi quelque figure que l'on graue dessus les metaux, quelques obseruations que l'on garde de l'heure, & des aspects des planettes ; tout cela ne peut rien pour ce que l'on pretend, d'autant que c'est vne qualité artificielle qui laisse la forme du métal dans la mesme impuissance où elle estoit, & ne peut pas produire vn effect physique ; & puis ces figures, comme nous auons dit, n'ont point de proportion, ny auec les planettes qu'on leur fait representer, ny auec les effects que l'on s'en promet, & qui la plufpart chocquent nostre liberté.

Qu'il ne se faut seruir de Magie, encore qu'elle promette de grands aduantages.

CHAPITRE XVI.

TOvs les Princes, tous les peuples, & tous les Estats du monde, ont de tout temps employé la rigueur des loix, pour exterminer cét art malheureux, qui cauſe des infortunes aux hommes, par le murmure des paroles, & par l'obſeruation de quelques noires ceremonies; crime que les Sages iugent d'autant plus abominable, que l'on s'en peut moins deffendre, puiſque ſes armes ſont inuiſibles, que ſes coups ſont des aſſaſſinats, qui ne peuuent eſtre ny preueus par la ſageſſe, ny repouſſez par la force, & par la vaillance. Qui ne s'emporteroit d'indignation contre ces mal-heureux, ordinairement tirez de la lie du peuple, qui par leurs ſortileges agitent les mers, attirent l'orage deſſus les moiſſons, iettent la peſtilence ſur les trouppeaux, empeſchent les mariages, font ſeicher les corps dans les langueurs d'vne maladie, pour qui la Medecine n'a point de remedes? L'Empereur Iuſtinian donne par eminence le nom de malefice à ce crime, comme s'il comprenoit & paſſoit tous ceux que nous auons le plus en horreur, par ce que c'eſt commettre vn parricide, non ſeulement contre ſa patrie; mais contre tout le genre-humain, de le liurer ainſi à la fureur des demons, & de ſe ſeruir des forces d'Enfer pour le ruiner? Auſſi quoy qu'on ait vne compaſſion naturelle des plus criminels, lors qu'on les void au lieu du ſupplice; neantmoins en cette occaſion les courages du peuple s'animent d'vne nouuelle cholere contre les ſorciers; on les regarde comme des beſtes feroces, priſes apres qu'elles ont faict pluſieurs dégaſts; ils ſont condamnez par le iugement, & executez par les vœux, de tous, auec tant de zele, & que le feu qui les brusle, semble n'auoir pas assez de viuacité pour les tourmenter, & trop pour la prolongation qu'on leur souhaitteroit de leur peines.

Neantmoins il est vray que cette vengeance publique ne considere pas tant l'horreur du crime, que la reparation des iniures qu'on en a receuës, & quand on deliure vn Estat de ces scelerats, on peut dire que c'est plustost par vn mouuement de propre interest qui tire raison de ses offenses, & qui cherche ses seurerez, qu'en detestation d'vn malefice qui s'oppose directement à l'honneur de Dieu. C'est pourquoy quelques esprits qui n'ont point de plus fortes considerations que celles de la police, sont en doute, s'il est permis d'auoir recours à la Magie pour en tirer quelques commoditez, comme pour destourner les orages, sçauoir le secret de ses ennemis, trouuer les thresors, guerir les maladies & donner d'heureuses issuës au reste de ses desseins. Ils persuadent que dans les extremes necessitez de cette vie, & que sous les rigueurs de la nature qui se monstre auare pour nos besoins, il nous doit estre permis de receuoir du soulagement de toutes les mains qui nous representent ; que d'vne mauuaise cause l'on en peut tirer quelques bons effects, extraire vn theriaque de la vipere, vser du serpent comme fait le cerf pour se rajeunir, & reprendre les bonnes dispositions que l'âge auoit alterées : que si les eaux salées de la mer nous fourniffent des nourritures agreables au gouſt ; ſi les abyſmes nous donnent le corail, l'ambre, & les perles, ſi le criſtail, les turquoiſes, les diamants ſe trouuent dans le creux des roches : ſi le Soleil des metaux ſe tire des obſcuritez de la terre, & de la region des tenebres, qu'on peut receuoir vn bien des Démons, ſuppoſé meſme qu'ils ayent la malignité du ſerpent, qu'ils ſoient plus noirs que les tenebres, plus infideles que la mer, plus enfoncez dans les abyſmes de leur damnation, que les metaux dans la terre.

Apres toutes ces apparentes raiſons, quand on demeureroit dans les termes d'vne prudence ſimplement humaine, ie ne crois pas qu'on puiſſe conclurre que l'vſage de la Magie doiue eſtre ſupporté dans vn Eſtat, pour quelque cauſe & pour quelque pretexte qu'on puiſſe alleguer. D'autant que le Legiſlateur ſuppoſe touſiours que le peuple a de fortes inclinations au mal, que le reſſentiment des iniures eſt plus puiſſant ſur nos cœurs, que le reſſouuenir des bien-faicts ; que parmy le nombre des pauures, touſiours de beaucoup plus grand que celuy des riches, entre les conteſtations qui naiſſent pour les biens, les honneurs, les voluptez, il ſe trouue infiniement plus de ſuiets de hayne que d'amitié, & d'offencer, que de bienfaire. Si donc vous permettez l'exercice de la Magie, qui doute que l'on ne s'en ſerue pluſtoſt pour aſſouuir ces vengeances deſſus les hommes, que pour leur donner secours, & que pour vn bon effet, on ne commette vn milion de crimes ; de sorte que ce seroit laisser les armes au furieux, sous pretexte qu'il s'en seroit vne fois seruy pour la protection de l'innocence.

Mais quittons encore ces considerations fondées sur nos interests pour remarquer de combien cette science infernale est contraire aux loix de la vertu, & à la fidelité que nous deuons rendre à Dieu. C'est vne maxime asseurée dans la Morale, & vniuersellement receuë des Philosophes, qu'on ne doit iamais employer de mauuais moyens, pour ioindre vne bonne fin. Car qui oseroit soustenir qu'il est permis de se faire iour dans les dignitez, dans les successions, dans les mariages, par les homicides ; d'opprimer les pauures, pour auoir de quoy gratifier ses amis, & d'exercer des magnificences par les voyes ordinaires à la Tyrannie. La seule raison naturelle nous fait cognoistre que c'est faire naufrage dés le port, d'employer de mauuais moyés pour obtenir vn bonne fin ; d'autant que les moyens doiuent auoir de grands rapports auec la fin, pour laquelle on en a fait choix : or les tenebres ne sont pas plus contraires à la lumiere, que le vice l'est à la vertu ; ainsi l'action iamais ne peut estre iuste, quand on employe des moyens qui sont illicites, & c'est vouloir se concilier l'amitié d'vn homme, par l'entremise de son ennemy capital, de penser reüssir au bien par des voyes contraires à la vertu.

vertu. Or la voix publique, les lumieres de nos consciences, les loix diuines & humaines nous deffendent toutes fortes de commerce auec les Demons, comme auec les ennemis de l'honneur de Dieu, & du bien de noſtre nature. C'eſt donc vn crime de pactiſer auec eux, & de recourir à leur puiſſance, pour en tirer du ſoulagement.

Seneque ſouſtient qu'il n'eſt pas permis ſelon les loix de la vertu, de receuoir vn bien-faict d'vn méchant homme, parce que celuy qui reçoit, s'aduouë moindre que celuy qui donne; il contracte auec luy vne eſpece d'amitié, il entre inſenſiblement dans ſes intereſts, par cette inclination naturelle qui nous porte à vouloir du bien à celuy qui nous en fait, & d'eſtre recognoiſſans par quelques ſortes d'hommages, des obligations qu'il s'eſt acquis deſſus nous. De là nous pouuons iuger qu'elle perfidie, & quel ſacrilege c'eſt à l'homme de deuenir la creature des Demons, de s'en rendre l'eſclaue & obligé, luy qui eſt la creature de Dieu, capable des graces & d'vne gloire qui l'eſleuent à la condition des Anges.

Mais encore, voyons quels ſont les auantages que les démons luy propoſent pour le débaucher du ſeruice & de la fidelité qu'il doit à Dieu. Certes leurs promeſſes ont touſiours vn fort grand éclat, les apparences en ſont magnifiques ; Au reſte ce ſont des amorces où les ſimples ames ſe trouuent ſurpriſes, & ces felicitez dont il remplit l'imagination, ont toufiours esté fuiuies de tant de difgraces, que ie m'eftonne de la ftupidité de ceux qui donnent encore quelque creance à vne perfidie recogneuë depuis si long-temps. On éuitoit les écueils de Syrte & de Charybde, par l'exemple de plufieurs naufrages qui s'y eftoient faits, quoy que felon le dire des Poëtes, ces monftres paruffent à la face de l'eau auec des beautez, & des concerts de Mufique, capables de donner de l'amour aux plus refroidis. La haine publique n'a pas laiffé de s'armer vne infinité de fois contre les Tyrans, quoy qu'ils vfurpent les dominations, fous pretexte d'eftre l'azyle du peuple, & qu'ils facrifient les miniftres de leurs cruautez à fa cholere. La perte de Troye aduenuë par ce cheual frauduleux, qu'elle receut de la part des Grecs, a fait paffer en commun Prouerbe, que les prefens des ennemis font des tromperies, & qu'il ne faut iamais eftre plus fur fes gardes, que quand ils fe relafchent de leurs violences accouftumées, pour nous amufer d'vn difcours de paix. Auffi depuis les loix de la milice ont expreffement deffendu de receuoir chofe aucune des ennemis, parce que l'iffuë en eft toufiours mal-heureufe, & l'on a veu bien fouuent le ftratagéme de ceux qui ont à deffein quitté leur camp, tout remply ou de viandes empoifonnées; dont l'vfage eftouffoit la vie, ou d'autres, en telle abondance, que les foldats y enfeueliffoient leurs courages.

Sous ces confiderations fes loix diuines & humaines ont deffendu l'art Magique, quoy qu'il promift du foulagement à toutes nos neceffitez, parce qu'elles ont recogneu les demôs pour des ennemis coniurez à noftre ruine, qui tafchent de gagner fur nous par l'artifice de leurs promeffes, ce qu'ils ne peuuent emporter de force, & de corrompre par leurs prefens la fidelité que nous deuons à Dieu. C'eſt pourquoy Iuſtinian ordonne que ceux-la n'ayent aucune part aux threfors quád ils les auront trouuez par Magie, d'autant que (felon les loix) perfonne ne doit faire fa condition meilleure par fon crime, n'y tirer profit d'vne action qui merite le chaſtiment ; l'Empereur Leon ordonne le mefme en fes nouuelles Conſtitutions, & deffend en termes exprez de fe feruir de cét art maudit, pour quelque fuiet que ce foit.

Le mefme zele qui porta les Empereurs Chreſtiens à deliurer le monde du Paganifme, les obligea de faire ces deffenfes generales de l'art Magique, parce que c'eſt vne efpece d'idolatrie, en ce que (comme nous auons dit) l'homme par là s'oblige aux demons; il s'y foufmet, & receuant d'eux quelque faueur, il leur defere le culte que l'on doit à Dieu, comme à l'autheur de tous biens. De faiét les Idoles ne furent éleuées, les Temples, les Ieux & les Sacrifices offerts aux demons, que parce qu'ils obligeoient les hommes de quelques fecours, qu'ils fembloient meriter ces publiques recognoiffances. Les forciers font encore des assemblées, où ils rendent au Diable des adorations plus honteuses, aussi fanglantes, & plus abominables que celles de l'ancienne idolatrie; comme ils en ont fait eux-mesmes les depositions deuant qu'estre executez à mort; en ce temps où n'ayant plus rien à esperer au monde, ils disoient sans crainte & sans feintise deuant les hommes, tous les malefices dont leurs consciences les accusoient deuant Dieu.

Peut-estre que tous ceux qui se seruent de la Magie, pour des guerisons, ou d'autres profits temporels ne rendent pas ces hommages si exprez au demon; neantmoins il faut aduouer qu'ils s'y soufmettent par vn pacte tacite, & qu'ils se rendent ses obligez. Si le crime est moindre en ces circonstances, au fonds il va tousiours contre la diuine Maiesté, deuant laquelle ces mauuaises ames ne sont pas moins coulpables, que le sont deuant le Roy ceux qui reçoiuent pension de ses ennemis, & qui prennent part à leurs interests. Les Empereurs ont dóc eu beaucoup de suiet d'exterminer les Magiciens de la Republique. Premierement pour venger l'honneur de Dieu, & puis pour des considerations publiques de l'Estat, où ces demons déguisez peuuent faire d'estranges dégats, ostans les biens, la santé, la vie, enfin ruinants toute la police, auec la Religion, qui est son appuy.

Les Princes veillent aussi de sorte au bien de la Republique, qu'ils ne laissent pas d'estendre leurs soins, pour la conduite des particuliers, & d'arrester leurs desordres par les seueritez de la Iustice; parce que, comme dit la loy, il importe à l'Estat que chacun employe legitimement ses biens, & qu'il déploye ses liberalitez auec des moderations, qui n'offensent point les regles de la Nature & de la Police; C'est pourquoy les Magistrats donnent des Curateurs aux prodigues, & n'ont point d'oreilles pour entendre la voix de ceux qui alleguent leur turpitude, qui s'accusent eux-mesmes par desespoir, qui se precipitent & veulent perir. Or ceux qui recourent à la Magie, & qui ne craignent point d'estre infidelles à Dieu sous l'esperance de quelque petite commodité temporelle, sont prodigues de leur salut; Il n'y a point de desespoir, si determiné, de fureurs & de manies si precipitées, que de donner toutes les pretentions que nous deuons auoir pour le Ciel, la vie de l'ame, vne eternité de gloire, pour vne ombre, & vn moment de felicité. Ie dis vne ombre, parce qu'en effet les biens que les Demons donnent aux Magiciens, ne sont autre chose que des illusions qui trompent la veuë, comme ces chasteaux enchantez celebres dans les Romans, & ces festins fanstantiques que Peusates presentoit en Grece, & Numa Pompilius à Rome. Aussi ne faut-il attendre que des tromperies de l'esprit qui est Prince du mensonge; que des infortunes, du plus malheureux de tous les Estres, & de l'ennemy iuré de nostre nature; il ne negocie auec les hommes que pour attrapper leurs ames en eschange de quelques petites faueurs, dont mesme il fait les promesses sans s'en acquiter, ou s'il donne quelques agreables commencemens, il ne manque point de les faire suiure d'vne mal-heureuse fin.

Tout ce que les Magiciens en esperent, luy rendant le sacrilege de leurs hommages, consiste en biens de l'esprit, ou de corps; ils veulent passer le commun, ou en science, ou en richesses, en force, en beauté du corps, en authorité. Quant à la cognoissance, elle consiste principalement à donner quelques preiugez des choses à venir, par vne espece de diuination que les Demons tirent de leurs longues experiences, & des prochaines dispositions qu'ils voyent dans les causes dont il nous predisent les effets; mais il ne faut point d'autres preuues de la vanité de ces sacrileges curiositez, que les infortunes de ceux qui les enseignent, qu'on void tousiours embarassez dans des disgraces, qu'ils n'ont pas preueuës & punis seuerement par les Princes qu'ils auoient abusez de leurs supestitions, & ausquels ils auoient promis des victoires, au temps mesme qu'ils estoient deffaits par leurs ennemis.

Ie suppose que ces predictions eussent ordinairement quelque verité, que peuuent-elles apporter à l'esprit, sinon d'extrémes inquietudes, par la veuë des mal-heurs qu'on attend comme ineuitables, & dont la crainte qui anticipe le mal, trouble tous les contentemens de la vie. La preuision des disgraces ne peut-estre vtile, sinon pour en demander les dispences à Dieu qui est tout puissant sur le destin, ou pour en affoiblir les coups, par la genereuse resolution qu'on prend de les supporter ; mais vne ame criminelle des sacrileges de la Magie, n'a n'y la volonté d'implorer les misericordes de Dieu, ny le courage de faire les actions d'vne vertu heroique, parce qu'elle est comme obsedée du Demon, qui abat ses forces, & qui luy ferme les aduenuës aux graces du Ciel, afin d'exercer impunément sur elle les tyrannies qui la pottent à la damnation.

Quand les Demons donneroient quelques autres lumieres dans les sciences ; ie tiens que ce sont des phares trompeurs, puis qu'ils ne nous conduisent pas à Dieu, qui est le port de nostre bon-heur; & qu'il les faut regarder comme les lueurs des flammes qui doiuent consommer les criminels durant vne eternité, puis qu'elles escartent l'homme de sa fin, & qu'elles remplissent l'ame d'inquietudes, au lieu des innocentes delices qui doiuent naistre de la contemplation. Les sciences donnent de l'honneur entre les hommes: celles de la Magie sont tenuës comme abominables ; ceux-mesmes qui les consultent dans quelque necessité les ont en horreur, & chacun regarde les personnes qui les professent, auec les mesmes auersions, & les mesmes animositez qu'ont les oyseaux contre ceux qui volent de nuict.

C'est art maudit s'eſtant voulu donner de la reputation, en s'employant dans vn grand ſuiet, s'eſt quelques fois meſlé de predire ce qui regardoit le gouuernement des Eſtats, & par la deſcouuerte des choſes paſſées, cogneuës aux Demons, de faire eſtimer veritable pour l'aduenir. Mais tous les deſſeins conduits ſelon les regles de cette ſcience infernale ont touſiours eſté infortunez, que les Princes ont grand ſuiet de s'en abſtenir pour toutes ſortes de conſiderations, & d'exterminer ceux qui la profeſſent, comme les peſtes de la Republique. Zoroaſter qui en fut, à ce qu'on dit, le premier autheur, eut d'aſſez fauorables commencemens en ſon regne; mais enfin il fut deſpouillé de ſon Royaume par Ninus, & ce qu'il rit en naiſſant, fut peut-eſtre vn preſage de la Nature qui recueilloit toutes ſes ioyes au commencement de la vie, parce que ſon progrez & ſa fin ne deuoient auoir que des larmes. Crœſus, dit-on, s'en ſeruit pour amaſſer ſes immenſes threſors qui luy donnerent la reputation du plus riche Prince de la terre; mais voyons-le apres la perte de ſon Royaume, de ſa famille, de ſa liberté, eſclaue de ſon vainqueur, conduit en triomphe, enfin mis deſſus vn bucher, tout preſt d'eſtre conſommé des flammes & nous iugerons par ſon exemple, quels ſont les profits qu'on tire de la Magie; comme elle n'éleue les hommes que pour les precipiter; & ne fait les Princes que pour les reduire enfin à la condition des criminels.

Ces

Ces misérables sont aussi persecutez de la Iustice diuine, qui ne leur permet pas de tirer de grands auantages de leurs malefices: ils sont en hayne des peuples, à cause des tyrannies & des excez que le demon leur fait exercer; leur conscience qui le tient continuellement en allarme, les iette dans d'estranges extremitez : ainsi toutes les causes diuines & naturelles, internes & exterieures concourent pour auancer leur ruine. Mais sans remonter si haut dans l'histoire, nous auons tous les iours l'exemple de ces pauures abusez par les demons, qui apres auoir languy bien long-temps dans les vaines esperances, ou de trouuer des thresors: ou d'estre aduancez aupres des Princes, viennent pour tout accomplissement de ses promesses, finir leur vie miserable dessus vn gibet.

Ceux-la semblent auoir plus d'excuse qui recourent aux charmes & aux characteres, pour se soulager de quelques infirmitez, par vne voye plus courte que celle de la Medecine. Neantmoins ie les trouue extremement coulpables de faire ce pacte tacite auec les demons, de manquer à la fidelité qu'ils doiuent à Dieu, pour se deliurer d'vn petit mal, dont la vertu se pouuoit faire de grandes occasions de merite. Quand vous recourez ainsi aux demons, vous accusez Dieu de n'auoir pas assez de bonté pour vous obliger, de puissance pour vous secourir, ou de sagesse pour vostre conduitte. Tous sacrileges, tous blasphemes, qui offenſent à l'excez de ſa diuine Majeſté. Hé de quoy vous troublez-vous, que vos incommoditez durent ſi long-temps? Dieu veut donner ces exercices à voſtre vertu: vos demerites paſſez, & vos vicieuſes habitudes demandent ces longues ſupputations: Il ne falloit pas des remedes moins violens, à des vlceres ſi inueterez, de ſorte que la Magie qui vous en ſoulage, ne vous rend pas vn meilleur office, que celuy qui oſte l'emplaſtre de deſſus la playe, parce qu'elle eſt vn peu rude au ſentiment. Quoy, la vie du corps nous doit-elle eſtre ſi chere, qu'il faille la racheter au prix de celle de l'ame, engager ſon ſalut eternel, perdre le repos de l'eſprit entre les reproches continuels de la conſcience, ſe retrancher de la ſocieté des fidelles, quitter le party de Dieu, pour vn moment de commoditez fragiles, & qui n'ont point de ſubſiſtance, ny de leur nature, ny à cauſe de la perfidie du mauuais eſprit qui nous les concede?

Ie trouue la condition infiniment plus heureuſe des perſonnes qui ſuiuent auec tranquillité les degrez de la prouidence diuine, & qui apres s'eſtre ſeruis des moyens licites, demeurent dans l'indifference de ce qu'il luy plaira ordonner de leurs biens & de leurs vies. Si les ſages ſe priuent volontairement des commoditez temporelles, & s'impoſent les loix d'vne continence qui égale celles des maladies; pourquoy ne ſupporterons-nous pas ces priuations, lors qu'elles nous ſont ordonnées de Dieu, ou pour l'expiation de nos fautes, ou pour l'accroiſſement de nos merites ; Tous les combats qu'il faut rendre, & toutes les fatigues qu'il faut ſupporter en la conqueſte de la vertu, ne ſemble que des occaſions de gloire à celuy qui croit l'immortalité de l'ame, & qu'il y a des Anges auſquels les hommes de bien doiuent eſtre ſemblables dans l'autre vie.

I'ay taſché de prouuer ces deux veritez en ce Tome, le moins mal qu'il m'a eſté poſſible, ſans autre deſſein que d'auancer la gloire de Dieu, à qui ie dedie les trauaux de mes eſtudes, comme ie luy ay deſia conſacré ma vie par mes vœux. Si i'ay deduit quelques choſes qui donnent de la ſatisfaction, ie m'en recognois tres-humblement redeuable au ſecours particulier de ſes graces. Et ſi ie ſemble foible en quelques endroits, ie vous ſupplie, mon Lecteur, de pardonner cette faute à la petiteſſe de mon eſprit, qui n'ayant pas les experiences des ſublimes operations de l'ame raiſonnable, & pouuant encore moins conceuoir celles des natures ſuperieures ; n'en a peu faire que des diſcours imparfaicts. Neantmoins ce ſont des efforts que i'ay creu deuoir aux neceſſitez de noſtre ſiecle, pour donner quelque eſclaiciſſement à ceux qui refuſent de croire à la foy diuine, ſur ce qu'ils ſe perſuadent qu'elle n'eſt pas conforme à la raiſon. Ce n'eſt pas que ie me promette de gagner ſeul des eſprits reſolus à la negatiue, mais peut-eſtre que ie leur donneray quelques mouuemens qui les difposeront à se laisser vaincre par de plus genereuses plumes, qui ont entrepris ce combat, où ce me sera tousiours trop de gloire d'estre aux moindres rangs. Que si dans ce seruice que i'ay dessein de rendre à la Foy, il se trouuoit quelques choses qui l'offensassent, ie les desaduouë dés à present, tout prest de me corriger en ayant l'aduis, & ie soufmets toutes mes pensées, & toutes mes paroles à l'Eglise Catholique Apostolique & Romaine, que ie recognois pour l'Oracle de la verité.

FIN.

TABLE DES MATIERES.

A

'Action n'excede iamais la puissance d'où elle procede, 67.
Actions immanentes. 148
Adoptions pourquoy instituées. 130
Adulteres comment punis. 331
Afflictiō temporelle, dequoy elle sert à l'homme. 451. 470 594. 583
Agriculture & ses merueilles. 215
toutes choses cherchent leur Agrandissement, 293. 494. 507
l'Air represente les Cherubins. 559. les dominations. 561
Alteration en quels suiets elle se rencontre le moins. 109.
Ambition d'où elle procede. 23. 314.
l'immortalité de l'Ame est le grand priuilege de l'homme. 48. 81
Cette creance est l'origine des vertus, & le nœud de la societé ciuile. 51. 73. 98
elle nous donne de grandes consolations. 59. 60

d'où procede cette creance. 60 62. &c.
elle est generale entre tous les peuples. 71. 99
pourquoy il y a vne multitude d'Ames. 144. 145. &c.
comment l'Ame raisonnable peut-estre vniuerselle. 158
elle n'est pas materielle. 166
elle est le milieu du monde 194. 496.
elle est vn temple. 157
elle n'est pas produite par les parens. 379
ses generations spirituelles. 391.
elle est crée immediatement de Dieu. 392
Pourquoy estant immortelle elle est iointe à vn corps mortel. 444. &c.
comment elle est dite l'acte du corps. 447
de l'Ame separée. 477. 511. cóment en cét estat elle cognoist & agit. 481. &c.
l'Amant vit en celuy qu'il ayme. 76
Amour propre qui est bon. 60. 434
l'Amour propre se flatte dans

MMmm iij

ses defauts. 167
c'est la ruine des Republiques. 50
il s'en faut seruir pour s'aduancer à la vrtu. 10. 51. 73. 122.
de la passion d'Amour. 344
Amour de sympathie d'où il procede. 415. 416. voyez sympathie.
Amour naturel de Dieu. 315 323. 352
ses promptes saillies, 395
il est plus aisé d'aimer que de cognoistre Dieu. 578
Anges cogneus par la raison, 505. &c.
ils sont des Cieux intellectuels. 519 &c.
tousiours attentifs à Dieu. 522
ils meuuent les Cieux. 526. &c.
ils n'ont point de corps. 533 534
leur nombre. 546. &c.
leur ordre. 552. &c.
leurs cognoissance. 568. &c.
les secours qu'ils donnent aux hommes. 602. &c.
des Anges Gardiens. 595. &c.
Appetits extraordinaires des malades, d'où il procedent. 584.
Archanges. 565
Aristocratie suiette aux diuisions. 590
Arithmetique, ses merueilles. 210
Arts dont l'homme s'est donné l'inuention, 10. &c. 132.
les Arts imitent, perfectionnent, & surmontent la nature. 211. &c.

B

Beauté d'où elle procede. 25.
pourquoy elle est aimée 345. 445
elle est principalement crée pour l'homme qui en est l'admirateur. 40
Bestes feroces sont crées pour l'vtilité de l'homme 33
Bien-faits se suiuent & s'entretiennent. 110. 117
Bien-fait par preference 116
Bien que l'on tourne en mauuais vsage. 120. 351
Biens de fortune comment il s'en faut seruir. 468. 469. 487. 488
Brutes d'où elles ont leurs industries, Voyez industrie. 213
comment elles nous presagent les changemens de temps. 27

C

Ceremonies des anciés qui signifient l Immortalité de l'ame, 34. &c.
Changement d'aduis, 184
Changemens ne se font guere sans crainte. 457
Chasteté, pourquoy en estime 388
Cherubim, leur perfection, & leur exercice. 559
Chymie, & ses operations. 34
Cholere & ses mouuemens 346

Table des matieres.

Cieux roulent pour le seruice de l'homme 35. &c. 40. &c. il ne dominent pas sur nos volontez 187. &c ils ne sont pas animez. 523

Commencement qui a sa perfection. 404. sçauoir si tout ce qui a pris commencemēt doit prendre fin. 397. &c.

Conscience, & ses remords. 59. 339. 406. 456. ses satisfactiōs interieures, 262. 332. 429. 433. 470

Consultation necessaire pour bien iuger 3. 4. 81. 160. 205, 236, 485

Constance du sage 304. v. sage. le desir de se conseruer naturel. 117

Comment les choses se conseruent. 603

Cognoissance de soy-mesme. 14. &c. 168. les Philosophes l'ont euë parfaictement. 94

Cognoissance que les sens ont d'eux-mesmes. 64

Cognoissances douteuses. V. doute.

Progrez de nos cognoissances. 249. 142. 440. 532

les Cognoissances seroient égales, s'il y auoit intellect vniuersel. 149

principe de nos cognoissances. 204. 208

Cognoissances de l'homme admirables, 173. 203.

Cognoissances abstraictes, 236 496, 512. elles ne dependent pas des organes. 243. 480

Cognoissance par reflexion. 419. &c.

l'homme doit cognoistre ce qui est au dessus de luy. 491 &c.

desir de cognoistre les choses futures. 266

Contemplation, ses delices. 259. elle est propre à l'homme. 449

Contrarietez, de quoy elles seruent en la Nature. 585 603

Conuersation dangereuse. 438

Corps humain plus parfaict que celuy des brutes. 241 &c.

de sa taille V. Taille.

il est l'abregé du monde. 26. il fait partie de l'homme, 403. il est la prison de l'ame. 46 402. 411 pourquoy on brusloit anciennement les corps des deffuncts, ou on les embaumoit.

le Corps de soy est incapable de mouuement. 528

le Courage des Soldats s'anime par les esperances de l'autre vie. 53

la Crainte de la Iustice humaine n'est pas seule capable de porter les hommes à la vertu, 55

Creation des ames appartient à Dieu. 404

Creatures intellectuelles sont les Images de Dieu. 12

Curiosité des cabinets, d'où elle procede 31

Curiosité de sçauoir les choses futures. 266. &c.

Curiosité de s'instruire est necessaire. 492

D

DEmentir, pourquoy c'est vne grande iniure. 227
Demons tentent les hommes à faire le mal. 604. 605. comment ils leurs nuisent. 607 comment ils les trompent par la magie. 613
Desirs insatiables de l'homme. 23. 285. 313. 440. 495.
Dieu est la fin des creatures intellectuelles, 508. 531.
la volonté de Dieu est la premiere cause de toutes les existences. 101. 585
Dieu ayme plus les hommes qu'il n'en est aymé. 389
De l'amour de Dieu. V. amour. fausse imitation de Dieu. 350.
Dieux tutelaires des villes. 593.
il n'y auroit point de disputes, s'il y auoit vn intellect vniuersel. 151
Dissimulation des iniures necessaires en Cour. 375
Diuersité doit estre regie par l'vnité.
Diuinations chez les anciens. 366. 367.
Diuinations naturelles, & diuines. 266. &c.
remedes qu'on dit causer la Diuination. 272
Diuinations par magie. 612. 613.
Dominations, leur excellence & leur exercice au Ciel. 561

Doute en nos cognoissances nous est vtile. 70, 90. 231. 486.
Douleur de corps de quoy elle sert à l'homme. 46
la plus longue durée se trouue és choses qui sont plus parfaites, 112. 113. &c.
Durée naist de la Reflexion. 21.

E

EAu sur le feu descrite comment elle monstre qu'il y a des formes substantielles. 149.
Esprits puissans qui s'instruisent deux mesmes. 92.
Especes de toutes choses, sçauoir, si elles sont infuses en l'ame dés sa creation. 205.
Estats sont gouuernez par des intelligences. 588.
bonne Estime de soy-mesme sert à la vertu. 19. &c.
Eloquence, ses merueilles. 173
Enfans d'ordinaire n'imitent pas la vertu de leur pere 381 &c.
Eternité, ce que c'est, & comment son image se void dans le monde. 104. &c. sa pensée nous sert de regle & de consolation. 464. &c.
Estrangers ne doiuent pas estre aduancez aux charges publiques. 268. 269
Excez blasmable. 364. 691.
Excez d'où l'on tire quelque profit 24. 34. 366. 371.
les choses excellentes sont rares.

Extase

Table des matières.

Extase, d'où elle procede. 260

F

la Felicité veritable n'est pas au monde 314 &c
la Felicité d'vn indiuidu ne suffit pas pour la satisfactiō des autres, 320
Felicité des parties du monde 419. 420
Feu prince des elemens, esclaue de l'homme. 217
rapports du Feu auec l'amour diuin, les Seraphins, & le premier mobile. 557. 558. 561
la Fin est tousiours plus noble que ce qui la recherche. 117. 439
la Fin a du rapport à son commencement. 393
Formes substantielles necessaires pour determiner l'estre 122. &c.
Forme differente des qualitez elementaires.
il n'y a point de forme vniuerselle, 135
il y a des formes independantes de la matiere, 161. &c.

G

Geometrie, ses merueilles. 122
appetits de la Generation different aux hommes, & aux brutes. 344. 360
comment l'ame spirituelle contribuë à la generation du corps. 390

Tome 2.

Generation spirituelle de l'ame. 392
celuy qui Gouuerne doit auoir des cognoissances vniuerles. 568

H

Habitude passe en nature 168
Harmonie des cieux est l'entretien de l'ame. 75
l'Harmonie de voix: 176
comment l'ame est vne harmonie. 174
Hayne & mespris de soy-mesme mauuais 16. &c.
Haynes pourquoy elles continuent. 348
Homicide sous pretexte de pieté. 75
l'Homme doit cognoistre ses perfections. 8. &c. 17
pourquoy il pleure en naissant. 27
il est l'abregé du monde. 28
il a l'Empire sur les elemens, & les animaux. 28. &c.
il est la fin du monde materiel. 28. &c. 423
il doit à Dieu ce qu'il reçoit des creatures. 42
la perfection consiste en sagesse. 44
il n'a pas son bon heur en cette vie. 421
pourquoy il est moins auantagé que quelques brutes en ce qui est du corps. 422
il est vn monde & vne Republique. 595

NNnn

le desir d'honneur porte les hommes aux grandes actiõs. 20
dequoy il sert en la police. 353. 355. &c.
d'où il procede. 309. 352
l'honneur n'est pas vne assez grande recompence de la vertu. 441
la Honte empesche beaucoup de crimes. 155
Honte qui prouue l'Immortalité de l'ame. 344. 345. 348
l'Humilité n'est point persecutée de l'enuie. 114

I

IEunesse inconsiderée, 4
Ignorance de l'homme. 90
l'Immortalité appartient proprement à Dieu. 184
Imperfections que l'on doit couurir, 1
hommes Imparfaits que l'on fait mourir. 75
Inconstance des hommes. 84. 328. 366 338.
Inconstãce des choses du monde. 105. 472. Voyez vicissitude.
Industries des animaux. 9. 24 213
Indifference de la matiere. V. Matiere.
Indifference de la forme vniuerselle. 135. 136. &c.
Indignation, ses mouuemens, 349
Infamie est vne grande punition. 354

Ingratitude de ceux qui se plaignent de la nature. 16
Iniures sont plus sensibles que les bien-faits. 726
Instinct des brutes. 9. 78
l'instinct naturel n'est point fautif. 78. 117. 316
Il n'y a point d'intellect vniuersel. 141 &c.
Il y a d'autres Intelligences que celles qui meuuent les cieux. 616. &c.
Iustice prouue l'immortalité de l'ame. 306. 347. 417

L

parler vne Langue que l'on n'a pas apprise, n'est pas vn effet naturel. 618 619.
Liberté comment on l'ayme. 129
Liberté de la volonté, & la prerogatiue de l'homme. 181
Lumiere, pourquoy nous l'aimons. 203. 224
son origine. 515
Lune, ses qualitez. 565

M

MAgie, ses effects merueilleux. 607. 608. &c.
le Mal est pluftost cogneu que le bien. 606
Mal d'où l'on tire vn bien. 34. 311. 372.
Maladies, leur origine, 170
Mariage entre des personnes d'inégale condition. 445

Table des matieres

Mars ſes influences. 295.299 336.562
Matiere premiere, ſi elle eſt incorruptible. 114
l'inconſtance de ſes appetits. 115 122.
elle eſt le principe de corruption.
Meſchanceté deguiſée eſt la plus noire. 619
Medecins Theologiens. 170
Mediocrité quand elle eſt bonne. 239
Melancholie ne cauſe pas la diminution 275
Meſpris des petites choſes. 23
Meſpris du monde. 94. 229 426. 470. 471
Mer conduite en ſon flux par vn Ange. 586
Mercure, ſes influences. 565
Milieu eſt touſiours plus noble que ce qui l'enuironne. 38
Milieu non ſuiet aux alterations, 199
Monarchies electiues ou hereditaires, à quels deſordres elles ſont ſuiettes. 589
Monde materiel eſt l'image de Dieu. 102
ſçauoir s'il eſt animé. 140
Morale, d'où elle a pris ſon origine. 46
Mort volontaire. 75. 87. 88. 462
elle n'eſt pas permiſe. 90
la Mort d'où elle eſt cauſée. 181 191.
elle n'eſt pas vn mal pour l'homme. 454
ſa crainte eſt naturelle. 454 &c.

il ne faut point craindre. 453. 461. 467
la Meditation de la mort; neceſſaire à l'homme 465
ſa neceſſité. 455
Mouuement de quoy il ſert en la nature. 56
d'où il procede. 279
il tend au repos, 161. 413. 429
Mouuement que l'art donne aux choſes inanimées 312
Mouuement circulaire n'eſt pas naturel au corps. 248 524
Mouuement de l'ame ſeparée comment il ſe fait, 483
Moyens foibles par leſquels on obtient de grandes choſes. 234
Moyen qui fait la conciliation des contraires doit eſtre puiſſant. 50
il doit auoir de la correſpondance auec les extremes. 193. 197. 339.
il tient plus de la nature ſuperieure que de l'inferieure. 197
Multitude eſt l'image de l'infinité. 144. 287. 460. 346 &c.
Muſique, pourquoy elle peut ſeruir à la ſanté 622. 623

N

Nature ce que c'eſt. 132
Nature cache ſes defauts.
elle nous couure ſes veritez. 5.

NNnn ij

7. &c.
elle est perfectionnée & surmontée par l'art. 218
le naturel excede tousiours le violent & l'estranger. 79 520. 542.
la necessité a donné commencement aux Republiques. 18
Noblesse pourquoy plus courageuse que le vulgaire. 211 382.
surquoy elle est fondée. 382
Nombre & leurs mysteres 220
Nombre de trois. 555
Nombre de cinq. 197
ce qui est plus parfait est en plus grand Nombre. 547. v. multitude.

O

ORdre est l'image de l'vnité diuine. 192. 552
l'Ordre vniuersel du monde. 193. 552
il est l'effect d'vne cause intelligente. 591
Organes & instruments, ce qu'ils contribuent à l'action 182.
ils ne contribuent rien aux pensées vniuerselles. 243
l'ame separée agit sans organes. 479. &c.
Opinion quelles sont ses forces. 64
Opinions differentes. 173
les Opinions ne seroient point differentes, s'il y auoit vn intellect vniuersel. 150. &c.

P

PAix, comment elle se traitte. 51
les parole ne peuuent pas donner la santé naturellement. 621
Parens ayment plus leurs enfans qu'ils n'en sont aymez 329
quel est le respect & l'honneur qu'on leur doit. 385 &c.
Passions d'où elles naissent, & pourquoy les hommes y sont suiets. 333. 337
sçauoir si on doit tout à faict esteindre les Passions, ou seulement les moderer, 394 &c.
Passions releuent du temperament & des astres. 294. &c.
elles nous sont necessaires 344 365. &c.
elles font paroistre l'excellence de l'ame 343 &c.
elles seruent à la vertu. 372
elles sont domptées par la sagesse. 22. 296. 305. 338. 369. &c.
Passions causent les maladies. 170
pourquoy les hommes seuls, entre les animaux, meurent de passion. 341
Patience du Philosophe Anaxarque 47. 71
Peinture, ses excellences. 211
Perfections que l'on fait paroistre. 40
Peuples assuietis aux Princes

par le ministere des Anges, 588

Planettes n'ont que des vertus fauorables, si l'on s'en sçait bien seruir. 299

Plotin honteux de son corps. 166.

les Poëtes anciens ont creu l'Immortalité de l'ame. 85

Police, ses maximes generales. 236

Pompes funebres qui signifient l'Immortalité de l'ame. 74

Presages des infortunes publiques dans les Cieux, 41

Principes à qui les effects sont semblables. 271

Princes ont besoin d'estre retenus par quelques causes exterieures. 54. 358

Prince qui se conforme à son peuple.

mauuais Princes sont infames apres leur mort. 358

Principautez entre les Anges. 563

d'vn mauuais Principe, il en sort mille fausses consequences. 141

Priuation, toutes choses la craignent. 453

Propheties; voyez diuinations

Prudence vaut mieux que la force pour gouuerner. 44

Prudence, est vne espece de diuination. 272. 278

Puissances ausquelles se proportionnent les obiects. 240

Puissance dont l'on abuse. 54. 345. 350

Puissances entre les Anges. 564

Pyrammides sur les sepulchres 77

Pythagore a creu l'Immortalité de l'ame. 85

Q

Qvalitez, esquelles plusieurs choses sont semblables. 123

Qualitez ne constituent pas l'estre. 124. 139

elles sont determinées à certain effects. 130

R

la Raison est au dessus des sens. 235. 504. 572.

Ratiocination est propre à l'homme.

Reflexion de cognoissance. 66 247

Recompenses honorable profitent plus aux estats, que les vtiles. 353. 354

Republiques, d'où elles tirent leur origine. 48

elles sont toutes suietes à changement. 587. comment elles se conseruent. 603

Reminiscence des Platoniciens 204. 205.

Restitution des choses qui auoient souffert du dommage 137.

Retardement vtile dans les affaires. 3.

Royaumes electifs, comment ils sont suiets aux diuisions. 589

S

SAge, s'aime & se complaist en luy mesme 15. 433. &c. il domine aux astres. 194. il dompte les passions, V. Passions. Il est constant & tranquille entre tous les accidens de la vie 18. 21. 46. 97. 171. 172. 183. 307. 332. 373. 413. les peines de cete vie luy sont des occasions de gloire 425. 428. &c.

les Sages meritent qu'on leur donne creance. 93. qu'on les imite. 419. 497

Saturne, ses influences. 295 299. 336

il signifie les throsnes. 560

Science vniuerselle. 157. 259 160. 568

Science s'acquiert par trauail. 206. 207. 258

Seraphins, leurs perfections, & leurs exercices. 558

Seruitude naturelle du degré inferieur au superieur. 28. 42

Secours reciproque entre les parties d'vn composé. 49. 96

toutes choses produisent leur semblable 102. 107. 147. 380

Seneque a creu l'Immortalité de l'ame. 90

les sens sont fautifs, & corrigez par la raison 504. 505

les Sens ne cognoissent pas tout ce qui a l'estre. 500. &c.

les parties qui sont iointes dans vn composé se trouuent separées aillieurs. 510

Societé des hommes pour se soulager. 48

Societé ne peut durer entre les meschans. 56. 57

Soleil sa vertu. 562. 563

Solitude difficile à supporter. 438

elle n'appartient qu'aux grandes ames. 310

Songes Prophetiques. 399

Sorciers conuaincus. 610

Statuës qui parloient par l'artifice des demons. 616

Sybilles possedées du demon. 617

Sympathies, & l'amour qui en naist. 415. 416. 502. 576

ses effects. 612

T

TAille droite de l'homme 25

Taille auantageuse en honneur 43

Talismans & leur vertu. 285 625

Temerité s'enferre elle mesme 4

Temperament de l'homme plus égal que celuy des brutes. 24

Temperament sert aux actions de l'esprit. 25. 174. &c.

Temperament propre aux sciences. 149

Sçauoir si le sec donne la viuacité d'esprit. 178.

Temperamēt ne sçauroit causer la Prophetie. 274

il depend des Astres ; 295. &c.

Table des matieres.

l'Homme est au dessus du Temps. 219
Temperance. 305
Terre, sa perfection. 555. 560. 564
Throsnes en la hierarchie celeste. 560
Trasmigration des ames, pourquoy elle a esté creuë. 83. 84. 407. 408. &c.
Trismegiste a creu l'immortalité de l'ame. 82

V

Venus, ses influences. 295
la Verité ne se cognoist que par vne longue estude. 3. 10. 11. &c. voyez Consultation.
toutes les Veritez naturelles sont recueillies en l'homme. 16.
amour de la Verité, 224. &c. 233
la Verité est la nourriture de l'ame. 231
la Verité est imparfaicte dessus la matiere. 229
Vertu, ce que c'est. 308
Vertus morales prouuent l'Immortalité de l'ame. 304. &c.
Vertu naturellement aymée de l'homme. 308. 349. 356. 425
Vertu honorée mesme par les ennemis. 309
pourquoy elle est rare, 311
prompte conuersion à la Vertu 377. 378. 407
la Vertu souffre beaucoup en cette vie, 428. &c.
elle est recompensée au Ciel 425. 428
elle se perd dans la couersation du peuple. 438
elle n'est veritable que quand on la pratique pour l'amour de Dieu. 443
Vertus en la hierarchie celeste. 562
Vieillards Cōseillers d'Estat, 4. 191
sages & eloquens 206
Vicissitude des parties du monde. 105. 247
Vices qu'elle est leur origine. 338.
il n'y en auroit point s'il y auoit vn intellect vniuersel. 154
l'Vnité regit la diuersité. 132
Volonté, sa puissance, & sa liberté. 272
elle n'est pas subiette à l'influence des Cieux. 287. &c.
Volupté continuelle au corps. 450.
Volupté en toutes les actions naturelles. 497
Voyages entrepris par les Philosophes par curiosité. 225
la venuë & les yeux ont donné commencement à la Philosophie. 119

FIN.

www.ingramcontent.com/pod-product-compliance
Lightning Source LLC
Chambersburg PA
CBHW050106230426
43664CB00010B/1459